# SAFİYE SULTAN

*Sözüm ki tek sana geçmez,*
*celladımsın ey zaman!*

**"The Reign of the Favored Women"**

Ann Chamberlin

Tarihteki Kadınlar Dizisi / Roman
*Ann Chamberlin / Safiye Sultan - Sözüm ki tek sana geçmez, celladımsın ey zaman*

Yazarla İletişim Adresi:
e-mail: setzers@email.msn.com
internet adresi: www.annchamberlin.com



Dizgi
M. Pamukçuoğlu

Kapak resmi
The Music Lesson, 1877 (yağlıboya) Frederic Leighton (1830-96)
*© Guildhall Art Gallery, Corporation of London, UK/Birmingham Art Library*

Kapak
Ömer Küçük

Baskı
ANKA BASIM
Matbaacılar Sitesi, No. 38, Topkapı-İstanbul

ISBN
975-10-1595-2
02-34-Y-0051-0182

02 03 04 05 06 17 16 15 14 13

İNKILÂP
Ankara Caddesi, No: 95
Sirkeci 34410 İSTANBUL
Tel: (0212) 514 06 10 - 11 (Pbx)
Fax: (0212) 514 06 12
Web sayfası: http://www.inkilap.com
e-posta: posta@inkilap.com

# SAFİYE SULTAN

*Sözüm ki tek sana geçmez, celladımsın ey zaman!*

***"The Reign of the Favored Women"***

Ann Chamberlin

Türkçesi:
**Solmaz Kâmuran**

**13. BASKI**

İNKILÂP

*Cal ve Jo Ann'e...*

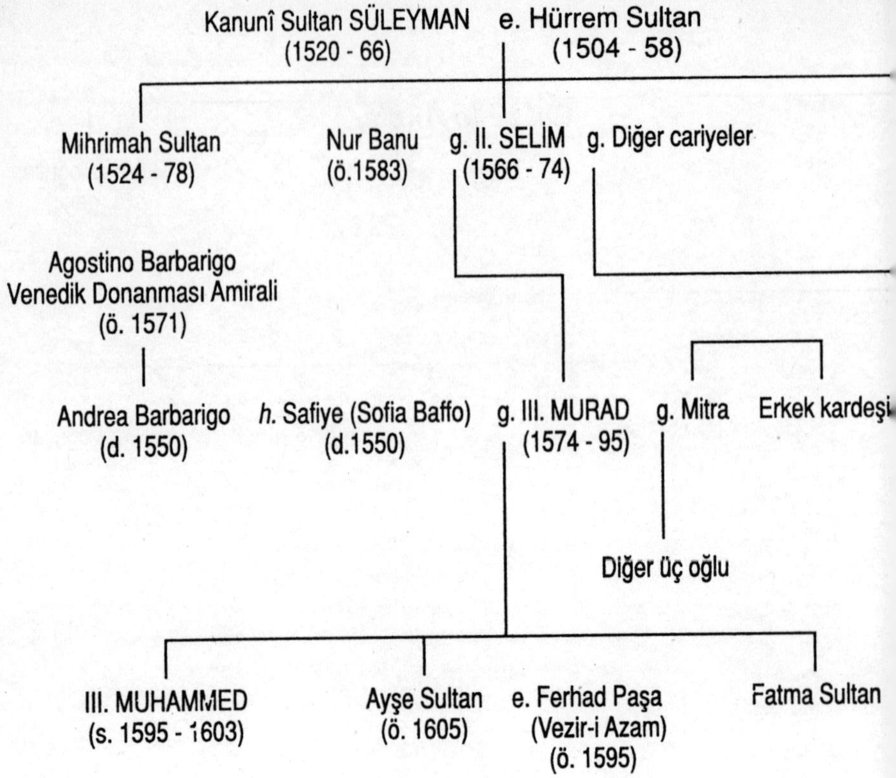


**AÇIKLAMA**

| | |
|---|---|
| d. = doğum | e. = evli |
| ö. = ölüm | g. = gözde |
| s. = saltanat | h. = hayali ilişki |
| c = cariye | |

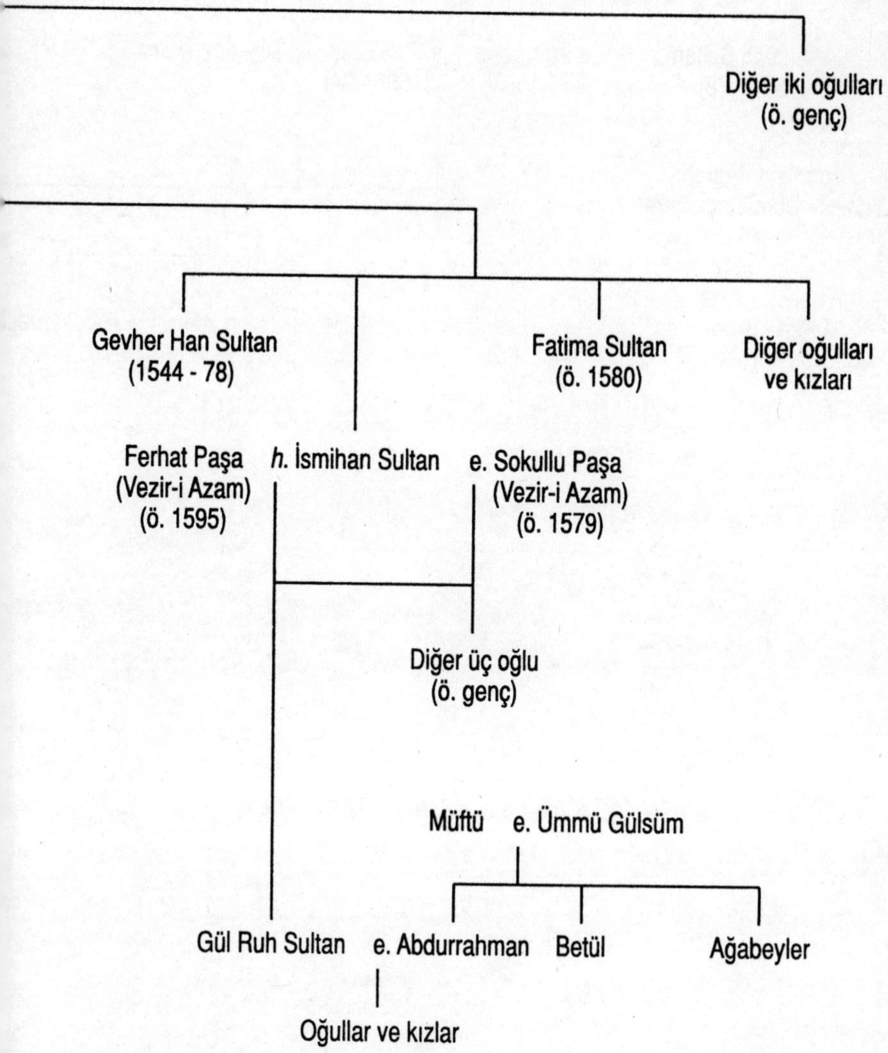
Diğer iki oğulları
(ö. genç)
Gevher Han Sultan
(1544 - 78)
Fatima Sultan
(ö. 1580)
Diğer oğulları
ve kızları
Ferhat Paşa
(Vezir-i Azam)
(ö. 1595)
h. İsmihan Sultan
e. Sokullu Paşa
(Vezir-i Azam)
(ö. 1579)
Diğer üç oğlu
(ö. genç)
Müftü
e. Ümmü Gülsüm
Gül Ruh Sultan
e. Abdurrahman
Betül
Ağabeyler
Oğullar ve kızlar

*Bölüm I*

# Abdullah

# I

İSMİHAN, öylesine zor bir doğum yapmıştı ki, bastonla yürüyebilmesi bile epey zaman aldı. Ayağa kalktığında ancak paytak paytak atabiliyordu adımlarını. Onun için yürümektense tahtırevana binmeyi yeğliyordu. Hatta evde bile, kendisini bir sandalyeyle istediği yere taşıyorduk. Kısa bir süre için oturmak bile onu çok zorladığından genellikle bir yığın yastığın arasına uzanıp yatıyordu haremde. Zaten tombul olan hanımım, şimdi büsbütün şişmanlamıştı.

Benim gözümde her zamanki sevgili İsmihan'dı, ama koşullar nedeniyle bir parça uzaklaşmış gibiydik birbirimizden. Koca göğüsleri tüm bedenine hükmediyordu sanki. Çocuğunu dört yıl boyunca emzirdi. Sonunda çevredekilerin alay konusu olan Gülruh başını sallayıp, "Hayır anne, yeter," demese daha da devam edebilirdi.

Bu olaydan çok önce, Gülruh henüz bebekken –sanırım doğumundan sonraki erken bahar günlerinden biriydi– Saraya bir mücevherci kadının geldiğini duyduk, hanımım da oraya gitmek istedi. Aslında değerli taşlarla bezeli gerdanlıkları, bilezikleri, yüzükleri merak ettiği yoktu, biliyordum. Onun derdi, Gülruh'a Sarayın bahçesindeki ceylanları göstermekti. Ve kalkıp gittik. Çocuğun mutluluğunu ve şaşkınlığını nasıl zevkle izlediğimi görüyordu İsmihan, bu onun en büyük ödülüydü. Benim içinse en büyük ödül, onun ceylan gözlerinde yakaladığım mutluluktu.

Hava, içinde bulunduğumuz mevsime göre çok sıcak ve berraktı, kendimizi sanki yaz sıcağından kaçıyormuş gibi bir süre sonra haremin çeşmelerle serinletilen salonlarından birine attık.

Esperanza Malki, şaşkınlık ve hayranlık dolu sesler çıkaran kadınlara kutusundan çıkardığı yakutlarla süslü muhteşem bir gerdanlığı gösteriyordu. Çoğunluğu Yahudi olan bu satıcı kadınlar, erkeklerin giremediği haremde kocalarının mallarını pazarlarlardı. Onlara Rumca'dan gelme bir kelime olan "Kira" denilirdi genellikle.

Esperanza da Yahudi'ydi. Ataları, 1492'de Hıristiyanlar tarafından İspanya'dan sürülünce bir süre Venedik'te yaşamış, sonra da İstanbul'a gelmişlerdi, yaklaşık seksen yıldır bu topraklardaydılar ve kuyumculukla uğraşıyorlardı.

Hareketleri kara bir kediyi andıran Kira, "Haydi hanımlar gelin," diyerek kafesli pencereye doğru yürüyordu. "Gelin bakın, gün ışığında onun şıkırtılarını çok daha iyi görebilirsiniz."

Bu sözler üstüne herkes ayağa kalkıp peşisıra cama doğru koşturmuştu.

İsmihan, bebeği ve ben oturuyorduk. İsmihan bir yakutun parıltısını görmek için yerinden kalkmaya üşenmişti ve ben de onunla kalmalıydım.

Hanımım evli bir kadındı, köle değildi, ayrıca da Sultan'ın kızıydı. Yani kendi parası olan biriydi. Bu yüzden Kira, getirdiği her şeyi daha çok onun önüne sermişti. Diğerleri genellikle gıpta ve hasetle bakmaktan fazla bir şey yapamazlardı, ama o satın alabilirdi. Harem kadınları camın önünde gerdanlığı hayranlıkla seyrederken, İsmihan elini yanıbaşındaki kutunun içine daldırıp karıştırmaya başladı. Besbelli bu bir ganimetti, belki de bir Avrupalı prensin servetinden... Ancak sanırım, bunları düşünmüyordu, ilgisinin tek nedeni can sıkıntısı gibiydi.

Aslında bunlarla ilgilense de, neden kendisi değil kızı olurdu. Henüz yedi aylık olmasına karşın annesi daha şimdiden ona çeyiz düzmeye başlamıştı. Yanılmamıştım, İsmihan bir çift küpeyi alıp, memesinin üzerinde yatan bebeğin kulağına tutuyordu işte. Bir çiçek yaprağı kadar taze o kulakların delinmesi için bence çok erkendi.

Çocuk ne kadar da babasına benziyordu... Karayağız bir sipahinin yüz hatlarının böyle pembe beyaz bir bebeğin yüzüne yansıması gerçekten de şaşırtıcıydı. Sanırım İsmihan, bebeğinin yüzüne her baktığında âşığını anımsıyordu. Ve sevincini her defasında keder, yitiriş ve utanç gölgeliyordu. Çünkü Gülruh, Sokullu Paşa'nın kızı değildi. Gerçeği yalnız ikimiz biliyorduk ve ölene kadar da bu sırrı saklamamız gerekiyordu.

Zaman zaman, iki âşık arasındaki mektup ve armağanlarla yapılan haberleşmeyi keşke vaktinde önleyebilseydim, diye düşündüğüm olmuyor değildi. O sessiz ama binlerce anlamla dolu çiçeklerin, yaprakların ne demek olduğunu ancak bir aşk körü anlayamazdı ve eğer gerçek ortaya çıksaydı, bu korkunç bir şey olurdu. Ferhad Paşa'nın hanımıma benim veremeyeceğim bir şeyi vermesinden duyduğum kıskançlığın payı da vardı tabii bu duygumda. Kocası olan yaşlı Sokullu'yu asla böyle kıskanmıyordum.

Aslında efendimin bana duyduğu güveni, o tek geceye izin vererek deldiğim için suçluluk duyduğum söylenemezdi. Bu, İsmihan'ın kapkaranlık bir kalp kırıklığı içinde kendini yiyip bitirmesine engel olmuştu. Çocuksuz kolları bu güzeller güzeli bebeğe ancak o sayede kavuşabilmişti. Bunları unutabilmem olanaksızdı.

Pek çok kimse bebeğe bakıp saf saf "babasından hiçbir iz yok bu çocukta," dediğinde aklımdan hızla geçiyordu olup bitenler. Bu ülkede bir kadın, Sultan kızı bile olsa, zina yapmanın cezası olan ölümden kurtulamazdı. Hele de onun namusunu korumakla görevli olan hadım...

Bu düşünceleri aklımdan uzaklaştırmak belki de en iyisiydi.

Gülruh küpeyi yakalamak isteyince, annesi onu kutuya koydu ve bir bilezik alıp bebeğin tombul bileğine taktı. Çocuk bileziği çıkartıp ağzına götürerek emmeye çalışıyordu. Annesi onu oyalayabilmek için kadife kutudan bu kez bir madalyon çıkarıp gözlerinin önünde sallamaya başladı. Bu, dışı Venedik işleriyle süslü bir madalyondu. Öylece dalıp gitmiştim. Birden İsmihan'ın "Ne olduğunu bilmiyorum tatlım," demesiyle irkildim.

Durumu anlamaya çalıştım. İsmihan madalyonun içine konulmuş bir kâğıt bulmuştu. Katlı kâğıdı açtı, iki tarafına da baktıktan sonra omuzlarını silkip, tekrar katladı.

"Tatlı pınarım benim, bir şey değil," diye mırıldanıyordu. "Yalnızca bir karalama. Belki de büyülü bir şeydir. Allaha dua edelim, senin böyle şeylere asla gereksinimin olmasın."

İsmihan, sanki kendisine de bir kötülük geçecekmiş gibi telaşlı bir korkuyla kâğıdı gerisingeri madalyonun içine koyuyordu ki, Kira bunu fark etti.

"Çok üzgünüm Sultan'ım, ama bu ne yazık ki satılık bir parça değil," diyerek hemen atılıp yanımıza geldi.

"İçinde ne olduğunu merak etmiştim..."

"Bir şey değil Sultan'ım," diye cevap verdi Kira ve madalyonu alıp göğsüne sokuşturdu.

"Gördün mü tatlım..." İsmihan bebeğine eğilmiş mırıldanmaya devam ediyordu. "Sana söylemiştim, önemli bir şey değilmiş." Öylesine bir ses tonuyla konuşuyordu ki, sanki dünyada hiçbir kötülük, hainlik ve karışık iş olmadığını düşünebilirdi insan. Hanımım bebeğine yalan söylüyordu.

Kadınlar tekrar Kira'yı pencereye doğru izlemişlerdi. Yakut gerdanlığın Safiye'nin boynunda olduğunu gördüm.

Buna şaşacak değildim. Hanımımın ağabeyi, saltanatın varisi Şehzade Murad'ın gözdesi Safiye... Şehzade'nin tek oğlu üç yaşındaki Mehmed'in annesi Safiye... Hâlâ inanılmaz güzellikteydi, yedi yıl önce onun ağına düştüğüm o manastır bahçesindeki halinden bile kat be kat daha güzeldi. Bu inancımda yalnız olmadığımdan emindim. Sonbahar yapraklarına benzeyen iri kahverengi gözler, altın saçlar, mermer gibi duru ve beyaz bir ten. İnce uzun vücuduyla yürümüyor, dans ediyordu sanki.

Ve bu bedenin içinde kendine göre mükemmel bir ruh vardı. Tabii mükemmellik derecesinde tutkular da... Bunların peşinde ne aşk, ne de acıma hissetmeden dolaşıyordu Safiye. Geceyarısı karşılaşılan bir hayalet gibi, bir ölüm meleği gibi insanın nefesini kesecek kadar güzeldi gözde Safiye.

Onun bu korkunç etkisinden kurtulabilene kadar yaşadıklarımı diğer kurbanlarına asla tavsiye edemezdim. İşte sonuç ortadaydı: Venedikli bir denizciden bir harem hadımına dönmüştüm. Yaşamak dediğim artık bundan ibaretti.

Açıkça söylemem gerekir, Safiye ya da onu ilk tanıdığımdaki adıyla Sofia Baffo istediği her şeye kavuşmayı biliyordu. Bu uğurda benim ya da diğerlerinin hayatlarının yok olup gitmesi onun umurunda olmazdı ve olmamıştı.

Safiye için boynundaki yakut gerdanlığı almak iş bile değildi. Kıpkırmızı taşlar, o kuğu gibi boynuna çok yakışmıştı, insan baktıkça beyaz mermerin kanayabileceğini sanıyordu.

"Bunun faturasını Şehzade Murad'a, Manisa'ya yollayın," dedi Safiye. "Gerdanlığı alıyorum."

Birden, "Ne hakla?" diye bir ses odayı doldurdu.

Bu Nur Banu'ydu. Selim'in bir zamanlar gözdesi olan ve ona ilk oğlu Murad'ı doğuran Nur Banu. Haremin başı şu anda doğal olarak oydu. Dört yüz kuruş ödeyerek köle pazarından satın aldığı bu Venedikli güzeli oğluna armağan eden de... Ama Safiye, artık onun yönetimine aldırmayacak bir pozisyondaydı. Nur Banu haremin başı olsa da giderek ipler elinden kaçıyordu.

"Ne hakla oğlumdan böyle bir şeyi isteyebilirsin?" diye bağırıyordu kadın. "Onun yanında üç ay bile geçirmedin bu kış sen, zaten bu sürenin yarısı da yollarda harcandı, şimdi bu ne yüzsüzlüktür?"

Safiye yeleğinin inci düğmelerinden birini açtı, bu bilinçsizce yapılan hareketi hanımımın hamileliğinden biliyordum. Safiye'nin şimdilik kimsenin bilmediği bir sırrı mı vardı yoksa?

Küçük Mehmed'in doğumundan sonra hiç bozulmamıştı. Güzelliği de, gücü de daha bir artmıştı. Eğer bir şehzade doğurmak iyi bir şeyse, daha fazla şehzade doğurmak daha da iyi olmaz mıydı? Böyle bir durum söz konusu olabilirdi, gerçi bu konuda hanımım henüz herhangi bir dedikodu duymamıştı ve ince vücut bir ipucu vermiyordu, ama yine de olabilirdi.

Aslında bir hadım olarak benim bu işleri herkesten daha önce duymam gerektiğini bir an aklımdan geçirdiysem de, sonra bu düşünceleri bir yana bırakıp şu sırada önümde olanlarla ilgilenmenin daha yararlı olacağına karar verdim.

Nur Banu hasmına zehir gibi sözler söylüyordu: "Oğlumun neden seni satıp bu masraflardan kurtulmadığını anlayamıyorum."

"Oğlunun anasını satamaz Şehzade." Kulaklarım mı beni yanıltıyordu acaba? Safiye'nin sesindeki yankılanma sanki bir değil, gerçekten de iki şehzadeden bahsedildiği izlenimini veriyordu.

"Başka birini alıp evlenirse görürsün sen."

"Ah çok üzgünüm değerli hanımım." Safiye alaycı bir sesle cevap yetiştiriyordu Nur Banu'ya. "Bu gerdanlığı beğendiğinizi bilseydim inanın elimi bile sürmezdim. Doğrusu sizi neden bu kadar ilgilendirdiğini aslında anlamakta zorluk çekiyorum. O esmer boynunuzda yakutlar görünmez bile. Ama tabii herkesin zevki kendine." Elleriyle boynundaki kolyenin klipsini çözmeye çalışırken satıcı kadına döndü, " Kira," dedi,

"Faturayı Sultan'ın bizzat kendisine yolla ve de ki: Gözdesi içindir."

Bir anda herkes sus pus olmuştu, hatta Kira bile, çünkü Selim'in son gözdesinin kim olduğu biliniyordu. Bu Nur Banu değil, gencecik bir oğlandı. Şehzadesinin anasına ait ev ve yiyecek masrafını karşılıyordu Sultan, ama bunun dışında beş para bile harcamazdı kadın için.

Bu sessizlik sırasında Safiye ellerini boynundan çekip dizlerine koymuştu, gülümsüyordu. Ortada çarpışan bir yığın adi hakaretten sonra değerli yakutlar gözdenin boynunda kalmıştı.

Daha sonra vedalaşıp çıktığımızda hanımım bana sokularak şunları fısıldadı kulağıma: "O madalyonun içinde bir şeyler yazıyordu."

"Ne gibi şeyler?"

"Gördüğümden beri başka bir şey düşünemiyorum."

"Bir dini sözcüktür mutlaka, nazara karşı..."

"Hayır Abdullah. Bizimkiler Hıristiyan yazılarını çiçeğe benzetirler, ama sen benim gözümü açtın, bana Dante'yi okumayı öğrettin."

"Yazı İtalyanca mıydı?"

"Venedikçe'ydi Üstat." Benimle dalga geçiyordu ince ince İsmihan.

Yazıyı kimin yazdığını sormama gerek yoktu, anlamıştım. "Neler yazmış?" dedim.

"Sadece iki kelime vardı. 'Yarın' ve 'öğleden sonra'."

"Hepsi bu mu?"

Hanımım başını salladı. "Sanırım biraz daha çalışmam gerekiyor, şimdilik bu iki kelimeden büyük anlamlar çıkarabilecek kadar bilmiyorum senin dilini."

"Merak etme, ben de daha fazlasını anlayamıyorum," dedim.

İsmihan bana bu bilgiyi verdikten sonra tüm ilgisini tekrar bebeğine yöneltmişti.

Mesajla birlikte odamda yalnız kalmıştım. Aklımı yorup duruyordum bunun anlamını sökebilmek için. Kira'nın koynuna girdiğine göre mesaj haremin dışına çıkacaktı. Ama nereye? İşin bu ucunu bulmama olanak yoktu, tekrar diğer ucuyla uğraşmaya başladım.

Bunları sarayda yazabilecek bir tek kişi vardı. O ellerin nasıl diviti tutup yazdığını gözlerimle görmüştüm. Yıllar önce ölmüş amcamın kadırgasındaki kamarada önündeki kâğıda "Sanırım" yazan kişiydi bu. Ve diğer mesaj... Kaderimin çizildiği soğuk bir Venedik gecesinde cebime konulan aşk dolu o kâğıtta da aynı "S" vardı. Evet, haremde tek bir kişi vardı madalyonun içindeki mesajı yazabilecek. Ama mesajı alabilecek olan binlerce insan vardı İstanbul'da. Ve, tam olarak bu iki kelime ne anlama geliyordu?

Böyle bir buluşmanın haremde olması imkânsızdı. Ertesi sabah Kira ve kocasının dükkânının olduğu çarşıya gitmeye karar vererek yatağıma uzandım.

## II

KUBBELİ çatısındaki buzlu camlardan sızan bulanık ışık, Kapalıçarşı'ya kasvetli bir hava veriyordu. Birbirine bitişik, daracık dükkânların sahipleri en güzel mallarını gururla küçümen tezgâhlarına yaymışlardı. Ama ne yazık ki, böyle donuk bir ışık altında alıcılara sunulan altın bolluğu kendi değerini gösteremiyor ve insanda daha çok sarı, ucuz bir metal yığını izlenimi uyandırıyordu. En azından benim için yan yana duran pirinci, altından ayırmak gerçekten zordu.

Etrafa boş gözlerle bakarak yürürken Safiye'nin hadımı Gazanfer'in de benimle aynı yönde ilerlediğini gördüm. Demek ki öngörümde yanılmıyordum, bu bir rastlantı olamazdı. Yahudi karı kocanın dükkânının hemen yanındakine attım kendimi.

"Evet, buyurun," diyerek yanıma yaklaşan satıcı, yerlere kadar eğilip beni selamladı.

Ne diyeceğimi bilemeden bir süre şaşkın kalakaldım.

O sırada adamın arkasında pırıl pırıl duran kocaman pirinç vazoya gözüm takıldı. Öylesine parlaktı ki, en azından dışardaki elli adımlık mesafede olan biteni bir ayna gibi yansıtabiliyordu. Ve oradan Venedik'in genç ataşesi Andrea Barbarigo'nun bizim yönümüze doğru yaklaştığını görebiliyordum.

Kendimi tutamayıp, "Bu konuşmayı mutlaka dinlemeliyim," diye bağırdım ve hiç düşünmeden dükkân sahibine doğru dönüp, "Dükkânınızın gizli bir üst katı var mı?" diye sordum.

Adam, "Evet," diye cevap verdi, ama ses tonu daha çok bir soru anlamı taşıyordu. Pırıltılı pirinçleriyle, renkli halılarını görmek istemiyor muydum?

"Yan dükkânla bir bağlantısı var mı?"

İnce dudaklı ağzında belli belirsiz bir gülüş dolaştı. Belli ki böyle bir istekte bulunan tek kişi herhalde ben değildim, ama şu anda daha fazla detayla uğraşmaya hiç mi hiç niyetim yoktu. "Evet," dedi adam. "Eskiden kullanılmış bir kapı gerçekten de var, ama..."

"Bir saatliğine orası için beş kuruş veririm," dedim.

"Aslında oranın fiyatı normalde yirmi beştir."

"Yirmi beş mi?" diye bağırdım. "Buna hırsızlık denir."

"Çok güzel bir odadır," diye cevap verdi satıcı. Yüzündeki ifade pazarlığa açık olduğunun kanıtıydı.

"On beş vereyim," dedim.

"Bu taraftan üstat," diyen adam eliyle bana merdivenleri gösterdi.

Penceresiz küçük oda, tozlu kutular ve denklerle doluydu. İnsanın oturmak için kendine bir yer bulabilmesi oldukça zordu. Adamın sözünü ettiği, İstanbul'da pek çok yerde örneğine rastlanılabilen kapı, bir zamanlar duvardaki alçak kemerin altında olmalıydı. Ama artık kapı yerine bir tahta perde vardı. Ahşabının rengi diğer duvarlarınkinden çok farklıydı. Yüzyıllar boyunca kim bilir kaç kez şekil değiştirmiş ve sonunda bugünkü haline gelmişti küçük geçit. Tahtaları dikkatle gözden geçirirken ince bir aralık buldum. Sanki bilerek, titizlikle ayarlanmış bir gözetleme deliğiydi bu, gözümü uydurup baktığımda Gazanfer'le Kira karşımdaydı. Yahudi kadın, hadıma nargilesini henüz getirmişti.

Dönüp dükkân sahibine şaşkın şaşkın baktım. Adamın gülüşü, Moşe ve karısının nasıl bir bilgi kaynağı olduğunu yalnız İtalyanların değerlendirmediğini belirtirmişçesine imalıydı.

Ona parasını verdim, iyi bir alışveriş yaptığımdan emindim. Adam tekrar gülümsedi, eğilerek beni selamlayıp yanımdan ayrıldı. Az sonra elinde iki bardak şerbet ve oturmam için bir minderle geri döndü. Öylesine saygılı bir tavır içindeydi ki, bir an kendimi Divan'ı gözetleyen Sultan gibi hissettim.

Gazanfer'in adı "cesur aslan" anlamına geliyordu. İkimizin de adları hadımlar için kullanılanlara hiç mi hiç benzemiyordu. Burada, harem kadınları hadımlar için daha çok "Sümbül" gibi çiçek, ya da hanımımın bir zamanlar bana vermeyi çalıştığı "Lülû" gibi kıymetli taş isimlerini kullanıyorlardı.

Gazanfer, kaslıdan çok şişman olarak tarif edilebilecek bir vücut yapısına sahipti. Ama yine de öküz gibi güçlü olduğu belliydi. Nasıl olduğunun hikâyesini bilmediğim birtakım izlerle doluydu her tarafı. Arasında rahatlıkla ceviz kırabileceği kalın parmaklarının hepsi de işkenceden yamuk yumuktu. Kırık burnu –büyük bir olasılıkla elmacık kemikleri de böyleydi–, darmadağınık saçları, solgun teniyle daha çok bir Moğol'a benziyordu ve bu, insanın aklına kıraç, vahşi stepleri getiriyordu. Hadım edildiği için yanaklarında tek bir tel sakal yoktu, genel yapısıyla hiç uymayan bu durum ona diğer erkeklerin arasında çok şaşırtıcı bir görüntü veriyordu.

Ama ben onun Moğol olmadığını çok iyi biliyordum. Kavuğunun altındaki saçları aslan yelesine benzerdi, mavi gözlerinde yeşil kıvılcımlar dolaşırdı. Onun Macaristan'da doğmuş olduğunu da, hanımının çıkarlarının peşinde koşarken Macarlar arasındaki asileri desteklediğini, hatta yönlendirdiğini de biliyordum.

Gazanfer'in arkasındaki kireçli duvarların boyanma zamanı gelmiş de geçmişe benziyordu. Bakışlarından buraya çok alışık olduğu ve buna pek aldırmadığı belliydi. Koca gövdesi neredeyse tüm odayı doldurmuştu. Odanın eşyası, hadımın oturduğu divan, nargile ve daracık bir yataktan ibaretti. Başka birine kolay kolay yer yoktu asma katta ama, Gazanfer'in sakin sakin nargile içmekten başka bir amacı olduğundan emindim, kesinlikle önemli bir buluşma için gelmişti buraya.

Yanılmıyordum.Tam ben bunları aklımdan geçirirken Andrea Barbarigo içeri girdi ve Gazanfer genç adama yanında yer açtı. Her ikisini de ayrı ayrı defalarca görmüştüm ama ikisinin nasıl da birbirine zıt tipler olduğunu ilk kez fark ediyordum. Ufak tefek Barbarigo ve iriyarı Gazanfer yan yana oturunca doğrusu çok garip bir manzara çıkmıştı ortaya. Venedikli sıkıntıyla sakalını, saçını, pantolonunu, yeleğini düzeltti, burnunun ucuna dokundu, arada bir de parmağındaki yüzüğü evirip çeviriyordu.

Hadımın yüzü tertemiz görünüyordu, sanki her kadın bir ustura etkisi yapmıştı bu yüzde ve onlarla olan sürekli ilişki adeta perdahlamıştı tenini. Ataşeye gelince, sanırım onu son gördüğümden bu yana böylesi bir "dişi bıçağın" kenarını bile görmemişti. Evet onu son gördüğüm anı iyi hatırlıyordum; Safiye'nin oğlunu doğurduğunun hemen ertesiydi ve beni Barbarigo'ya yollamıştı Baffo'un kızı, o günlerde bunun gerçekten de bir rahip arayışından kaynaklandığını düşünmüştüm. Bir kez daha Venedik'in buraya adam yollarken mutlaka evli barklı birini tercih etmesi gerektiğini düşündüm.

Barbarigo'ya çok uzun yıllar önce, Foscari soyundan dayılarımın malikânelerinde verdikleri bir davette rastlamıştım. O günlerde boy pos, yaş, akıl, yetenek olarak ne kadar da aynı olduğumuzu düşünürdüm. O da benim gibi sapına kadar Venedikliydi. Ve ben kadere lanet ederdim onun sahip olduklarını düşününce. Oysa şimdi her şey farklıydı. Benden geriye kalan ortadaydı, ona gelince tamamen Türkleşmediyse de doğrusu çok farklı bir hayat sürdüğü söylenemezdi. Aynı yerlerde dolaşıp duruyorduk sonuçta...

Barbarigo'nun başında bir sarık vardı, tepesine kondurduğu tüyün yeri ise gerçekten İtalyan tarzıydı. Ayakkabıları, külot-pantolonu Avrupa işiydi ama üzerindeki beli kuşakla sıkılmış yelek tamamen Doğu'ya özgüydü. İki ayrı dünya, birbirini inkâr etmeden kaynaşmıştı bu giyim biçiminde. Genç ataşenin boynundaysa Kira'nın kadife kaplı kutusunda görmüş olduğum madalyon sallanıyordu.

"Haydi söyle, hanımın ne âlemde?" diye soruyordu Barbarigo soluk soluğa. "Ne âlemde Sofia Baffo?"

Bir Türk, bir hadıma asla hanımını bu çeşit bir cümleyle sormazdı. Barbarigo her ne kadar Doğu-Batı sentezi giysilerle dolaşıp, aksanlı bir Türkçe'yle konuşuyor olsa da emindim ki; genç adamın aklında ne bir tek Türkçe düşünce, ne de bu dünyaya ait bir değer yargısı vardı.

Gazanfer adamın davranış biçiminin kusuruna bakmıyor gibiydi. Buna alışık olmalıydı, büyük bir olasılıkla bu konuda Safiye'den talimatlıydı, genç ataşe Safiye'yi hoşnut ettiği müddetce bunun hiçbir sakıncası olmadığına inanmıştı Gazanfer. Adamın ateşli telaşına kendini kaptırmadan sakin bir şekilde yarım bir gülüş belirdi hadımın yüzünde. Ama birden hızla ayağa kalktı ve kocaman elleriyle Barbarigo'yu yoklamaya başladı.

"İsa ve Meryem adına!"

Gazanfer'in ilk dokunuşuyla genç adam İtalyanca bağırmaya başlamıştı. Aslında ben de içimden aynı sözleri söylüyordum. İsa ve Meryem adına! Ne çeşit bir tuhaflığı buradan izleyecektim?

"Bunu yalnızca kendimi rahatlatmak için yapıyorum," diye ince, kadınımsı ses tonuyla konuştu hadım.

"Bunu biliyorum hadım," diye homurdanan Barbarigo soyunmaya başladı. Ataşenin sarığı yere düşüp dağılmıştı. Kıvrık, lüleli saçlarıyla artık hiç de Türk'e benzemiyordu Andrea Barbarigo, aslında bir hadımın saçları da asla Türk'e benzemezdi.

Benimkiler de...

Safiye'nin hadımı hakkında garip dedikodular olduğunu biliyordum, haremde dolaşıp duran sözlerin onda birine bile inanmamam gerektiğini de... Ama şimdi?

Ayakkabılar da çıkmıştı, kuşak da. Neredeyse tiksinti içinde başımı çeviriyordum ki, Gazanfer, Barbarigo'nun yanından geri çekildi. Yine her zamanki sakinliğine bürünmüştü, başını salladı. Macar asıllı hadım, hanımının huzuruna yabancı erkeklerin girmesine izin vermediği gibi, bu tarz adamları kendi elleriyle arayarak en ufak bir kötülüğe bile izin vermemenin peşindeydi demek. Onun aradığı tatmin buydu. Hanımını ve kendini güvenlik içinde tutmak... Bu adamda hiçbir silah yoktu, bir hadım kasabının bıçağıyla ortadan kaldırılabilecek olan bedensel tehdit dışında...

Gazanfer eğilip dışarı çıktı.

Ama ataşenin telaşı bitmemişti. Kira'nın arka odasının kapısı açılıp da içeri sıradan bir Türk kadını girdiğinde, o eğilmiş külot-pantolonunu toparlamaya çalışıyordu. Çarşafı ve peçesiyle herhangi bir kadındı bu.

Ama asla sıradan bir halk kadını değildi gerçekte içeri giren.

Bunu önceden tahmin etmesem bile, tahta aralığından burnuma kadar gelen yasemin kokusundan mutlaka tanırdım onu. Tülleri sağa sola uçuşsa da yüzünü asla göremedim, Barbarigo onun her hareketini heyecan içinde, aç bir şehvetle izliyordu. Köşedeki dar yatağa adeta yuvarlandılar ve yatak ikisinin ateşli kımıltılarının altında kırılacakmış gibi sesler çıkarmaya başladı.

Daha sonra o malûm kadın fısıltılarını duydum, âşığının adını söylüyor; "caro mios", "amorossos" diye inliyordu. Aceleyle fırlatılmış sarı dana derisi ayakkabıları neredeyse burnumun ucundaydı.

Benden kesilip atıldığını sandığım arzular aniden, bir ölüden çıkarcasına yükselivermişti içimde. Ama bu arzuların gidebileceği bir yer yoktu, öylece kalakaldılar. Kusmak üzere olduğumu hissettim.

## III

*BİR SAAT* sonra, iki dükkân arasındaki girintide bekliyordum. İşte geliyordu, cehennemlik cadıdan yerine getirmesi gereken emirleri almış ve Kira'nın dükkânından çıkmıştı sonunda. Değerli taşlarla süslü tören hançerimi çekmiştim. Gazanfer bilmeden bana bir iyilik yapmış, hasmımın hiç silahı olmadığını göstermişti nasıl olsa.

"Barbarigo," diye seslendim ona.

Aşk sarhoşu yalpalıyordu. Onunla ilk yüz yüze geldiğimizdeki duygularla doluydum yine. *Onunle düello et, düello et.* Yedi yıllık arzu dışa vurmuştu. Evet, Andrea'yla ilk kez Foscari'lerin salonunda yüz yüze gelmiştim. İkimizde de aynı maske vardı. Sofia Baffo bile bizi ayırdedememişti. Ama kader bunu yapmıştı ve şimdi bu işi bir kez daha yapacaktı.

Barbarigo'nun az önce kuşağını ve pantolonunu toplamaya çalışan elleri iki yana düşüvermişti. Allah için onu öldürecektim. Hançerimin pırıltısına takılıp kalmıştı gözleri.

"Ne?" diyerek durdu. Anlamıştı, herkes ölüm meleğinin nefesini hissedebilirdi.

Sonra üzerime saldırdı. Bunu yapacağını biliyordum, ağır hadım giysilerime karşın onu hemen altıma alıverdim ve kuşağından yakalayıp oradaki bir bakırcı dükkânının duvarına dayadım.

Devrilen kalaylı tencere ve kazanların arasına savrulup düşmüştü sarığı Barbarigo'nun ve o hadımımsı, lüleli saçları yine ortaya çıkmıştı. Sol kolunun altından hançerimi ona doğrulttum. Sakalsız yüzümü berrak kahverengi gözlerinde görebiliyordum ve o gözler, hançerim kaburgasına dayanıp durduğunda korkuyla dolmuştu.

Dükkân sahipleri hiç ses çıkarmadan içeri girmişlerdi. İstanbul'da hiç kimse bir hadım hançerini çektiğinde ona engel olmaya cesaret edemezdi. Ancak her şey olup bittikten sonra çıkıp ortalığı toparlarlar ve kızgınlıktan çok hayranlık dolu bir sesle "namus" üzerine konuşurlardı. Konunun içine daha fazla dalmak hem görgüsüzce olurdu, hem de tehlikeli...

Bıçağımı geri çektim, Barbarigo'dan çıkan kan kabzaya kadar gelmişti. Bu kez onu doğru yere, kalbine saplamalıydım. Göz göze öylece kalmıştık, birbirimizin soluklarını duyuyorduk yalnızca.

"Sen..." Barbarigo yutkundu ve tekrar konuşmaya çalıştı, bunların son sözleri olmadığını bilmenin rahatlığı içinde neredeyse gülümsüyordu. "Sen, beni ona götüren hadımsın."

Bunun üzerine tekrar hamle etmek üzere kolumu yukarı kaldırdım.

"Sensin," diye ısrar ediyordu. "Gelmedin mi? Onun bir oğlan doğurduğunu ve bir rahip aradığını söylemek için sen gelmedin mi bana?"

Bunu inkâr edemezdim. Barbarigo o ana kadar hep Türkçe konuşmuştu. Ben Venedikçe konuşmaya başladım. Beni hatırlamasını istiyordum, Türkçe konuşurken bunu asla aklına getiremezdi ve getirmesi için de bir neden yoktu işin doğrusu. Kendi anadiliyle hitap etmem en az hançerimin üzerinde gördüğü kendi ılık kanı kadar şaşırtmıştı onu. Ama beni tanımalıydı. Öfkemin peşinde koşarken isimsiz, bilinmeyen biri gibi olmak istemiyordum.

"Bu, işin başlangıcı değildi Barbarigo, asla başlangıcı değildi. Beni şimdi hatırlayabildin mi? En azından sesimi, bir karnaval maskesinin arkasından gelmiş de olsa sesimi hatırlayabildin mi? Başıma gelenlere karşın neyse ki o değişmedi. O bendim Barbarigo, senin onunla kaçıp gitmeni bir soğuk ocak ayı gecesinde engelleyen bendim. Foscari malikânesinde. Ben, Giorgio Veniero. Ve sen... Hatırla, beni babana ihbar etmekle tehdit etmiştin."

Hasmımın yüzü sanki şahdamarı kesilmiş gibi solgunlaşmıştı. Oysa biliyordum, şu ana kadar yaptığım yalnızca bir çizikti.

"Evet, evet, hatırlıyorum," diye kekeledi. "Bunca yıldır ne unuttum, ne de affettim."

"Ben de öyle Barbarigo. Ben de... Aslında keşke bıraksaydım da seninle defolup gitseydi, ama yine de affetmedim seni. Keşke o belayı alıp gitseydin hayatımdan..."

Barbarigo kımıldandı. Hemen toparlanıp dikkatimi tekrar hançerimde topladım, duygusallığın beni zayıflaştırdığını düşünmesini istemiyordum.

Ama birden farkettim, aslında onun tamamen ölmesini istemiyordum. Onun yaşaması da ölmesi de ne benim, ne de sorumlusu olduğum iki kadın için bir şey ifade ediyordu. Eğer arkamı dönüp çekip gitsem ve Safiye'nin dalaverelerine bulaşmaktan vazgeçsem hepimiz güvende olurduk. Ama Baffo'nun kızı, beni yine çekivermişti entrikalı hayatının içine. Bu nerede bitecekti? Bu sorunun cevabını kim verebilirdi? Ve hanımımla onun minicik kızının yaşantısını nasıl etkileyecekti olup bitenler? "Şeytan" kelimesinden başka bir şey aklıma gelmiyordu.

Neredeyse bunları Baffo'nun kızının çok daha önceden planladığına inanmak üzereydim. Yine onun elindeki iplerle oynatılıyordum, bir kez daha... Pera'daki kasabın evinde başıma gelenlerin sonucunda onun pis ve tehlikeli etkisinden artık kurtulduğumu sanıyordum, buna inanmıştım. Oysa şimdi aklımı kaybetmiş gibiydim, kıskançlık ve öfkeden kudurmuş gibi geçirdiğim son bir saat beni çılgına çevirmiş, aradığım huzurdan çok çok ötelere taşıyıvermişti.

Bu sersemliğim, İsmihan ve Gülruh'a bile zarar verebilirdi.

Hançeri kendime çevirmem belki de en iyisiydi. Eğer onları korumak için yanlarında var olmazsam mutlak acı çekerlerdi. Ben de onları görmesem acı çekerdim, bu kesindi.

Barbarigo'nun gözlerinden yaşam pırıltılarını söküp alıversem, bu kime yarayacaktı? Ne imparatorluk, ne Murad bunu bilecekti. Yalnız ve yalnız onun işine gelirdi bu. Zehirli bademlere benzeyen gözleri olan Sofia Baffo'nun işine... O, her şeyi yönetiyordu. En iyisi ondan uzak olmaktı. Onun âşığını öldürmek bize bir yarar sağlamazdı.

Barbarigo gözlerimdeki kararsızlığı okumuş gibiydi ve sanki cesaretlendirmek istercesine hafifçe gülümsüyordu. Bu beni tekrar öfkelendirdi, son vuruşu yapmak üzere kolumu tekrar havaya kaldırdım.

Ve tam bunu yaptığım anda biri beni yakalayıp karşı duvara fırlatıverdi.

Elimdeki hançeri alan adama başımı kaldırıp bakabildiğimde, yeşil şimşekli mavi gözleriyle Gazanfer karşımda duruyordu.

Omzunun üzerinden, "Haydi çabuk ol! Koş, kaç!" dedi ataşeye.

Barbarigo da bu canavarı görünce benim kadar şaşırmış ve donakalmıştı. Gazanfer koca cüssesiyle üzerime çökmüştü, genç ataşe korku dolu gözlerle hâlâ kımıldamadan duruyordu.

Gazanfer tekrar bağırdı. "Haydi gitsene!"

Bu kez ben konuşmaya başladım, yine Venedikçe tabii. "Ondan uzak dur Barbarigo." Eller gittikçe aşağı iniyor, boğazıma doğru dayanıyordu. Ama hava alabildiğim süre boyunca bağırmaya devam ettim. "Barbarigo, yemin ediyorum, ailemin tüm mezarları üstüne yemin ediyorum. O kadın, Sofia Baffo, cehennem sarısı saçlarıyla her erkeğe yaptığı gibi seni de yok edecek, buna yemin ederim."

Sonunda Barbarigo koşup gitti. Bir kuyumcu tezgâhının arkasında kayboldu, sözlerim bir süre daha onu izledi.

Sonra susup uzun bir soluk aldım, sonuncu olabilir miydi acaba? Ve o yeşil kıvılcımlı mavi gözlere baktım. Gerçekten de bu hadımın yüzünde hiçbir ifade yoktu, duygusuzmuş gibi duruyordu. Tekrar soluklanmama izin verdiğinde tüm cesaretimi toplayıp ona bildiklerimi anlattım ve eğer benim bu bilgiyi kullanmamı istemiyorsa beni öldürmesi gerekeceğini söyledim.

Uzun kavuk şöyle hafifçe itiraz eder bir biçimde sallandı. *Hayır bunu kullanmayacaksın,* diyordu, hiç mi hiç konuşmadan. *Eğer buna kalkışırsan, işler ne senin, ne de kıymetli hanımın için iyi olur,* diyordu.

Acaba gerçekten de sırrımızı biliyor muydu? Bu hadım bizim tehlikeli sırrımızı biliyor muydu?

*Eğer sen benim hanımımın sırlarını ortaya dökersen,* diyordu gözler, *ben de senininkinkileri dökerim... İkimiz de biliyoruz ki onun çok sevgili kızı saygıdeğer Vezir-i azamın kanından gelmiyor.*

**Bölüm II**

# Andrea

# IV

*BİNBİR GÜZEL KOKU* salan zakkum ve güllerin arasında zarif kanatlı kelebekler gibi dolaşıp duruyordu neşeli nağmeler. Dört genç kızdan oluşan koro, bu sakin eylül akşamüstünde şarkının nakaratını son kez tekrarladıktan sonra, başka şarkıya geçmişti.

Ah Venedik! İnsan, kalbi nerede olursa olsun yine de bu kentte romantikleşiveriyordu.

Andrea, artık babasını utandırıp bahçenin uzak köşelerine kaçırtacak bir durumda olmadığını biliyordu, çevresindeki herkes bu nişan törenine yakışır kişilerdi.

Bu kızlardan hangisi onun olacaktı? Foscari... Ailenin adı kızın yüzünü hemen gözlerinin önüne getirivermişti. Tıpkı babasına çekmişti, ne talihsiz bir burnu vardı genç kızın. İşte oradaydı, soldan ikinci, şarkının en ağır bölümlerini söylemekle meşguldü. Melissa Foscari...

Aslında kızların içinde en güzeliydi ama yine de Andrea'ya hoş görünmüyordu Madonna Foscari. Küçük yüzüne yakışmayan abartılı bir biçimde tepesine toplanmıştı kızın saçları. Lülelerin arasına iliştirilmiş inci dizileri de gözüne uygunsuz geliyordu. Topuzun arasındaki bu takılar saça zengin bir görüntü vermesine veriyordu, ama genç birine çok yakıştığı da söylenemezdi.

Zaten bembeyaz inciler Sinyorina Foscari'nin saçlarının koyuluğunu vurgulamaktan başka bir işe yaramıyordu. Bütün

Venedikli kadınlar gibi saçın orası burası kumrallaştırılmaya çalışılmıştı ama yararsızdı. Bu çaba, doğal güneş açılması izlenimi yaratmamıştı. Hepsi de Sofia Baffo'nun mükemmel görüntüsünü taklit etmeye çabalıyordu ve ne yazık ki bu olanaksızdı.

Birkaç yeni konuğa daha 'hoş geldiniz,' derken yüzündeki tiksintiyle karışık ilgisizliği saklamaya çalıştı Andrea. Titreyen elleriyle o güzelliği yakalamış biri, nasıl gönül hoşnutluğuyla daha azına razı olabilirdi?

Kanallardaki sular şu sırada iyiden iyiye yükselmişti. Andrea kentin bu mevsimde, insanın ciğerlerinin en uzak köşelerine kadar demir bir el gibi uzanan rutubetli ve ağır kokusunu çoktan unutmuştu. Şimdi suyun üzerindeki sarımsı yeşil tabakaya bakıp, farelerin suda çıkardığı seslere dayanmakta zorlanıyordu. Tifus, her zamanki gibi kentin yoksul kesimlerini kırıp geçiriyordu mutlaka.

Ama Wisteria, Sarayın en üst katına doğru bir âşığın sevgilisinin balkonuna uzandığı gibi yakındı. Sarmaşığın dalları arasından bu güzel mermer peri ona en güzel duyguları yaşatıyordu. Foscari'ler bu şahane heykelin ışıklandırmasına gerçekten de bir servet harcamış olmalıydılar. Bu görkemli güzellik, tüm çıplaklığıyla ve müthiş gücüyle ona sevgili Sofia'sını hatırlatıyordu.

Andrea, kırmızı ceketli uşağın ona uzattığı tepsiden bir kadeh şarap aldı, belki de bir yıldan bu yana içtiği ilk şaraptı, bıraktı ki ağzına bu nefis tat dolsun. Bu minik kırmızı havuzun üzerinden mermer periyi seyretmeye daldı tekrar.

"İyi iş becerdin evlat."

Andrea çaresiz bir biçimde yeni dantel yakalığındaki şarap lekesine bakakalmıştı. Aceleyle geldiği Venedik'te üzerine sinmiş Türk üslubunu bir an önce sıyırıp atmak için elinden geleni yapmıştı ve şimdi her şey sırtına inen bir şaplakla berbat olup gitmişti. Bu dostça selamın sahibi müstakbel kayınpederi Foscari idi.

'Galiba ben asla bir Venedik kibarı olamayacağım,' diye düşündü.

Yaptığına hiç mi hiç aldırmayan yaşlı adamın yanında Andrea'nın babası Agostino Barbarigo vardı, Cumhuriyet'in en önemli adamlarından biriydi o.

Andrea, gözleri babasıyla karşılaşınca tedirgin bir biçimde toparlandı, o meşum kaçış olayı da burada olmuştu, Foscari'lerin konağında ve birden koltuk altındaki yara sızlar gibi oldu, hadımı hatırladı.

İstanbul'daki hadımla, Foscari'lerin salonundaki maskelinin aynı insan olduğunu düşünmekte zorlanıyordu. Hem zamanda, hem mekânda ne kadar da farklıydılar. Ve Andrea için o maskeli, tüm hayallerini ve mutluluğunu yok eden bir karabasan sembolüne dönüşmüştü.

Ama Andrea hiç kimseye, özellikle de geçmişten gelen bir hayalete pabuç bırakmayı düşünmüyordu. Onu artık hiç kimse tehdit edemezdi. O çoktan zarlarını Silahhane'nin arkasında atmıştı ve ne olacaksa olacaktı.

Andrea dikkatini koronun pek de ritmik olmayan nağmelerinden uzaklaştırıp gecenin nemli ve sakin havasına verdi, sanki tek bir hızlı yürek atışı bile her şeyi değiştirebilecek gibi görünüyordu.

Saat kaç olmuştu acaba? Belki de çanlar çoktan geceyarısını vurmuştu, ama bütün bu hareketliliğin içinde fark etmemişti bile. Buna şaştı, çünkü Hıristiyan âlemine tekrar döndüğünden beri neredeyse unuttuğu bu çeşit seslerle yerinden zıplayıp durmuştu. Müezzinleri özlediğini düşündü.

"Genç dostum, bu konuda gerçekten ne düşünüyorsun?" Foscari kolunu dostça Andrea'nın omzuna atmıştı.

Kızı hakkında mı gerçekten ne düşünüyordu? Bu düşünceyle bir süre sessiz kaldı.

"Ne hakkında ne düşünüyorum efendim?" Saçma sapan bir cevap vermeden önce zaman kazanmak istiyordu.

Foscari, "Sakız hakkında," dedi.

"Sakız?" Andrea yutkundu.

"Sence onu alabilir miyiz?"

Oğlunun doyurucu bir cevap veremeyeceğini düşünen Agostino Barbarigo hemen lafa girdi. "Yılın bu mevsiminde Türkler bir saldırıyla karşılaşacaklarını asla düşünemezler."

Sofia ona her şeyini verebileceğini söylemişti ama tek bir koşulla, yalnızca başarırsa...

Foscari, "Evet ve eğer Cenevizliler böyle bir büyük ödülü, Doğu'nun giriş kapısını ellerinde tutmayı beceremeyeceklerse, Cumhuriyet tabii ki onların yerine bunu yapabilir."

"Donanmamız bu görevi başarıyla yerine getirebilir değil mi, sen ne diyorsun?" diye sordu babası.

Andrea umutsuzca doğunun, Sakız'ın olduğu yönün ne tarafta olduğunu bulmaya çalışıyordu. Bu aynı zamanda, öğleden sonra gördüğü Silahhane'nin de olduğu yerdi. Şimdi karanlıkta batıdan doğuya bakmak çok zordu ve Cumhuriyet'inkilere ters görünen kendi planlarını açıklamak da....

Ya Guistiniani, şu kendisine ait olan adayı Venedik'in alabileceğini aklına bile getirmekten hiç hoşlanmayacak olan Ceneviz asıllı Sakızlı yakalandıysa?... Ya gece gözcüleri onu çoktan ele geçirdiyse?... Sağlam birine benzese de, Sakızlı'nın ilk işkence denemesiyle bülbül gibi öteceğinden emindi Andrea. Belki, o böyle zakkumlar ve güller arasında gevezelik yaparken Guistiniani çoktan her şeyi itiraf etmişti.

Andrea koronun ve gondolcuların şarkılarının arasından bile olsa Büyük Kanal'dan gelecek olan devriye gondolunun sesini duyabileceğini düşünüyordu. Her an, her saniye aniden Foscari'lerin malikânesine yanaşabilirlerdi.

"Andrea konuğumuza cevap versene," diye adeta tıslayarak uyardı baba Barbarigo.

"Ne de olsa genç bir adam," dedi Foscari gülerek. "Aklı kızımda..."

"Sakız konusunda böyle sus pus durmanın ötesinde bir şeyler olmalı Andrea." Agostino'nun tepesi atıyordu. Andrea bir yudum şarapla boğazını temizledi ve "Türkler'in Sakız'ın geleceğiyle ilgili planları olduğu kesin," dedi.

Sesi tizleşmişti, yine hadımı hatırladı. *"Sofia Baffo'nun o cehennem sarısı saçları senin de başını yakacak."* Andrea hatırladıklarından etkilenmişti, bir an titredikten sonra tekrar başladı konuşmaya,

"Türkler adadan bizim sandığımız kadar kolay vazgeçmeyeceklerdir."

İki yaşlı adam bir ağızdan, "Gerçekten mi?" diye sordu. İkisi de kalın kaşlarını havaya kaldırmıştı.

"Yalnız sakız üretiminden bir yılda ellerine geçen bile bir servet sayılabilir."

"Görülüyor ki Cumhuriyet'in adaya sahip olması için çok sağlam nedenler var," dedi Agostino Barbarigo, göğsüne kadar inen gür gri sakalları titriyordu.

"Gerçekten de öyle..." Andrea bu konuda konuşmakta zorlanıyordu, bir süre durakladıktan sonra devam etti sözlerine. "Bu gelirin büyük bölümü Saray haremine gidiyor. Osmanlı erkekleri kadınlarına böyle bir hakaretin yapılmasına katlanamazlar."

Hele de kadınlar asla, diye düşündü Andrea. Malki'lerin dükkânında son defa o yaseminle karışık badem kokusunu doya doya içine çektiği günü hatırladı. Allah korusun, dedi sonra içinden. *Son defa değil, asla son defa değil...*

"Donanmamız bu dinsizlere katlanmayı öğretecektir," diye hiddetle cevap verdi Barbarigo.

Gönülsüz, "İnşallah," dedi Andrea.

"Bu sapık laf da neyin nesi oluyor?" diye sordu babası.

"Afedersiniz efendim," dedi Andrea. "Hiçbir Türk kaygı duymadan geleceğe bakmaz. Bu kelimenin anlamına gelince, eğer Tanrı izin verirse, demektir."

Foscari bir kahkaha attı. "Demek ki Türkler bizim bu gece yaptığımız gibi geleceğe dönük bir olayın kutlamasını yanlış bulurlar, hatta aforoz ederler."

"Sakız adasındaki iş, Aziz Marco ile ilgili olunca Tanrı'nın buna bir itirazı olacağını hiç sanmıyorum," diyerek konuyu kapattı Agostino Barbarigo.

Andrea bu kez "İnşallah"ı içinden söyledi. Santa Sofia'nın çanları tekrar çalmaya başlamıştı, San Felice de ona katıldı ve sonra Venedik'in tüm çanları... Geceyarısı yeni olmuştu demek. Bu sesler ona, bir çocuğa söylendiği gibi, artık yatağa git, diyordu sanki ve tıpkı kanalın sularına benzer bir sakinlik içinde akıp gidiyorlardı gecenin içinde.

Sesler giderek hafiflerken birden bir gümbürtü duyuldu. Tabii ki bunu bekliyordu. Devriyenin kapıda olup olmadığını bir an için endişeyle düşündü, hayır onlar değildi bu gürültüyü yapan.

Dudaklarından bu ferahlamayla birlikte "Maşallah," kelimesi döküldü, ama o sırada ayaklarının altındaki çamurlu toprak öylesine büyük bir sesle sarsıldı ki, bunu hiç kimse duymadı. Üst kat pencerelerinin camları patlamış, tıpkı bir şelale gibi kanala dökülüyordu.

Birden doğunun, Silahhane'nin hangi tarafta olduğunu apaçık gördü. Az önce kapkaranlık olan gökyüzü, şimdi art arda patlayan barut fıçılarından çıkan ateşle, sanki çılgın bir şafak söküyormuşçasına turuncuya ve hatta kızıla dönmüştü.

# V

"*BENİ GÖRMEYE* gelmeyecek mi?..."

Andrea kendi sesindeki ölümcüllüğü duyabiliyordu. Bunun nedeni devasa hadımın bir ölüm maskesine benzeyen yüzüydü. Sözcükler kuyumcunun gizli odasında bir mezardaki fısıltılar gibi yankılanıyordu.

Duvarlar arasındaki çarşının alışılmış sesleri geliyordu kulağına. Altının keskin, metalik kokusu Yahudiler'in pırıl pırıl dükkânının temizlik kokusuna karışıyordu. Her tarafta yakılmış tohumların tütsüleri genzini yakıyordu. Bütün bunlar iki aydır hiç durmadan özlediği, gözlerini yaşlarla dolduran bir ortamın sembolleriydi. Ve şimdi her şey bozulmuş, yok olmuş gibi geliyordu Andrea'ya.

Kendi cümlesinin edilgen tavrından yaralanmıştı, bundan sıyrılıp kurtulmak istiyordu. Hayatı boyunca kendini hiç bu kadar öfkeyle dolu, ihanete uğramış ve korkmuş hissetmemişti.

Yine de, "Sofia beni görmeyecek mi?" diye tekrarladı. Nefes alabilmekte zorlanıyordu sanki, derin derin hava çekti içine. "Şehvet düşkünü Şehzade gelmiş olmalı..."

"Şehzade Murad, Allah onu korusun, hâlâ Manisa'da," diye ağırbaşlı bir ses tonuyla cevap verdi Gazanfer.

"O halde... Allah korusun, Sofia hasta olmalı." Andrea huzursuzca ayaklarını oynatıp duruyordu. Sanki kalkıp koşmak istiyordu, oysa bu küçücük yerde duvarlara ya da dev gibi hadıma çarpmadan yürümek bile olanaksızdı.

"Allah'a şükür, hanımımın sağlığı da yerinde."

"Ama beni görmüyor, öyle mi? Buna dayanamam. Bana sırt çeviremez, onun için bütün yaptıklarımdan sonra..."

"Yaptıklarınızı gayet iyi biliyor," dedi Gazanfer. Tanrım, adam gerçekten taştan yapılmış bir heykel gibiydi.

Andrea'yı yalnız ölüm durdurabilirdi. Herhalde Sofia da aynı durumda olmalıydı. "Bilmiyor. Bilemez."

"Venedik Silahhanesi'ni mi? Evet, biliyor. Siz biraz gecikmiş olmalısınız, biz haberleri yaklaşık bir hafta önce aldık ve hanımım bu işte sizin parmağınız olduğunu hemen anladı."

"Hayır, bilemez. Foscari'lerin terasında nasıl durduğumuzu ve gördüklerimizi..."

Andrea kafasında dönüp duran anıları durdurmaya çalıştı. Bunlar korkunç, Şeytani şeylerdi. Olayı takip eden haftalar boyunca pek çok kez bunları beyninden söküp atmak istemişti. Hep bunları Sofia'ya kendi ağzıyla anlatacağını ve onun bir öpüşüyle zihninin tekrar tertemiz olacağını düşleyip durmuştu.

"Bir savaşta çok daha fazla insan ölürdü, öyle değil mi? Venedik kazansaydı bile, öyle değil mi?"

Neden bu cümleyi âşığına değil de, onun yerine gelmiş olan bu duygusuz, ruhsuz yaratığa söylemek zorunda kalmıştı, neden? Daha fazla kendini ele vermek, itiraflarda bulunmak istemiyordu, huzursuz elleri orada burada dolandı. Kendisini de davranışlarını da kontrol edemiyordu, çaresizdi.

"Herhalde." Bundan başka bir şey söylemedi Gazanfer.

"Bunları onun için yaptığımı bilmeli."

"Biliyor ve bu yüzden minnettar size."

Andrea çok fazla konuşmuş olduğunun farkındaydı. Hadım, Tanrı gibi duruyordu karşısında, aslında o Tanrı'nın daha ateşli gözleri olduğunu düşlerdi, babası Agostino Barbarigo gibi. Ama yine de kendini durduramıyordu.

"Asla pişman olmadım. Tek bir şey için bile, tek bir an için bile, asla. Şimdiye kadar... Söyle bana. Allahım... Beni görmeyecek mi?"

"Sakin olun efendim, hanımım size minnettardır, söyledim bunu."

"Ama başka bir şey yok, öyle mi? Hiçbir şey... Görüntüsü bile."

İki aydan bu yana Andrea, zevkin doruğuna çıktığı bu odaya geri dönmekten başka bir şey düşünmemişti. Ama şimdi âşığı yanıbaşında olmadığına göre, buraya geri gelmek sadece ona duyduğu aşkı kamçılamış ve yüreğini derin bir acı kaplamıştı. Diğer hadımın, Veniero'nun sözleri yankılanıyordu kulaklarında. Ne demişti...

Bu kadarı Sofia'ya yetmeyebilir miydi?

Mantığından geriye kalan kırıntıları kullanarak düşünmeye çalıştı. Eğer Sofia, Sakız'ın Osmanlılar'da kalmasını istiyor idiyse, demek ki asla ve asla onunla Venedik'e geri dönmeyi düşünmemişti. Eğer Venedik adayı alsaydı, Sofia bu Sakız ganimetinden biraz pay kapabilirdi ama daha fazlasına sahip olma şansı vardı. O da şehvet düşkünü Şehzade'nin bir kölesi olarak haremde kalması koşuluyla...

Bu düşünülemezdi. Bir şeyler yanlıştı. Böyle bir şey olamazdı, bu işte bir bit yeniği vardı.

Tek olasılık, Sofia'nın istediği halde ondan uzak durmak zorunda kaldığıydı. Belki de birileri ilişkilerinden kuşkulanmış, o da bunun ortaya çıkmasını engellemek için tedbir almıştı. Demek ki artık asla daha önceki gibi özgür olamayacaktı.

Belki güvende bile değildi.

"Ama yeterdi, yeterden de fazlaydı." Birden bağırarak düşündüğünü fark etti Andrea. "Eğer benim gördüklerimi görseydi, duyduklarımı duysaydı... Guistiniani'den geriye kalan tek şey kulağındaki küpe oldu. İnsanların feryatları hâlâ kâbusum benim. Çığlıklar, ağlamalar, yardım edemediğim insanlar, hepsi de anadilimdeydi bunların, onun da anadilinde..."

Andrea deli gibi kıpırdanmayı ve konuşmayı kesti. İçindekiler onu neredeyse bir çocuk gibi hıçkırıklara boğacaktı. Düşmemek için arkasına yaslandı.

Oturduğu yer Sofia ile aşk içinde yuvarlandıkları yatağın kenarıydı. Burada oturmaya devam edebilmesi için zihnindekileri temizleyip bir kenara atması gerekiyordu. Başka şeylerin de farkında olmalıydı, kesindi ki bu odayı daha önce başka başka insanlar, başka başka amaçlar için kullanmıştı. Bu düşünce sanki onun gözlerinin önündeki bağı da bir parça çözmüş gibiydi. Kendini dünyadaki diğer takdis edilmemiş insanlarla bütünleşmiş hissediyordu. Cinsellik peşinde kendisini aşağılayanları, kendi duygularından başka bir şeyi düşünemeyenleri aklından geçirmek ve duygusal ortaklıklar aramak, yine de onun incinen gururuna, zedelenen itibarına yarar sağlamıyordu.

Ne kadın, ne erkek, hatta ne de bir canavar olan bu yaratıkla konuşmak da öyle. Ama Sofia'nın beklenmedik tavrına katlanabildiğine göre her şeye katlanabilirdi artık, bundan emindi.

"Sanırım bana söylemek istediği bir şeyler olmalı." En sonunda doğru kelimeleri bulabilmişti.

"Evet, var."

"Demek ki var. Zaten öyle olmasa seni buraya yollar mıydı?"

"Aslında söyleyeceklerimin ne kadarıyla ilgileneceğinizi bilmiyorum."

"Haydi, Allah aşkına söyle," diye patladı Andrea. "Bana Sofia'nın verdiği acıdan daha fazlasını nasılsa veremezsin."

Hadım oturduğu yerde sandalyesini çatırdatarak kımıldandı, sanki odada ikisine yetecek kadar hava yok gibiydi. "Anlatacaklarımın hanımımla pek az ilgisi var."

"Söyle üstat, söyle de bitsin bu çile."

Andrea'nın arkasındaki duvara bakarken hadımın mavi gözlerinde yeşil kıvılcımlar dolaşıyordu.

Andrea onun baktığı yere bakıp konuyu uzatmak, daha da katlanılmaz bir hale getirmek istemiyordu.

"Hanımım başıma dün sabah gelen bir şeyi size anlatmamı istedi."

"Hepsi bu mu?" Bir hadımın başına gelenler hiç kimsenin ilgisini çekmezdi.

"Evet, hepsi bu," diye cevap verdi Gazanfer. "Ama bana biraz kulak verin, isterseniz sonra dinlemeyin. Benim bir zamanlar Selim'in kızkardeşi Mihrimah Sultan'ın hizmetinde olduğumu biliyor muydunuz?"

Andrea başını salladı, bilmiyordu. Aslında bu hikâyeyi neden dinlemek zorunda olduğunu hâlâ anlamamıştı. Böylesine bir acı ve çaresizlik içinde onu hiç mi hiç ilgilendirmiyordu hadımın anlatacakları. Ama sonuçta unutmaması gereken şey, Sofia'nın bu adama çok güvenmesiydi. Andrea toparlandı, "Affedersin üstat," dedi. "Lütfen devam et."

"Yaklaşık altı yıl kadar önceydi, Selim –şu anki Sultan– henüz sadece veliaht şehzadeydi."

Andrea hadımın alışıldığı gibi Sultan'dan söz ederken saygı dolu tamlamalardan birini kullanmamış olduğunu fark etti. Acaba hadım, ruh ve beden olarak sahibi olan Sultan'a karşı bir ihanet içinde miydi? Bu, onun neden bir itiraf gereksinimi içinde olduğunu açıklayabilirdi. Bunları hiç ama hiç kimseye söylemesi mümkün değildi Gazanfer'in. Andrea daha büyük bir dikkatle adamı dinlemeye başladı.

"O günlerde davranış ve konuşmalarıyla onu tanıyan herkesin sevdiği bir genç vardı Sarayda. Bu özellikleriyle çabucak yükselip, Allah rahmet eylesin, Süleyman'ın hizmetine girmeyi başarmıştı. Ama o sırada Selim babasını ziyarete geldi ve iki gün sonra da genç hizmetkârı kendisinin istediğini söyledi. Selim rahmetli babasından daha farklı şeyler ister hizmetkârlarından. Zavallı çocuk bir Hıristiyan olarak büyütülmüştü ve yetiştirilme biçimi, efendisinin isteklerine boyun eğmesini zorlaştırıyordu. Bu arada şunu da bilmelisiniz, Selim ister kadın, ister erkek olsun sevgililerini karşı hiç de nazik değildir.

"Acı ve utanç içindeki delikanlı sabaha karşı bana sığındı. Kahrından neredeyse ölecekti. Onu yıkadım, istedim ki gece başına gelen cinsel felaketin izleri kalmasın, başkaları olsa bunu gururla taşırdı, ama o çocuk başkaydı. Zavallıcık kollarımda uyuyup kalmıştı. Belki de yanlış bir iş yaptım. Eğer böyleyse bile, Allah şahidimdir hiçbir kötü niyetim yoktu. Ona belki de efendiye karşı duyulan aşkın gerçek aşk olduğunu öğretmeliydim ama bunu yapmadım. Ve çocuk her gece Selim'in yanından kurtulur kurtulmaz benim odama gelmeye başladı. Sonunda da birileri bunu Selim'in kulağına fısıldamış olmalı ki, tıpkı zavallı bir anne ve çocuğu gibi bizi odada yakaladılar. Tahmin edebileceğiniz gibi Selim bu ilişkiden bambaşka anlamlar çıkarmıştı."

Gazanfer, böyle bir durumu nasıl da ruhsuz anlatıyordu. Sanki bir muhasebe defterindeki hesapları anlatır gibi duygudan yoksundu sesi. Hadımdan cinsel organıyla beraber insani olan her şey de kesilip atılmış gibiydi.

"Beni alıp Yedikule zindanlarına attılar. Saray duvarlarının dışındaki o korkunç yeri biliyor olmalısınız. Eğer orada yapılan işkenceleri bilmiyorsanız, size bana yapılanları anlatarak asaletinizin zedelenmesini istemem. Sadece şunu söyleyeyim, hanımım beni hadımların yattığı bir hastanede buldu."

Andrea, Sofia'nın şu an nerede olabileceğini düşünüyordu. Gazanfer böyle huzur içinde karşısında oturup hikâyesini anlattığına göre mutlaka ve mutlaka güvenlik içinde haremde olmalıydı. Ama bu yaratığın anlattıklarına bakılırsa harem, dünyada olabilecek en güvensiz, en korkunç yerlerden biriydi.

Gazanfer devam etti. "Selim benim sonsuza kadar acı çekmemi istiyordu, en azından kendi kontrol edebildiği sürece. Yavaş yavaş ölüm noktasına kadar getiriliyor, tam ölmek üzereyken iyileştirilip tekrar işkencecilere teslim ediliyordum. Selim defalarca bunları izledi, yanında genç dostumu da getirerek."

İşkenceden söz edilince, dikkatinin bir kısmının Sofia'da olmasına karşın Andrea hadımın anlattıklarının akışına kendini daha fazla kaptırmıştı. Sanki Yedikule'nin gölgeleri üzerine çökmüş gibi titredi ve Gazanfer susunca onu devam etmesi için cesaretlendirdi.

"Venedikli genç dostum size şunu söyleyeyim, öyle bir yere gelmiştim ki, kendi ölümümü dört gözle bekliyordum artık. İşte tam o sırada hanımım beni buldu ve bir büyüyle değil, ama büyük bir zekâyla ve beceriyle, ne yaptı yaptı beni satın aldı. Selim'in kendine yeni bir aşk bulup bana duyduğu hiddeti unutmuş olmasından çok mutlu olmuştum."

Hadımın başına gelmiş olanların bir bölümünü Andrea kendi gözleriyle görebiliyordu; elleri, burnu, elmacık kemikleri... Ve başka bir şeyi daha görebiliyordu: Adamın, hikâyesini anlatırken sıra Sofia'ya gelince sesine hâkim olan yumuşaklık, sıcaklık ve sevecenliği...

Andrea hadıma yakınlaştıkça, belki de Şehzade Murad'a yöneltmiş olduğu kıskançlığın yanlış olduğunu düşünmeye başlamıştı.

"Zavallı genç dostumu bir daha görmedim," diye devam etti hadım. "Bir kez dışında. O da dün sabahtı. Hanımım beni gizli savaş toplantısı konusunda bilgilenmekle görevlendirmişti. Mutfaktakilerle olan ilişkilerim sayesinde Divan'a hizmet etme işini elde etmiştim. İçkilerini, yemeklerini verirken her konuşulanı izleyebilecektim.

"Her şey yolunda gidiyordu. Vezirler ve paşalar Yemen'deki isyanın bastırılması için tüm gücün kullanılması konusunda aynı düşüncedeydiler. Şeyhülislam da gereken izni veriyordu, sonra Sultan geldi."

"Sultan Selim!" Andrea bağırmaktan kendini alamamıştı.

"Evet, babasının yerine geçen Selim."

"Ama onun Divan'a ya da savaş toplantılarına artık gelmediğini duymuştum. Yani en azından elçiler böyle olduğunu sanıyorlar."

"Ben de öyle sanıyordum," dedi Gazanfer. "Sizin gizli haber alma örgütünüzün bizimkinden iyi olduğunu düşünürüz, demek ki haklıyız."

Hadım dalga mı geçiyordu, kızmış mıydı? Andrea bunu anlayamamıştı, adamdan devam etmesini istedi.

"Ben de dahil olmak üzere herkes Sultan'ın odaya girmesine şaşıp kalmıştı. Üstelik yanında bir yığın da adam vardı. İçlerinden biri de Yasef Nasi'ydi."

"Çocukluğundan beri Selim'in arkadaşı olan Yahudi mi?"

"Kesinlikle. Belki insanlar size söylemeye cesaret edemezler ama ben şunu belirteyim, aslında Selim'i baştan çıkaran odur. Sultan'ı parmağında oynatmaktan daha fazla tutkuyla bağlı olduğu bir şey yoktur onun ve bu uğurda her şeyi göze alır. O gece Sultan'ın toplantıya gelmesini sağlayan da oydu, bundan eminim. Sultan çoktan kafayı bulmuştu, iki kere ikiyi bile hesaplayamaz bir durumdaydı. Nasi olmasa Selim yerinden bile kımıldamazdı."

"Neyin planı yapılıyordu o sırada?"

"Bir dakika içinde konuya geleceğim, önce size Selim'in yanında Nasi'nin dışında birinin daha olduğunu söylemem gerekiyor."

"Evet, söyle, devam et," diye heyecanla Gazanfer'i cesaretlendirdi Andrea.

Gazanfer önüne baktı. "Benim genç dostum vardı," dedi. "Artık bir gözde değilse de, hâlâ Sultan'ın nargilesini getirmek ve minderlerini düzeltmek onun göreviymiş meğerse. Yalnızca birbirimize bakabildik, bakışlarımızla dedik ki, *Allaha şükürler olsun yaşıyoruz.* Daha fazla bir şey değil."

"Ya Sultan'ın planları?"

"Önce vezirler onun planlarına karşı çıktılar, yani tabii uygun bir dille. Söyledikleri saçma sapandı. Onu caydırmaya çalıştılar, o ısrar etti, sonunda da çıldırdı. Sakın onun iri yarı bir adam olduğunu sanmayın. Uzaktan görünce kaftanı, sarığı, sorgucuyla öyle sanılabilir ama, aslında çok ufak tefek biri. Hareketleri kadınsı, soluk tenli ve erkeklerin hoşuna giden av, ata binme gibi şeylerden hiç hoşlanmaz. Gözleri küçücük ve fersizdir ama bir de içti mi... Tam anlamıyla kudurup değişir o zaman, bambaşka bir adam olup çıkar. Gözleri, yüzü parlar, sanki ağzından ateş fışkırmaya başlar.

Vezirlere, 'Siz ne cüretle!' diye bağırmaya başladı o gece de. Söylemiştim, sarhoştu. 'Siz ne hakla bana karşı çıkarsınız!' diye avaz avaz bağırıyordu. 'Sizi istersem yarın öğle namazına kadar kaynar yağ kazanlarında kaynatırım ben,' diyordu. 'Hayatlarınız yalnızca bana zevk vermek için vardır,' diye haykırıyordu.

Herkes kalakalmıştı, hiç ama hiç kimse kımıldamıyordu. Ve yine şarap istedi, hemen koşup getirdik. Son şarabın da etkisiyle birden yirmi adam gücüne erişivermişti sanki. Hemen yanıbaşındaki yeniçerinin palasını çekip aldı belinden ve genç dostumun boğazına dayadı. O sırada gözlerini bana dikmişti ve ben içimden bana işkence edenlere dua ediyordum, çünkü yüzümün şimdiki haliyle Selim'in beni tanımasına olanak yoktu."

Gazanfer'in çakır gözlerinden o sırada geçen duygu pırıltılarını buzlu sularda yüzen bir balığa benzetti Andrea.

## VI

DELİKANLI hiç direnç göstermedi," diye hikâyesine devam ediyordu hadım. "Sızlanmadı bile. Eğer efendisi söyleseydi kendiliğinden yere uzanabilirdi zaten. Ama Sultan onu öfkeyle itip kılıcını hızla tam kalbine sapladı, zavallı adeta halıya çivilenmişti.

"Sultan, 'Hepiniz beni dinleyin!' diye bağırdı. 'Hepiniz! Vezir-i azam, Kaptan Paşa... Adınız, süslü ünvanlarınız ne olursa olsun, hepiniz benim kölemsiniz. Solucandan farkınız yok gözümde... Eğer istersem bunu tümünüze birden yaparım, anladınız mı? Dünyadaki hiçbir şey de beni durduramaz. Eğer istersem... Belki de... Şimdi, söyleyin bakalım, kararını verdiğim savaş yapılacak mı, yapılmayacak mı, ada alınacak mı?'

"Can çekişen çocuğa bakmamaya çalışarak, 'Dileğiniz emrimizdir efendimiz', diye bir ağızdan cevap verdiler.

"Şeyhülislam bile sesini çıkarmamıştı –ki o ne Sultan'ın kölesiydi, ne de Kur'an ve Peygamber'in söyledikleri dışında bir emre uyma zorunluğu vardı–, Selim'in deliliğini o da kontrol edemiyordu bu kez.

" 'Evet', dedi, 'Gerçi Ada daima Hıristiyan olmuştur, ama tarihi boyunca hem Memluklara hem de İslam'ın ilk halifelerine bağlılık vergisini ödemiştir, O halde imparatorluğun sınırları içine katılmaması için hiçbir neden yoktur.' "

Andrea, karşısındaki ifadesiz yüzlü adamın anlattıklarına inanamıyormuş gibi başını iki yana salladı. O sırada, Sofia da dahil tüm diğer üzüntülerini unutmuşa benziyordu. "Bir tek adamda bu kadar güç ve yetki... Eğer bir dük onun gibi davranmaya kalksa, senato hiç gözünün yaşına bakmadan hemen hakkından gelir. Diğer ülkeler için de durum değişmez. Avrupa'nın dünyanın başka yerlerine uzanmakta niye geri kaldığı ortada!"

"Ama bir konuyu unutmamak gerek," dedi Gazanfer. "Bir kişinin kendisi için istedikleri diğerleri için uygun olmayabilir."

"Madagaskar gibi barbarların yaşadığı bir adanın imparatorluğa katılması mutlaka onlar için de çok iyi olur."

"Madagaskar mı?" Ben ada dediğimde bunu mu anladınız?"

"Tabii ki. Tek mantıklı görünen bu. Orası Hindistan yolunun ilk adımı olabilir. Sultan bunu hedefliyor olmalı kesinlikle... Yemen dedin, öyle değil mi? Ben de düşündüm ki..."

"Dostum. Siz beni yanlış anladınız. Sultan'ın asla böyle bir şeyin peşinde olduğunu söylemedim. Bu anlattıklarınız aklı başında birinin düşünüp hedefleyeceği şeylerdir." Sözlerini tamamlamadan hemen önce hadımın gözlerinden belli belirsiz bir hüzün bulutu gelip geçti. "Selim'in sözünü ettiği ada Kıbrıs."

"Kıbrıs?"

"Evet, Kıbrıs. Bilirsiniz orası dünyanın en iyi üzümlerini yetiştirir ve satmak üzere burası için ayırdığı miktar da asla yeterli olmuyor..."

"Ama Kıbrıs, Venedik Cumhuriyeti'nindir."

"Kesinlikle dostum."

Hadımın ses tonundaki abartılı sabır, Andrea'ya Venedik hakkında fazla konuşma hakkı olmadığını mı ima ediyordu acaba? Bu garip yaratıktan ilk kez duygusal bir tepki almıştı, küçümseme... Adam onu küçümsüyordu. Çünkü konuyla ilgili ve sorumluluk içinde olması gerekirken Andrea, bir şehvet dalgasının peşinde her şeyi unutup savrulmuştu, hadımsa ona ders verecek kadar ilgili ve bilgiliydi.

Yine de şaşkınlıkla konuşmasını sürdürdü: "Ama bu savaş ilanı demektir!"

"Şimdi görüyorum ki, Madagaskar halkına olduğu gibi duyarsız değilsiniz. Neden siz Avrupalılar barbarların hep uzaklarda yaşadığını düşünürsünüz?"

"Ama bizim Babıali ile yapılmış bir barış anlaşmamız var. Selim bunu bilmiyor mu?"

"Söyledim dostum, hatırlayın Şeyhülislam'ın sözlerini. Anlaşmaların onuru İslam'a katılacak yeni toprakların vereceği onurla kıyaslanamaz bile. Eğer bana inanmıyorsanız, gidip Yasef Nasi'yi bir ziyaret edin. Sultan onu adanın başına getirmek için söz vermiş. O da daha şimdiden kendisi için 'Kral Yasef' yazılı armalar sipariş etmiş bile. Hanımımın size iletmemi istediği konu işte buydu."

Andrea'nın yüreği Sofia'ya karşı minnetle dolmuştu. Her şeye karşın, demek ki onu unutmamıştı Baffo'nun kızı. Ama bu ilgi ve bilginin karşılığında ne beklediği kesin değildi, genç adam ona bir şey vermesi gerektiğini biliyordu. Aslına bakılırsa vermek istediği daha çok bedensel bir şeydi.

"Bu ruh hastası adamı durdurabilmek için bir şey yapılamaz."

"Az önce düklerin böyle bir güce sahip olmadığı için hayıflanıyordunuz.."

"Ama ne yapabiliriz?" Andrea sıkıntı içinde kıpırdandı. "Elçinin bir an önce Huzur'a kabul edilmesini mi talep etmeliyim?"

"Şu ana kadar henüz Sultan'ı şahsen göremediniz. Şimdi sizi kabul edeceğini nasıl umabilirsiniz? Kaldı ki onun gözünde sizin de diğer insanlardan bir farkınız yok, rahatlıkla sizleri de kılıcıyla halılara çakabilir."

Andrea giderek artan bir panik içinde, âşığının bu barbarların elinde tutsak olduğunu hatırladı. Acaba Sofia'nın anlatmak istediği şey bu muydu? "Dünyada hiçbir güç..."

"Hayır, ben bunu kastetmedim," diye söze girdi hadım. "Bunlar sizin kuşkularınız. Bize göre Sultan'ın vahşi talepleriyle başa çıkabilecek bir ya da iki güç vardır."

"Allah aşkına söyle, nedir bunlar?"

"Bunun birincisi dervişlerdir."

"Dervişler mi?"

"Evet, dervişler."

"Dervişler?" Andrea sabırsızlık içinde tekrarlayıp duruyordu bu kelimeyi. "Dervişler çılgın kişilerdir."

"Çılgındırlar ama Allah yolunda çılgın olmuşlardır ve öyle bir mertebeye gelmişlerdir ki, Sultan'ın kuralları onlara vız gelir. Eğer bir derviş gidip de Sultan'ın emrine girer, onun oyuncağı olursa insanların gözünde tüm gücünü, saygınlığını da yitirir. Eğer bir Sultan da tutup bir dervişe kendi yasalarını uygulamaya kalkarsa; onu hapse atmaya ya da öldürmeye yeltenirse -vezirlerine, paşalarına yaptığı gibi- olsa olsa bir şehit yaratır. Böyle bir şehit ise Sultan'dan daha güçlüdür, ölü olduğu halde...Ölüm biçimi korkunçlaştıkça şehidin gücü de artar. Hayır, bir dervişi asarak Sultan ipi kendi boğazına dolamış olur. Yeniçeriler bile Sultan'ın emirlerinden çok bir dervişin davulunun peşinden gitmeyi tercih ederler."

"Bunlar bir Müslüman için doğru olabilir ama bir Hıristiyan olarak ben ne yapabilirim?"

"Gidip önce dervişlerle konuşmalıyım, ancak ondan sonra neler olabileceğine karar verilebilir. Bir de, bir de... Önemli bir unsur daha var..."

"Nedir?"

"Harem tabii ki."

"Harem! Ama bu çok gülünç. O kadınlar da senin gibi köle üstat. Hatta köleden bile daha beter durumdalar. Gün ışığını görmeden yaşayan zavallılar. Sultan'ın gözünde onların İstanbul'un sıçanları kadar bile bir değeri yok."

"Dostum siz hareme Hıristiyan gözüyle bakıyorsunuz. Onları Catherine de Medici ya da İngiliz kraliçesi Elzabeth'le karıştırmayın. Onlara benim gözümle bakmaya çalışın. Benim gözlerim... Yarı kadın, yarı erkek, yarı Hıristiyan, yarı Müslüman gözler... O zaman hem kadın, hem de Türk olmanın ne demek olduğunu belki daha iyi kavrayabilirsiniz. Erkek dünyasından, o ilişkilerden uzak olmaları bu kadınlara inanılmaz bir güç vermiştir, inanın bana.

"Eğer Selim, kılıcını bu kadınlara karşı kullanmaya kalkarsa, bir gecelik eğlenceden çok daha fazlasını yitirir. Onurunu... Upuzun, askeri başarılarla dolu bir tarih bile böylesi bir durumu telafi edemez. Bir erkeğin onurunun iki paralık olmasından daha beter bir durum söz konusu olamaz ve bu tamamen kadınların elindedir. Ve o zaman Sultan öyle bir şehit yaratır ki, o şehit paçavralar içindeki bin dervişten bile daha güçlü olur.

"Ama biliyorum bunu anlamak güç, tarif etmek de... Tıpkı dervişlerin Allah'la olan gizemli ilişkisi gibi bu da açıklanması neredeyse olanaksız bir durum. Bunları genellikle hanımımla bile konuşamıyorum. Böyle durumlarda beni hemen 'Gazanfer, kendine gel, canımı sıkıyorsun, haydi yapılacak bir yığın iş var,' diye uyarır. Sık sık onun, yaşadığı haremi yeterince tanımadığını düşünmüşümdür. Her şeye karşın o bir Hıristiyan olarak doğup büyütülmüş biri."

Hadım durup sustu, alışılmadık bir şeyi yaptığının farkındaydı. "Bazen de onun haremin bu gücünü yanlış kullanmasından korkuyorum. Eğer bunu yaparsa o zaman erkeklerin yüz yüze geldiği tehlikelerle kendisinin de karşılaşacağını bilmesi gerekir ve korkarım ki... Ama o benim hayatımı kurtardı. Akıllı, iyi, cesur ve..."

"Ve güzel," diyerek bu tanımlamayı tamamladı Andrea.

"Evet, hem de haremin en güzel kadını. Bunun farkında olmayanlar yalnızca tamamen hadım edilmiş olanlar. Onun aleyhinde konuşamam. Ve beni size yollamasından da belli ki haremin gücünün ne olduğunun ve nasıl kullanılması gerektiğinin yeterince farkında."

"Hanımın benim ne yapmamı istiyor?" Andrea tüm bu anlatılanlara rağmen kendini hâlâ çaresiz ve kararsız hissediyordu.

Gazanfer, "Bunu bana söylemedi," dedi.

"Keşke senin yerine onun kölesi ben olsaydım," diye patladı genç ataşe. "Çünkü ben onun dudaklarından çıkacakları yerine getirmek için ölümü bile göze alırdım. Ama şimdi ne yapabilirim? Duyduklarım karşısında ne yapmam gerektiğini bilemiyorum."

"Benim size bir öneride bulunmama izin verir misiniz?"

"Memnuniyetle. Çünkü onun aklından geçenleri şu dünyada en iyi bilebilecek olan kişi sensin."

"Sanırım hanımım bu mesajla size şunu söylemek istiyor,

size ve İstanbul'da yaşayan tüm Venedikliler'e: Eşyalarınızı toparlayıp bir an önce önce ülkenize doğru yelken açın. En geç yarın Babıali size 'ya Kıbrıs'ı verin, ya da savaşırız,' diyecektir. Bu size biraz zaman kazandırır. Bu konuda biraz daha düşünebilirsiniz. Büyük bir olasılıkla iki gün içinde güvenlikle uzaklaşabilirsiniz buradan. Daha sonrası için hiç kimse güvence veremez, bu konuda harem de çaresiz kalır eğer gecikirseniz... Ve belki de, denizde donanmanızı bulup onları uyarabilirsiniz."

"Ne donanması?" diye bağırdı Andrea. "Ben onu kendi ellerimle yok ettim."

Bu düşünceyle yine tüm vücudu ürpermişti. Onun donanmayı yok etmesi yoksa yalnızca Sakız'la ilgili değil miydi, planın diğer parçası da Kıbrıs mıydı? Aklı karmakarışık olmuştu Andrea'nın.

"Ticari gemilerinizi donanmaya katabilirsiniz belki de," diye öneride bulundu hadım.

"Neyle? O eylül gecesi tüm silahlarımız binbir parçaya ayrıldı."

Gazanfer beyaz kavuğunu üzüntüyle salladı. "Bunlar benim çok dışımda ne yazık ki."

Ama Sofia'nın değildi.

Bu düşünce hadımın mı, Andrea'nın mıydı? Bunu uzaklaştırdı zihninden. "Tabii ki benim bir korkak gibi dövüş alanından çekilmemi istemiyordur."

"Ama onursuz bir yaşam..."

Bu ne anlama gelebilirdi? Böyle bir durumda onur ya da yaşam kalabilir miydi? O, hayatının anlamı olan Sofia Baffo olmadan...

"Çok gençsiniz dostum," dedi hadım, "ve doğal olarak da çok ateşli... Size söylemeye çalıştığım gibi ince ve beyaz ellerinde tuttukları erkek onuru aslında haremin onuru değildir."

"Osmanlılar gibi anlaşılmaz, bilinmez bir şekilde konuşuyorsun!" Genç adam diplomasiyi unutmuş gibiydi. "Bir kadın, korkak bir erkeği nasıl sevebilir?"

"Bir cesedi sevdiğinden daha çok sanırım."

Ya da bir alçağı...

Hadımın gözleri mi böyle diyordu, yoksa Andrea'nın kendi iç sesi miydi bu? Aslında bu konuda düşünmek istemiyordu. Yapılması gerekeni yapmıştı, o kadar. "Evet, aslında bu patırtı arasında ölmeyi düşünmüyorum."

"Bu yalnız Allah'ın ellerindedir."

Sofia, onun yaşamasını istiyordu. Bu umut vericiydi, onu hâlâ seviyor olmalıydı. Birden ani bir düşünceyle damarlarındaki kanın tümü donar gibi oldu. Ya onun yaşamasını aşkı için değil de, başka emellerinin gerçekleşmesi için istiyor idiyse? Daha fazla silahhaneyi bombalamak için... Tıpkı yıllar boyunca Selim'in o zavallı delikanlıya yaptığı gibi, sonunda halıya kalbinden geçen bir kılıçla çakılmak için geçen bir hayat... Acaba hadımın ona bu hikâyeyi anlatmasında özel bir anlam mı vardı, Gazanfer gizliden onu uyarıyor muydu?

Andrea adamın gözlerine dikkatle baktı ama hiçbir açıklama göremedi orada, ne bir onay ne de bir inkâr...

Gazanfer gitmek üzere ayağa kalkmıştı. "Ben hanımımın isteğini yerine getirdim. Bundan daha fazla bir şey söyleyemem. Allahaısmarladık Barbarigo."

"Dur, bir dakika dur!" Andrea telaş içinde adamın arkasından seyirtti, Sofia'nın ona ihanet etmesiyle ilgili tüm kaygıları tekrar silinip gitmişti yüreğinden. Boynunda asılı olan madalyonu çıkarıp hadıma uzattı. "Bunu al ve hanımına ver, benden..."

Gazanfer bu değerli, zarif el işi mücevheri kocaman kaba elleriyle tuttu. "Belki de size bir başka mesaj daha yollayamayabilir."

"Bu benim annemin madalyonuydu, ondan bana bir

anı.... Yeryüzünde başka hiçbir kadın; senin hizmet ettiğin, kalbimin sahibi Sofia dışında bunu taşımaya layık olamaz.

"Allahaısmarladık" diyerek saygıyla eğilen Gazanfer madalyonu göğsüne soktu ve kapıya doğru yöneldi. Çıkmadan önce dönüp, "tüm kalbimle dua edeceğim," dedi. "Hem iki ülkenin, hem de sizin ruhunuzun barışa ve huzura ermesi için."

"Ona de ki..." diye seslendi Andrea, artık Sofia'nın çevrelerindeki büyük tehdit ve tehlike nedeniyle yanına gelemediğinden emindi. "...Ona de ki, İstanbul'u onsuz asla terk etmeyeceğim."

## VII

ANDREA neler yapması gerektiğini gözden geçiriyordu. Gidip Divan'da güçlü ve etkili bir barış konuşması yapabilseydi... Bundan en az vezirler kadar etkilenen Safiye, Sultanın Gözü'nün perdesini çekip onun kollarına atılırdı mutlaka.

Ondan sonra neler olabileceğini ise net olarak söylemek zordu. Evet, odanın ve avlunun ağzına kadar yeniçerilerle dolu olması problemi vardı. Ama olsun, Sofia kollarındayken gerisi önemsizleşiyordu.

Bir diğer senaryo da şuydu: Saray duvarlarını aşarak çılgın Sultan'ı öldürebilirdi. Ve kırmızı kadife divanda, altın sarısı saçlarını dağıtmış, gözyaşları içindeki "o," bunu görünce bembeyaz kollarını boynuna dolayarak... Bir kez daha iş bu noktaya gelmişti hayallerinde ve yine daha sonrası önemsizleşivermişti.

Pek çok fantastik düşünce daha gelip geçmişti aklından, ama bunların hiç mi hiç uygulanabilirliği yoktu. Geriye tek bir yol kalıyordu ve o da bunu yapacaktı.

Vezir-i azam'ın konağının hemen yanındaki kiliseden bozma caminin avlusundaydı Andrea. Buradan Sofia'nın tahtırevanını kalın demir kapıların ardından da olsa görebilirdi.

Karadeniz'den esen keskin ve sert bir rüzgârla parmak uçları bile dondu. Bu rüzgâr, hem sokağın ucundaki lambayı söndürmüş, hem de Ay'ı bulutlarla kapatmıştı. Yakın evlerin çift kat perdelerle kapatılmış pencerelerinden sızan ölgün ışıklar da sayılmazsa ortalığı aydınlatacak hiçbir şey kalmamıştı.

Andrea parmaklarının hareketsizleşmesini önlemek için sık sık onları nefesiyle ısıtmaya çalışıyordu. Hançerini sonuna kadar tutabilmeliydi.

Tam tepesinde okunan akşam ezanı camiye hareketlilik getirmişti. Barbarigo saklandığı yerin yanıbaşından geçen adamları gördü, bunların çoğu talimden gelen yeniçerilerdi. Her birinin kolunun altında kendi seccadesi vardı, sanki ruh huzurlarını ortaya serer gibi bunu gururla taşıyarak yürüyorlardı. Garip bir şekilde onlara katılma arzusu duydu, bir kalabalığın parçası olarak kendi ruhu bir parça huzur bulabilir miydi acaba? Ama nasılsa az sonra bu toplu ibadet de bitecek ve bunun yerini çadırların, ocakların mahremiyeti alacaktı.

Kafeslerin ve perdelerin arkasındaki sıcak ışıkların arasındaki sokakta daha şimdiden taze ekmek, lahana ve nohut kokuları yayılmaya başlamıştı. Bunlar ayaklarının dibindeki çürük çöp kokularını bile bastırıyordu. İkinci kat cumbaları bereketli memelere benziyordu.

Bu görüntüler Andrea'yı bir konuda meraka sürüklemişti. Erkeklerin çoğu onun planını bilmiyordu, peki ya kadınlar? Erkekler ve onların hayatları için yapılan çabalar pek çok şeyi unutturabilirdi, ama biliyordu ki haremlerdeki sessiz gözlerden hiçbir şey kaçmazdı aslında. Acaba kadınlar ne düşünürlerdi? İçlerinden hiç olmazsa birinin özgürleşmesine sevinmezler miydi?

Paşa'nın konağından bir tavus kuşu sesi duyuldu. Tüylerini kabartıp silkelenen kuş, şimdi sakinleşmiş olmalıydı. Onun yanındaki daha küçük evden de bir çocuk ağlaması geldi, Andrea bu iki sesi birbirine benzetmişti. Sonra annenin çocuğunu yatıştırmak isteyen mırıltısını işitti. Olup biten her şeyle bireyler arasında bir incecik köprü vardı, özel bir şey... Şimdi bunlardan ne kadar da uzak olduğunu düşünmek Andrea'nın içini burkuyordu.

Ama bu hoşluğu sonunda o da yakalayacaktı. *Yapacağım*, diye direndi kaygılı düşüncelerine. *Bu geceden sonra, bir daha asla tek başıma olmayacağım.* Ama daha ne kadar beklemesi gerekiyordu? Sofia, arkadaşının evinde geceyi geçirecek olamazdı. Andrea haremin kapılarının karanlık basmadan kapanıp, kilitlendiğini biliyordu. Ama Sofia'yı da biliyordu. O, her durum için bir çözüm bulabilirdi.

Bir başka kuzey rüzgârı tekrar iliklerine kadar işledi ve ay o gizemli peçeden kurtulup yine meydana çıktı. Sabaha kadar caminin önündeki çeşmede küçük bir buzdan sarkıt oluşacağı kesindi. Ama müezzinin alacakaranlıkta okuyacağı ezanla avluya dolacak olan müminlerle birlikte onu görmeyi düşünmüyordu. Yeleğinin yakasını kaldırdı. Tekrar Paşa'nın evinden çıkacak olan tahtırevanın altın yaldızlarının sıcak şıkırtılarını beklemeye koyuldu.

Bu düşünce bile ona yeterince sakinlik veriyordu.

Az sonra cami tümden boşaldı, son müminler de çıkıp gittiler ve hemen ardından konağın kapısı aralandı.

Küçük kafile Saraydan çok, onun beklediği küçük geçide yönelecekmiş gibi görünüyordu. Öylesine yakındaydılar ki, Andrea daha fazla saklanabilmek için minarenin duvarına iyice yaslandı.

Koruyucular hava buz gibi olduğu için hemen kendilerini köşedeki kahveye attılar.

Geride yalnızca hadım kalmıştı. Kolları göğsünde çaprazlanmış, etrafı gözetleyerek bekliyordu. Ve belki de Gazanfer bir düşman olarak kabul edilemezdi. Koruyucuları yollamıştı ne de olsa. Adamın, Selim'den nefret ettiği kesindi ve hanımını çok seviyordu, ona bağlıydı. Ondan ayrılmayı düşünmüyordu, onun istemediği bir şeyi asla yapmazdı. Hadım, bir kez hanımının Venedik'in ve özgürlüğün tadını çıkardığından emin olsa, her şeyi yapardı ve onu da alıp götürmek bir sorun değildi. Zaten korumakla görevli olduğu kadın kaçıp gittiğinde bir hadımın Yedikule'den başka gidecek yeri olamazdı.

Andrea bu zavallı iğdiş horoz için de bir kaçış planı hazırlaması gerektiğini düşündü.

Evet her şey, sanki Tanrı tarafından planlanmış gibiydi, hatta inanılamayacak kadar mükemmel yürüyordu.

Ay ışığı, duvarlarda garip eğriler ve çizgiler çiziyordu. Bu gölgelerin arasından bir ıslık sesi yükseldi. Andrea görevine yoğunlaştırdı kendini.

Bir ikinci ıslık ilkine cevap verdi. Yıkıntı halindeki Hipodrom'a açılan yerden gelen bu ses neredeyse duyulamayacak kadar alçaktı. Üçüncü adam eyleme en yakın olandı. Onun sesi, geçidin en dibinden, tüm seslerin birbirine karıştığı yerden geldi. Bir zamanlar geniş kemerlerin altından bu dik tepeye çıkan atlıların yerini daha sonra evsiz barksızlar almıştı.

Ve şimdi... Sofia Baffo.

Andrea toparlanıp son ıslığı çalmak üzere dudaklarını büzdü, tam işaret verecekti, caminin kapıları açıldı ve bir adam daha dışarı çıktı. Andrea durdu, durabildiğini umdu. Kendi kalbinin atışı kulaklarında öylesine bir gümbürtüyle yankılanıyordu ki, ıslığının sesini duyup duymadığından bile emin olamıyordu. Bu heyecan içinde askerin keskin havayı içine çektiğini ve kapı önündeki çizmelerini giydiğini gördü.

Bunlar ilk bakışta bir çift sıradan çizmeye benziyordu. Daha sonra rengin kırmızı olduğunu gördü. Adamın sarığının tepesinden upuzun kuştüyleri sarkıyordu. Bütün bunlar onun bir savaşçı olduğunun işaretleriydi. O bütün Hıristiyanlar'ın korktuğu biriydi, bu adam Çorbacıbaşı'ydı.

Andrea minarenin loşluğuna iyice sindi. Adam, diğer askerler gibi geçide doğru, yukarı çıkması gerekirken avluyu ve çeşmeyi geçince sola doğru dönüp Hipodrom kalıntılarına doğru yürüdü.

Durdu, sönmüş lambanın altında bir süre çevresine bakındıktan sonra yoluna devam etti. Tahtırevanın yanından geçti. Andrea, doğru mu görüyorum, diye dikkatle bakıyordu. Evet yanılmıyordu, adam Gazanfer'e selam vermişti ve hatta parmaklarıyla arabanın kepengini tıkırdatmıştı. Sonra birden yıkık kemerlerin altında gözden kayboldu.

Andrea tekrar derin bir nefes aldı ve işine yoğunlaştı. Ama o daha nefesini vermeden tekrar şaşırtıcı bir şey daha oldu ve planı aksadı. Gazanfer tantırevanın kapısını açmıştı. O güzelim yasemin kokusu, buz gibi havayı sanki yumuşacık bir battaniye gibi ısıtıvermişti birden. Ve peçeler içindeki kadın onu dikkatle yere indiren hadımının ellerinden ayrılıp, karanlıkta kaybolan yeniçerinin ayak seslerinin peşine düşmüştü.

Kısa bir an büyük bir sessizlik oldu. Andrea'ya beyni bile durmuş gibi geliyordu.

Ve sonra, birden bir kadın çığlığı duyuldu.

# VIII

ANDREA zıpkın gibi fırlamış, geçitten aşağı doğru koşarken, Gazanfer de ataşenin kiraladığı iki serseri tarafından sersemletilmişti.

Yıkık kemerlerin altına ulaştığında Barbarigo şaşkınlıkla duraksadı. Tepesi tavus kuşu tüyleriyle süslü sarığı olan yeniçerinin cansız bedeni önünde yatıyordu.

Üçüncü kiralık serseri Sofia Baffo'yu kıskıvrak yakalamış, yüzünden peçesini sıyırmaya çalışıyordu, ama tek yapabildiği tülü aralayıp eliyle ağzını kapatmak olmuştu.

"İsa aşkına!" diye bağırdı Andrea, bir Müslüman'ın cesedi karşısında hiç düşünmeden ve aptalca haç çıkardığını farketti. "Ne yaptın?"

"Birinin ölebileceğini söylemiştin," diye cevap verdi adam, beyazı akmış tek gözü durmadan seğiriyordu, "Ben öleceğime o öldü tabii."

"Ama onun bizimle bir ilgisi yoktu ki."

"Öyle mi?" Belki de adamın gözü, tiki yüzünden yine kımıldıyordu, ama Andrea bunun kendisiyle bir alay anlamına da gelebileceğini düşündü, ses tonu garipti.

Kendini toparlayıp, "Kadını bırak gitsin," dedi. Sofia olan biteni dinliyordu. Keskin bakışları Andrea'nın üzerine kilitlenmişti. Bu gözlerde nefret mi parıldıyordu yoksa? Böyle bir şeye katlanamazdı.

"Ne? İstediğin kadın bu değil miydi? Bana göre hava hoş. Gerçekten... Eğer sen onu istemiyorsan, ben de kendime alırım bu güzeli."

"Bırak onu, bırak tahtırevana gitsin."

"Bilmiyorum reis, ama bunu uslu uslu yapacağını hiç sanmıyorum."

"Sana onu bırak, diyorum."

Adam emre uymakta gönülsüzdü, ama o sırada Sofia elini ısırınca en azından kadının ağzını kapatan elini geri çekmek zorunda kaldı.

Sofia tekrar bir çığlık attı, Gazanfer'in bulunduğu yerden yükselen tehdit ve küfürler Andrea'ya hiç cesaret vermiyordu.

"Sofia, Sofia, benim, ben Andrea," dedi. Serseri tekrar kadının ağzını kapatmıştı. "Seni kurtarmaya geldim. Seni Venedik'e geri götüreceğim. Tekneyi, her şeyi ayarladım. Haydi gel, tahtırevana bin, seni limana taşıyalım."

Aslında, bunları söylerken Sofia'yı tahtırevana zorla bindirmeleri gerekeceğini anlamıştı. Onu kucaklayıp götürmek zorunda kalacaktı herhalde. Dikkatle kadına yanaştı. İlk dokunuşuyla genzi tekrar o muhteşem yasemin kokusuyla doluvermişti. Ama bir şey eksikti, badem kokusu yoktu parfümünde, davranışlarıysa aşkın yumuşaklığından ve sıcaklığından yoksundu.

Kesin olan, düşlerinin kadınının bu gece bambaşka bir tavır içinde olduğuydu.

Andrea birden bir şey daha fark etti. Sofia'nın taptığı o dümdüz karnı ellerine biraz daha kalın ve dolgun geliyordu.

İsa ve Meryem aşkına! Sofia hamileydi.

Acaba kendi çocuğu muydu? Bunu tam olarak hesaplayamıyordu, ama olabilirdi. Demek tersliğinin nedeni buydu. Andrea, hamile kadınlarda tuhaflıklar olabileceğini duymuştu. Artık yalnız ikisini değil, üçünü düşünmek zorundaydı.

Andrea ve serserinin arasında Sofia bir süre daha çırpınmayı sürdürdü. Genç Barbarigo olabildiğince dikkatli davranıyordu, ama az da olsa bir güç kullanmak zorundaydı. Sofia ikisine de sert tekmeler savurup duruyordu.

"Haydi onu çarşafıyla bağlayalım," dedi üçüncü adam. "Bu biraz daha kolaylaştırır işimizi."

Andrea aptal aptal başını salladı.

Çarşafının çıkarılmaması için verdiği uğraş sırasında Sofia, Andrea'yı pek çok yerinden incitti, ama bunların en etkilisi adamın yüreğinde açılan yaraydı.

Serseri tam kadına tokadı basmak üzere elini kaldırmıştı ki, Barbarigo elini tuttu. İşin aslı belki onun gönlünden geçen de bir parça buydu, ama kendine hâkim olması gerekiyordu. Mantıklı davranmalıydı.

Tabii böyle tepki gösterecekti Sofia, ne de olsa çok uzun bir süredir Türkler'in arasındaydı ve çarşafa da, peçeye de çok alışmıştı. Andrea'nın içi bir parça rahatlamıştı ve Sofia'yı asla incitmeyeceğine dair hem kendine, hem de Sofia'ya söz verdi.

"Seni incitebileceğimi mi sandın hayatım? Seni, aşkımı, ya da bebeğimizi..." diye yalvaran bir ses tonuyla konuştu.

*Senin çocuğun mu? Benim bir Şehzadem varken, bu çocuğun senden olabileceğini mi düşündün?*

Serserinin kollarında hâlâ çırpınan kadının gözlerinde sanki bunları okur gibi olmuştu Andrea. Bunu bir daha düşünmemeye çalıştı.

Tahtırevana doğru olan zoraki yürüyüş devam ediyordu. Kimin çocuğu olursa olsun Andrea nezaketini bozmamakta kararlıydı. Ve kendine, her kimden olursa olsun, Sofia'nın doğuracağı tüm çocukları kendi çocuğu gibi seveceğine söz verdi.

Yine de kadının aksi ve ters tavırlarını içine sindiremiyordu. Sofia'nın ona bir hırsız, ırz düşmanıymış davranması gerçekten de Andrea'nın kafasını allak bullak etmişti.

Ama bunu düşünerek zaman kaybedemezdi. Yokuşun başında adamlarla mücadelesini aralıksız sürdüren Gazanfer neredeyse durumu kendi lehine değiştirmek üzereydi. Adamlardan biri hadımın çekmeye çalıştığı hançere tekmeye bastı ve bıçak karanlığın içinde kayboldu. İkisi birden dev adama sıkı sıkı sarılmıştı.

"Doğrusu," dedi Sofia'yı tutan serseri, "Merak etmiştim, hangi kadın bu kadar çabaya değer, diye. Çünkü bize ödediğin parayla kesinlikle en az on kadın alabilirdin reis. Ama şimdi görüyorum, ısrarında haklıymışsın. Sana katılıyorum, gerçekten de değer."

Adamın sözleri Andrea'ya moral vermişti. Tutkusunun nedeni son derece gerçekti.

Biraz soluk alabilsin diye ağzını tutan parmaklar aralandığında Sofia konuştu. "Bağırmayacağım, ağzımı bağlamanıza gerek yok."

Bu sözlerin kendisine söylenmesini isterdi Andrea, ama bir şey demedi ve adama başıyla kadının dediğini yapmasını işaret etti. Serseri aldırmazlık içinde omuz silktiyse de elindeki bağı her şeye karşın kadına yakın bir mesafede tutmayı sürdürdü.

"Bunu neden yaptın Barbarigo, neden?" En azından şimdi İtalyanca konuşuyordu. Ama kendisini uzakta tutabilmek için özel olarak aile ismini kullandığı Andrea'nın dikkatinden kaçmadı. "Silahhaneden sonra, seninle dost olduğumuzu düşünmüştüm."

"Dost mu? Cara mia, seni seviyorum. Bunu yapıyorum, çünkü seni seviyorum. Seni bir başkasına bırakamam ve bu uğurda da her şeyi yaparım."

Kadının ses tonu oldukça sinirli ve sabırsızdı. "Şunu demek istiyorum, Halil'i neden öldürdün?"

"Halil mi?" Andrea, Sofia'nın bu isme önem vermesine bozulmuştu. Konuşulan dili anlamamasına karşın serseri bile bunu fark etmişti ve alaycı alaycı güldü.

"O." Sofia kemerlerin altını işaret ediyordu.

"Yeniçeri mi?"

"Evet, Çorbacıbaşı."

"Onun bizimle hiçbir ilgisi yok."

Sofia ısrar etti. "Öyle de bir ilgisi vardı ki..."

"Kötü bir rastlantı oldu, o kadar. Ama sonuçta bizi ilgilendirmez o adam. Lütfen Sofia, değerli zamanımızı boşa harcatma."

"Afedersin reis," diye araya girdi serseri.

Andrea'nın tüm konsantrasyonu bu Türkçe kelimelerle bozulmuş ve bundan hiç hoşlanmamıştı, elini sallayıp adamı susturmaya çalıştı.

Ama adam ısrar etti. "Sana şunu söylemem gerek, o kırmızı çizmeli herif benim işimi iyice kolaylaştırdı. Yaklaştığımda sanki kucaklaşacakmışız gibi kollarını öyle bir havaya kaldırdı ki, hançerim kolayca kalbine gömülüverdi."

"Ahlaksız gavur," diye öfkeyle tısladı Sofia. "Katil."

Adam arsız arsız sırıttı.

Andrea duyduklarıyla kahrolmuştu, ama bir Barbarigo kalbine hükmetmeliydi. Toparlandı... "Onu tahtırevana sok," dedi katı bir sesle, artık bebeğin de kadının da incinmesine aldırmayacaktı. "Bir an önce buradan çekip gidelim."

"Barbarigo beni anlamıyorsun."

"Sanırım Madonna, gayet iyi anlıyorum. Yedi yıl önce Foscari'lerin Karnaval eğlencesinde olanlar bir kez daha tekrarlanıyor galiba. Ama bu kez hayır! Benim olacaksın. Sana rağmen seni kurtaracağım."

Sofia'nın tavırları Andrea'yı şaşırtacak biçimde değişmişti. Demek biraz sıkıdan anlıyordu Baffo'nun kızı. Tahtırevana ulaştıklarında kapıyı açtı, Sofia içeri girerken genç adam, ona bakmaktan yine de kendini alamıyordu.

"Bütün bunlardan sonra zaten bu ülkede benim için değerli ne kaldı?" diye mırıldandı Sofia.

Çocuk, diye aklından geçirdi Andrea. *Oğlun Mehmed.*

Ama Sofia çocuğuyla ilgili tek bir söz bile söylemedi. "Bütün plan altüst oldu," dedi bunun yerine. "Madem ki artık Halil öldürüldü."

"Niye sızlandığını bilmiyorum."

"Ama ben biliyorum," diye öfkeyle konuştu Sofia. "Halil, bizim Kıbrıs için tek umudumuzdu."

"Kıbrıs?" Andrea'nın içini kavuran kıskançlık bu sözlerle bir anda yerini şaşkınlığa bırakmıştı. "Yani o üst rütbeli askeri rüşvetle kandırdığını mı söylemeye çalışıyorsun?"

"Neden bu kadar şaşırdın?"

"Ama, nasıl?"

"Andrea bunu sorman mı gerekiyor, biraz kafanı çalıştırsana."

Andrea durumu anlamaya çalışıyordu. Kıbrıs'ın işgalini mi önlemeye çalışıyordu Sofia? İsyan çıkarıp, ocakta ayaklanma yaratıp savaşa mı engel olacaktı? Kıbrıs'ı mı kurtaracaktı?

"Barbarigo ben neden Kıbrıs'ın alınmasına engel olayım ki?"

"Çünkü Venedikliler ölecek. Çünkü Kıbrıs, Venedik Cumhuriyeti'ne aittir."

"Bütün bunlardan benim çıkarım ne?" Sofia'nın saçları ay ışığı altında altın gibi parlıyordu. 'Cehennem sarısı saçlar' tarifi ilk aklına gelen oldu.

"Seni eve geri götüreceğim."

"Binlerce sersem asil kadından biri olmam için mi?"

Andrea suçluluk içinde gözlerini kapadı. Ve Cumhuriyet' in diğer asil kadınlarını hayalinden geçirdi, Melissa Fosca-ri'nin durgun yüzünü, koroyu... "Evet!" diye bağırdı.

Sofia ise "Hayır," dedi. Sakinliği ve kararlılığı çıldırtıcıydı. "Eğer Türkler Kıbrıs'ı alırsa, benim oğlum oranın Şehzadesi olacak ve orayı yönetecek. Ve ben de onu."

"Ya yeniçeri dostun?"

"Belki biliyorsun," Sofia ellerini Andrea'nın göğsüne dayamıştı. Onca kadife ve ipeğin arasından bile genç kadının sıcaklığını duyabiliyordu. "Belki de bilmiyorsun. Sokullu Paşa, Kıbrıs'ın alınmasını engellemek için elinden gelen her şeyi yapıyor."

"Duyduklarıma göre Sultan'ın bu arzusunu durdurabilmekte çok büyük bir şansı yokmuş."

"Evet, Selim bir bela. Onu ortadan kaldırabilecek bir adama neler vermezdim..." Sofia şimdi bembeyaz elleriyle Andrea'nın boynuna dokunuyordu. Genç adam kendini kontrol etmekte zorlanır hale gelmişti. "Aslında Yasef Nasi onun yerinde olsa çok daha iyi olurdu."

"Yasef Nasi mi?"

"Evet, o. Selim'in baştan çıkarıcısı ve hatta yöneticisi odur ve şunu da bilmelisin ki Nasi benim adamımdır."

"Ne vereceksin Sofia ve ne için?" Kadının dokunuşları aklını başından almaya başlamıştı, düzgün düşünemiyordu artık.

"Nasi'nin bu işgal işini körüklemesi için uğraşıp duruyorum uzun zamandır."

"Halil'in Sokullu'ya ne yapmasını umuyordun ki?"

"Tabii ki öldürmesini."

Andrea çaresiz bir biçimde Sofia tarafından sürüklendiğini hissediyordu, ama elinden gelen bir şey yoktu artık. Eli kolu bağlı, kalakalmıştı. Artık kontrol tamamen Sofia'nın eline geçmişti. Kötü bir şeyler hissetse de çaresizdi Andrea.

Ve o beklenilen an geldi. Sofia birden eğilip tahtırevanın arkalarında bir yerden kabzası incili bir gümüş tabanca çekti. Bunu nereden ve nasıl bulduğunu da, kullanmayı nerede ve kimden öğrendiğini de düşünecek halde değildi genç Barbarigo. Demek ki Sofia sadece silahlı dolaşmıyordu, silahı daima dolu da oluyordu. Ve onu suratının ortasına doğru nişanlamaktan da, horozunu kaldırmaktan da çekinmiyordu işte.

Upuzunmuş gibi gelen bir saniye geçti. Andrea kendini sanki sonsuz bir suyun içinde boğulacakmış gibi hissediyordu.

Mermi, gözü sakat serseriyi hiç uyarmadan, tam o azgın, şehvetli bakışının ortasından yakaladı.

Paşa'nın bahçesindeki tavus kuşu bu gürültüye bir çığlıkla cevap verdi.

İşler karışacak gibiydi, Andrea bir an önce kaçmaları gerektiğinin bilincindeydi. Tabancanın patlamasının yarattığı boşluktan yararlanıp Sofia'nın üzerine atıldı ve onu tahtırevanın dibine iterek, dış kapıyı kilitledi. Şimdilik bu kadar tedbirle yetinmesi gerekiyordu.

Ölmekte olan serserinin bağrışları diğer ikisini öylesine etkilemişti ki, adamlar şaşkınlıktan Gazanfer'i bağlayan ipleri gevşetivermişlerdi. Devasa hadım ise bundan yararlanmayı ihmal etmemiş ve hemen kurtulup sırtını arkasındaki duvara yaslayarak adamlara sille tokat girişmişti, bir yandan da o kadınımsı sesiyle bağırıyordu. "İmdat, imdat, adam öldürüyorlar, yetişin!"

Çevredeki evlerin kafesli pencerelerinde insanlar belirmişti ve çok kısa bir zaman sonra gece bekçisinin buraya geleceği kesindi. Neyse ki, bu arada diğer iki adam toparlanıp tekrar Gazanfer'i tutmayı başarabilmişlerdi.

"Kesin şu iğdiş horozun gırtlağını!" diye bağırdı Andrea. Üçünün tahtırevanı omuzlayabileceklerinden emin değildi, ama Gazanfer'e onlarla gelmesi için yalvaracak zaman yoktu.

Sonra ay ışığının altında pırıldayan koyu bir kan fışkırdı. Ama bu Gazanfer'in kalın boynundan değil, elinde bıçak olan serserinin boğazından çıkıyordu.

Birden arkada bir karaltı belirdi, sanki gökten inmiş gibiydi. Adamın giysilerinden onun da bir hadım olduğu belliydi. Andrea, Paşa'nın hadımbaşısı olduğunu fark etti.

Veniero'ydu bu, konağın duvarlarından aşağı atlamış olmalıydı.

Üçüncü serseri olanları görür görmez korku içinde Hipodrom'a doğru koşarak karanlıkta kaybolmuştu. Bir dakika içinde arabanın içinden tekrar ateşlenen tabancayla Andrea da kendine geldi. Kurşun tam ayaklarının dibinde çamurları üzerine sıçratarak patlamıştı, yüzünde bir yanma hissetti, barut yanığı... Gece bekçisi sokağın öbür ucundan koşarak geliyordu. Canını kurtarmak için ileri doğru atıldı.

O kaçarken iki hadım konuşmaya başlamıştı.

"Maşallah üstat," dedi Gazanfer, iplerden kurtulan kalın ensesini ve bileklerini ovuşturuyordu. Pek de alışık olunmayan bir biçimde gülümsüyordu üstelik. "Tam zamanında geldin."

"Bir süredir duvarın tepesinde olup biteni gözlüyordum. Hanımının ilk çığlığını duyduğumdan beri."

"Ve yardımımıza gelmedin?"

"Beni görmek isteyip istemediğinizden emin değildim. Eğer istenmiyorsam burnumu sokmaya kalkışmayacaktım. Ayrıca senin hanımının amaçlarının ne olduğunu anlamak genellikle çok zor oluyor."

"Evet," dedi Gazanfer. Düşünceli bir ses tonuyla konuşuyordu. "Sanırım haklısın."

"Ama artık o yalnız kendisinden sorumlu değil, ne de olsa İmparatorluğa ait bir emanet var onda, bir varis..."

"Evet."

"Divan'da arkadaşının başına gelenleri de duydum."

"Duydun mu? Bunu tahmin ederim. Ama şimdi gidip şu İtalyan'ın peşine düşmeyecek miyiz?"

"Doğru mu duydum? Adı Barbarigo galiba."

"Aynı şey."

"Bırak onun peşini. Nasıl olsa belasını buldu, hanımın onu yeterince cezalandırdı bence."

Andrea belki de bu konuşulanların bir kısmını tahmin edebilmişti. Ve hatta bu düşman şehirden kaçtığı gece, kör bir fenerin ışığı altında karanlık sularda memleketine doğru endişe içinde ilerlerken, artık daha önce hiç mi hiç aklına gelmemiş bir yığın şeyi bile tahmin ediyordu. Sevgilisiyle planladığı yolculuğu ne yazık ki yalnız başına yapmak zorunda kalmıştı.

## IX

"KAÇ GEMİ, kaç gemi?" diye karşısındaki gözcüye bağırarak soruyordu Venedikli donanma komutanı.

"Tam olarak söylemek zor Lordum. Bize eşit gibiler. Hatta belki sayıları daha da fazla."

"Ne, daha fazla mı?"

"Belki de."

1571 yılının ekim ayının yedinci günü şafak sökmeden çok önce Hıristiyan filosu demir aldı. Günlerden pazardı, yılın bu mevsiminde genellikle tehlikeli fırtınaların dolaştığı deniz tam tersine çok sakindi ve gökyüzü yıldızlarla doluydu. Andrea takımyıldızların karanlık sulardaki yansımalarını görebiliyordu. Her filonun öncü gemisinde soluk bir fener sallanıyordu ve diğerleri bunları sessizce, tamamen karartılmış olarak izliyordu.

Gün ağarmaya başladığında müttefik Hıristiyan donanması Patra körfezinin girintili çıkıntılı ağzına ulaşmıştı. Şişmiş yelkenler, titreşen flamalarla donanmış gemiler tüm geçidi doldurmuştu.

Kıbrıs'ın Türkler'in eline geçmesinin intikamı peşindeydiler. Papazlar gemiden gemiye geçerek insanları kutsuyor, dualar ediyordu. Gemiciler bu kez sanki daha bir etkileniyordu dini telkinlerden. Gerekirse öleceklerdi, ama kutsal amaçları onları nasılsa cennete götürecekti.

Yine de herkes, içten içe bu sonucu kendisi için değil, yanındaki için düşünüyordu. Her biri kendini dünyanın merkezi olarak görüyor ve yokluğunun tüm âlemi etkileyeceğini sanıyordu. Buna rağmen kutsanmış su, hem ruhlarına hem de dillerine bir ölümsüzlük gücü veriyordu.

Andrea günah çıkarırken, bunları içi acıyla burkularak düşünüyordu ve bir yandan da yüzündeki yara izine dokunuyordu. Bir buçuk yıllık bir orospuluk izine... Olanları anlatmak için yeterli zaman yoktu, diğerleri sıra bekliyordu. Bu nedenle günahlarını anlatmadı.

Günahla dolu saatlerin ardından ortalık günlük güneşlik olmuştu. Öylesine pırıltılı bir havaydı ki insanın gözleri kamaşıyordu. Limanın karşısında, Korint'in beyaz kayalıkları uzanıp gidiyordu.

Bir sonraki körfez İnebahtı körfeziydi ve yoğun bir sis ortalığı basmaya başlamıştı. Ama yukardaki gözcüler gördüklerini anında aşağıya aktardıkları için herkes sanki ortalığı kendi gözleriyle görüyormuş gibi hissediyordu. Havanın böyle oluşu, doğrusu hoş bir durum değildi, gün ortasında sis... Ve Osmanlı donanması yelkenlerini açmış, daha üstün bir durumda, hazır olarak onları bekliyordu.

Hıristiyanlar'ın üzerine bir ölüm sessizliği çökmüştü. Sanki teknelerin tahtaları bile artık gıcırdamıyordu ve gemicilerin tümü korku ve heyecandan nefeslerini tutmuştu.

Barbaros'un oğlu Hasan Paşa oradaydı. Trablusgarp Beylerbeyi Cafer Paşa ve diğer denizaşırı on bey de kadırgalarıyla donanmaya katılmıştı. Donanmanın ortasında Kaptan-ı derya Müezzinzade Ali Paşa'nın gemisi vardı. Geminin adını duyunca Andrea'nın kalbi birden hızlanmıştı, teknenin adı "Sultan"dı. Ona karşı nasıl savaşabilirdi?

"Ve Ali Paşa," diye yankılandı yukarıdaki ses.

"Allah'ın belası o alçağın hayalarını kendi ellerimle koparacağım!" diye bağırdı baba Barbarigo.

Andrea, Uluç Ali'nin ne kadar korkusuz bir denizci olduğunu biliyordu. Sofia Baffo'yu esir alıp İstanbul'a götüren de oydu. Andrea, düşman donanmasında bulunan bir başka tanıdık isim daha duydu. Bu, Sofia'nın sahibi, âşığı Murad'dı. Sultan'ın veliahtı, tahtın gelecekteki sahibi, Sofia'nın çocuklarının babası olan Murad. Genç Barbarigo acı acı düşünmekten kendini alamıyordu. Sofia onu istememişti.

Murad, Manisa sancağına bağlı askerlerin başındaydı. Andrea babasının biraz önce söylediklerini bu adama da kendisinin yapabileceğini geçirdi aklından. Ama durakladı ve kafası karıştı. Hatırlıyordu, o Sofia'ya bir şans vermişti ve Sofia da bu Türk'ü seçmişti.

"Haydi onları yiyelim Lordum." Adamlar artık kaynama noktasındaydı ve tümünün de beyni tek bir potada eriyordu.

"Evet, Tanrı için... Evet, Kıbrıs ve Aziz Marko için... Haydi!"

Her iki tarafın da birlik içinde birer sağlam duvar oluşturmuş görünmelerine karşın Andrea bunun bir yanılsama olduğunu düşündü. Ahşap teknelerinden mızraklara, oklara, içlerine gizlenmiş askerlerin sayısına kadar birbirine benzeyen her iki donanmaya da birlikleri oluşturanlar açısından bakıldığında bunlara "birlik" denilmesi zorlaşıyordu. Birbirleriyle anlaşamayan Kuzey Afrikalı beylikler genelde İstanbul'un yanında yer almıştı. Neredeyse düşmanlık içinde olan İspanyollar'la Venedikliler de aynı şekilde, şaşırtıcı bir biçimde aynı donanmadaydılar.

Artık sabah rüzgârı dinmişti ve yelkenlerini açamayan tekneleri kürekçiler yürütüyordu. Osmanlı teknelerindeki kürekçiler Hıristiyan esirlerdi. Öte yandan Hıristiyan gemilerindekilerse sürekli "Allah, Allah," diye bağıran zincirli Müslüman kölelerdi.

Andrea babasının kürekçilerine baktı. Bir örnek mavi gömlekleri ve beyaz kepleriyle su damlası gibi birbirlerine benziyorlardı. Ve kendilerini zincirlerinden kurtarabilecek olan düşman gemilerine, içinde bulundukları tekneleri bir an önce yanaştırmak en büyük arzularıydı büyük bir olasılıkla. Başlarındaki kamçılı adamlar onların bunu yapmalarını engelliyordu.

Hiç kuşku yoktu ki karşıdaki gemilerin kürekçileri de aynı duygular içindeydi.

Filolar kendi içlerinde gemilere, gemiler kölelerle özgürlere, özgürler de çeşitli gruplara bölünmüşlerdi. Ve hatta babalar oğullarından ayrıydı, Andrea'nın kalbi bile kendisiyle barış içinde değildi. Sonuna kadar savaşacaktı, babasının ilk ve son kez onunla gurur duymasını sağlayacaktı, sonra da ölecekti. Ama ne zaman? Kendi kürekçileri için çalınan davulların sesi, yeniçerilerin aksak tempolu davullarına karışıyordu, bu isteğinden çok da emin olamıyordu artık, kafası karışmıştı.

Ne kadar da bildik geliyordu kulağına yeniçeri davulları, sanki kendi evinin sesi gibi. Bunu pek çok kez duymuştu İstanbul sokaklarında dolaşırken. Kimbilir kaç kez durup hayranlık içinde o askerlerin talimlerini izlemişti. Sarı ve mavi, beyaz ve kırmızı giysileri içinde nasıl da gururla dolaşırlardı ortalıkta. Disiplinlerini hiçbir şey bozamazdı bu adamların.

Giderek yükselen müzik onu alıp eski mutlu günlerine götürüvermişti. Gazanfer'le buluştuğu öğleden sonralara... Hadım, ona hanımının iyi haberlerini getirirdi, bazen de hanımının kendisini. Babasının yanıbaşında yaşamaktan kurtulup kendi hayatını kurmaya çabaladığı, gelecek için mutluluk ve coşku duyduğu güzel günlerdi onlar.

Andrea, kılıcının kabzasıyla oynayarak güvertenin kenarında dururken, babasının sevgilisi yanından geçip savaşın başlamasını beklemek üzere kamarasına doğru ilerliyordu. Kızıl saçlı, iri yarı, küstah bir kadındı. Ondan hiçbir zaman hoşlanmamıştı ve asla annesinin yerine koyamamıştı. O güzel, tombul, küçücük kadının yerine, taptığı kadının yerine... Zavallı mutsuz kadın, avunabilmek için kendini dine adamaktan başka bir yol bulamamıştı.

"Benim için de bir Türk öldür Andrea," diyen kızıl saçlı, davetkâr bir biçimde kulağıyla oynuyordu, sonra arkasını dönüp kalçalarını sallayarak kamarasına gitti.

Birden Andrea bu kadına bir düzine frengili Türk'ün tecavüz etmesini delice istedi. Onlara yardım bile edebilirdi. Haremin ya da manastırın dışında kendini sergileyen kadınlara artık hiçbir saygısı kalmamıştı.

İlk atış yapılmıştı. Bu, Türkler'in sadece uyarı için yaptıkları bir atıştı. Allahım bu ne şövalyece bir tavır, diye içinden geçirdi Andrea. *Don Juan* buna ağır bir top ateşiyle karşılık verdi ve ortalık karıştı. Venedik bayrağı altındaki altmış üç kadırga körfezin sol ucunda yer alıyordu. Buraların kayalıklarını ve sığlıklarını iyi bilmedikleri için Barbarigo askerlere olabildiğince kıyıdan uzak durmaları emrini vermişti.

Bu kanatta Osmanlı güçlerinin başında, suları iyi bilen Hasan Paşa bulunuyordu. Barbaros'un oğlu olan bu kızıl sakallı denizci Akdeniz'i avucunun içi gibi tanıyordu.

Türk gemilerinin altı Hıristiyanlar'ınkinden daha alçaktı ve bu yüzden kayalıkların üzerinde, tehlikenin ne kadar yakınlarında olduğunu bile bile korkusuzca dolaşabiliyorlardı. Bu korkusuzlukla –buna cesaret denilemez diye düşünüyordu Andrea, bir kılıç kadar keskin ve soğuk bir bilgiydi bu olsa olsa– Hıristiyanlar'ın üzerine doğru dümen kırdılar, onları iki ya da üç kenardan sıkıştırmaya çalışıyorlardı. Barbarigo'nun güçlerinin önünde aşılmaz duvarlar gibi duran dev kadırgalar bile onların gözünü korkutamamıştı.

Türkler'in küçük hızlı kadırgaları bu yüzen kalelerin arasından sanki her günkü basit işlerini yapıyormuş gibi kolaylıkla kayıp geçiyordu. Oysa çok katlı, toplar ve değişik silahlarla donanmış bu tekneler Venedikliler tarafından büyük bir gizlilik içinde ne büyük zorlukla yapılmıştı.

Kopkoyu bir duman ortalığı kaplamıştı. Türkler bir, Venediklilerse üç kadırga kaybetmişlerdi, gemiler cayır cayır yanıyordu. Kısa sürede sol kanada tamamen hâkim oldular ve göğüs göğüse savaşta üstlerine olmayan yeniçeriler düşman güvertelerine atlamaya başladılar.

Şimdi, kulakları sağır eden top atışı gürültüsünün içinde Andrea, Hasan Paşa'nın kendi gemilerine bordolamak için askerlerine verdiği emirleri duyabiliyordu. Tuhaf bir biçimde bu dili seviyordu genç Barbarigo. Savaşta bile kulağına müzik gibi geliyordu sözcükler. *Türkçe söylenen bazı şeylerin İtalyanca olarak ifade edilmesine olanak yok!* Bunların tümü de zafer, şövalyelik ve aşk üzerineydi.

Andrea ilk hasmını karşılamak üzere kılıcını çekti. Onu görebiliyordu, beline kadar çıplak, ufak tefek bir adamdı bu, bir maymun gibi Andrea'nın olduğu taraftan yukarı doğru tırmanıyordu. *Selam.* Onu barış içinde karşılayacağım, diye düşündü Andrea. *Babamın bu hantal gemisinde ona karşı bir Türk kadar kibar olacağım.*

Yüzüne hoş bir gülüş oturttu. Kan ve dehşet denizinin içinde bu çok tuhaf bir görüntüydü. Adam hançerini dişleri arasına almış, tutunduğu ipin sağlamlığını kontrol ediyordu.

"Bırak da onun hakkından ben geleyim," dedi baba Barbarigo.

Sersem oğlunu eliyle kenara itip tabancasını ateşledi. Sıska Türk'ü tam göğsünün ortasından vurmuştu. Adam gemiler arasından denize bir çuval gibi hızla düştü. Andrea bir cehennem çukuruna bakar gibi baktı oraya. Adını bile duymadığı bu maymun gibi ufak tefek adamın ölümüne dünyadaki tek dostunu kaybetmişçesine üzülmüştü.

"Tanrı adına..." Andrea mırıldanarak haç çıkardı. Sonra durdu. *Hayır, hayır Tanrı adına değil. Allah adına.* "Ya Allah, ya Peygamber."

Bunu önce mırıldandı, sonra bağırarak söylemeye başladı. Sesi birbirlerini cesaretlendirmek için aynı şekilde bağıran kürekçilerinkine karışıyordu.

"Kendimi Allah'ın koruyucu ellerine bırakıyorum." Andrea haykırıyordu artık. "Ya Allah, ya Peygamber."

Türkler bordolamak için iplerden daha sağlam şeyler kullanmaya başlamışlardı, merdivenler, kalaslar ortaya çıkmıştı. Palalar tırpan gibi çalışıyordu, Venedik gemisinin güvertesinde artık kan gövdeyi götürüyordu. Ana yelkenlerin birinin tutuştuğunu gördü Andrea. Alevler yavaş yavaş yukarı tırmanmaya başlamıştı. Az sonra Cumhuriyet'in sembolü bayrak da ateş almış, yanıyordu. Söndürülmesi olanaksızdı.

"Teslim oluyorum, teslim oluyorum!"

Diğerleri de aynı şekilde ama Venedikçe bağırıyorlardı. Yalnız Andrea'nın Türkçe olarak söylediği başka bir şeydi. O, "Ben bir Müslümanım!" diye haykırıyordu.

Türkler'in her teslim olanı dikkate alacak halleri yoktu ve teslim olanların da büyük bir kısmı öldürüldü. Ama Andrea belki de Türkçe olarak bağırdığı için şanslıydı. Palaların hışmından kurtulmuştu, genç bir asker onu diğer gemiye geçirdi. Orada üzerindekileri bir yeniçerinin önünde çıkardı.

Andrea birkaç kelimeyle durumunu söylediğinde asker

ona, "eğer bizimle düşmana karşı dövüşeceksen bunları giymelisin," demişti.

Yeniçeri, ölmüş bir başka yeniçerinin giysilerini uzatmıştı. Andrea adamın yardımı olmadan hemen sarığını sardı. Bu yeniçeriye bir güven vermişti, güldü ve dostca omzuna vurarak, "yanımdan ayrılma Müslüman," dedi.

Yukardaki adamlar artık tamamen hakkından geldikleri Venedik gemisinden ayrılmak üzereydiler. Her şey alevler içindeydi; direkler, birer birer yaralıların, ölülerin üzerine devriliyordu. Andrea babasını gördü, batmakta olan kadırganın köprüsünde hâlâ emirler vererek bağırıyordu ihtiyar.

Yanıbaşındaki kızıl saçlı, ıslak bir kedi gibi korkuyla titreyerek, çığlıklar atıyordu. Tam o sırada bir ok Barbarigo'nun sağ gözünün yanına saplandı, bu yarayla ölmese bile durumu umut verici görünmüyordu.

Yanıbaşında metresiyle, alevler içindeki kadırgasının köprüsünde tek gözü yüzüne akan babasının görüntüsü bundan böyle Andrea'nın hayatı boyunca kâbusu olacaktı. Tek bir tesellisi vardı. Belki de gözüne saplanan ok, tanrısal bir perde çekerek ihtiyar Barbarigo'yu çok daha büyük bir acı ve utancı yaşamaktan kurtarmıştı, dalgaların arasına gömülmeden önce tek oğlunun ve varisinin bir Türk sarığıyla karşı saflara geçtiğini görmemişti.

Hıristiyan ölüm kütüklerinde, Andrea'nın adı da, donanma komutanı babasının adının yanına eklenmişti.

Ama o ölmemişti. Eğer Venedik elçisi barış anlaşmasını imzalarken biraz dikkat etse, yeni Kaptan Paşa Uluç Ali'nin arkasındaki soldan üçüncü sarıklının eski ataşeleri olduğunu derhal anlayabilirdi, ama kafası öylesine başka şeylerle doluydu ki, bunun farkına bile varmamıştı.

O günü Hıristiyan donanması başarıyla tamamlamıştı. Ama İnebahtı Savaşı'yla, anlaşma imzalandıktan sonra Sokullu'nun söylediği gibi, Osmanlı donanmasının yalnızca sakalı kesilmişti. Tekrar, çok daha gür olarak çıkacağı da kesindi. Hatta elçi daha şimdiden Haliç'te çok daha güçlü bir donanmanın yapımına başlandığını biliyordu.

*"Devletin servet ve kudreti o derecededir ki, gerekirse yeni donanmanın demirleri gümüşten, ipleri ipekten, yelkenleri atlastan yapılır..."*

Gerçekten de yalnız bir kış içerisinde batan donanmadan çok daha büyüğü inşa edildi.

*"Sizden bir krallık toprak almakla bir kolunuzu kesmiş olduk, siz ise donanmamızı mağlup etmekle yalnız sakalımızı traş etmiş oldunuz. Unutmayın kesik bir kol, sakal gibi yeniden bitmez."*

Bu doğruydu ve elçi bunu biliyordu. Anlaşma imzalandı, sarhoş Sultan Kıbrıs şarabına kavuştu, artık kalbi çarptığı müddetçe dilediğince içebilirdi. Böylelikle Venedik, Akdeniz'in hem doğusundan, hem de batısından büyük güçler tarafından kıskaca alınmış oldu.

***Bölüm III***

# Abdullah

# X

BİR ERKEĞİN cinsiyeti ondan kesilip atıldığında sanki onun için zaman olgusu da yok olup gidiyor.

"Allah'a şükürler olsun ki harem huzur içinde." Saray hareminin kapısında iki hanımımı indirmeme yardım eden Gazanfer bir yandan da benimle çene çalmaya uğraşıyordu.

Yüzüne baktım, ne duygusal, ne de fiziksel en küçük bir değişimin izi görünmüyordu. Kıyafeti bile sanki aynıydı; kış, yaz, ya da baharda hiç mi hiç değişmiyordu. Sanırım uzun hırkasının kenarındaki kahverengi samur kürk azıcık yıpransa hemen aynını yaptırıyordu terzilere. Yeşil kıyafetinin iri vücudunu saran kıvrımları bile aynı kalıyordu.

Benzer bir sakinlik ve edilgen tavırla cevap verdim. Bana hayatını borçluydu, efendimin bahçe duvarının dibinde onu ben kurtarmıştım serserilerin elinden. Ama bu nedenle ona daha çok güvenmeye başladığımı söyleyemezdim. Gazanfer, o gece Barbarigo ve Safiye'nin İtalyanca olarak yaptıkları konuşmayı bilmiyordu ve bunu ona söylememiştim. Safiye efendimin öldürülmesini istiyordu. Bunun İsmihan ve küçük kızı Gülruh için nasıl bir felaket anlamına geldiğini hiç kimse benim kadar anlayamazdı.

Acaba Safiye'nin onlarla ilgili planı ne olabilirdi? Bakışlarımla bile onları korumak istercesine arkalarından baktım. Yolun bir kenarında duruyorlardı. İsmihan eğer benim koluma tutunmazsa uzun boylu yürüyemiyordu. Karanlık geçidin bir noktası yeterince gün ışığı alıyordu ve oraya taş bir saksı içinde güller konulmuştu. Tam oradaydılar. İsmihan gülleri çok severdi, kızının yumuşacık siyah saçları arasına pembe bir tomurcuğu yerleştirdiği günü hatırladım. "Güle gül yakışır," demişti.

İşte ana kız tam o noktada yeşil dalları inceleyip, ilk gülün ne zaman açacağını konuşuyorlardı. Gülruh artık üç yaşına gelmişti ve bir şey istediği zaman o tatlı sesiyle beni çağırıp, "Çünkü bilirsin, annem yapamaz," diyordu.

Gazanfer haremin huzuru ya da başka bir konu hakkında uzun uzun konuşulabilecek biri değildi. Kendisinin de bu konuda istekli olduğu söylenemezdi. Onun için kısaca, "Allah'a şükür," dedim. Yine de şunu eklemekten kendimi alamamıştım. "İnşallah bu huzur sadece görünüşte değildir."

"Harem duvarlarının içinde de bir İnebahtı Savaşı mı umuyorsun dostum?"

Doğrusu Safiye'nin canavarından böyle esprili cevap beklemiyordum. Dedim ki, "Tabii havuz başlarındaki deniz savaşları değil söylemek istediğim, hayır. Ama kadınlar dünyasının kuralları içindeki çatışmalar belki İnebahtı'dan bile sert geçebilir. Etkisi de daha az olmaz."

"Belki de..." Kelimeyi dikkatle seçiyordu. "...Nur Banu Kadın'la hanımım arasındaki gerginliği kasdetmek istiyorsun?"

"O yaratığı, şimdi kendi gücünü tehdit eden o yaratığı bir anlamda ortaya çıkaran Nur Banu'nun kendisidir. Safiye, bir zamanların Sofia Baffo'su artık her şeyi elinde tutmanın, yönetmenin peşinde."

Çok yavaş ve sessiz bir şekilde cevap verdi Gazanfer. "Harem kendi saflarını seçer." Bu ses tonu acaba bana karşı bir tehdit anlamına mı geliyordu, yoksa yanlış safta olduğum mu ima ediliyordu?

"Önceleri bir sessizlik vardı," diye devam ettim. "Birlikte geçirilen zamanlarda karşılıklı atılan uzun ve buz gibi bakışlar. Sonra odanın zıt köşelerinde yanlarındakilerle fısıldaşarak geçirilen günler ve şimdi de birbirinden ayrı hamam sefaları. Her şey ortada."

"Aslında," dedi Gazanfer, "Uyku kaçıracak bir durum yok."

Bunun tehlikeli olmadığı konusunda Gazanferle aynı fikirde değildim. Bir deniz savaşından çok daha tehlikeliydi beklediklerim. Ne zaman patlayacağı bilinmeyen bir bombaydı bu ve ne oranda bir yıkıma yol açacağı da belli değildi. Kaldı ki bu sinir bozucu bekleyiş, savaşın ön saflarında olmaktan çok daha beterdi.

Acaba hadımın alışılmadık konuşkanlığı İsmihan'ın doğru bir saf seçmesi için bir uyarı niteliği de taşıyor olabilir miydi? Bu çok zordu, bildiğim kadarıyla hanımım böyle bir seçim yapmaktansa ölmeyi tercih ederdi. Bir tarafta sevgili arkadaşı, diğer tarafta onu anne gibi büyütmüş olan Nur Banu... Bir gün bakardın Safiye'yle, bir gün bakardın Nur Banu'yla birlikte. O, bir ayırım yapamayacak kadar temiz yürekliydi.

Gülruh'un isteklerini yerine getirebilmek için acele etmeliydim. İpekler içindeki yumuşak, tombul bebeği kucağıma aldım. Minik saç örgüleri yüzüme çarpıyordu. Gülün dallarındaki ölmeye yüz tutmuş eski tomurcukları görünce ona öyle sıkı sarıldım ki, ağlayarak yere indirmem için bağırmaya başladı. Usulca bıraktım önüme.

Koluna girerken, "Safiye'yi bugün ziyaret etmemiz konusunda kararlı mısın?" diye alçak sesle sordum İsmihan'a, bir yandan da arkamızdan gelen Gazanfer'e bakıyordum.

Gülruh'un peşisıra yürüyorduk. Küçük kız öyle mutluydu ki, kendi kendine şarkılar uydurup söylemeye başlamıştı. "Güzel yengem Safiye'nin güzel gözleri güler," diye. Çocuğa şair ruhlu dayısından bir şeyler geçmiş olmalıydı. Farsça şiirlerin ve çiçeklerin uzmanı babasından aldıkları zaten ortadaydı. Ama bunları düşünmek istemiyordum. Çünkü Gazanfer yürüyüşümden bile aklımdan geçenleri sezebilirdi. Ve zaten daha önceki deneyimlerimden onun hanımım İsmihan'la ilgili olarak pek çok bilgiye sahip olduğunun farkındaydım.

"Biliyorsun ki bunu yapmak zorundayım," dedi İsmihan. "Söz konusu olan bir annenin üzüntüsü." Daha fazla bir şey söylemedi, yürümek zaten yeterince nefesini kesiyordu. Ben de bu durumda tartışmayı uzatmadım.

Söyleyecek bir şey de bulamıyordum doğrusu. İki kadın birbirine çok yakındı, Venedik'teki yasal gelin görümcelerden bir farkları yoktu aslında. Ayrıca İsmihan, Safiye'nin onun en iyi arkadaşı olduğunu düşünüyordu. Safiye'nin de benzer duyguları paylaşıp paylaşmadığı ise pek belli değildi.

O sırada Gazanfer koşturup yanımıza geldi ve giderek zorlanan İsmihan'ı sırtlayıp taşımaya başladı. Doğrusu bu dev adama borçlanmıştım. Onlar önüm sıra ilerlerken ben de biraz mahçup, elimde hanımımın bastonu arkalarından yürüdüm ağır ağır.

"Dün beni ziyarete Hüma geldi." Yaklaşık bir saat kadar süren selamlaşma, şerbet ve tatlı ikramı faslından sonra İsmihan arkasına yerleştirilen yastıklara dayanıp ziyaretin asıl amacını anlatabilecek hale gelmişti.

Safiye, masasında mektup yazmakla çok meşgul olmasına karşın, istemeye istemeye de olsa bir cevap vermekte gecikmedi. "Yine mi o kadın?"

"Safiye, Cenabı Allah'ın acımasızlığını üzerine yağdırdığı bir zavallı kadın hakkında neden böyle konuşuyorsun?"

"Geçen hafta halan Mihrimah'ın tepesindeydi. Ondan önce Nur Banu'nun başının etini yedi. Bu arada her Divan günü, her cuma ortalıkta, kadın Sultan'ın karşısına çıkmanın peşinde. Senin akıllı kocan Sokullu'nun bile, tabii ki hareminden etkileniyor, ondan söz ettiğini duydum."

"Neden olmasın? Bu erkek dünyasında bir kadın başka

türlü nasıl adaletin uygulanmasını bekleyebilir? Harem de, hadımlar da bunun için vardır."

Safiye omuzlarını silkti, aradaki bağlantı ona anlamsız gelmişti. "Her paşanın, her vezirin aklını öylesine dolduruyor ki, korkarım başka bir şeye yer kalmayacak."

"Ama Safiye! Zavallı kadın..."

"Evet, o zavallı bir kadın. Ve hiçbir önemi yok."

"Safiye, kıyamet gününde Allah'ın melekleri gelip, yaşarken zavallılara yardım etmeyenlerden hesap soracak. Fransız elçiliğiyle mücadele etmek benim için dini bir görev. Halam Mihrimah için de. Hüma'nın buraya gelmemiş olmasına şaşırdım."

"Geldi. Gazanfer..." Safiye bana doğru bir bakış attıktan sonra devam etti. "...Bu çeşit insanları nasıl kapıdan çevireceğini iyi bilir."

"Kocam Sokullu Paşa bile..."

"Sokullu da o zavallı Fransız elçisini kapıdan çevirdi, o adam sadece görevini yapmanın peşindeydi. Artık bu konuyu kapatalım."

İsmihan'ın yüzü pençe pençe kızarmıştı. "Neden kocam onu reddetmesindi? Babam Sultan- Allah uzun ömürler versin- iyi niyet belirtisi olarak üç Fransız esiri serbest bıraktı ve hiçbir şey değişmedi. Gavur Fransızlar'dan hiçbir hareket gelmedi karşılık olarak. Hiçbir şey!"

"İsmihan, o dul Hüma'nın çocukları yaklaşık yirmi yıl önce esir alındılar."

"Sen Jan Şövalyeleri tarafından."

"Ben de öyle. Ben de..." Safiye benim tarafıma bir bakış atmaktan kendini alamamıştı. *Biz de* ... O ve ben şövalyeler tarafından esir alınmıştık ilk başta.

"Kızlar babaları ve ağabeyleriyle birlikte Mekke'ye gidiyorlarmış," dedi İsmihan. "Hac yolculukları sırasında bu korsanların saldırısına uğramışlar."

"Tıpkı Mekke'ye giden gemilerin işlerine geldiğinde birden korsan gemisine dönüşüp Kudüs'e giden Hıristiyanlar'a saldırdıkları gibi."

"Hayır yapmazlar bunu, yapamazlar."

"Sevgili arkadaşım, sen bu dünyada işlerin nasıl yürüdüğünden habersizsin."

"Bilmek de istemiyorum. Dünyayı senin gördüğün gibi görmek istemem Safiye."

Safiye o mükemmel omuzlarını ve saçlarını salladı. "Yalnız bir gerçek var," dedi, "Hüma'nın kızları benim burada olduğum sürenin neredeyse iki katı bir süredir Fransa'dalar. Hayatlarının büyük bir bölümü orada geçti. Burayla ilgili pek çok şeyi hatırlayamazlar bile."

"Bunu nasıl söylersin? Dünyanın hiçbir yerinde bir kız çocuk annesini unutmaz. Ben benimkini asla unutmadım." İsmihan'ın gözleri yaşlarla dolmuştu. "O beni doğururken ölmüş."

Tam o sırada iki küçük kız, Gülruh ve Safiye'nin Ayşe'si koşturarak çevresi özel olarak çiçeklendirilmiş çeşmenin yanına geldiler. Veliaht şehzadenin annesi olduğu için Safiye'nin artık haremde çok özel bir mekânı vardı. Eşiğe takılan Ayşe kapaklanıp düştü, aralarında yalnız bir baş fark olmasına karşın Gülruh anne pozunda hemen eğilip onu kaldırdı. Ayşe, tıpkı annesine benzemeye başlamıştı, daha şimdiden güzel kolları ve bacakları belirginleşiyordu.

Çocuğun bağırmasına bakıcılar hemen koşturup geldiler. Biri altındaki bezi değiştirdi, minik kız henüz cinsellikten de, cinsel yasaklardan da habersizdi, çıplak bacaklarını sallayıp duruyordu havada. Bir diğer bakıcı kirlileri toparlayıp çamaşırhaneye götürdü. Üçüncüsü bir beze sarılmış lokum parçasını çocuğun ağzına sokuşturdu. Safiye bunlarla ilgili değildi. Mektupları kirlenmesin diye o güzel kollarıyla masasını kapatmıştı, o kadar.

Ağzına verilen lokumu iştahla emen çocuk az sonra uyuyakalınca, lokumun belki de ve hatta büyük bir olasılıkla haşhaş suyuna batırılmış olduğunu düşündüm. Ayşe, annesinin hemen yanıbaşında, henüz mevsim gelmediği için hâlâ yerlere serili duran İsfahan halılarının üzerine konulmuş yastıklarda mışıl mışıl uyuyordu.

"Sus, gürültü etme, Ayşe Sultan artık uyuyor," diye Gülruh'u uyardı İsmihan. "Gel yanımda otur."

Ama Gülruh bunun yerine bahçeye çıkıp, işi kalmayan bakıcılarla oynamayı tercih etti. Top diye eline aldığı şey aslında üzeri taşlarla süslü bir altın küreydi ve bir oyuncak olmaktan çok uzaktı. Sivri metal uçlar rahatlıkla bir çocuğun ellerini kesebilirdi. Ama her şeyin alabildiğine abartılı olduğu bu dünyada sıradan eşyalar bulmak pek mümkün değildi.

"Mehmed burada değil mi?" diye sordu İsmihan Safiye'ye. Bir yandan da Gülruh'u uslu durması için öksürür gibi yaparak uyarıyordu. "Nerede benim yeğenim Şehzade Mehmed, Allah kıyamet gününe kadar yüzüne gülsün inşallah."

"Biliyorsun benim varlığımın tek nedeninin, bütün gün hadımları ve lalalarıyla dersi var."

Safiye'nin oğlunun ünvanlarını kullanmayarak imalı bir biçimde bunları söylemesi Gülruh'un çok hoşuna gitmişti, hemen onu taklit etti. Safiye, başkasının çocuğuna katlanacak cinsten bir kadın değildi, bundan rahatsız olmuştu. Gülruh ise henüz kelime oyunlarını ya da tonlamaları algılamaktan çok uzaktı. Bu sözler ona büyük bir olasılıkla gerçekmiş gibi gelmişti. O zaten kendi annesinin varlığının nedeni değil miydi? Mehmed de o zaman kendi annesinin varlık nedeniydi. İsmihan bunu zaten her fırsatta açıkça ortaya koyardı. O, şimdilik sadece bunu biliyordu ve küçücük bir çocuğun aklına farklılıkları sokmanın, yeğeni Şehzade Mehmed'le badem gözlü annesi arasındaki ilişkinin hiç mi hiç kendisininkine benzemediğini anlatmaya çalışmanın bir anlamı yoktu.

"Ona gidebilir miyim?" diye sordu küçük kız.

Annesi hemen itiraz etti. "Tabii ki hayır, Saray okuluna mı gideceksin?"

"Ben oraya gitmek istiyorum, bahçede topla aynamak istemiyorum," diye ısrar ediyordu Gülruh.

"Belki biraz daha büyüdüğünde olur kıymetlim," dedi İsmihan. "Sana biz de evde iyi bir hoca buluruz o zaman. Güzel, iyi bir kadın."

"Ben Mehmed'i isterim, Allah uzun ömür versin." Cümlenin iki bölümünü de öylesine çocuksu bir saflıkla söylemişti ki Gülruh, gülümsemekten kendimi alamadım.

"Biliyorum benim güzel pınarım," dedi İsmihan. "Haydi gel yanıma otur da saçlarını tarayayım senin."

Sinirli bir sabırsızlık içinde önündeki kâğıtları toparlayan Safiye, "İsmihan," dedi. "Taraya taraya bu çocuk on yaşına gelene kadar başında tek tel saç bırakmayacaksın."

Gülruh tekrar bakıcılarla oynamayı seçti. Bu kez Murad'ın, gözdesi eğlensin diye yolladığı cüce kızı da yanına çağırmıştı. Kendine en yakın onu görmüştü herhalde. Benim sevgili küçük hanımım tam olarak bilemese de, ona daima bir prenses gibi davranmalarına karşın kölelerin, kendisini de tıpkı biraz evvel oynamaya çalıştığı altın top gibi anlamsız gördüklerinin farkındaydı galiba.

## XI

*ÇOCUK TARAFINDAN* rahatsız edilse de, Safiye günlük yazışmalarına devam etmişti. O ve katibi en az altı mektup bitirmişti. Safiye'nin mektup yazdıkları arasında kimler yoktu... Görebildiğim kadarıyla vezirler ve sancak beyleri, İran elçisi, ki bu not oldukça meydan okuyan bir üsluptaydı. Yasef Nasi'ye de bir mektup vardı, kısa bir süre sonra Kıbrıs'ın başına getirileceğini söyleyerek adamı yatıştırmak isteyen satırlardı bunlar. Ada düşmemiş miydi, Sultan sözünü tutmayacak mıydı, Safiye bu konuda elinden gelen her şeyi yapmıyor muydu? Nasi biraz sabırlı olmalıydı. Savaş tehdidi altındaki bir yere kral olmanın ne manası vardı? Yeniçerilerin ortalığı temizlemesini beklemek çok daha akıllıca bir davranış olacaktı.

Sadece bir tanesini Safiye kendi eliyle yazmış ve hatta kurumasını bile tam olarak beklemeden katlayarak ve üzerine kendi özel mührünü özellikle basmadan Gazanfer'e vermişti. Hadım da onun nereye ulaştırılacağını çok iyi bildiğinden olacak hiç soru sormadan zarfı alıp uzaklaşmıştı.

İsmihan, çocuklar söz konusu olunca başka bir şey düşünemiyordu. Bu nedenle ancak bahçedeki top sesleri biraz uzaklaşınca kendini toparlayıp konuşmaya bıraktığı yerden devam edebildi.

"Hüma'nın kızları zorla Hıristiyan yapılmışlar."

Mektuplarını yazmaya devam eden Safiye, İsmihan'a bir yan bakış attıktan sonra, "Çok daha kötü kaderler vardır," dedi. "Ayrıca, bunca yıldır bir gavur gibi yaşadıktan sonra, neden anneleri onları geri istiyor, burada birer dönme olarak cezalandırılmayacaklar mı?"

"Allah merhametlidir. Biz kadınların erkeklerden daha güçsüz olduğumuzu bilir ve böyle durumlarda daha yumuşak davranır bizlere karşı."

"Kızlar buraya getirilirlerse darağacına gitmeseler bile mutlaka hapsedileceklerdir. Sana şu kadarını söyleyeyim, bence onlar Fransa'da çok iyi bir durumdalar. Catherine birini mali işlerinde kendine yardımcı yapmış, diğeri ise bir nedime, çok onurlu bir iştir bu. Senin ve Hüma'nın düşündüğü gibi hizmetçilik anlamına gelmez. Bir de şu var, bildiğim kadarıyla her ikisi de evlenmiş orada."

"Zorla evlendirilmişlerdir. Yabancılarla. Ve çok da genç onlar."

"Benim gibi İsmihan, senin gibi, değil mi?"

İsmihan rahatsız bir şekilde kımıldandı, yerimden kalkıp sırtına yeni yastıklar koydum.

Safiye devam ediyordu. "Kızların mutlaka çocukları da olmuştur. Bir anne nasıl olur da onları evlatlarından ayırmanın iyi bir şey olabileceğini düşünür? Bence o dul kadının evlendirilmesi gerek. Kafamı biraz yorsam uygun bir koca bile bulabileceğimden eminim."

"Öyle mi diyorsun Safiye, bunu yapar mısın?"

"Bütün dünyanın başını ağrıtmaktan vazgeçmesi için tabii ki elimden geleni yaparım."

"Belki de Fransa Kralı ona biraz para da verir, böylece yoksul ama iyi bir koca bulabilir."

"Sence bu biraz fazla olmaz mı İsmihan?"

"Dul bir kadın, daha genç biri gibi acele içinde değildir." Sesi sanki kendi genç kızlığıyla ilgili bir saydamlık kazanmış gibiydi. Onun bundan hemen vazgeçmesi için içimden dua ettim, çünkü bu çeşit itirafların yapılabileceği en son kişi Safiye olmalıydı. Ama belki de zaten bu konudaki her şeyi çoktan biliyordu.

Safiye garip bir ses çıkardı, bana sanki gülüyor gibi gelmişti.

İsmihan kendiyle ilgili bilgi vermekten vazgeçip tekrar konuya dönmüştü. "Kızlar annelerine mektup yazabilmeliler, diye düşünüyorum. En azından küçük, kısa bir not, iyi ve mutlu olduklarına dair birkaç satır. Eğer kendileri yazamazlarsa, katip ayarlanmalı onlara. Sanırım Fransa'nın Valide Sultanı'na bu konuda yardımcı olması için bir mektup yazabilirsin."

"Pekâlâ," dedi Safiye, karar vermiş gibi derin bir nefes verdi. "Bugün şans senden yana. Nasılsa mektup yazıyorum, bir tane daha eklememin hiçbir sakıncası yok."

İçimde birden bir telaş ve kaygı yumağı oluşmuştu. Safiye kendine bir çıkar sağlamadan asla başkaları için bir şey yapmazdı. Dikkatli olmalıydım.

"Oh Safiye, bundan pişman olmayacaksın."

Benim sıkıntılarıma karşın, İsmihan büyük bir minnet duygusu içinde Safiye'ye teşekkür edip duruyordu, hatta onun önünde eğilmeye kalkıştı.

Zorlukla yatıştırdım hanımımı. Safiye ne vaat ederse etsin, biliyordum ki onun hantal bedeninin bu kadar zorlanmasına değecek bir şey olamazdı.

Neyse ki İsmihan bu konuda ısrar etmedi, arkasına yaslanıp, "Safiye, emin ol ki Allah seni öbür dünyada ödüllendirecektir," dedi.

Safiye kınalı ve bol yüzüklü zarif elini şöyle bir sallayarak böyle bir ödüle meraklı olmadığını belirtti. "Bu çok önemli bir mektup ve tüm kurallara uygun olarak yazılmalı," dedi. Katibine dönüp uyardı. "Kraliçeden kraliçeye."

Katip Belkıs'dı. Bir zamanlar Murad için satın alınmış Tatar güzeli Belkıs. Safiye'nin daha üstün olan çekiciliği ve yetenekleri onun bir kenara fırlatılmasına neden olmuştu. Arzularının asla yerine gelemeyeceğinin bilincine varan Belkıs da tüm enerjisini "kalem"e vermişti. Safiye'nin bu konuda ona güvenmesi kızın ne kadar yetenekli olduğunun somut bir kanıtıydı. İşine bağlı olduğu ve bunun dışında bir şeye önem vermediği kuzguni saçlarına erken düşen akları gizlemeye bile gerek duymamasından belliydi. Parmakları ise artık kınayla süslü değildi, bunun yerine mürekkep lekeleri görülüyordu.

Sonuçta Belkıs'ı ve onun sanatını yapmasını izlemek gerçekten de bir zevkti. Hatta işine başlamadan önce yaptığı hazırlıkları bile. Belkıs, işe kızılımsı inek derisinden yapılmış dosyasından bir kâğıt çıkararak başladı. Kalın kâğıt tamamen doğu işiydi, rengi Venedik'te yapılanlardan daha sarıydı ve çizgisizdi. Kâğıdın üzerinde Avrupa'daki gibi imal eden firmanın bir işareti de yoktu. Neredeyse büyük bir peçete boyutundaydı, eni boyunun yarısı kadardı, kâğıdın kalınlığı ve rengi insanda onun parşömen olduğu hissini uyandırıyordu.

Belkıs yerde dizlerine koyarak üzerinde yazdığı küçük rahlesine bu kâğıdı bir masa örtüsü gibi yaydı. Şöyle yakından inceledi onu ve ters yüz etti, kâğıdın pürüzlü yüzünü serdiğini anlamıştı. Şimdi önünde daha düzgün bir yüzey vardı, böylelikle kalemi bunun üstünde hiçbir engele takılmadan kayabilecekti.

Türkler, o günlerde yeni bir Alman icadı olan mekanik kâğıt çekiçlerini henüz kullanmıyorlardı, bunun yerine düzgün yüzeyde birtakım dalgalı görüntüler yapan elle cilalama yöntemini uyguluyorlardı.

Belkıs avucuna uyan bir akik taşıyla içine sinene kadar ciladı kâğıdı. Bir yığın kadının çeşit çeşit parfümünün dolaştığı haremde yükselen bu keskin taze kâğıt kokusu çok alışılmadıktı.

Bu belge Fransa'ya vardığında muhakkak ki daha ilk kelimesi okunmadan kokusu, dokusu ve rengiyle çok farklı bir ortamın gizemini anlatacaktı.

Bu işlem bile Belkıs için yeterli olmamıştı. Bu yarı aydınlık, yarı karanlık haremde kadınlar galiba çok daha iyi görebiliyordu. Gözleri küçücükken bu ortama uyarak çok daha keskin birer gözlemci olarak terbiye oluyordu sanırım. "Eğer güneş bile dişi olmasa hareme giremezdi," demişti bir Doğulu âlim, çünkü Arapça'da güneş dişi bir kelimeydi. Oysa İtalyanca'da eril bir kelimeydi ve hoş bir sıcaklıkla ifade edilirdi özelliği. Arapça'da ise kavurucu bir kızgınlıkla bir arada düşünülürdü. Sanki kendi yalnızlığının ve çocuksuzluğunun hışmını tüm dünyadan çıkarmaya çalışan bir dişiydi... Ve haremin kafeslerinin arkasında, Belkıs gibi çocuksuzluğa mahkûm olmuş kadınlar bile bu göksel dişinin gazabından en küçük bir pay almamacasına sakınılıyordu.

Belkıs, kalemlerini ve beş ayrı renkteki mürekkebi önüne yaydı. Sabahtan bu yana kullandığı siyah mürekkebin artık yetmeyeceğine karar verip biraz daha yapmaya hazırlandı. Dövülmüş meşe kozalaklarını bir kâseye koyup, üzerlerine gülsuyu döktü, toz bunun içinde eridi.

Belkıs şimdi de kâğıdın sağ tarafını neredeyse kendi avucu eninde boydan boya katlıyordu. Bu işlemin ardından kâğıdın kat yerini eline aldığı sandal ağacı parçasının yuvarlak ucuyla iyice keskinleştirdi. Fransa'dakilerin sandalla gülsuyunun yayacağı tatlımsı kokuyu duymamaları olanaksızdı.

Artık katip hazırdı, bağdaş kurup emirleri beklemeye koyuldu.

Belkıs değil ama, Safiye'yle ilgili olarak beni rahatsız eden bir şeyler vardı. Onun yanında aslında her zaman kendimi rahatsız hissediyordum, büyük bir olasılıkla her zamankinden daha farklı bir neden yoktu bugün de. Ama kafamdaki bulanık noktaları aydınlatmaya çalışmadan duramayacaktım.

"Nasıl oluyor da Catherine de Medici ile mektuplaşıyorsun?" diye sordum. "O Ana Kraliçe ve Fransa'nın tek yöneticisi."

Safiye hiç duraksamadan, "Çok basit," diye cevap verdi. "Catherine, yeni elçisiyle her zamanki armağanlarından yollamış ve Gazanfer de bunların bir kadın tarafından gönderildiğini, divandaki erkekler tarafından kabul edilmelerinin uygun olmayacağını söylemiş. Bu armağanların yeri tabii ki namahremin perdelerinin arkası olmalıdır."

"Çok mantıklı," diyen İsmihan hem ses tonu hem de bakışlarıyla beni uyarıyor gibiydi. Arkadaşına karşı duyduğum güvensizlik onu her zaman rahatsız ederdi.

"Ve armağanlar bana getirildi. Aslında hazineye gidecek gibi şeyler değildi. Biraz dantel ve üzerinde çıplak figürler olan oniks bir kutu."

Bu sözler üzerine İsmihan, "Böyle şeylerin yeri daima

haremdir, tabii eğer müstehcen oldukları için çöpe atılmayacaklarsa," diye tekrar görüşünü belirtti.

"Biz de aynen senin düşündüğünü yaptık. Ama ne olursa olsun, bir teşekkür mektubu nezaket gereğidir."

Sorularımın cevabını almıştım. Sustum, bir hadımın yapması gerektiği gibi... Ve konuşacağıma etrafı dikkatle izlemenin daha yararlı olacağına karar verdim.

Safiye katibine dönüp, "Bildiğin klasik açılışı yapacaksın," dedi.

Belkıs kopkoyu bir siyahla kocaman bir "Allah" yazdı kâğıdın tepesine. Bunlar mektubun en büyük harfleri olacaktı, sonra büyük bir boşluk bıraktı, krem rengi bu boşluğa "her şeye kadirdir" kelimelerini sığdırdı. "Allah her şeye kadirdir."

Besmeleler çeken İsmihan, "Bu onları düşündürecektir, çok güzel bir başlangıç," dedi.

Bunun Fransa'da tam olarak çevirilmesi başarılsa bile yargı organlarının kararını ne ölçüde etkileyeceğinden aslında emin değildim. Ama hanımımın ümidini kırmak istemediğim için bir şey söylemedim.

Belkıs bunun altına süslü harflerle yazmaya devam ediyordu. Allah her şeyin sahibidir... Renkler ve şekillerin... O yaradılışın tek hâkimidir... Hazreti Muhammed onun tek elçisidir ve peygamberlerin peygamberidir... Cennet mümin ruhlarının bahçesidir... Orası mutluluk tacının giyildiği yerdir...

Kız her kıvrımı yaptığında İsmihan hayranlıkla küçük bir çığlık atıyordu ve bunu anlatabilmek için sık sık da "Maşallah" diyordu.

Belkıs her ne kadar bu klasik sözleri yazsa da hiç olmazsa değişik renkler seçerek kendi yaratıcılığını ortaya koymaya çalışıyordu. Satırları tamamladığında ortaya çıkan görüntü bir yazıdan çok rengârenk, iç açıcı bir resme benzemişti. Kuşlar ve çiçeklerle bezenmiş bir bahçeydi sanki artık kâğıt.

Belliydi ki kızın en çok istediği resim yapabilmekti, ama

İslam dini buna izin vermiyordu. O da resmin yerine yazıyı koymuş ve bu alanda en mükemmelini yapmaya çalışıyordu.

Birden Safiye'nin de kendi dosyasından önüne bir kâğıt çekmiş olduğunu görünce Belkıs ve sanatının yarattığı büyülü ortamdan kendimi koparıp dikkatimi ona vermem gerektiğini anladım.

Safiye'nin önündeki kâğıt ince, beyaz ve çizgiliydi, üzerinde bir amblem vardı. Bu kâğıt belli ki Venedik malıydı. Haremde asla bulunmayan bir şeydi. Gözde, elinde kalemi yazıyordu, kimbilir ne zamandır... Bahçede oynayan Gülruh'a bakıyormuş gibi yaparak ne yazdığını görebilmek umuduyla yanına sokuldum.

Safiye, tabii ki İtalyanca yazıyordu. Kalemi katibininkiyle yarışıyor gibiydi. Kızın ağır ağır yuvarlaklar çizerek yazdığı her kelimeye karşılık o hızla iki-üç sert karakterli kelime yazıyordu. Ve yazdıkları ağdalı övgüler değil, gerçeklerdi.

Safiye'nin omzunun üzerinden her şeyi net olarak göremiyordum, o gür kumral saçları önümü kapatıyordu. Nasıl olsa birazdan ya beni azarlayacak, ya da yazdıklarının görünmemesi için toparlanacaktı, bu yüzden aldırmıyordum. Ama ikisini de yapmadı. Herhalde bu mektup söz konusu olduğu müddetçe benden bir şey gizlemeye gerek duymuyordu. Nasıl olsa yazılan şeylerin ne hakkında olduğunu biliyordum.

İlgimi fark ettiğinde dönüp bana gülümsedi, gözlerindeki ifade ayartıcıydı. O böyle yaptığında istemesem de geçmişe, anılarıma gidiyordum ve içimin acıyla burkulmasına engel olamıyordum.

Merakımı yatıştırmak için: "Türkçe yazılmış her mektup hangi dile çevrilmesi gerektiğinin belirlenmesi amacıyla mutlaka Divan'a gidiyor," dedi. "Ama bildiğin gibi ben ve Catherine aynı dili konuşuyoruz, ikimizin de anadili İtalyanca. Dolayısıyla böyle bir şeye gerek yok. Bu şekilde görevli memuru oyalamamış oluyorum."

Gözlerinden işin aslının bu kadar basit olmadığını anlamıştım, ben de bunu kendi bakışlarımla ona anlattım, hatta bir-iki söz söylemeyi de düşünüyordum.

Ama İsmihan, bu ikinci mektubun ne kadar tehlikeli olabileceğinden hiç haberdar olmadığı halde benim ağzımdan çıkacakları biliyormuş gibi, "Aman Allahım," dedi, "Siz ikiniz... Yine mi İtalyanca'ya başladınız? Buna dayanamıyorum."

Ve hanımımın hatırına tekrar sustum. Safiye'nin kendinden emin bakışları ve gülüşünün altında hâlâ eziliyordum.

Çok açık olarak görülüyordu, Safiye'nin Venedik kâğıdına yazdıkları Türkçe mektubun tam bir çevirisi değildi. Belkıs süslü harflerle övgü kısmını doldurmaya çalışırken o çoktan beş-altı satır yazmıştı.

Gözdenin sadece aşk ateşiyle başı dönen Venedikli diplomatlarla mektuplaşmadığı kesindi. Fransa'nın İnebahtı'daki Haçlı İttifakı'na katılmayı reddettiğini hatırladım. Bu iş Safiye'nin ellerinden çıkmış olabilir miydi? Daha başka hangi ülkeler böyle mektup içinde mektuplar almışlardı? Aklından neler geçiyordu ve kimlere neler vaat etmiş olabilirdi? Onlar karşılık olarak ne sunmuşlardı? Böyle tehlikeli soruların cevabının şu anda verilmesi pek mümkün görünmüyordu. Ama bir yerden başlamalıydım.

# XII

BELKIS'IN çiçek bahçesine karşılık, Safiye'nin hitabı çok netti, "Sevgili kardeşim Kraliçe." Bunun ardından Catherine' in ona yollamış olduğu ve Fransa kralına ithafen yazılmış, Niccola Machiavelli'nin *Prens* adlı kitabı için teşekkürlerini belirtmişti. "Okurken kelimelerin bende uyandırmış olduğu etkiyi belki de yalnız siz anlayabilirsiniz," diye yazıyordu Safiye çabuk çabuk. "Soluk almadan oturup bitirdim kitabı ve bunun ardından da defalarca aynı zevkle okudum."

Kumral saçlarla süslü omzun arkasından okuduğum bu satırlar neredeyse kanımı dondurmuştu. *Prens*'i biliyordum. Beyazıd meydanındaki sergilerden birinde bulup almıştım. Bir zamanlar, İsmihan'ın hoşuna giden Homer'i de oradan almıştım. Arada bir gidip bakınıyordum çarşıda. Kitabın başlığından Machiavelli'nin bazı romantik hikâyeler yazmış olduğunu sanmıştım.

Kitabı okuduğumdaysa onun, insanların çoğunun zaten tüm dini ve toplumsal kurallara ve hatta yasaklara karşın yaptıkları şeyleri kaleme almış olduğunu görmüştüm. Sofia örneğin, Catherine ona bu kitabı yollamadan çok önceleri bile bir Machiavellistti. Hayatım bunun en keskin kanıtıydı.

Şimdi Fransa kraliçesine yazılan bu mektubu okurken Machiavelli'nin cümleleri birer birer aklımdan geçiyordu, tıpkı Pera'daki evde bana yapılan korkunç işkencelerin anıları gibi. "İnsanlar size karşı suç işledikleri ve kötülük yaptıkları zaman, sizin onlara vereceğiniz yanıt onların size yaptığından bin beter olabilir ve olmalıdır." Bu sözlere katılamazdım ama beri yandan da eğer merhametli bir Tanrı varsa acılarımın tesellisi için ya bir çare bulmalı, ya da başıma gelen felaketleri unutmamı sağlamalıydı. Anılar acılarla birlikte geliyordu. Şiddetli bir karın ağrısı, soğuk terler... Ve şimdiki zamandan kopuş... Kelimelerden ve başıma gelenlerden anladığım tek şey daha büyük felaketlerden korunabilmek için gözlerimi iyice açmam gerektiğiydi.

"İnsanlara ya iyi davranınız ya da onları ayaklarınızın altında eziniz. Çünkü az incindiklerinde intikam peşine düşebilirler, daha fazlasındaysa bunu akıllarına bile getiremezler."

Acaba Safiye benim ne kadar ezildiğimin farkında mıydı? Bu yüzden mi kayıtsızca benimle dalga geçiyordu? Hayatımın bir noktasında feci şekilde ezildiğim doğruydu ama, İsmihan için sorumluluk duymak her şeyi değiştirmişti. En azından bu, bana eğer tekrar saldırıya uğrarsam intikam alabilme şansını vermişti.

Belkıs'ın Sultan Selim'le ilgili övgüler bölümüne geldiğini görünce bu düşüncelerimden uzaklaştım. Çiçeğe benzeyen yazısıyla şimdi, "Yedi iklimin Hanı, Bağdat'ta Şah, Bizans'ta Sezar, Mısır'da Sultan," diye uzun uzun yazıyordu.

Ama ilgimin asıl yoğunlaşması gereken yer ikinci mektuptu. Öylesine bir dille Fransız politikası üzerine yazıyordu ki, izlemekte zorlanıyordum. Şöyle diyordu: "Sevgili kardeşim, İngiltere'nin Elizabeth'inin ilgisini, her ne kadar ondan yirmi yaş genç olsa da, oğlunuz Alençon'a yönlendirmeniz ne kadar zekice bir davranış. Aziz Bartholomeus Günü'nün bir Protestan kraliçede yaratmış olacağı rahatsızlığın yanında, oğlunuzun daha da büyüdüğünü ve hatta artık gençliğini ve toyluğunu saklayacak bir sakala bile sahip olduğunu anlıyorum. Elizabeth oğlunuza 'Benim küçük kurbağam,' demeye devam ettiği müddetçe sizin sadece Fransa kralının, Polonya kralının değil İngiliz kralının da annesi olacağınızı ümit edeceğim. Siz gerçekten de tüm Avrupa'nın kayınvalidesisiniz, bu kelimeyle bir güçsüzlüğü kasdetmiyorum, söylemek istediğim Machiavellistlerin en yücesine duyduğum büyük hayranlıktır."

Belkıs ise övgü sıralamasında Selim'in oğlu Murad'a gelmişti. Onu, "Krallık bahçesinin eğilmeyen yüce selvisi," diye tanımladı. İsmihan kardeşiyle ilgili bu sözcükleri çok sevmişti. "On iki yüce atanın tacının gelecekteki sahibi..."

Safiye'nin mektubu ise bambaşka bir havada devam ediyordu: "Şu Fransız Protestanlar'ı, Huguenot'lar meselesine gelince, benim bu konuda bir tavsiyede bulunmam çok zor. Size şu kadarını söyleyebilirim, burada genel eğilim Protestanlar'la birlik olmaktan yana. Çevremizdeki yakın ülkelerin hepsi de Katolik ve düşman. Protestanlar, Katolik kiliselerini ve kutsal resimleri yok ediyorlar, Osmanlılar da bildiğiniz gibi aynı tavrın içindeler. Bu nedenlerle sizin yararınıza İngiliz Protestanları'nın aleyhine Divan'da etkinlikte bulunmak doğrusu çok güç."

Safiye'nin bakışları sanki mektubu bana böyle parça parça göstermekten zevk alıyor gibiydi. Eğer beni doğrudan tehdit edecek bir şey olsa yarıda kesip, kâğıdı ortadan kaldıracağı kesindi.

Okumaya yine de devam ettim: "İnebahtı'da bizim karşımızda yer almamanız çok yararlı oldu. Ama bilmelisiniz ki ülkenizdeki başkaldırıyı, yükselecek olan yeni bir tutuşmayı engellemek amacıyla şiddetle bastırmanız -Aziz Bartholomeus'un Kahvaltısı- konusundaki haberler burada dehşetle karşılandı. Yine de, sizin kızkardeşinizle ve Protestan Navarre ile başarıyla yaptığınız gibi İngiltere ile de bir birlik oluşturabileceğinizi umabilirsek, o zaman gelecekte her şeyin bizim yararımıza gelişebileceğini de düşünebiliriz."

Belkıs'ın mektubunda sıra sonunda kadınlara gelmişti. "Haşmetmeapları yüce Mehmed'in annesi, iffetli kadınların en güzeli, en yüce ruhlusu, gözdeler gözdesi...." En derin sevgi ve saygılarını, "Hıristiyan kadınları aleminin en büyük destekçisi... Güç ve zaferin sembolü... İsa'nın aziz anası Meryem'in kızı'na..."

Safiye ise kayınvalidelerden söz ediyordu. "Burada kayınvalideler benim Batı'da bildiklerimden çok daha büyük bir güce sahipler. Bu kadınlar oğullarının evlenecekleri kızı kendileri seçip evlilik kararı veriyorlar. Zaten yüzleri peçe ve çarşafla kapalı namuslu kadınları bir erkeğin görebilmesinin evlilikten başka bir yolu yok. Yine de, böyle zor koşullarda bile, ne kadar gelişme gösterebileceğim yolunda bana çok büyük örnek oluyorsunuz, bunun için minnettarım."

Safiye bana bakıp hafifçe gülümsedi. Bu yakınlığın nasıl bir çıkarı perdelediğini merak ettim. Machiavelli bile bir Machiavelliste karşı çıkabilirdi, olamaz mıydı? Bunun cevabını bilemiyordum ve gözlerimi mektuptan ayırmamak için bu soruyu zihnimin arkalarına attım. Safiye çok hızlı yazıyordu, onu izlemekte zorlanıyordum.

"Osmanlı Sarayı'nda eskiden kalma bir evlenmeme geleneği olmasına karşın –ve dünyadaki en büyük imparatorluk olduklarına göre, bu duvarda bir delik açmanın güçlüğü kesin– ben, sanıyorum ki, sizden ve Bay Machiavelli'den aldığım ilhamla bir şeyler başarabileceğim."

Sırtımda bir ürperti dolaşır gibi olmuştu. İşte şimdi bu benim, İsmihan'ın ve Gülruh'un güvenliğini ilgilendirebilirdi. Tekrar endişeyle avluya baktım. Her şey yolunda görünüyordu, ama tekrar içeri baktığımda gözlerim kamaşmış olduğu için bir süre Safiye'nin mektubunu göremedim. Belkıs'ın yazdığı şeyleri tekrar etmesini dinlemeye koyuldum, hâlâ Catherine bölümündeydi.

"Son anına kadar mutluluk yanında olsun... Bu dünyada ve öbür dünyada her daim yüzü gülsün, gül bahçelerinin renkleri, bülbüllerin sesleri..."

Tanınmayan bir insana gönderilecek bir mektuptaki ciddi ve içten iltifatlar tuhaf duygular yaratıyordu bende, tekrar gerçek olan mektuba dönmeyi tercih ettim.

"Burada, Doğu'da olduğumu düşünüp, lütfen basitliğim için beni affedin. Önce bir gözde olabilmem gerekiyordu. Gözde olmak, Katolik kilisesinin evli bir kadına verdiği rahat ve huzuru vermiyor. Bu konuma kavuştuktan sonra bile yıllarca emin olamadım kendimden. Sonunda şunu anladım, ne kadar çok çocuğum olursa pazarlık gücüm de o kadar artacaktı.

"Sevgili kardeşim Kraliçe, tek silahım, bir zamanlar korkup kaçmaya çalıştığım şey olan şu anda kucakladığım güzellikler, çocuklarım... Oysa eskiden buradaki kadınların doğurganlığını köleliğin sonucu olarak düşünürdüm. Tabii ki sizin verimliliğinizle şu anda boy ölçüşecek durumda değilim, ama şunu müjdelemek isterim, Şehzade Mehmed ve küçük Ayşe'den sonra, kış sonunda Murad'ın İstanbul'a yaptığı ziyaret bana üçüncü bir saltanat varisi dünyaya getirme şansını yarattı."

İşte bu gerçek haberdi. Eminim, İsmihan'ın bundan haberi yoktu, öyle olsa başka hiçbir şeyden söz edemeyecek kadar heyecanlı olurdu, hatta Hüma'yı bile unuturdu. Bu mektup Fransa'ya gitmeden yeni Şehzade ya da Sultan doğmuş olacaktı kesinlikle. Ne kadar hızlı giderse gitsin, mektubu alan bu uzak ülke kraliçesi, içinde yazanları bir sır olarak saklayamayacaktı. Ama Safiye, hayatında bir kez bile yüzünü görmediği bu kadına niçin kendisiyle ilgili bu çok özel konuyu açıyordu, üstelik bundan İsmihan'a hiç söz etmeden. Ne yazık, bu şaşırtıcı haberi İsmihan'a söyleyemeyecektim, onun kalbinin kırılmasını göze alamazdım.

Safiye kalemini yeniden sivriltti ve yazmaya devam etti: "Benim Ayşe'yle sizin Hercul ne müthiş bir ikili oluşturabilir? Aslında aralarındaki yaş farkı Elizabeth ile oğlunuzunkinden çok daha az ve bunun bir Protestan-Katolik çatışmasına yol açmayacağı da kesin. Paris ile Konstantinopolis arasındaki her şey bu evlilikle toza döner. Sizin papazların bunu onaylamayacağını biliyorum, tabii ki buradaki müftülerin olumsuz tavırlarından söz etmek de yersiz. Ama, yine de hayali bile güzel değil mi?

"Ve Mehmed var, sizin Margot'nuz için. Burada müftüler erkeklerin yabancı kadınlarla evlenmesine karşı değiller, hatta bunu özendiriyorlar bile. Kadınların inançlarına aldırdıkları yok. Oğlumun başka odalıklar ve cariyeler almayacağı konusunda size söz veremem, buradaki dini uygulamaları biliyorsunuz. Margot biraz sıkılıp, sinirlenebilir, ama biliyorum ki, gençler biraz incinse de, sizin yapınız buradaki avantajları kolaylıkla anlar.

"Dirayetli hanımefendi, siz bana bunların en baştan planlanmasının ne kadar önemli ve gerekli olduğunu öğrettiniz.

Burada ilk yapılması gereken şey Mehmed'in sünnet olması, bu gerçekleşmeden Müslümanlar onu bir erkek olarak kabul etmiyorlar ve tabii bundan önce evlenmesi de söz konusu olmuyor."

Safiye'nin Müslüman âdetlerini nasıl kendine uyduracağı konusundaki bölümü okuyamadım. Belkıs yarım sayfadan fazla övgü ve selam yazmıştı, şimdi de Hüma ile ilgili olarak yazılması gereken kısa bir bölüm için bekliyordu. Bekledi, bekledi sonra, "Umarız bu mektup size, her anı yıllar kadar değerli kraliçeye ağustos ayında ulaşır," diye bitirdi.

Safiye aldırmadan yazmaya devam ediyordu. Artık ışık yetersizleşmişti, son satırları görmekte zorlanıyordum. Zaten o da bitirip mektubun kenarlarını kıvırmıştı.

Belkıs bu arada mektubun mürekkebini kurutmak için baştan aşağı altın yaldızlı bir tozla adeta yıkıyordu. Bu öylesine etkileyici bir manzaraydı ki, eğer ışık yeterli olsa bile sanırım Safiye'nin mektubuna bakamazdım.

Sonra kız kâğıdı rulo yaptı ve altın tozunun fazlasını bir sonraki mektupta kullanmak üzere bir tasa silkeledi. Ama alıcı mektubu açar açmaz ortalığa saçılacak yeterince altın yaldız vardı kâğıdın üzerinde.

Safiye kendi mektubundaki mürekkebi kurutmak için ince kum kullandı, kâğıdı bildiğim gibi, Batı usulünde çabucak katladı. Belkıs bekliyordu, bunu kendi yazdığı mektubun içine koydu ve mühürü bastı. Balmumundan yapılmış yasemin kokulu mühür soğuyup tuğra işareti ortaya çıkmadan kız yanındaki kutuyu açtı ve elini daldırıp bir avuç değerli taş çıkardı. Bunların arasından küçük ama çok güzel kesilmiş üç yakut ve bir elmas seçti. Bunları da mührün üzerine yerleştirdi. Taşları öylesine yerleştirmişti ki, mühür sanki içinde kuşlar olan bir kafese benzemişti.

Genç kız hiç düşünmeden kendi durumunu yansıtan bir eser çıkarmıştı ortaya.

Hemen ardından Nur Banu aniden, haber vermeden Safiye'nin odasına bir hışımla daldı. Öfke içindeydi. Bahçede onu görünce sevinçle bağıran Gülruh'a bile aldırmamıştı.

# XIII

"BU DA NE DEMEK oluyor?" Nur Banu'nun siyah gözleri mücevher gibi parlıyordu.

Onun giysilerinin aşırı zenginliği bende daima bir acıma duygusu uyandırıyordu. Sanki hayatının eksikliklerini bunlarla kapatmaya çalışıyor gibiydi.

"Ne, ne demek oluyor, haremin en gözde kadını?"

Safiye'nin bu konuşma biçiminin ne anlama geldiğini biliyordum, mutlaka yine masum rolünü oynarken binbir entrika geçiyordu aklından.

"Sen Mehmed'i sünnet ettirmeyi planlıyorsun."

"Evet."

İkisi bu konuda kozlarını paylaşamıyordu. Biri Şehzade Mehmed'in annesiydi, diğeriyse babaannesi. Çocuğun söylendiği gibi erkek oluşunu sağlayacak olan bu olay tüm geleceği için çok önemliydi. Her ne kadar Safiye bu konudaki planlarını burada, Doğu'da saklasa da, Batılı bir kraliçeye çoktan açıklamıştı ve ben bile neredeyse bunların tümünden haberdar olmuştum.

Safiye, Belkıs'a mektubu alıp gitmesini işaret etti, içeri giren kadına, âşığının annesine fazla bir saygı ve ilgi gösterdiği söylenemezdi.

Gazanfer diğer mektupları yerlerine ulaştırmanın peşinde olmalıydı, aksi takdirde Nur Banu da Hüma gibi asla içeri giremeyebilirdi.

Baffo'nun kızı, "Efendim, şehzademin babası gereken izni verdi ve işlemler çoktan başladı," diye devam etti konuşmasına.

İsmihan odadaki gerilimi azaltabilmek için üvey annesine gülümsediyse de bu bir işe yaramamıştı.

Nur Banu tekrar patladı. "Eminim, müneccimlere bile danışmamışsındır."

"Müneccimlere danışıldı." Safiye sanki karşısında bir duvar varmış gibi davranıyordu, sesi her türlü duygudan yoksun, kupkuru çıkıyordu. "En uygun zamanın bugünden sonraki on beşinci gün olduğunu söylediler."

"İki hafta mı? Bu yeterli bir zaman değil."

"Bence çok yeterli. O güne kadar hava da düzelir."

"Asla yeterli değil," diye tekrarladı Nur Banu.

"Müneccimler bundan sonra en azından bir yıl boyunca uygun bir tarihin olmayacağını söylediler."

"Bir şehzadenin sünnet düğünü için nasıl iki haftada hazırlanabiliriz?"

"Eğer zamanımızı boş laflarla tüketirsek tabii hazırlanamayız. "Belkıs'ın arkasından anlamlı anlamlı baktı. "Ben şahsen bugün çok önemli işler yaptım ve şimdi de izin verirseniz..."

"Önceden yapılacak şenlikler, yabancı elçilerin davetleri, alınacak hediyeler? Sen kendini ne zannedersen et, bu benim umurumda değil, mucize yapacak halin yok. Torunum, Allah ona uzun ömürler versin, zavallı bir yoksulun, bozkırda dolaşan yabani bir Türk'ün oğlu gibi mi sünnet edilecek? Hiçbir Osmanlı şehzadesi böylesine az bir ilgiyle büyütülmemiştir."

"Her şey halledilmiştir." Safiye saçlarını şöyle bir savurdu. "Benim efendim bir karar verdi, senin Selim'in gibi değildir o. Ve Murad bunun babasını da memnun edeceğini düşünüyor. İstanbul'a son geldiğinde ben de şehzademi çok memnun etmiştim."

Safiye yeleğinin inci düğmelerine uzanıp birini çözdü. Yüzü neredeyse elle tutulacak kadar gerçek olan hoşnutluğundan ötürü kızarmıştı ve bu onun güzelliğini artırıyordu. Şu anda yalnızca ikimizin bildiği gerçeği düşündüğünden emindim.

Nur Banu'nun yanaklarının da bundan aşağı kalır tarafı yoktu, ama bunun nedeni öfkeydi ve kınayla turunculaşan saçları şimdi yüzünün kızıllığıyla öylesine bir bütünlük içindeydi ki, insan kadının tüm başının bakırdan yapılmış olduğunu düşünebilirdi. "Ve sen hâlâ ait olduğun yere, oğlumun yanına Manisa'ya gitmiyorsun, öyle mi?"

"Niye gidecekmişim? Nasıl olsa o, sık sık buraya gelmekten şikâyetçi değil."

"Sen de bir parça bile utanma yok. Senin gönlünü hoş etmek uğruna görevlerini ihmal etmesi hiçbir şey demiyor sana."

"Hayır hiç utanmıyorum ve bunda da utanılacak bir şey görmüyorum. Ayrıca Murad onun haklarını gözetecek birinin burada, İstanbul'da olmasından çok hoşnut."

"Onun burada bir de içi yanan anası var." Eliyle kalbine, sanki orası ağrıyormuş gibi vuruyordu.

"Benim isteklerimi yerine getirmekte bu kadar çabuk davrandığına bakılırsa bu konuya fazla inanmadığı kesin. Şu barbarca âdetin bir an önce yerine getirilmesi gibi..."

"Seni dinsiz kız seni. Tabii ki bu yapılacak, ama küçücükken değil. Eğer Osmanlı'nın varisi sünnet sırasında ağlarsa bunun ne anlama geleceğini biliyor musun sen? On iki ile on dört arasında yapılmalıdır sünnet, doğrusu budur. Böylelikle ağlamaz ve o büyük utançtan da, kötü işaretten de kurtulur."

"Ama benim küçük tatlı oğlumun erkekliğe attığı ilk adımda, gözyaşları içinde göğsüme yaslanması benim için çok daha anlamlıdır."

"Gözyaşları mı? Bugüne kadar onun gözyaşlarının seni rahatsız etmek dışında bir işe yaradığını görmemiştim.

Mükemmel anne... Şu kesin, onun sığınmak için gideceği son insan sensin."

"Daha büyük çocuklarda bile ağlamanın iltihaplanmaya karşı iyi geldiğini duydum."

"Senin tek derdin neredeyse daha süt dişleriyle dolaşan Mehmed'i bir an önce sünnet ettirip, onun aracılığıyla iktidarını sağlamlaştırmak."

Safiye bunu inkâr etmeye kalkmadı. "Eh, sonunda ben onun annesiyim," dedi.

"Benim oğlumun senden önce nasıl bana bağlı olduğunu unutma. Bir gün gelecek senin oğlun da nankör bir orospunun peşinden gidip seni bir kenara atacaktır."

"Benim bulacaklarım önceden adam edileceklerdir, bundan emin olabilirsin."

"Sana da yapılması gereken buydu." Nur Banu tehditkâr gözlerle gelinine bakmayı sürdürüyordu.

"Senden başka bana karşı olan yok. Ve eğer ben, bir gün oğlumu kaybedeceksem –Allah esirgesin– o zaman böyle bir belâya uğramadan önce bu sünneti yaptırmak çok daha akıllıca olur."

Bunlar olurken İsmihan, benim bile duymakta zorlandığım birkaç sakinleştirici söz söylemeye çalışmıştı. Ama artık onun bu ortamda daha fazla kalmasına katlanamazdım, kulağına eğilip artık eve gitmeyi düşünüp düşünmediğini sordum.

"Şimdi değil," diye mırıldandı. "Gidip Ayva'dan ağrılarım için ilaç istemeliyim."

Hanımımın neden bu kadına kendi sağlığını ve çocuklarınkini körükörüne emanet ettiğini bir türlü anlayamıyordum. Başka birini rahatlıkla bulabilirdi. Bana kalsa ilk ölü doğumdan sonra bunu yapardım. Bunun üzerine iki ölü bebek daha gelip geçmişti ve hâlâ inatla Ayva'nın peşi sıra dolanıyordu. Eğer bunları ona söylesem eminim, "Haydi Abdullah, bana Gülruh'u o kazandırdı," diyerek lafı ağzıma tıkardı.

Sağlık için ödenen ne pahalı bir bedel! Böyle cevaplayabilirdim onu. Öylesine bir "tevekkül" duygusu vardı ki onda, her şeyi buna göre yorumlardı. "Herkes Sarayda bu ebeyi kullanır," derdi daima. "Ve Ayva'yı Allah'ın elinde olan şeyler için suçlayamayız."

Kendi kendimi, eğer bir işte büyü varsa, onu çözmek için de yine bir büyücüye gidersin, diyerek yatıştırmaya çalıştım. İsmihan'ın giderek solgunlaşan yüzü bana bunun zamanının geldiğini söylüyordu. Aslında gün boyunca yüzünde hastalıklı bir ifadeyle oturup durmuştu, gidip bunun çaresine bakmalıydık bir an önce.

İzlemek zorunda kaldığı bu ağız dalaşı yüzünden ağrıları artmış olmalıydı. Ona kolumu uzattım ve "Haydi, o zaman seni şifahaneye götüreyim," dedim.

"Aslında oraya kadar gidebileceğimden emin değilim," dedi. "Ayva'yı son görüşümü hatırlamıyor musun?"

Hatırlıyordum, kadının o büyücü gibi bakışlarını da, sesindeki acımasız tonu da... Hatta belki onda hissettiğim korkuyu da... Aslında o haşin kadının İsmihan'dan korkmak için nasıl bir nedeni olabilirdi? "O zaman ben gideyim," dedim.

"Çok iyisin Abdullah."

"Burada kendi başına kalabilir misin?" Endişeyle, atışıp duran iki kadına baktım, sesleri giderek yükseliyordu. Bu patırtının arasında zavallı küçük Ayşe'nin nasıl olup da hâlâ uyuyabildiğine şaşıyordum, o lokum mutlaka haşhaşlı olmalıydı. "Önce seni tahtırevana götüreyim," dedim.

"Kalacağım," diye cevapladı İsmihan. Üvey annesiyle yengesini barıştırmak için bir denemede daha bulundu, bundan da hayır çıkmayınca önündeki kaymaklı baklavayla ağzını doldurdu. Ne zaman sıkılsa ve kendini çaresiz hissetse hep bunu yapıyordu.

Kapı ağzında Gazanfer'le karşılaştım, yüzü kızarmıştı ve nefes nefeseydi. Herhalde gürültüyü koridorlardan işitip, koşa

koşa buraya gelmişti. Demek ki götürdüğü mektupların alıcıları Sarayın içindendi. Artık bu konuda kafamı yoracak halim kalmamıştı. Ona , *"senin hareminin huzuru bu mu hadım?"* dercesine anlamlı anlamlı baktım. *Burada hanımımı bırakarak ciddi bir tehlikeyi göze alıyorum, bunu biliyor musun?*

Adamın kocaman gölgesinde minik Gülruh'u gördüm. Avludaki kapıya minik elleriyle vurarak bağırıyordu, "Yenge, anneanne? Yenge, anneanne?"

İsmihan'a seslenip, "Ben Gülruh'u da yanıma alıp gidiyorum," dedim.

"Olur Abdullah," diye cevap geldi içerden.

Ama hadım beni durdurmaya çalışıyordu. "Bunu yapmanın doğru bir şey olduğunu sanmıyorum kardeşim, Gülruh'u Ayva'nın yanına götürmek çok doğru ve akıllıca görünmüyor bana."

"Harem huzuru dediğin bu kedi köpek dalaşının içine birden fazla hanımımı bırakacak halim yok," dedim.

Ve Gülruh'u kucağıma alıp, olabildiğince hızlı adımlarla oradan uzaklaştım.

# XIV

SESLERDEN uzaklaşır uzaklaşmaz Gülruh yere inmek istedi. Onu bırakıp yumuşacık, küçük elini tuttum ve yürümeye başladık.

İsmihan benim bir türlü anlam veremediğim bir biçimde çocuğa bedeninden çok daha büyük giysiler diktiriyordu. Bunun nedenini ise, "Nasılsa büyüyecek," diye açıklamaya çalışıyordu. Gülruh'un ayağındaki terlikler de işte bu anlayışın sonuçlarıydı ve o koca terlikler şimdi uzun, mermer koridorlarda kötü ruhları kaçırmak üzere tekrarlanan bir dua gibi tıkırdıyordu.

Haremin koridorları bir sağa bir sola, bir aşağı bir yukarı kıvrılarak sonsuz gibi uzayıp gidiyordu. Sanki devleşmiş bir sarmaşığın karmakarışık dallarıydı bunlar, ya da bir zamanlar Safiye'nin bana söylediği gibi mermer canavarın karnının içi... Bir yerden bir yere gidebilmek için en azından iki farklı yol vardı. Böylece görmek istediğinizi görebilir, görmek istemediğinizden kendinizi sakınabilirdiniz. Şifahaneye giden daha uzun yolu tercih etmiştim, böylece elimden geldiğince, neredeyse tüm haremin, hizmetçisinden kalfasına kadar kelime kelime dinlediği kavgadan Gülruh'u uzak tutmayı deneyebilirdim.

Bir yığın kapıyı geçtik; kimi kemerli, kimi karemsi, kimi küçük, kimi büyüktü bunların. Upuzun koridorların sonlarında fare deliği gibi duruyorlardı. Artık kadınların sesleri iyice kesilmişti, bunun yerine erkek çocukların seslerini duyuyorduk. Hepsi bir ağızdan ama değişik tonlamalarda, değişik hızlarda ve kim bilir belki de değişik kelimeleri Arapça tekrarlayıp duruyorlardı. Kur'an öğreniyordu çocuklar. Burası şehzadeler odasıydı, devşirme çocukların çok parlak olanları da gelecekteki efendileriyle birlikte bu odada eğitim alıyordu.

"Mehmed de burada!" diye bağırdı Gülruh. Elimi çekiştirip duruyordu, onunla birlikte sesleri dinledim.

"Evet o," dedim. "Allah uzun ömürler versin, o."

"Oraya giremeyiz," dedi.

"Evet, giremeyiz, ama istersen ona senden bir selam götürürüm."

"Ben bir kızım." Bunu son derece kesin bir şekilde söylemişti, kahverengi gözleri aklından bir şeyler geçirdiğini belli ediyordu.

"Şehzade Mehmed'e selamını götüreyim mi?"

"Ama Abdullah?"

"Evet canım?"

"Sen nasıl oluyor da benimle birlikte olabiliyorsun?"

"Ben daima seninle birlikte olacağım," derken ona acı acı gülümsüyordum.

"Ama sen erkek değil misin?"

Uygun bir cevap verebilmek için susmam karşısında o konuşmasını, daha doğrusu sorularını sürdürdü.

"Nasıl hem benimle, hem de Mehmed'le beraber olabiliyorsun? Babamla birlikte dışarı çıkabiliyorsun ve annemle dolaşıyorsun, nasıl?"

Küçücük aklıyla doğruyu arıyordu, bu içgüdüsel bir şeydi. Sonunda çok basit bir cevap verdim: "Hayatım, ben bir hadımım."

"Hadım ne demektir?"

*Hadım, bana denir ve çektiklerim...* Bunlar şu anda küçük bir çocuğa verilecek cevaplar değildi. "Hizmetkâr demektir," dedim.

"Ama herhangi bir hizmetkâr değil." Yine kesin bir ses tonuyla konuşmuştu. "Uzun, kürklü giysileri olan sakalsız bir hizmetkâr. Annem gibi memeleri de yoktur."

Çenemdeki iki üç tüyü utançla ovaladım ve "evet" dedim.

"Safiye Yengem, Mehmed'in sürmet, sürlet..." Kelimeyi bulmaya çalışıyordu, bulamayınca sıkılıp bunun yerine "kesilme" kelimesini yakıştırdı. "Mehmet erkek olsun diye kesilsin istiyor."

"Bu doğru."

"Ama kesilene kadar gelip benimle oynayabilir."

"Bu da doğru." İçim rahatlamıştı, o korkunç konudan uzaklaşıyordu.

"Seni hiç kesmediler mi?" Hayır, yanılmıştım, yine başlamıştı. "Bu yüzden mi her istediğini yapabiliyorsun?"

Ne söyleyeceğimi bilemiyordum. "Kesildim tatlım," dedim yavaşça. "Yalnız çok daha fazla kesildim ben. Şehzade

Mehmed'in kesileceğinden çok, çok daha fazla. Bu yüzden de hadımım."

Susmuştu, bir iki adım attık, durdu. "Beni keser misin?"

"Tatlım o nasıl söz?..."

"Beni de seni kestikleri gibi kes, o zaman ben de senin gibi dışarı çıkabilirim, içeri girebilirim, bunu istiyorum."

Külçeleşen bacaklarım sanki bedenimi taşayamayacak hale gelmişti. Sarılıp onu kucağıma aldım ve sıkıca bağrıma bastım. O güzelim minik başı göğsüme dayadım, daha şimdiden kadın kadın kokmaya başlamıştı saçları. Hayatın benden çaldığı açlık bu küçücük kıza duyduğum sevgiyle yatışıyordu artık.

"Bunu yapamam bir tanem," dedim.

"Sen bir hizmetkârsın, sana emrediyorum." Beni öfkeyle itti, aşağı indi, koca terlikleriyle benden kaçmak istiyordu. "Yoksa seni köle pazarına yollarım."

Çocuğun büyükleri taklit ediş biçimi çok komikti, kendimi tutamadım ve ağlayacağım yerde güldüm. "Senden ayrılmak benim için ölüm demektir, ama yine de seni kesemem," dedim.

Bir an aklımdan tecavüz kelimesi geçti. İsmihan bana bir zamanlar bunun bir erkeğin başına gelebilecek felaketlerden daha beter olduğunu, çünkü tekrarlanabileceğini söylemişti. Gülruh'un bu "kadın hayatı"nın gerçekleriyle ezilmesini istemiyordum, yaşadığım sürece onu böyle sıkıntılardan uzak tutmaya o an yemin ettim.

Küçük Gülruh sanki aklımdan geçenleri sezinlemişti, en azından bir bölümünü... Sanıyorum aklımdan annesi geçince bakışlarım yumuşuyordu. "Anneme söylemeyiz," dedi. "Cesur olurum, söz veriyorum, ağlamayacağım. Çok ağlamayacağım."

Gülüşüme gözyaşlarım karışıyordu ve net göremiyordum artık. "Yapamam," dedim. "Allah şahidimdir, dünyada hiçbir güç bunu yapamaz. Sana kimsenin böyle bir zarar vermesine izin vermem."

"Niye? Niye?" diye ısrar ediyordu, onun da gözleri yaşla dolmuştu ama bunun nedeni acı değil öfkeydi.

"Çünkü... Çünkü, Allah'a şükürler olsun sen bir kızsın. Ben senin yaşındayken oğlan çocuğuydum." Bunu anlatabilmek çok zordu, gözümün önünden yüzlerce anı hızla gelip geçiyordu.

"Oh... Yine mi bu kız işi?" Heceleri vurgulayarak konuşuyordu.

Sonra sustu, düşünüyordu. O sessiz dururken şehzadenin sesi yükselmişti koridorda:

"Bağışlayan ve koruyan Yüce Allah'ın adıyla. Allah'a ve öbür dünyaya karşı görevlerinizi yerine getiriniz. Erkekler kızlardan daha üstün niteliklerle donatılmışlardır ki, bu şekilde onları koruyabilsinler. Allah büyüktür, Allah yücedir..."

"Niye?" dedi, sesi bir mırıltıya dönüşmüştü.

"Çünkü..." dedim çaresizce. Bu benim cevap veremeyeceğim kadar büyük bir soruydu. "Çünkü bu Allah'ın isteğidir."

İşin kolayına kaçarak, onu başımdan savabilmek için söylediğim bu kelimeler ağzımdan çıkar çıkmaz beklenmedik bir şekilde tüm aklım dine karşı büyük bir merakla doluvermişti. Neredeyse bu mermer koridorda içine düştüğüm düşünce ve duygu karmaşasından ötürü yere düşecektim, titreyerek çömeldim.

"Zavallı Abdullah," dedi Gülruh, elini uzatıp çeneme sevgiyle dokundu. "Seni kestikleri zaman ağladın mı?"

"Biraz," diye geveledim, anılar geri geliyordu. "Ve bağırdım ve Allah'a isyan ettim, ondan benim canımı da almasını istedim."

"Şimdi ölmediğin için üzgün müsün?"

"Hayır bir tanem, hayır. Ben..." Söylediklerimi aslında ben de ilk kez farkediyordum. "...Aslında sana her baktığımda Allah'a şükrediyorum."

Düşüncelerim berraklaşmıştı. Böyle biri olduğum için minnettardım "O"na, yoksa annesini nasıl kurtarabilirdim? Gülruh'u doğduğu andan itibaren izlemek haremde bir erkeğe nasip olamazdı. İlk dişleri, ilk adımları... Bunları başka hiçbir erkek göremezdi. Sadece "O İlahi Güç" ve "Hadım Abdullah" bunu görebilirdi.

"Ben de Allah'a şükrediyorum," dedi. Çocuksu bir dürüstlük içindeydi.

Hala hafif hafif titriyordum, ayağa kalkıp elini tuttum. Ey sevgili Allah'ım neredeyse onun aklını karıştıracaktım.

"Gel canım," dedim. "Haydi gidip annenin ilacını alalım."

## XV

KORİDORUN sonunda bir ışık belirdi ve ilkbahar hazırlığı içindeki ağaçlar göründü. Ayva'nın şifalı otlar bahçesindeki bu ağaçların hemen dibinde, üzerinde bir yığın böcek ve sineğin vızıltılarla uçuştuğu yeni gübrelenmiş tarhların içinde mevsimlik çiçek fideleri toprağa tutunmaya çalışıyordu.

Üzerlerindeki ağırlıklardan bel vermiş raflarda dizili Çin, Japon ve İran işi porselen kavanozlar sanki her an tepemize inecekmiş gibi görünüyordu. Bunlardan yükselen keskin kokulardan genzimiz yanıyordu. Tatlı karanfil, kimyon; keskin sarımsak ve acı kantoron... Bu kadın dünyasının gizemli dünyasına ait odada ilerledikçe yükselen daha ağır kokular da vardı: Yosun, kil, bakire kanı...Ve alkole yatırılarak saklanmış hayvan organları...

Gülruh küçük parmaklarını benimkilere kenetlemişti, ben de ona güven verebilmek için bunları iyice sıktım.

Bir başka koku daha geliyordu burnuma, sakızla karışık haşhaş kokusu. Gülruh doğmadan çok önceden beri Ayva'nın böyle bir yöntemle kendini tedaviye çalıştığını biliyordum. Ve bu çeşit alışkanlıkların tümünde olduğu gibi bunun sonu gelmemişti, ebe yıllardır esrarın pençesindeydi.

Odanın loş ışığına gözlerim alıştığında sandığım gibi boş olmadığını gördüm. İhtiyar Ayva masasının kenarında horlayarak uyuyordu. Zeytin yeşili elbiselerinden daha farklı değildi yüzünün rengi.

"Belki de onu uyandırmamalıyız," dedim.

"Hayır, kalksın, ilacı versin," dedi küçük Gülruh.

"Ayva Kadın, Ayva Kadın," diye seslendim, hiç cevap yoktu. "Başka bir ebeden de alabiliriz sanırım," diye mırıldandım.

İnatla, "Hayır," dedi. "Annem, onun en iyisi olduğunu söylüyor. Beni dünyaya o getirdi ve annemi kurtardı." Ciğerlerini şişirerek "Kalfa!" diye bağırdı.

Tam bu sırada bir başka kadın odaya girdi. Bu Ayva'nın yeni yardımcısı Afrikalı "İncir"di. Şifahanenin meyva sepeti tamamlanmıştı. Taze bir incir kadar morumsu karaydı teni ve içinde ne çeşit çekirdekler olduğunu kimse bilemezdi. Ön iki dişinin arasında kocaman, kapkara bir boşluk vardı ve hiçbir mine onun içindeki Afrika'yı kapatmaya yetmezdi.

Ayva ve yardımcısı hakkında bir yığın dedikodu dönüp dolaşıyordu haremde. Bu benim üzerime vazife değildi, aslında haremin Sultanları ve gözdeleri de bu konuyla çok ilgilenmezlerdi. Köleler efendilerini rahatsız etmedikçe nasıl isterlerse öyle rahatlayabilirlerdi.

Başka söylentiler de vardı. İncir'in kendi vatanında bir büyücü olduğu gibi... Bu pek de şaşılacak bir şey gibi görünmemişti bana. Yavrube adlı bir ruhun onda tekrar vücuda geldiği lafı dönüp dolaşıyordu. Davul sesleri arasında iki ruh bütünleşiyor, deniliyordu.

İncir bir kraliçe gibi giyinmişti. Teninin koyuluğuyla zıtlık oluşturan beyaz inciler ve altın süslemelerle doluydu giysisi. Bir yığın cariye bunun onda birine bile sahip değildi oysa. Duyduğuma göre onun vatanından gelenler ellerine geçen her şeyi, hatta efendilerinden çaldıklarını özgür olabilme umuduyla ona taşıyıp duruyorlardı. Hastalar, eziyet gören köleler onun koruyucu gücünün peşinde, her şeylerini sunarak dolanıp duruyorlardı.

Bu söylentilerin ne kadarının doğru olduğu konusunda bir fikrim yoktu, ama selvi gölgesi esintisi gibi bir ürpermeyi odaya taşıyan bu kadının bazı gizemli güçlere sahip olabileceğini tahmin etmekte zorlanmamıştım. Ayva kendi yerine geçmek üzere doğru birini seçmişti, ya da kimbilir belki de İncir bunu kendisi seçmişti, bilmiyordum. Kadın gelip, benimle horuldayan Ayva arasında onu korumak ister gibi durduğunda tam da bunları aklımdan geçiriyordum. Kölelik dayanışması başka bir şeydi, isyana kalkışmak ayrı bir şeydi ve İslam'ın göbeğinde şeytani putperestlik bundan başka bir anlama çekilmezdi.

Hiçbir kanıtım yoktu ama gerçekten de bu kadının "Yavrube" olduğunu hissediyordum, yine de duygularımı kendime saklamayı yeğleyerek istediğimi söyleyebildim. Tek kelime etmeden gidip hazırlamaya koyulmuştu. O siyah ellerinin üzerinde "huş" ve "söğüt" yazan kavanozlara uzandığını gördüğümde, "hayır, içinde esrar olan bir şey istemiyoruz," dedim. Bir yandan da çaresiz bir şekilde uyuyan Ayva'ya bakıyordum.

İncir kapkara gözlerini devirerek bana baktı, acaba beni korkutmaya mı çalışıyordu? Ama bir şey söylemedi.

Esrar kelimesini duyduğundan mı nedir, Ayva yavaş yavaş kımıldanmaya başlamıştı.

"Ayva Kadın?" Ortalığı giderek daha çok doldurmaya başlayan inciler ve altınlarla süslü yardımcısına rağmen onu olanca nezaketimle selamladım. "Merhaba, nasılsın?"

"Merhaba?" İhtiyar kadının sesi mezardan geliyor gibiydi.

"Merhaba, ben..."

"Sen... Sen kimsin?"

"Abdullah, Ayva Kadın. İsmihan Sultan'dan. Buraya..."

"İsmihan?" Ayva dehşet içinde yerinden uğramıştı. Yaşlı, buruşuk yüzü solgunlaştı ve hatta yeşil başörtüsünden daha yeşilimsi bir hal aldı. "İsmihan Sultan?" diye mırıldandı. Sanki bir belâdan, lanetten söz ediyordu.

Ne diyeceğimi bilemiyordum. Benim yerime küçük Gülruh konuştu: "Annemin karnı ağrıyor ve ilaç istiyor."

"Kim?" diye tekrar o hayaletimsi sesle sordu kadın. Elleri titremeye başlamıştı. "Bu çocuk da kim?"

İncir hızla elindeki bohçaya sardığı ilaçları uzatarak bu konuşmalara son vermek ister gibi araya girdi. Gülruh'u ve kendimi bilemediğim bir şekilde korumak için geriye doğru bir adım atmıştım.

"Bu İsmihan'ın kızı Gülruh," demeyi yine de başarabildim. "Hatırlarsın, Ayva Kadın. Onu sen dünyaya getirttin."

"Ölü!"

Sarsılarak masasından ayağa kalkmaya çabalayan kadın, İncir'in kollarına yıkıldı. Kitaplar, havanlar etrafa saçıldı ve küçük lambanın üzerine düşüp onu söndürdü, ortalığı yanık fitil kokusu kaplamıştı.

"O çocuk öldü. Diğerleri gibi. Diğerleri gibi. Ölü bebekler... Ölü!"

Bir anda Gülruh'un yanına geçtim ve onu kollarıma alarak geriye doğru çekildim. Ayva deli gibi üzerimize geliyordu. İncir elindeki bohçayı telaşla elime tutuşturup bizi kapıya doğru itti. Daha fazlasına göze alamazdım. Küçük kız korku içinde gözlerini kocaman açmış bana bakıyordu.

Ben koridora kendimi attığımda İncir de Ayva'yı kolundan tutarak bahçeye çıkarmıştı. Kadın ortada durmuş hâlâ aynı sözleri tekrarlayıp duruyordu:" Bebekler. Ölü. Kanlar içinde... İçleri dışlarına çıkmış..."

Kucağımdaki korku dolu gözlerle bana bakan bu küçük bebeğe olanları nasıl anlatacağımın sıkıntısı içindeydim.

"Kalfanın nesi var?" diye sordu.

Cevap bulamıyordum.

Gördükleri karşısında beklenmedik bir cesaret gösteren Gülruh, az sonra bütün çocuksuluğuyla başka şeylerle ilgilenmeye başlamıştı. Ama deminki gibi, cinsiyetle ilgili konulardaki kadar tatmin olmuş değildi. Nasıl olabilirdi? Ben bile rahatlayamamıştım. Ayva neden böyle birdenbire dehşet ve korku içinde davranmıştı? Ve daha da kötüsü, niçin bu korku ve dehşet benim küçük meleğim üzerinde yoğunlaşmıştı?

Yoksa, yoksa bunun "Yavrube" ile bir ilgisi mi vardı?

# XVI

*MÜNECCİMLERİN* düğünün başlaması için uygun gördükleri günden bir hafta önce, genç Şehzade'nin sünnetiyle ilgili hazırlıkların tümü yoluna girmişti. Saray, Mehmed'le birlikte sünnet ettireceği bin yoksul çocuğu seçmişti. Onların katılımıyla Şehzade tüm toplumun sevgi ve saygısını ve bu çocukların ailelerinin ömür boyu bağlılığını kazanacaktı.

Bunların her birine, tabii ki Mehmed'in altın ipliklerden dokunmuş olan tören kıyafetiyle kıyaslanamayacak, ama yine de yeterince güzel ve süslü birer kat giysiyle ipek sarık gönderilmişti. Saray duvarlarının içine ve Hipodrom'a kurulacak büyük eğlence çadırlarının kazıkları çoktan hazırdı.

Mutfaklardan yükselen iştah açıcı bir sıcaklık ortalığı kaplıyordu.

İsmihan kendi hareminin Saraya yardım için elinden gelen her şeyi yapacağını söylemişti. Zorlukla yürüyebilen bir kadının başkalarına nasıl yardımcı olacağı aslında ayrı bir konuydu... Oturup bunları seyretmekten başka bir şey yapmasını beklemiyordum ondan. Kızı da yeğeninin düğününde kız ve erkek çocukların farklılıklarını biraz daha iyi anlardı. Eh bunlar da yeterli sayılabilirdi.

Gidip mutfağı kontrol ettim. On büyük tepsiye içleri hurma, fındık, kayısı, bal ve kaymakla doldurulmuş çörekler büyük piramitler halinde dizilmişti. Bunlar sözü edilmese de oldukça işe yarayacak küçük armağanlarındandı İsmihan'ın. Şehzadeye, annesine, babaannesine sunacağı değerli kumaş ve mücevherlerden oluşan esas armağanların daha zamanı gelmemişti.

O nisan sabahından bugüne kadar mutfaklarda yapılan genişletme amaçlı yenilikler Saray halkına oldukça zahmet vermişti, ama ortaya çıkan sonuç öylesine iyi olmuştu ki bu geçici amaçlı değişiklikler büyük bir olasılıkla kalıcı olacaktı. Saraya hiç girmemiş olanlar bile bunu farkedebiliyordu. Marmara'daki bir tekneden bile rahatlıkla görülebilen kubbelerden yükselen on taş baca artık Sarayın dışardan bakıldığında en göze çarpan mimari özelliğiydi.

Sıradan bir vatandaş bu dev mutfaklarda nasıl çalışıldığını tahmin etmekte zorlanmazdı. Sonuçta canlı koyunların, tavukların, çuvallardaki buğdayın ve sayısız meyve ve sebzenin birbirinden lezzetli soğuk ve sıcak yemeğe dönüştürülmesi onların mutfaklarında da olan bir şeydi. Ama işte şimdi bu mutfaklarda bunun en az bin katı üretiliyordu.

Bir başka gerçek daha vardı. O sıradan insan, haremde doğup büyümüş bir çocuktan çok daha fazla bir bilgiye sahipti bu çalışmalarla ilgili olarak. Bazen böyle yetiştirilmiş çocuklar, Allah'ın onlar rahatlıkla yiyebilsin diye eti küçük lokmalar halinde yarattığını bile düşünebilirdi.

Rezenenin, fesleğenin, kişnişin birer bitki olduğunu, karabiberin çok uzaklardan geldiğini, tuzun yer kabuğundan elde edildiğini akıllarına bile getiremezlerdi çoğunlukla.

Haremde çok hünerli şerbet, pestil ve tatlı ustaları vardı. Ama hâlâ haremin çoğunluğu için yemek gizemli bir konuydu. Kadınlar birbirlerine uçan halılardan söz edercesine, masalımsı bir edayla, saman içinde mutfağa getirilen buzların ne kadar uzak dağlardan olduğunu anlatmaktan çok hoşlanırdı. Ama "uzak" kelimesiyle bahçe duvarının ötesini tanımlayan bu insanlar; belki de buzun, o dağlarda çilek, limon ya da gülsuyu kokulu düzgün yuvarlaklar halinde olduğunu sanabilirdi.

Pek çok yerde yemek pişirme işini kadınların yapmasına karşın, Sarayda bu, uzun yıllar aşçılık eğitimi görmüş erkeklerin göreviydi ve mutfaklardan içeri kadınların girmesine izin verilmezdi. Bu mutfaklar aynı zamanda öbür dünyayı, erkekler âlemini de besliyordu, bazen Divan günlerinde binlerce insan için çalıştıkları bile oluyordu.

Genç hadımlar ve odalıklar üzerinden dumanlar tüten yemek tepsilerini dış haremin koridorlarından alıp kadınların güle oynaya muhabbet ettikleri odalara taşırlardı. Baltacı denilen erkek hizmetkârlar mutfaktan hareme açılan avluyu geçerek bu yemekleri getirip, koridordaki taş ısıtıcıların üzerine bırakırlardı. Bu sırada yanlışlıkla bir kadın görmemek için başlarındaki şapkaların kenarlarını indirirler ve sadece önlerine bakarlardı. Yemeğin başlayacağını haber veren başhadımın düdüğü çalmadan da ortadan kaybolurlardı.

İşte Marmara'dan bile rahatlıkla görülen bu bacalar, mutfağın yalnız dış görünüşünü değil, içindeki yoğun çabayı da belli edecek ölçeklerdeydi. Her mutfağın ana koridora açılan kendine ait bir girişi vardı ve bunların erzakları da ayrı ayrıydı.

Çeşnicibaşı ve onun altındaki beş adamın titizlikle aşçı ordusunu denetlediği ilk mutfak, Sultan'ındı. Daha sonraki de Valide Sultan'ın, yani şu anda Nur Banu'nundu. Bir sonraki, o günlerdeki Sultan gözdesine aitti. Selim'in sürekli olarak yaptığı değişikliklerle bu gözde sık sık değiştiğinden –hatta cinsiyeti bile– sürekli bir karmaşa yaşanıyordu burada. Aşçılar ikide bir, hatta bazen aynı gün içinde farklı lezzetlerde yemek yapmaktan yorgun düşüyordu.

Dördüncü mutfak Safiye ve diğer asil kadınlara çalışıyordu. Beşincisi başhadımındı. Altıncısı vezirler ve Divan'ın öbür üyelerine; yedincisi hadımlar, içoğlanları ve daha düşük rütbeli görevlilere yemek pişirirdi. Sekizinci, kadın köleler; dokuzuncu, Divan'da hizmet edenler içindi. Onuncu ise üç yüz kişilik bir erkek hizmetkârlar grubuna çalışırdı... Bunlar aşçılar, mandıracılar, kasaplar, muhasebeciler, manavlar, ocakçılar, şekerlemeciler, buzcular, sucular, bulaşıkçılar, kalaycılar ve tamircilerden oluşuyordu. Fırıncılar bu grubun dışındaydı, bunun nedeni de, birinci avlunun dış kısmındaki Saray fırınının her birimin en az Saray mutfakları kadar büyük olmasıydı.

Her biri beşer mutfak çalışanına ayrılmış iki cami vardı Saray mutfaklarının iki yanında. Burada, namaz kılmayı hiç kimse aksatmazdı; çünkü camiler, zavallı aşçıların oturup dinlenebildikleri tek mekândı. Kendi yemeklerini bile acele içinde, ayaküstü yerdi bu zavallı aşçı ordusu. Normal günlerde aşağı yukarı bin kişiyi besleyen bu adamlar, Divan günlerinde çok daha fazlası için çalışıyordu. Ama şimdi sünnet düğünü sırasında, bir haftada yaptıklarının en az altı katını bir günde yapmaları gerekiyordu. Sadece Şehzade'nin çevresi değil, ona sünnette katılacak olan çocukların aileleri de beslenecekti bu mutfaklardan.

Bu sıcaklık ve gürültünün dışında tutulmalarına ve mutfaklarda hüküm süren erkek egemenliğine karşın, harem kadınları tamamen de yemek işinin dışında kalamıyordu. Bir gözde, selamlığı etkileyebilmek için eline geçen her olanağı değerlendirmenin peşindeydi. Aslında bu en yoksul evlerde bile geçerli olan bir yöntem değil miydi?

Oğluyla ciddi olarak ilgilendiği pek söylenmeyen Safiye bile onun hurmaya olan düşkünlüğünü çok iyi bilirdi. Sık sık aksileşen Mehmed'i sakinleştirebilmenin en kolay yolu eline birkaç hurma tutuşturmaktı. Hatta Safiye bu bitkinin yetiştiği ender yerlerden olan Arabistan vahalarından altı gelişmiş ağacın tüm ürününü İstanbul'a getirtmişti. Arapların bu değerli ağaçları, etrafına gece gündüz nöbetçi koyarak korudukları gözönüne alınınca yapılan işin ne denli zor olduğu ortaya çıkıyordu. Hacıların gittiklerinde bol bol yiyebildikleri meyvelerin çekirdeklerinin bile Arabistan dışına çıkartılmasının yasak olduğu biliniyordu.

Bu hurmalar, küçük Mehmed'in yumruğu büyüklüğünde, inanılmaz tatlılıkta meyvelerdi. Arabistan'ın dışında böyle bir hurma bolluğu gerçekten de mucize gibiydi, bu yüzden de bunların değeri ancak altınla ölçülebilirdi. Elindeki lezzetli hazineyle Safiye, oğlunun sünnet acısına katlanmasını sağlamayı düşünüyor olmalıydı.

Safiye'nin adamlarının gizlice getirdikleri hurmaları hareme sokmaları da kolay olmamıştı. Binbir zorlukla da olsa bu sandıklar, sonunda diğer erzağın da depolandığı kilere yerleştirilebilmişti. Ama iş burada bitmiyordu. Gazanfer, sandıkları hanımının dairesine taşımaya kalktığında karşısında aynı taleple dikilen Nur Banu'nun hadımlarını bulmuştu ve işler karışıvermişti.

Aslında hurma sorunu haremde sünnet konusundaki çatışmaların bir sembolüydü. Torununun kaç yaşında sünnet edileceği kararının dışında bırakılan Valide Sultan, en azından törenle ilgili hazırlıklar ve armağanlar konusunda söz hakkını elinden bırakmamanın çabası içindeydi.

Bu yüzden arkamda tepeleme ballı çörekle dolu tepsileri taşıyan hamallarla kilere girdiğimde aşçı kalfası koşarak yanımıza gelip, elinde kepçesi hurma sandıklarının başına sanki altın sandıklarıymış gibi dikilmişti. Bu sandıklardan Safiye'nin hadımlarının mı, Nur Banu'nun hadımlarının mı yararlanacağı konusunda daha tepeden bir karar ona bildirilene kadar, hiç kimsenin oradan tek bir meyve bile almasına izin vermeyeceği kesindi.

Düşünceli bir yüzle kalfa bana, "Nur Banu güya haremin en büyük otoritesi," dedi. "Ama bana sorarsan Safiye daha etkin, onun daha fazla gücü var. Oysa güç dengesi kurallara uygun olarak çalışmazsa her şey karmakarışık olur burada."

Adama baktığımda ilk aklıma gelen annesinin onu doğurmakta kimbilir ne kadar zorlandığı olmuştu. Başı dar olmasına karşın inanılmaz bir uzunluktaydı. Tepesindeki sarık tuhaf bir biçimde duruyordu ve daha çok Venedikli bir çıtkırıldıma benziyordu bu haliyle. Ona sanki hiç çenesi yokmuş gibi bir görüntü veren sakalı, bu kafayı daha da uzun gösteriyordu. Bu upuzun yüzün tam ortasına denk düşen yerdeki küçük, noktamsı ağız ise adama oldukça geri zekâlı bir ifade vermişti.

Ama biraz muhabbet ettikten sonra adamın o kadar kafasız ve görevlerini yerine getirmekten aciz biri olmadığını anlamıştım. Bana güvenebileceğinden emin olunca hurmalara bakmama izin vermişti. Nasıl olsa onları tadabilme şansım yoktu, kendimi daha fazla zorlamamak için arkamı dönüp çıktım odadan.

Kapı ağzında bekleyen hamalların parasını verip yolladım. Amacım tek başıma mutfak koridoru boyunca yürüyüp düğün kapısının açıldığı akhadımlar avlusuna ulaşmaktı. Ama kilerci kalfası yolumu kesti ve bana, "Sana dostça bir uyarı hadım," dedi. "Senin yerinde olsam mutfakların kenarından bile geçmezdim."

"Nasıl?" diye sorarak döndüm adama, gülüyordum. "Ben oradan kestirme olduğu için geçeceğim, bir parça sıcaktan çekinecek bir hal mi var bende ?"

"Evet, sıcak... Ama benim sözünü ettiğim bu değildi."

"O halde ne?"

"Bunlar..." dedi. Odada hiç kimse yokken bile yanından bir an ayrılmadığı sandıklara doğru şöyle bir baktı.

"Evet?"

"Şey..." Yüzü ciddiyetten daha da uzamış gibiydi. "O iki mutfak... Nur Banu ve Safiye'ninkiler... İkisi de bu hurmalara sahip olmanın peşinde ve bu uğurda yapmayacakları, yapmadıkları yok. Aşçıbaşları bile birbirine küfredip duruyor."

"Birkaç küfürden kendimi sakınabilirim sanırım," dedim gülümseyerek.

"Evet, ama bir de daha alt kademede çalışanlar var. Birbirlerinin üzerine bulaşık sularını döküyorlar; kepçeler, tavalar ve hatta bıçaklar havada uçuşuyor. Hepsi de o iki kadın ve şu hurmaların yüzünden. Hareme gideceğin için sana acıyorum. Çok korkutucu olmalı orası. Yangının tam ortası... Düşün, bizim yaşadığımız yer, yangının sadece kenarı."

Ona beni düşündüğü için teşekkür edip vedalaştım. Bana söylediklerine karşın oradan geçmek zorundaydım. Ama yine de durup onu dinlediğim için ne şanslı olduğumu hemen anladım.

Arkamı döner dönmez gökgürültüsü gibi bir ses koridorda yankılandı. Sesin çıktığı yer, eğer kalfayla konuşarak oyalanmasam tam bulunacağım noktaydı.

Ne olduğunu anlayamamıştım. Ne olduğunu anlayacak kadar ona yakın olanlar ise bu hikâyeyi asla anlatamayacaklardı, çünkü hepsi ölmüştü.

# XVII

"BUNUN mutfaklardaki yağlı tavalar ve kuru odunlar yüzünden çıkmış bir yangın olduğunu düşünenler olabilirdi. Ama, belki de kilerci kalfasının bana söylediklerinin etkisiyle buna aklım yatmıyordu. Ayrıca o ses, dumanların yayılma hızı, koridorun iki ucuna doğru birden yayılan alevler beni şüphelendiriyordu.

Ama neden şüphelendiğimi söyleyemiyordum. Kaldı ki bunu düşünecek zaman da yoktu. Kalfa ve ben kapıdan fırlayıp hem canımızı kurtarmanın, hem de herkesi haberdar etmenin peşine düşmüştük hemen.

"Yangın var! Yangın var!"

Az sonra mutfaklardan kendilerini can havliyle atanlar da bize katılmıştı. Kimi camlardan dışarı atlamış ve bu adamların bir kısmının saçları, kaşları alevlerden alazlanmıştı. Duman yüzünden fenalaşanları arkadaşları revire taşıyordu. Paçaları tutuşmuş biri kendini yere atmış bağırıyordu. Hemen koştular yardımına.

Yeniçeriler, hizmetkârlar derhal yetişti. Herkes eline bir kova kapmış koşuyordu. Hemen birinci avludaki Cellat Çeşmesi'nden bizim yanımıza kadar yan yana bir zincir oluşturup çalışmaya başladılar. Cellatbaşı ve yardımcıları her idamdan sonra burada temizlenirdi. Adı her zaman ölümle birlikte anılan çeşme bu kez hayat kurtarma işine yarıyordu. Ama ne yaparlarsa yapsınlar, mutfak kapısından içeri girmeyi başaramıyorlardı ve zaten az sonra kapının üzerindeki sundurma da çatırdayarak çöktü. O sırada Marmara'dan sert bir rüzgâr esmeye başlamıştı. Üstüm başım ıpıslak, çeşmenin önündeydim.

Yanıbaşımda biri, "Böyle giderse işimiz çok zorlaşacak," dedi. Haklıydı.

Yangın sanki körüklenmiş gibi rüzgârın etkisiyle azıtıvermişti ve alevler Sarayın ana kısmına ve hareme doğru savruluyordu artık.

Bunu görünce hemen adamların arasından sıyrılıp o tarafa doğru koşturmaya başladım. Nasıl olsa burada yeteri kadar insan vardı, ben kendi sorumluluklarımı yerine getirmeliydim.

İsmihan arkadaşlarıyla çene çalıyordu. Sesler buraya kadar ulaşmamıştı. Biraz durdum, ama onları uyarmalıydım.

"Ne oldu Abdullah?" diye sordu İsmihan beni görünce.

"Hanımım," dedim. "Yangın var mutfakta."

İsmihan durumu tam olarak anlayamamıştı, hafife alarak işi şakaya vurdu. "Eh o zaman kebaplar iyi pişer."

"Hayır," dedim. "Öyle değil, kontrol altına alınamayan bir yangın var mutfakta. Bir yığın insan öldü ve ikinci avlu da tehlikede."

Kadınların bazıları şaşkınlıkla bağırdı. İkinci kattaki kadın köleler yatakhanesinin kafesli pencerelerinden olan biteni biraz görebilmek için yukarı fırladı çoğu.

İsmihan ve onun gibi rahatsız olmadıkları halde yerlerinden kımıldamaya üşenen birkaç kadın aldırmadan konuşmalarına bıraktıkları yerden devam ettiler.

"Aman hanımım," dedim. "Gidip tahtırevanı hazırlatayım, her an buradan kaçmak zorunda kalabiliriz."

""Hayır Abdullah," diye cevap verdi İsmihan. "Bu kadar telaşa gerek yok, eminim az sonra her şey düzelir."

"İnşallah," dedim. "İnşallah öyle olur."

Dışarı çıkıp hadımlar avlusuna geçtim ve onlarla birlikte yangını seyretmeye koyuldum. Alevleri söndürmek için çalışan adamların bağırışlarını duyabiliyorduk, birden daha yüksek sesler yükseldi. Bunun nedenini göremiyorduk, önümüzdeki duvar buna izin vermiyordu.

Uzun süre bu merakla beklemek zorunda kalmadık. Kızlarağası az sonra koşarak geldi. "Toparlanın hadımlar," dedi.

"Alevleri durdurmaya çalıştılar ama başaramadılar, her an buraya da sıçrayabilir yangın. Koşup hanımlarınızı alın."

Hadımların yerinin bahçenin dış kenarında olması bir anlamda iyi olmuştu. Tüm eşyaları zaten alevlerin arasında kalmıştı adamların ve yapacakları tek şey hanımlarını bu tehlikeden kurtarmaktı. Kızlarağası hiç kimsenin en küçük bir eşyayı bile almasına izin vermemiş, "Kollarınız size çocukları taşımak için gerekecek," demişti.

"Kadınları nereye götüreceğiz?" diye sordu hadımlar.

"Bahçeye," dedi ağa. Bunu hemen hiç düşünmeden söylemişti, bu durumda bahçeden daha güvenli bir yer yoktu zaten.

"Ama onları bahçeye çıkaramayız. Bugün kadınlar günü değil. Sultan ve dostları orada eğleniyor."

"Alevleri görünce durumu anlayıp başlarını çevireceklerdir, bundan eminim. Eğer böyle olmazsa, o zaman... O zaman daha fazla çalışmanız gerekecek."

Dumanı duyup dışarı çıkan birkaç kadın kapı ağzında belirmişti.

"Bahçeye hanımlar, bahçeye," diye seslendi Kızlarağası ve yardımcılarından birini onlara eşlik etmek üzere yolladı. Kapının kenarında tedirgin duruyordu kadınlar, içerisi güvenli değildi ama dışarısı daha tehlikeliydi. Bu acı çekmek ya da ölmekten bile daha tehlikeli bir şeydi. Dışarda insan onurunu kaybedebilirdi.

"Haydi, haydi," diye onları cesaretlendirdi adam.

"Bu iş biraz uzayacak," dedim. "Kadınların büyük kısmı üst kattan yangını seyrediyor. Onları aşağı indirmek gerek."

"Sağolasın hadım," diyen ağa adamlarının yarısıyla üst kata çıkmaya başladı.

İsmihan'ı bıraktığım odaya tekrar girdiğimde arkamsıra içeri dolan duman kokusu sözlerime destek vermişti. "Haydi," dedim. "Artık tahtırevana gidemeyiz, orası alevler içinde. Yürüyerek bahçeye inmeliyiz, sana yardım edeyim."

Saraya geldiğimiz için bütün yardımcılarıma izin vermiştim. Kendi kendime kızıyordum, tek başıma İsmihan'a yardımcı olmam çok zordu. Üç halayıkla yarı taşıyıp, yarı koluna girerek yine de onu dışarı çıkarmayı başarmıştık. Ama yangının dumanını, bağrışarak koşan kadınları gören İsmihan birden kızını hatırlamış ve "Gülruh," diye ağlamaya başlamıştı.

"Şimdi gidip onu bulacağım, seni bir güvenliğe çıkaralım hele," diye söz verdim.

Tabii ki Gülruh da benim sorumluluğum altındaydı, ama aynı anda iki yerde birden olamazdım. İsmihan'ı sakinleştirebilmek için devamlı sorular soruyordum.

"Nerede, biliyor musun?"

"Mehmed'le beraber. Onları sabahtan beri görmedim. Oynamaya gittiler. Allah bilir neredeler?"

Gerçekten de bunu ancak Allah bilebilirdi.

# XVIII

EĞER Şehzade'nin dersi yoksa birkaç yasaklanmış yerin dışında her yere gitmiş olabilirdi çocuklar. Herkesin tahmin edebileceği gibi elele şifahanede şaşkınlıkla hastalara bakarken; duvar tepesinde gemileri seyrederken; Babıali'nin önünden gelip geçenlere çakıl taşı atarken; mutfaktan hurma çalarken bulunabilirlerdi. Ama bunların hepsi de bizim küçük kızın aklından çıkardı mutlaka. Çünkü Mehmed, kendi kendine ya da başka çocuklarla oynarken daima çok sessiz ve sakin davranan bir çocuktu.

Gözdeleriyle oynaşan Sultan'ın hamamına bile gitmiş olabilirlerdi. Daha önce hiçbir erkeği çıplak görmemiş olan çocuklar, arzu içinde bir erkeklik organıyla karşılaşınca kim bilir nasıl da hayret içinde kalırlardı. Bu şaşırtıcı görüntünün yarattığı merakla kendi bedenlerini incelemeleri ve soracakları sorular herhalde rezalete varacak noktalara tırmandırırdı işi. Benim daha önce cevaplamak zorunda kaldıklarımın, bu soruların yanında solda sıfır kalacağı kesindi.

Küçük şehzadenin yeğenine, "Ben de sünnet edilince böyle olacağım," deyişini neredeyse kulaklarımda duyuyordum.

"Bu kadar kocaman mı olacak?"

Mehmed gururla şişinirdi. "Erkek olmak bu demektir."

Gülruh gördükleri ve bu cevap yüzünden mutlaka çok etkilenir ve susup kalırdı.

Ama dadılar ve bakıcılar onları başlarını çevirmeye zorlasalar ve hatta küçük şamarlarla susturmaya çalışsalar da, hiçbirinin aklına çocukların ilgisini başka bir yere çekmek gelmezdi, bundan da emindim. Zaten Sultan da gönlünü ve bedenini eğlendirmeye karar verdiğinde çevresindekilere aldıracak ya da çekinecek biri değildi.

İsmihan, "Ben burada beklerim," dedi. "Sen git ve hemen Gülruh'u bul."

"Burası güvenli değil," dedim. "Görmüyor musun, her an çatı tepemize inebilir."

"Bebeğimi bulmadan şuradan şuraya tek bir adım atmam."

"Korkarım, söylediğim gerçekleşirse yaralanabilirsin."

"Ben kendimi idare edebilirim. Lütfen, lütfen git de onu bul."

"Haydi şu çimenliğe gel hiç olmazsa, o zaman seni buradaki kadınlara bırakıp gidebilirim. İnşallah yanıbaşımızdaki ağaçlara yangın sıçramaz."

"Abdullah," dedi, ellerime sarılmıştı. "Ne olur bırak da seninle geleyim."

"Allah aşkına kendine gel!" diye bağırdım.

İsmihan'a daha önce asla böyle bir ses tonuyla bağırmamıştım. Başka bir kadın ve belki de başka bir zaman olsa bunun için cezalandırılabilirdim. Ama özür dilemek için bile yitirecek zamanımız yoktu. Yanıbaşımızdaki kızlara eğer İsmihan bir deliliğe kalkışarak peşim sıra gelmeye çalışırsa onu kesinlikle engellemelerini tembih ettikten sonra hızla oradan uzaklaştım.

Her şey karmakarışıktı. Her şey sanki patlama noktasına gelmiş ve kontrol ortadan kalkmış gibiydi. Bütün kadınlar ağlıyordu, yangının yarattığı korku erkeklerle aynı bahçede olmanın verdiği sıkıntıyla birleşmişti. Onların kaçacak, diğerlerinin ise yükselen alevlerin hakkından gelebilmek için başka bir yeri kalmamıştı. Çünkü bahçenin en fazla havuzu, çeşmesi olan yeri burasıydı.

Bir yandan peçelerinin arkasına daha sıkıca saklanıyorlar, bir yandan da yangını, ya da İsmihan gibi çocuklarını görebilmek için bunları aralıyorlardı. Sonunda pek çoğu namusuna sahip çıkmanın daha aklı başında bir davranış olacağına karar vermişti, çünkü alevlerden kurtulunca en çok buna gereksinimleri olacaktı.

Bu kapalı kadınların arasında yalnızca tek bir yüz dikkatimi çekmişti, güzeller güzeli Safiye'ninki. Saçının açık olması umurunda bile değildi, artık tulumbacılar Şehzade Murad'ın neden gözdesine bu kadar bağlı olduğunu kendi gözleriyle görebiliyorlardı. Belki de bu nedenle daha gayretle giriştiler alevlere, ama yine de bu mücadelelerinde henüz zaferi yakalamaları güçtü.

Safiye'nin hadımı Gazanfer'in, "Hanımım," diye yalvaran bir sesle seslendiğini duydum. "Mutfaklara artık giremeyiz. Orası ateşin göbeğinde. Biz de yanarız."

Oysa Safiye, "Ama onların güven içinde olup olmadıklarından emin olmalıyım," diye ısrar ediyordu.

Allahım, dedim, yoksa çocuklar mutfakta mı kalmışlardı?

Bu korkunç kuşkuyla hemen yanlarına gittim ve sordum.

"Hayır," dedi Safiye katı bir sesle.

O, çocukların değil, hurmaların peşindeydi. Mehmed'in nerede olduğu konusunda en ufak bir fikri bile yoktu. Dadısıyla olduğunu sanıyordu, ama biz konuşurken o zavallı kadın da neredeyse çarşafı bir yana düşmüş olarak, ağlayarak yanımıza geldi. Öylesine büyük bir üzüntü içindeydi ki, çevrede bir yığın erkek olduğunun farkında bile değildi.

"Hanımım, hanımım, her yere baktım..." Hıçkırıkları yüzünden konuşamıyordu. Safiye'nin ayaklarının dibine çökmüş, acı içinde yalvarıyordu. "Şehzade'yi bulamadım. Allah'ım, Allah'ım canımı al benim. Onun yerine benim canımı al ey güzel Allah'ım."

Safiye bu sözler üzerine, "O benim çocuğum," bile demedi. Zaten Mehmed kovulan ilk dadısının yerine gelen bu kadına da yine sevgiyle bağlanmıştı. Bunlar Safiye'yi ilgilendirmiyordu, onun aklı hurmalardaydı. Ama hurmalar, Şehzade olmazsa hiçbir işe yaramazdı. Hatta kendisi de... Böyle salak gibi duramazdı, bütün itirazlara karşın Gazanfer'in, benim ve diğer arayanların arasına karışıp o da koşturmaya başladı.

Harem kapılarına yanaşabilmek bile olanaksızdı. Her yer cayır cayır yanıyordu ve cehennem gibi sıcaktı. Binanın çevresinde dolanırken üzerime doğru esen rüzgârın getirdiği bu kavurucu sıcaklıkla bir an nefesim kesildi. Bakırdan yapılmış büyük harem kubbesi kızmış ve sanki yeni yapılmış gibi turuncu bir renge bürünmüştü, dumanların arasında bile şıkır şıkır parlıyordu. Bu korkunç yangın orada yalnızca çiniler ve aynalar bulabilirdi yok etmek için. Ama burnuma gelen kokular bana yün halıları, ipek minderleri ve atlas perdeleri hatırlattı. Altlarındaki ahşap taşıyıcılar yanıp kül oldukça bakır levhalar bir bir yere düşmeye başlamıştı artık.

Bir masal canavarının diline benzeyen alevler neredeyse Sarayın üç katı yüksekliğe ulaşıyordu ve şaşırtıcı bir şekilde çatıda, duvarlarda şelaleleri anımsatacak biçimde hızla, adeta akıp gidiyordu. Bu dehşet verici manzaranın hemen arkasında sivrilen minarelerse Tanrı'dan medet uman eller gibi gökyüzüne uzanmış duruyordu.

Ortalığa yayılan kokularının arasından yükselen bir başka koku daha vardı; yanan cesetlerin kokusu... Telaşla daha hızlı koşturmaya başladım.

Haremle selamlığın arasındaki bölmenin hakkından henüz yangın bile gelememişti. Tulumbacılar Divan'da alevlerin önünü kesmeyi başarabilmiş ve daha ileri gitmesine izin vermemişlerdi.

Sarayın erkeklere ait bu bölümüne girdim ve Sultan'ın Gözü'nden görebildiğim kadar uzaklara bakıp çocukları arandım. Yoklardı.

Sonra tekrar dışarı çıktım, çevreme hep bir çocuğun gözüyle bakabilmeyi deniyordum. Ben küçük bir çocuk olsam nereye giderdim, diye düşünüp duruyordum. Cellat Çeşmesi'nde uğraşan erkek kalabalığı? Hayır, orada olamazlardı. Duman ve isten simsiyah olmuş adamlar, yangınla savaşmaktan kan ter içindeydiler ve Şehzade bile olsa, ayaklarının altında bir çocuğun dolaşmasına izin verecek halleri yoktu.

Çeşmenin tepesinde ve arkasında suçluların kesik başlarının sergilendiği yerler vardı. Ve şu anda bile iki tane sallanıyordu orada. Belki bir, belki iki gündür oradaydılar ve hem bu bekleyişin, hem de sıcağın etkisiyle gerilen yüzlerde sanki garip bir tebessüm belirmişti. Kendilerini ölüme mahkûm edenlerle dalga geçiyor gibi bir halleri vardı.

Avlunun ters tarafındaki Aya İrini, Türkler İstanbul'a yerleştiğinden bu yana cephanelik olarak kullanılıyordu. Bir kenara atılmış silahlar, içi boş zırhlar bana tüm savaşanların ölmüş olduğu bir savaş meydanını hatırlatmıştı. Belki de o fetih günü, bir yığın insan, düşman ya da Tanrı'dan medet umarak buraya doluştuğunda da böyle görünmüştü, kim bilir? Türkler o günden bu yana, kiliseye ellerini bile sürmeden, olduğu gibi bırakmışlardı.

"Gülruh Sultan!" diye bağırdım. "Şehzade Mehmed!"

Ama sesim hiçbir cevap alamadan boş duvarlarda yankılandı.

Şifahaneye gitmeye karar verdim. Belki de, oradakiler onları görmüş olabilirlerdi. Ama hastaların cevap verecek halleri yoktu, yine de eteğimi çekiştirip, yangınla ilgili haber almaya çalıştılar. Hekimler, yardımcıları, hatta içlerinde yürüyebilecek durumda olanlar birer kova kapıp alevlerle savaşmaya gitmişti. Geride kalanların elinden ise, sonsuz bir merak ve endişe içinde o dumanı soluyarak beklemekten başka bir şey gelmiyordu.

Acaba çocuklar Saray kapısından dışarı çıkmış olabilirler miydi? Büyük kubbeleri daha şimdiden duvarların üzerinde gölgeler yapan Aya Sofya'ya gidebilirlerdi örneğin. Buna birinin izin vermiş olabileceğini düşünmek zordu, ama içinde bulunduğum tedirgin ve gergin ruh hali onların alevler içinde yanan haremin dışında olmaları için her türlü bahaneyi yaratmaya çoktan razıydı.

Bu duygularla koştururken çok uzaklara gitmiştim. Oldukça uzun bir süre geçmiş olmalıydı, minarelerden yankılanan akşam ezanını duydum. Onları bir başkasının bulmuş olabilmesi için yürekten dua ettim. İsmihan'ın yanına gitmeliydim, böylelikle en azından onun nasıl olduğunu öğrenebilirdim.

Cenaze Kapısı'ndan içeri girdim. Geçerken her zamankinden daha yüksek bir sesle "Allah korusun," demekten kendimi alamamıştım. Geçitler hâlâ alevler içindeydi. Yolumun üzerinde Gazanfer'e rastladım. Yüzü limon gibi sapsarıydı, bana birkaç kırık dökük kelimeyle, çocukları hâlâ bulamadıklarını, Safiye'nin bir kez daha ortalığı kontrol edebilmek için Sultan'ın Gözü'ne gittiğini ve kendisini ne kadar suçladığını söyledi. İşler Safiye için iyi gitmediğinde daima bunu yapardı zaten.

Birileri bütün bu hengâmenin arasında bahçede de bir haremlik selamlık oluşturmayı başarmıştı. Kadınlarla erkeklerin olduğu bölümleri birbirinden ayırabilmek için yerinden sökülmüş güller, çalılar, ağaç dalları araya yığılmıştı. En azından namus kurtarılmış, diye düşündüm. İsmihan'ı oraya nasıl getirmeyi başardıkları konusunda hiçbir fikrim yoktu, suratı öylesine karmakarışık ve berbat haldeydi ki, yüzünü yıkaması için ona su döken kadınları bile görmediğinden emindim. Ona bakar bakmaz iyi bir haber olmadığını anlamıştım.

İsmihan beni görür görmez, o kocaman kahverengi gözlerini bana dikti, başımı çevirdim. Konya'da, bülbülü dinlediğimizde bana bakan gözlerdeki bakışla aynıydı bu. Benden bir mucize gerçekleştirmemi bekleyen bakışlar... Ona bir erkeğin aşkını her nasılsa sunabilmiştim o zamanlar, ama şimdi biricik evladını nasıl geri getirebileceğim konusunda çaresizdim.

Artık bahçede değil bülbül, karga bile kalmamıştı. Mucize beklemek boşunaydı.

O endişeli, yalvaran gözlere bu mesajı iletmeye çalıştım, ama beni dinlemiyorlardı. Eğer onları rahatlatamazsam yanlarına bile gitmeme izin yoktu. Tekrar oradan uzaklaştım. Ona ümit verebilmek için çaresiz de olsa aranmaya devam etmeliydim. Bunu yapmak zorundaydım.

## XIX

*AYAKLARININ* nereye bastığını bile fark etmeden yürüyüp erkekler bölümüne geçtim. Sanki tüm duyularım felce uğramış gibiydi. Bir hocanın ahaliyi namaza davet ettiğini duydum. Bir kova suyla azgın alevlere saldırmaktansa, o her şeyin sahibi olan büyük Güç'e yalvarmak buradakilere daha akıllıca gelmiş olmalıydı. Ayaklarının dibinde alınlarını sürecekleri seccadeleri bile olmadığı halde, tüm erkekler kül olmuş mutfakların arkasında uzanan Marmara'ya yüzlerini dönmüşlerdi. Belki de hiç göremeyecekleri Kutsal Kent'lerine bakıyorlardı iç dünyalarının gözüyle ve bunun dışındaki her şey şu an için gerçek dışıydı.

Çok şaşkın ve umutsuzdum, öylece hiç kımıldamadan ayakta dikilmeye devam ettim. Eğer bunu sürdürsem gâvurlukla bile suçlanabilirdim. Ama neyse ki biri arkadan elleriyle bacaklarımın arkasına vurdu ve dizlerimin bağı çözüldü, alnımı secdeye koydum.

Namazın yavaş ve uyumlu hareketleri neredeyse unuttuğum bir huzur vermişti içime. Yüzümü dayadığım yer çimenlerle kaplı topraktı. Hemen yanıbaşımda yeni açan laleler vardı. Başımın üzerindeyse ağaçlar. Ağaçlar... Üzerlerinde yeni oluşan sarımsı yeşil taze filizleriyle ağaçlar. Hayat kımıldamadan duruyor gibi olmuştu bir an için. Bu yaprakcıkların arasından süzülen günün son ışıkları sanki üzerimize dökülen altın paralardı. Bunlarla hiçbir şeyi satın alamazdık. Onlar bize Tanrı'nın sevgisini ve huzuru verebilirlerdi sadece.

Namazın ancak sonlarına doğru çevremde başkalarının da olduğunu tekrar düşünebildim. Hemen yanıbaşımda az önce bacağıma vuran adam vardı, onu tanıyordum. Bu, mutfaktaki uzun kafalı kalfaydı. Bir an, neden şu anda yangını söndürmekle uğraşmadığını düşündüm, ama bezlerle sarılmış elleri bana hemen gereken cevabı vermişti. Onları çok kötü şekilde yakmış olmalıydı. Ellerini namaz sırasında dizlerine koyarken bile acı çektiği belli oluyordu. Yine de bu yaralı ellerle bacaklarıma vurarak beni günahkârlıkla suçlanmaktan korumuş, bir kez daha Tanrısal huzura kavuşmama yardım etmişti. Ona gerçekten minnettardım.

Namazın sonunda birbirimize gülümsedik, başına neler geldiğini sordum usulca.

Cesur bir tebessümle, sanki hiç canı yanmıyormuş gibi durmaya çalışırken, "Şu lanet hurmalar," dedi.

Birden daha önce çocuklarla ilgili olarak aklımdan geçenleri hatırlatan bu sözlerle tekrar paniğe kapılsam da kendimi kontrol edip dinlemeyi sürdürdüm.

"Alevlerden kendimi kurtarıp dışarı atmayı başarmıştım. Hemen diğerlerine yardım edebilmek için bir kova kaptım. Ama birden aklıma onlar geldi. Tekrar odaya döndüm. Ortalığı yoğun bir duman kaplamıştı, inanılmaz derecede berbat kokular yükseliyordu mutfaklardan. Ama yine de sandığa ulaşmayı başarabildim. Tam onu alıp kapıya ulaşmıştım ki birden alevler ortalığı sarıverdi. Allah razı olsun bir yeniçeri beni kolumdan tutup dışarı çekti. Kurtuldum, ama avuç içlerim sıcaktan iyice kızmış sandığın kulplarında kaldı."

Başımı sallayıp geçmiş olsun, diye mırıldandım.

Tekrar güldü ve devam etti. "Neyse ki ellerim düzelecekmiş, hekimler söyledi. Hurmalara gelince, gerçi onları dışarı çıkardığımda bir parça erimiş gibiydiler, ama en azından yok olmadılar ve onları kime verdiğimi biliyorum."

Sakin bir sesle konuşmaya gayret ederek kalfaya, "Ama ne yazık ki Şehzade artık onları annesinin elinden yiyemeyecek," dedim. "Cesaretin sanırım boşa gitti."

Adam beni şaşırtacak bir kahkaha attı. "Doğru, eğer annesinin elinden dersen haklısın. Ama..." Adam sustu ve beni bir köşeye çekti. Mutfaktaki rahatlıkla bahçede dedikodu yapmak doğru değildi. "Ne yaptığımı sana söyleyeyim."

Sözlerimdeki ölümcül anlamı kavrayamamıştı kalfa. Ben ne yazık ki, Şehzade'nin ve yanındaki minik Gülruh'un belki de ölmüş olabileceklerini düşünüyordum. Kaygılarımı tekrar dile getiremeden adam sözlerine devam etti.

"Canımı kurtardıktan sonra, dizlerimin arasında hurma sandığıyla oturup kalmıştım. Sinir içindeydim. Bütün bunlar başıma kim ve ne için gelmişti? Anne ya da babaanne, her kim olursa, elime bir-iki kuruş tutuşturup sandığı kapacaktı ve Şehzade'ye bunları verince de sanki alevlere dalıp hurmaları kendi kurtarmış gibi şişinecekti."

"Gerçekten de yaptığın delilik," dedim. "Hayatın boyunca sakat kalabilirdin. Sokaklarda dilenirdin de kimse suratına bile bakmazdı, delilik bu."

"Sonra düşündüm.. Bu hurmalar kim için? Şehzade... Evet, bunları küçük Şehzade'nin kendisine verirsem, beni bir daha asla unutmazdı. Ve hatta Allah'ın izniyle Sultan olduğunda da... İşte tam kafam karmakarışıkken mucize oldu. Şehzade ve yeğenini karşımda görmez miyim?"

"Ne?... Onları yangından sonra gördün mü sen?"

"Evet, çok iyiydiler. Allah'a şükürler olsun. Sesleri duyunca merak edip gelmişler oraya. Ortalıkta dolaşmaları çok tehlikeliydi. Hemen yanlarına gittim ve Şehzade'yi selamladım. Sonra da onları uzaklaştırdım. Tabii hurmaları da verdim. Öyle çok ısrar ettiler ki mecburen yanlarına oturup değerli meyveleri nasıl kurtardığımı da anlattım onlara."

"Yani onlarla birlikteydin."

"Evet. Çocuk bakıcılığı her zaman böyleyse memnuniyetle aşçılığı bırakırım inan, ikisi de çok tatlı ve iyi huylu çocuklar."

"Neredeydiniz?"

"Bahçenin sonunda."

"Bahçenin sonunda mı?" Acaba oraya bakmak neden hiç aklımıza gelmemişti, en güvenli yer olduğu için mi?

"Ne kadar önce oldu bu?"

"Az önce ayrıldım yanlarından, saatlerce oturduk birlikte. Ben ayrılırken güneş batıyordu, namaza geldim sonra da, biliyorsun."

"Hâlâ oradalar mı?"

"Bilemiyorum." Adam telaşımı anlayamamıştı. "Gidip annelerini bulmaları gerektiğini söyledim çocuklara. Hava karardı, sizi merak ederler, dedim."

"İnanamıyorum."

"İnan dostum, ben inanıyorum. Şehzade bana da bir hurma verdi ve küçük hanım da ellerim yaralı olduğu için onu bana kendi elleriyle yedirdi. Allah'ım böyle bir lezzet... Ben ayrılırken küçük Şehzade ayağa kalktı. Allah rahmet eylesin, aynı Kanuni'ye, dedesine benziyor. Ve dedi ki, 'Yemin ediyorum, bu adamı ve yaptıklarını asla unutmayacağım...'"

Artık kendimi tutamıyordum, daha fazlasını dinleyemeyecektim. Gözümden yaşlar gelerek gülüyordum, adama sevgiyle sarıldım, ama kahkahadan konuşacak halim yoktu. Karnımı tuta tuta oradan uzaklaştım. Adamsa bana ve davranışıma bir anlam verememiş, şaşkınlıkla arkamdan bakıyordu.

İsmihan'ı bıraktığım yerde buldum. Güle ağlaya küçük Gülruh'un yüzünde kıymetli hurmalardan artakalanları gözyaşlarıyla yıkayıp, peçesinin ucuyla siliyordu. Onu azarlamayı düşündüğünden emindim, ama buna gerçekten de gücü kalmamıştı.

Şehzade Mehmed ise hemen yanıbaşımızda, kalabalığın içinde olmaktan ötürü sıkıntı içinde ağlıyordu. Yüzünü buruşturduğunda yanağındaki iz belirginleşiyordu. Bu ona annesinin ihtiras peşinde koşarken bıraktığı küçük bir mirastı. Sersem biri Şehzade'ye yangın yüzünden artık sünnet işinin olamayacağını söylediği için çocuk çok üzgündü. Bir daha asla sünnet edilmeyeceğini, yani gerçek bir erkek olamayacağını sanıyordu zavallı.

Ama öte yandan, şimdilik erkek olamayacağına göre dadısından ayrılması da gerekmezdi, çocuk onun yanına gitmek için tutturdu. Bu kez onu susturup, dadının yanına gidemeyeceğini, hemen annesini bulup ona götüreceklerini söylediler. Mehmed küçük bir çocuk olmasına rağmen aradığı ve özlediği sevginin annesinden gelmeyeceğini biliyordu. Bilmediği, sevgili dadısına bir daha sarılamayacağıydı. Zavallı kadın umutsuzca çocuğu ararken alevlerin arasında kalmış ve yaraları nedeniyle, ne yazık ki hayatını kaybetmişti.

Mehmed'in büyük büyük babası Yavuz Selim'in zamanında halk arasında söylenegelen bir deyim varmış, "İnşallah Selim'e vezir olasın" diye. Bunun nedeni, Sultan'ın sık sık vezirlerini değiştirmesi ya da öldürtmesiymiş. Yangından hemen sonra da harem halkı bunu değiştirip, "İnşallah Mehmed'e dadı olasın," demeye başlamıştı. Çünkü henüz sekiz yaşında olmasına karşın küçük Şehzade, daha şimdiden iki dadısını yitirmişti.

Ona yardımcı olamıyordum, ama doğrusu acıyordum. Çocuğun sevgi açlığını ve yalnızlığını paylaşmak için hemen yanıbaşındaki Gülruh'a yönelmesi de anlaşılabilirdi, ama ben yine de bundan şiddetle rahatsız olmuştum.

# XX

YANGIN söndürülmüştü ama artık Selim'in sekiz yüz kadından oluşan hareminin kalacak yeri yoktu. Sarayın bu bölümünden geriye kalan, küller içinde kapkara bir enkazdı. Yeniçeriler ve hizmetkârlar bahçede uyuyabiliyordu. Ama kadınların böyle bir ortamda yaşamaları hem çok zordu, hem de Sultan'ın şanına yakışacak bir şey değildi.

Aşağı yukarı yüz kadar kadını alıp bizim konağa götürdük ilk gece. Sokullu Paşa bir süre için selamlığı da bizlere bırakıp Divan'a gitti ve orada kaldı.

O haftanın sonuna doğru konuklarımızın sayısı ellinin altına indi. Çünkü kadınların büyük bir kısmı İstanbul çevresindeki konaklara, kasırlara, av köşklerine yerleştirildiler, Edirne'deki hareme gönderilenler bile vardı. İsmihan'ın üvey annelerinden biri ve Safiye'nin dışında kimse kalmamıştı artık bizim konakta. Tabii bir de onların köleleri, hizmetkârları...

Yaz boyunca herkes zamanını geniş bahçelerde geçirdiği için doğrusu çok da zorlanmadık bu kalabalıktan. Küçük Şehzade ve Gülruh öylesine uyumluydu ki, varlıklarını hissetmiyorduk bile. Tek dikkat ettiğimiz, birlikte yıkanmalarına ya da uyumalarına engel olmaktan ibaretti, bütün küçük çocuklar gibi her ikisi de bunlar için tutturuyor ve bizden "hayır" cevabını almaktan hiç mi hiç hoşlanmıyorlardı.

Safiye'ye gelince... O, zamanının büyük bir bölümünü haremdeki selamlığa bakan kafesli pencerenin önünde geçirmekten çok memnundu. Buradan Sokullu'nun konuklarıyla yaptığı konuşmaları izlemek ona tüm sıkıntılarını unutturuyordu.

Ortam böyle olunca bana da fazla bir iş düşmüyordu.

Ama havalar soğumaya başlayınca işler de biraz değişmeye başladı. Herkesin içini ısıtan güneş ve rengârenk çiçekler artık yok olmaya yüz tutmuştu. Sokullu nedendir bilinmez, bir süredir önemli görüşmelerini Sarayda yapmaya başlamıştı. Sultan'ın Gözü'ne de gidemeyen Safiye bundan hiç memnun değildi. Yine de can düşmanı olarak gördüğü Nur Banu Sultan'ın da Saraydan uzakta, Edirnekapı'daki konakta kalıyor olması içini bir parça rahatlatıyordu.

Kafese konulmuş vahşi bir hayvan gibi sıkıntı içinde haremde dolaşıp durduğu günler hiç de az değildi. Hatta zaman zaman öfkeyle insanları azarladığı, kırdığı da oluyordu. Çocuk beklediği için bu tavırlarını fazla ciddiye almıyorduk. Ne de olsa hamileliğin kadınların ruh halini oldukça değiştirebildiğini hepimiz biliyorduk.

Sonunda beklenen gün geldi ve Safiye ikinci şehzadesini bizim haremde dünyaya getirdi. Yardımcılarımdan birini Ayva'yı hemen getirmesi için yollamıştım. Ama yaşlı kadın bir bahaneyle nedense gelmemiş, yerine İncir'i yollamıştı. Safiye'nin doğum yapması her zamanki gibi kısa sürmüştü, ama ne yazık ki bu defa sonuç başarılı değildi.

Küçük şehzade, adı bile konulamadan öbür dünyaya gitmişti.

"Yangın yüzünden," dedi çoğu kimse. "Hamileliğinin en dikkat edilmesi gereken döneminde böyle bir felaket yaşamak hiçbir kadına yaramaz."

Ama Safiye, bunun nedeninin İsmihan'ın daha önce doğum yaptığı odanın uğursuzluğu olduğunu söyleyebilecek kadar işi ileri götürdü. İsmihan bu suçlama ile öylesine üzüldü ki, küçük Gülruh bile onun kalp acılarına yeteri kadar çare olamadı.

Beni allak bullak eden ise, İncir'i uğurlarken kadının dönüp bana söylediği "intikam" sözcüğü oldu. Gözlerimin içine bakarak, ağır bir Afrika aksanıyla bunu üzerine basa basa söylemişti: İn-ti-kam... Acaba yanlış mı anladım, diye uzun uzun düşünmüştüm bunun üzerine. Ama işin en can sıkıcı yanı, kadının bunu söylerken, benim olup bitenden memnun olmam gerektiğini ima eden bakışlarıydı.

Safiye yine de başına gelen bu feleketi çok çabuk atlattı. Selamlığa bakan kafesli pencere ona ilaç gibi geliyordu. Ve zaten yanında hızla büyüyen iki çocuğu daha vardı.

Kış iyice bastırmadan Şehzade Murad'ın yanına, Manisa'ya gittiğinde hepimiz rahat bir soluk aldık. Bu işten memnun olmayanlar sadece Küçük Mehmed ve Gülruh'du. Ayrılırken sanki dünyanın sonu gelmiş gibi ikisi de avaz avaz ağladı.

İsmihan da, üvey annesi de problem çıkartacak cinsten insanlar değildi. Safiye ile uzun süre birlikte kaldıktan sonra, doğrusu bu sakinlik neredeyse canımı bile sıkmaya başlamıştı. Yapacak bir iş, kafa yoracak sorun yoktu ortalıkta. Hatta eğer konuk kadının halayıklarından biri, aynı zamanda Selim'in yeni gözdelerinden de olmasa yerimden kalkmam bile gerekmeyebilirdi.

Bu kız gözdelerin başını çekmiyordu. Sarayda kendilerine oda verilen ve her an Sultan'ın hizmetine hazır bekleyenlerden değildi yani. Selim de zaten yangından bu yana bir parça değişmişe benziyordu. Eskisi gibi sadece cinsel arzularının peşinde sürüklenmiyordu artık. Yaşanan felaket onda cehennem korkusu yaratmış olmalıydı. Sefahat âlemlerindense Müftü'yle başbaşa verip uzun uzun dini sohbetler yapmayı tercih eder olmuştu bir süredir.

Ama yine de arada bir, bizim konağa kızı çağırmak için haberci yolluyordu. Halayığın anlatılmaya değer bir güzelliği yoktu. Açlık ve hastalıklarla pençeleşerek on dört ay boyunca Osmanlı kuşatmasında kalan Kıbrıs'tan getirilen ganimetin olabilecek en iyi parçalarından biriydi, o kadar... Selim, canı şarap çekip, Kıbrıs zaferini bir kez daha kutlamak istediğinde çağırıyordu kızı.

Sultan'a giderken ona ben de eşlik ediyordum. Aslında buna zorunlu değildim, ama Saraya yaptığım ziyaretler, bana evde oturmaktan daha iyi geliyordu. Selim'in keyfini tamamlamasını beklerken biraz şiir okumak, ya da hadımlardan biriyle satranç oynamak, belki de evde kalsam yapacaklarımdan daha farklı şeyler değildi. Ama en azından farklı bir ortamda bulunuyordum. Ahbaplık ettiklerimden yeni haberler alıyor, Sarayın tamiratının nasıl gittiğini öğreniyordum. Duyduklarıma göre, çalışmalar devam etse de yeterince hızlı değildi. Çünkü Selim bu işe gönlünü ve aklını fazlaca koymuyordu. Eve döndüğümde bu bilgileri İsmihan'a aktarıyordum. Kocasıyla yeni yaptırdıkları vakfın inşaatının da nasıl yavaş gittiğini bildiği için buna çok şaşmıyordu hanımım.

Saraya gelerek, Sultan'ın yakın çevresinden daha önemli bilgiler de alabilmeyi umuyordum. Ama Selim günden güne dünyadan uzaklaşıyordu, hiçbir şey onu derinden ilgilendirmiyordu. Gerçekte imparatorluğun yönetiminin başında olan efendim Sokullu Mehmed Paşa'ydı.

Müslümanlar'a göre 982 yılının Ramazan ayının arifesinde, Hıristiyanlar'a göre 1574'ün sonlarında bir öğleden sonra bu tekdüzeliği bozan ve hatta allak bullak eden bir olay oldu.

Hadımların salonunda oturmuş yine dini bir kitap okuyordum. Hikâye, Musa'nın Allah'a, "O"nun nerede olduğunu sormasıyla ilgiliydi. Peygamber'in aldığı cevap şuydu: Beni aradığında zaten bulmuşsundur.

Bu cümlenin üzerine –belki de kendi cevabımı bulabilmek üzere– derin derin düşünüyordum ki, odaya Kıbrıslı kız girdi. Zaten o günden sonra, bu dini hikâyeye ne zaman tekrar ilgi duysam, aklıma olanlar geldiği için bir türlü cevabın üzerinde tam olarak düşünemedim.

Her neyse, kıza baktığımda henüz görevinin tamamlanmamış olduğunu anlamıştım. Heyecan içinde, titreyerek sarınmaya çalıştığı bir havludan başka bir şey yoktu üzerinde. Kız çıplaktı.

Bir an için onun Selim'in şehvetinden kaçmış olabileceğini düşündüm. Ama bir kölenin böyle bir şey yapmaya hakkı yoktu. Allah'ım sen bana yardım et, şu kızı yola getireyim, diye mırıldandım kendi kendime.

Kızın yanaklarında tuhaf bir kırmızılık vardı. Bu, korku ve tiksintiden çok heyecandan gibi görünüyordu. Ona tuhaf bir hoşluk vermişti, kızın Sultan tarafından istenmesinin Kıbrıslı olmasının dışında bir nedeni de olabileceğini ilk kez düşünmüştüm.

"Abdullah, lütfen gelir misin?" Bunu korku ya da heyecanla, bağırarak söylememişti. Sanki bir işbirlikçiyi fısıltıyla çağırır gibiydi.

Kafam karışmıştı. "Sultan'ın yanına mı?"

"Lütfen gel."

Elimdeki kitabı bıraktım ve havlusuna sarınmaya çalışan çıplak kızın peşisıra yürüdüm.

Sultan hamam sefasındaymış... Herhalde kızı Akdeniz'in

ortasında uzanan Kıbrıs adası misali, havuzun ortasındaki göbektaşına yatırıyordu Selim. Kız kendi toprağının üzümünü, ünlü şarabını Sultan'a kendi halkının kanını sunar gibi acı içinde sunuyordu mutlaka. Sonra da Osmanlı Donanması'nın adaya abandığı gibi kıza saldırıyor olmalıydı...

Kendime çekidüzen verip saygıyla öne eğildim, gözlerimi yere dikmiştim. Ama oda boş gibi duruyordu. Kıbrıslı bana eliyle az ötedeki küçük odaya inen basamakları gösterdi, orası soğukluktu. İçeri baktım, basamakların dibinde biri yatıyordu.

İslam âleminin en tepesindeki Sultan'ı böyle uygunsuz bir şekilde görmek doğrusu çok şaşırtıcı ve inanılmazdı. Bir köle, bir dilenci için olabilirdi ama... Kolu bir yanda bacağı bir yanda, çırılçıplaktı, tüm vücudu şişmiş gibiydi ve ciğerimsi gibi kırmızılıktaydı.

"Ölmüş mü?" diye fısıldadı kız.

Kendimi toparlayıp eğildim, elimi başına doğru uzatıp durumunu anlamaya çalıştım. Ensesini tuttuğumda elime kan bulaştı. Bu hareketimle Selim bir an için gözlerini açtı ve kızı gördü. Kız korkuyla, titreyerek geri çekildi.

Selim zorlukla ağzını açtı ve boğuk bir sesle bir şeyler mırıldandı. Söylediklerini duyabilmek için iyice üzerine eğilmiştim. "Kıbrıs... Olacak..." dedi.

"Kıbrıs ne olacak Sultanım?" diye sordum. Ama bir cevap alamadım. Nabzı çok yavaş olarak atmaya devam ediyordu, ama tamamen bilinçsizdi artık.

"Kaydı," diye durumu açıkladı kız. Artık havluyla örtünmeye de son vermişti. Sıkıntıyla onu elinde dertop edip buruşturuyordu.

Ayağa kalkıp dikkatle yüzüne baktım. Her şey anlaşılabilir görünüyordu. Selim sarhoştu, ayakta bile zor duruyorken kızı havuzun etrafında kovalamaya kalkmıştı herhalde ve ayağı kayıp düşmüştü. Başı mermer basamaklara çarpınca da yığılıp kalmıştı.

Ama başka bir olasılık daha vardı. Orada kımıldamadan duruken bile sanki gaipten bir ses duyar gibiydim. Bu Selim'in sesine benziyordu. Diyordu ki: Haydi gel benim güzel Kıbrıs'ım, tut elimden.

O da ona elini değil ayağını uzatmıştı. Sarhoş adamı bir tekmeyle yuvarlayıvermişti aşağıya.

Kızın gözleri, bu düşündüklerimin gerçeğe daha yakın olduğunun kanıtı gibiydi. Bu kız tüm ailesinin kılıçtan geçirildiğini, ada halkının açlıktan kıvrandığını görmüştü ve her şeyin nedeni ona şehvetle saldıran bu sarhoş adamdı. Diğer gözdeler gibi acısının sembolü bu adamdan bir oğlan doğurmayı düşünemezdi Kıbrıslı kız. Bu, çektiklerini unutturamazdı ona. Kız nefretle katılaşmıştı. Belki de bir türlü ona çok güzel diyemememin nedeni buydu.

"Dua et," dedim. "Dua et de konuşamasın bir daha."

Gözlerimi başka bir yere çevirdim, böylesi bir katılığa ben bile bakamıyordum.

Bir havluyla Selim'in üzerini kapattım. Böylece benim yaşadığım şoku diğerlerinin de yaşamasını engelleyebilirdim. Sekiz yıldır imparatorluğu yönetmiş olan birinin insani zaaflarıyla aniden karşılaşmak hiç de kolay değildi. Sonra kıza dönüp, yardım için ben adam getirene kadar kendini ağlamaya alıştırmasını, yoksa sonucun çok hayırlı olmayacağını söyledim.

Olan olmuştu. Kızı kaynar yağ kazanına atmak bile sonucu değiştiremezdi. O günden sonra herkesin "Allah tarafından bir kaza" olarak nitelendirdiği bu olayın, aslında Kıbrıs'ın, Kıbrıslı haşin bir kızın elinden sunulan nefis Kıbrıs şarapları aracılığıyla alınmış intikamı olduğunu bilen sadece o köle kız ve ben olacaktım.

# XXI

ÜÇ GÜN BOYUNCA Selim can çekişti. Ama biz daha onu yatağına taşımadan, bir tatar, atını deli gibi mahmuzlayarak Manisa'nın yolunu çoktan tutmuştu. Şehzade Murad'a şu haberi taşıyordu atlı: Diğerleri ölüm haberini duymadan babanın tahtına geçmek için hemen İstanbul'a gel.

Bundan sonra olup bitenler sırasında Sokullu'nun takındığı tutum ona olan hayranlığımın bir kat daha artmasına neden olmuştu. Evet, belki de daha başka türlü davransa işini ve hatta hayatını kaybedebilirdi. Ama yine de her şeyi mükemmel idare etti. Bana güveniyordu, kıza aldırmadı, yalnız yardım için çağırdığım iki adamın dillerini, konuşamasınlar diye kestirtti. İsmihan'a bir şey söylenmedi, Nur Banu bunu tahmin bile edemezdi, Divan'daki diğer vezir ve komutanlara da Murad Mudanya'ya varana kadar tek kelime edilmedi.

Sokullu'nun bu durum için hazırlanmış, Şehzade'yi gidip Marmara'nın diğer tarafından alacak bir kadırgası vardı. Ama Murad'ı hemen beklemiyorlardı. Oysa Şehzade, apar topar Manisa'dan atına atlayıp ayrılmış ve tahmin edilenden daha kısa bir sürede Mudanya'ya gelmişti. Vezir-i azam'ın hazırlıklarından habersiz olduğu için de kendi başına küçük bir balıkçı teknesi tutup Topkapı sahiline ulaşmıştı.

Murad babasının başına gelenleri öğrendiğinde av için çıktıkları dağda dördüncü günleriymiş. Hemen, üzerini bile değiştirmeden yola koyulmuş, hiç durmadan at koşturup, azgın denizle boğuşarak varmıştı İstanbul'a. Yanında çok güvendiği dört kişi vardı. Bunlardan biri Safiye'nin gözü kulağı Gazanfer'di, bir diğeri ise okuma yazması bile olmayan, yabani Türkmen Üveyis'ti. Üveyis, yörenin dağlarını, ovalarını, kayalarını bir tilki gibi iyi bildiği için Murad'ın avda en güvendiği adamlarından biriydi. Bu adam kıyafeti ne kadar değiştirilirse değişsin, dağ adamı kimliğinden kolay kolay sıyrılacak cinsten değildi.

İşte bu ekip geceyarısını biraz geçe Saray duvarlarının dibindeki kumsala ulaşmıştı. Efendim, kapılardaki nöbetçileri içeriye hiç kimseyi bırakmamaları konusunda çok sıkı bir biçimde uyarmıştı. Dolayısıyla gelenlerin hemen içeri girebilmesi olanaksızdı.

Karadeniz'den deli bir rüzgâr esiyordu, azgın dalgalar duvarlara kadar ulaşarak köpüklerle patlıyordu. Kumsalda beş kişi için yer bile yoktu. Kayalıkların üzerinde, ıslanıp üşüyerek kalakalmıştı Murad'ın küçük grubu. Sokak kedilerinin bile kendilerine saklanacak bir köşe bulduğu bu berbat gecede tahtın yeni sahibi tek kelimeyle perişandı.

Murad yanındakilerden birini Sokullu'ya durumu haber vermesi için yollamıştı. Adamın Paşa'ya ulaşması tahmin edilenden çok daha uzun sürdü. Ve dalgaların, rüzgârın, yağmurun altında bir süre daha bekledi yeni Sultan.

Murad'ın gelişini öğrenir öğrenmez Sokullu ve birkaç adamı -içlerinden biri de bendim- ellerinde meşalelerle gidip kapıyı açtılar ve çilekeş yolcuları içeri aldılar. Ama onları görür görmez hemen yere kapanıp yeni Sultan'ı selamlamadık. Hayır... Çünkü kapıya doğru koştururken Paşa bizi uyarmıştı. Murad'ın beş kardeşinden biri haberi duyup tahtı ele geçirmenin peşinde olabilirdi. En az iki yıldır hiçbirimiz tahtın varisini görmemiştik. Murad'ın kardeşlerinden biri, anneleri ayrı olmasına rağmen ona çok benzerdi ve bu son yolculuk karşımızdaki adamı daha bir zayıflatmış gibiydi, teni de iyiden iyiye kararmıştı.

Rüzgâra karşı meşalelerimizi kaldırdık ve temkinli bakışlarla süzdük gelenleri.

"Yalnızca gelen Murad ise hayatınızı riske edin," demişti Sokullu. Olduğumuz yerde durmuştuk.

Paşa özür dileyen bir pozla öksürmüştü, ne de olsa gelen Murad'ın kendisi de olabilirdi, emin olabilmek için bir deney daha yapılması gerekiyordu. On gündür yolda olmasına karşın ses çıkarmadan getirilen atlara bindi gelenler ve Nur Banu'nun yangından bu yana oturduğu konağa doğru yola çıktık.

Pek çok kişi Sokullu'ya "Sultani" derdi, bunun anlamı Sultan yapandı. Fakat o gece harem her şeyin üzerinde bir güce sahipti. Nur Banu uykulu gözlerle, üzerinde geceliği hemen yanımıza geldi. Durdu, dikkatle baktı ve kollarını açıp "Aslanım!" diye bağırdı. Veliaht Şehzade doğuran tüm kadınlar ilk oğullarına böyle hitap etmeyi bir alışkanlık haline getirmişlerdi. Bu tek kelimeyle oğlunu İmparator yapmıştı Nur Banu.

Ben de ilk kez kendi konumumun gücünü o gece anlamıştım. Ne efendim Sokullu, ne de diğer erkekler Nur Banu'nun odasına girebilmişlerdi. Zaten girseler de onu bir başka kadından ayıramazlardı. Bütün olaylar benim, Nur Banu'nun Kızlarağası'nın ve Gazanfer'in şahitliğinde olmuştu.

Bütün bunların Allah'ın isteğiyle olduğundan emin değildim. Efendime başımla beklediği işareti verdim ve hepimiz yeni Sultan'ın huzurunda yere kapandık. Bundan böyle Allah'ın Gölgesi oydu.

Kızıl sakallı yorgun yüz mutlu bir şekilde gülümsedi ve "Allahım, açlıktan ölüyorum," dedi. "Söyleyin çabuk yemek getirsinler."

Bu emri yerine getirmek için koştururken içimizde batıl inanca sahip olmayanlar bile anlamlı bakışlarla birbirine bakmadan edememişti. Sultan olur olmaz Murad'ın ağzından çıkan bu ilk sözler uğurlu olarak kabul edilemezdi. Bunlar, herkes tarafından geleceğe ait kötü bir işaret olarak alınmıştı.

# XXII

İSMİHAN, babasının ölümünü de, kardeşinin Sultan oluşunu da aynı tevekkülle karşıladı. Murad'ın başarısı kardeşlerinin, hatta öz kardeşi Cihangir'in ölüm fermanı anlamına gelse de bunun eski bir Osmanlı yasası olduğunu söyleyip sesini çıkarmadı ve asla üzüntüsünü Murad'a karşı dile getirmedi.

Aslında Murad onlara merhamet etmek istemişti ama, Şeyhülislam geniş kitlelere gösterilen merhametin bireysel merhametten çok daha mübarek olduğunu söyleyerek yasayı bozmaması için onu ikna etmişti. Ancak bu şekilde halkı çıkabilecek iç savaşlarda ölmekten kurtarabilirdi Murad, Şeyhülislam'a göre. Böylece Aya Sofya'nın bahçesindeki türbeye babalarının tabutuyla birlikte beş küçük şehzadenin tabutu da götürüldü. Ve sanki bu felaket Allah tarafından gelmiş gibi, hiç utanç duyulmadan gömüldüler.

İsmihan'ın üvey annesinin üzüntüsü çok büyüktü. Bu, olanları kader olarak kabullenmesini engelliyordu. İçinde bulunduğu durum İsmihan'ı kardeşlerinin katledilmesinden daha çok kedere boğmuştu. Cenazenin hemen ardından zavallı kadın, Kıbrıslı köle kız ve geçmiş Sultan'la ilişkisi olmuş ne kadar kadın ve oğlan varsa hep birlikte Edirne'deki hareme yollandılar. İsmihan sanki kadın ölmüşçesine ağladı bu ayrılık için, artık ne kadar isterse istesin onu ziyaret etmesinin mümkün olmadığını biliyordu. Yine de, gözden uzak olan gönülden de uzak olur derler ya, hanımımın dertleri de birkaç hafta sonra bayağı hafiflemişti.

Safiye yanında kızı, oğlu ve hizmetkârlarıyla yeni Sultan'ınkinden mutlaka daha rahat ama mevsim kış olduğu için yine de yorulup zorlanarak bir süre sonra İstanbul'a geldi. Gelir gelmez de Murad'ın yaptığı gibi hangi koşulda olursa olsun bir an önce buraya gelmenin ne kadar avantajlı olduğunu anladı. O gelene kadar geçen üç hafta içinde Nur Banu oğlu ile yakınlaşıp kendi konumunu gayet iyi düzenlemişti.

Nur Banu'nun Valide Sultan olması şerefine bir tören düzenlenmişti. Bu tören sırasında haremin kapıcısından başmücevhercisine herkes önünden geçip elini Nur Banu'nun ayağının altına koyup sadakat yemini yapacaktı. Bu, Sultan tahta çıktığında yeniçerilerin, hadımların, çeşnicibaşlarının ve diğerlerinin yaptıkları yemin töreninin hareme uyarlanmış bir şekliydi.

Kırmızı terliklerin altına elini koyup bu yemini yapmak Safiye için ölümden beterdi, ama içinden gelmese de buna uymakla zorunluydu. Annesine destek çıkan Murad onun hemen yanıbaşında oturuyordu. Safiye kafasını kaldırıp onlara bakmadı bile yemin ederken. Ama o zaten hangi kitap üzerine olursa olsun yeminine sadık kalacak olanlardan biri değildi.

Safiye sanırım Murad'la olan ilişkisinde biraz hayal kırıklığı yaşıyor olmalıydı. Sultan olduğundan bu yana her an, her kararında Murad'ın yanında olmak istiyordu, ama artık o bir sancak beyi değil, Osmanlı İmparatoru'ydu ve bu çok farklı bir durumdu.

Derhal Sarayın tamir işlerine hız verilmişti. Murad, Manisa'da cami yaptırırken yeterli bilgi ve deneyime sahip olmuştu bu konuda. Ne istediğini ve ne yaptığını bilerek kararlar veriyordu. İşte o günlerde Mısır'dan ünlü astronom Takiyeddin'i çağırıp bir rasathane kurulması emrini verdi.

Rasathane'de çalışanlar ona Kopernik'in söylediklerinden daha farklı veriler sunmamışlardı. Polonyalı Kopernik dünyanın değil, güneşin evrenin merkezinde olduğunu söyleyerek Hıristiyan âlemini allak bullak etmişti. Şimdi de bu adamlar aynı sözleri tekrarlıyordu. Ve Takiyeddin'in ileri sürdükleri İslam âleminde, Kopernik'in Hıristiyan âleminden aldığı cevaptan daha farklı olmadı.

Belki böylesi daha iyiydi. Böyle düşünmemin nedeni bu adamların bilgilerine güvenmemem değildi. Almış olduğum fizik ve matematik eğitimi onların ne kadar haklı olduklarını anlayabilmeme yetiyordu, ama söz konusu olan daha sıradan insanlardı. Bir öküzün arkasında tarlasını süren basit çiftçi, Tanrı'nın ulaşılamayacak bir uzaklıkta olmasını tercih etmez miydi?

Her neyse, sonunda Şeyhülislam'ın ısrarıyla rasathane binası sıradan bir köşke dönüştürüldü. Yıldızlar artık Sultan'a bilimsel işaretler vermeyecek, eskisi gibi daha insani olan görevlerini yapmaya devam edeceklerdi. Âşıklara göz kırpıp, şiirlere konu olmak gibi...

Sultan olduğundan bu yana Murad'ın çevresindeki müzisyenlerin, şairlerin, rakkaselerin sayısı oldukça artmıştı. Hiçbir masraftan kaçınmadan ta Hindistan'dan ressamlar bile getirtmişti. Bir süre için İtalya'dan getirtilen iki İtalyan ressam çok gözdeydi Sarayda o sıralar.

Ve bir gün artık ihmal edilmeye daha fazla dayanamayan Safiye, onun kendisini çağırmasını bekleyemedi ve Murad'a haber yolladı. Cevap geldiğinde yanındaydım.

"Efendimiz isteğinizi ne yazık ki geri çevirdi." Bu Gazanfer'di. Yeşil gözlerine koyu, kasvetli bir bakış oturmuştu. "Yeni bir şiir için ilham gelmiş Sultan'ımıza, onu yazacakmış ve sonra da arkadaşlarına okuyacakmış."

Safiye'nin yüzünden bir panik rüzgârı hızla gelip geçmişti. Artık eskisi gibi çok genç değildi. Biri ölü, üç çocuk doğurmuştu. Yirmi beş yaşındaydı, bu yaşta köleler genellikle Sultan'ın hizmetinden uzaklaştırılmış olurlardı. Ya sadık sipahilere, yeniçerilere karı olarak armağan edilirlerdi, ya da yeni yetişenlere hocalık yaparlardı haremde. Ne de olsa yüzlerce gencecik kızın arasında bunların artık Sultan'ı etkileyebilecekleri düşünülemezdi.

Safiye kendine çok iyi bakmıştı. Evet üç doğum yapmıştı

ama henüz bozulmamıştı, minderlere uzanıp şişmanlayanlardan değildi o. Saçları hâlâ Murad'ın başını döndürdüğü ilk günlerdeki kadar güzeldi. Ama her gün hamama gittiğinde peşi sıra gelen limon sepetleri artık işin eskisi kadar kolay olmadığının bir göstergesiydi.

Belki de etkisi birkaç ay ve hatta birkaç hafta içinde silinip gidebilirdi. Sultan'ın başka bir yerde, başkalarıyla geçirdiği her dakika onun için bir kayıptı. Safiye bunu biliyordu. Ve korkuyordu. Onu bu kadar ne korsanlar, ne fırtınalar, ne de yangının alevleri korkutabilmişti daha önce.

Ve Baffo'nun kızı kitapların, müziğin ve hatta yıldızların bile onunla yarışamayacağı bir konuda bir şeyler yapmaya karar verdi. O yılın sonunda, efendisiyle yaptığı iki-üç görüşmenin sonunda da amacına ulaştı.

Nur Banu yazlık konağın bahçesinde bir davet vermişti. Yanına saygılarını sunmak üzere gelen Safiye'yle ilk konuşan Mihrimah Sultan oldu.

"Safiye hayatım, yoksa sen?"

Safiye mevsime göre oldukça ağır şeyler giymişti ve yeleğinin alt düğmelerini iliklememişti. En sonunda durumu fark edildiği için mutlu gülümsedi ve "Evet, efendim," dedi. "Çok yakında Gülruh'a yeni bir oyun arkadaşı daha geliyor."

Bir anda ortalık karışmıştı. Herkes Safiye'yi kutlamak ya da sorular sormak için etrafını sarıvermişti. Bebek ne zaman doğacaktı? Ne olmasını bekliyordu? Ne hissediyordu? Bir türlü gebe kalamayanlar ondan bir şeyler istiyordu uğur olsun diye.

Bütün bunlar olup biterken, Nur Banu'ya dönüp baktım. Kendi davetinde bir başkasının, özellikle de Safiye'nin ilgi merkezi olmasından hoşlamamış olacağını, hatta öfkeleneceğini umuyordum. Ama yanılmıştım, gözlerinde böyle duygulardan eser yoktu. Tam tersine gayet kendinden emin, donuk bakışlarla süzüyordu ortalığı.

Bundan ne anlam çıkarmam gerektiği konusunda emin değildim. Sanki bunların olacağını biliyormuş gibi davranıyordu, hatta neredeyse yüzündeki ifade bunları kendi planlamış gibiydi. Herkes susup yerine oturana kadar sabırla bekledi. Safiye bile bundan tedirgin olmuştu. Sonunda Nur Banu konuştu.

"Ah," dedi Valide Sultan, sanki birden kendine gelip canlanmış gibiydi. "Ben ne çeşit bir ev sahibiyim? Bunca zamandır size hiçbir ikramda bulunmadan oturdum kaldım."

Ellerini çırptı ve bir elinde gülsuyu, diğer elinde boş bir tas ve peçeteyle bir köle kız göründü. Kız, gayet usulüne uygun, birer birer herkesin önünde eğilip hizmet ediyordu. O ortalıkta dolaşırken kadınların tümü susmuştu. Bu, kızın yaptığı işten kaynaklanmıyordu. Çünkü en yoksul evlerde bile gülsuyu olmasa da, gelen konuklara bir parça ılık su ve bir havlu sunulması gelenektendi. Köle kızın yerinde evin genç kızı olurdu genelde böyle bir durumda.

Tüm kadınları susturan başka bir şeydi. Kadının biri, "Safiye'den bu yana," dedi. "Yani, Nur Banu, Safiye'yi aldığından beri, hiç kimse böyle bir güzel görmemiştir."

Kız, içine bir tek menekşe yerleştirildiği halde bütün salonu güzelleştiren bir küçük porselen vazo gibiydi. Şeffaf cildinin altından fark edilen, insanın nefesini kesecek incelikte kemikleriyle minik bir kuşa benziyordu. Küçücük bir rüzgârla, hatta hızlı bir üflemeyle bile kırılabilecekmiş gibi görünen bu beden, tuhaf bir şekilde insanda çok şiddetli bir koruma, kanadının altına alma duygusu uyandırıyordu.

Kalın kavisli kaşlarının altındaki kapkara gözleri bu güzelliği tamamlayan zekâ pırıltılarıyla doluydu. Simsiyah, kalın telli ve dalgalı saçları, Nur Banu'nun başına koyduğu mor fesin tüllerinin altından dizlerine kadar iniyordu. Bir başka bedende ortalama güzellik ve boyutta görülecek olan göğüsleri bu bütünün içinde bal-kaymakla doldurulmuş iki minik tepeye benziyordu.

Safiye ve bu kız kadar birbirine hiç benzemeyen iki kadın zor bulunurdu. İlki upuzun ve açık renkli, ikincisi minyon ve koyuydu. Ama her ikisi de kendi tipinin en güzeliydi. İnsanın uğruna kendini feda edebileceği bu güzelleri, mutlaka Tanrı kırk yılda bir yaratıyor olmalıydı.

Artık kadınlar kendilerini tutamıyordu, sorular başlamıştı. "Nereden geldi? Onu nasıl buldun? Bir servete mal olmuş olmalı. Onunla ilgili planların ne?"

Nur Banu gülerek cevap vermişti: "O bir Macar. Onun için pazarı nasıl talan ettiğimizi bilemezsiniz..." Sorular öylesine çoktu ki, artık anlaşılamaz ve cevaplanamaz bir karmaşaya dönüşmüştü konuşma. En iyisi susup, Nur Banu'nun anlatacaklarını hiç karışmadan dinlemekti.

"Umarım ki," dedi, "Sevgili oğlumun aklı da onu görünce sizler gibi merakla karışır. Bir şeye tutulup kalmaya yatkın bir bünyesi vardır Murad'ımın ve onu bir alışkanlıktan kurtarmanın en iyi yolu bir başka şeye alıştırmaktır. Sonra bir başkasına, sonra daha bir başkasına..."

Kendini tutamayan Safiye öfkeyle "Sen bir Şeytansın!" diye bağırdı. "Bunu yapamazsın!"

Kadınlar onu yatıştırıp susturmaya çalışıyordu. Onun terliğinin altına elini koyup sadakat yemini etmemiş miydi herkes gibi? Nur Banu hiç aldırmadan, elini susun gibilerden salladı ve sakin sakin konuşmaya devam etti.

"Seni kırdıysam kusura bakma torunumun anası," dedi Valide Sultan, yapmacık bir nezaketle gülümsüyordu. "Sen bir bebek bekliyorsun ve Murad'ı eğlendirmek içinden gelmez bugünlerde. İşin aslı bunca yıl sonra senin bir parça dinlenmeni arzu etmiştim. Süleyman bile çok sadık kalmamıştır Hürrem'ine, ama bu nedenle onun gücü asla azalmadı."

Safiye ayağa fırlamıştı, hizmetkârlarını ve hadımlarını yanına çağırdı. Gidiyordu, bu kadar hakarete daha fazla dayanamayacaktı.

O çıkıp gittiğinde ortalık sus pus olmuştu. Yeni köle bir köşede hiç kımıldamadan gözleri yaşlarla dolu duruyordu. Kendini bu ilk sınavında başarısız sandığı belliydi.

Onu gören Nur Banu, "Gel yanıma çocuğum," diye yanına çağırdı.

Kız güvenli yuvasına koşan bir fındık faresi gibi seyirtip geldi ve hanımının dizlerinin dibine çöktü.

Nur Banu kızın yanağını okşarken, "Bir alışkanlığın hakkından ancak bir başkası gelebilir," diye mırıldanıyordu.

Kız gözleri yaşlı, şaşkın şaşkın bakıyordu. "Beni affettiniz mi hanımım?" diye sordu. Türkçe iki lafı çok zorlukla biraraya getirebildiği belliydi.

Nur Banu kızın gözlerine baktı. "Çok mükemmel olacaksın hayatım. Çok mükemmel." Kızın mermer gibi alnına sevgi dolu bir öpücük kondurdu.

Yeni kölenin olan biteni anlamamış olduğunu düşünüyordum. Onun tek anladığı ve bildiği, yitirmiş olduğu öz annesinin yerine ona uzanan bu sevecen elleri bulmaktan mutlu olduğuydu. Bu eller onu besliyor, giydiriyor, ona bakıyordu. Bu kadarı yeterdi. Hanımının ayaklarının dibine iyice sokuldu, minnetle gülümsüyordu.

# XXIII

*İSMİHAN VE BEN,* Safiye'yle birlikte oradan ayrılmak gereğini duymadık. Zaten bu Valide Sultan'a karşı çok kaba bir davranış olurdu. Akşam üstüne doğru ortalıkta bir hareketlenme fark ettik. Önce Safiye'nin hadımlarından biri, –bu Gazanfer değil yeni biriydi– geldi ve Nur Banu'nunkilerden birinin kulağına bir şeyler fısıldadı. O da bunu gidip hanımına iletti.

Nur Banu gülümsedi, bir eliyle ayaklarının dibindeki kızın saçlarını okşarken diğer eliyle İncir'i yanına çağırdı. Ayva ortalıkta yoktu, nedense bunun İsmihan'ın varlığından kaynaklandığını düşünüyordum. İncir sanki ekşi bir şey yemiş gibi yüzünü buruşturdu, yüzü bir parça hocasınınki gibi yeşermişti. Nur Banu kadına emreden bakışlarından birini gönderdiğinde saygıyla eğildi ve Safiye'nin hadımıyla dışarı çıktı.

Bunların daha önceki olayla bir ilgisi yokmuş gibi gelmişti bize ve işin aslı çok da önem vermemiştik. Ama az sonra yorulup da eve döndüğümüzde gördüklerimiz bunun tam tersini gösterdi. Safiye evdeydi ve bir düşük yapmak üzereydi.

Masanın üzerine getirdiği ilaç ve aletleri yayan İncir, çok sevimli olmayan bir yüzle Safiye'ye, "Bunu isteyerek yaptın, öyle değil mi?" diyordu.

Safiye'nin cevabı: "Ben mi? Git de bu sorunun cevabını Allah'ın belası hanımına sor. Her şey onun yüzünden oldu..." Zorlukla konuşuyordu.

"Hayır. Ben biliyorum. Bir parça eğrelti tozu, biraz öküzgözü kökü... Bu, kitaptaki en eski numara. Ta ezelden beri kızlar başlarına gelen belalardan bununla kurtulurlar. Bunları Havva Ana'mızın cennetten yanında getirdiğini duysam doğrusu şaşmam. Çok faydalı, neredeyse kutsal otlar bunlar."

"Bebeğimi düşürmek istediğimi mi sanıyorsun?"

"Tabii. Başka nasıl Nur Banu'nun küçük Macar'ıyla başa çıkabilirsin?"

"Yaşayan iki çocuk, henüz peydahlanmamış olandan çok daha değerlidir."

"İyi, iyi. Dur da bir bakalım, neler yapabileceğimize."

"Sakın bana dokunma!"

"Bu bebeği kurtarmak istiyor musun, istemiyor musun?"

"Senin yardımınla değil."

"Bu da ne demek?"

Safiye, İncir'e tehditkâr bir bakış attı. Kadın bunun ne demek olduğunu hemen anlamıştı. O da İsmihan'a doğru endişeyle baktı. Sanki bu konuşmadaki gizli bir şeyi onun da anlamış olmasından korkmuş gibiydi. Tekrar konuştuğunda çok daha dikkatliydi.

"Bana daha önce hep güvenmiştin."

"Sen onun için çalışıyorsun." Bu "o" kelimesiyle kimin kastedildiğinden emin değildim. "O, benim bunu kaybetmemi ister. Bu arada başka şeyleri kaybetme tehlikem de var tabii."

"Ayva sana sağlıklı, güçlü bir erkek çocuk vermedi mi? En küçük bir iz bile yok bedeninde."

"Bu o zamanlardı. Şimdi..."

"O halde neden beni çağırdın? Davet çok güzeldi..."

"Seni ben çağırmadım. Bu, şu yeni hadımın işi. Korkup paniğe kapılmış ve ona dediğimi yapmamış. Onu cezalandıracağım. Gazanfer asla böyle bir hata yapmazdı."

"Peki Gazanfer nerede?"

"Uzakta. Başka işleri var." Safiye tekrarlamaya devam ediyordu. "Gazanfer asla bunu yapmazdı."

Sıkıca gözlerini kapatıp, canı yanıyormuş gibi kastı kendini. Bu, odaya girdiğimizden bu yana ilk kez yaptığı bir şeydi. Nedense buna inanmak içimden gelmiyordu. Safiye altı aylık hamileyken bile ilkinde olduğu gibi güçlüydü. Ayva ya da başkası, dedim kendi kendime, Safiye bebeği düşürmeyecekti.

İsmihan'ın bu konuda fazla güveni yoktu. Arkadaşının yanıbaşına oturmuş elini sevgiyle tutarken "Lütfen Safiye, lütfen hayatım," diyordu. "Haydi bırak da ebe seni bir muayene etsin."

"İsmihan, eğer doğru dürüst bir ev sahibiysen, hemen bu putperest kadını alıp dışarı çıkarırsın."

"Safiye lütfen..." İsmihan bir bebek kaybetmenin ne anlama geldiğini biliyordu.

"İsmihan!" Safiye'nin sesi acımasızdı.

İsmihan çok yavaş bir tonda ebeye döndü. "Belki de ebe kadın... Biraz dışarı çıksan, onu buna ikna edebilirim, haydi."

"Onu karşı nazik olmak zorunda değilsin," diye lafa karıştı Safiye. "Bu kadın senin için ne yaptı?"

"Safiye bunu nasıl söyleyebilirsin? Bütün..."

"Yürüyemiyorsun bile, tutup Ayva'ya teşekkür ediyorsun bir de..."

"Safiye neredeyse ölüyordum. En azından şimdi yaşıyorum. Ve çok şükür Gülruh'um var, Allah'a ve Ayva'ya şükürler olsun."

"İyi anladık... Peki, ya öbürleri?"

"Lütfen Safiye, Allah'ın isteğine karşı çıkmamalısın."

"Allah'ın isteği mi? Bu Allah'ın isteği miydi?"

"Evet, tabii." İsmihan çok şaşırmıştı ve Safiye bunların nedeninin ne olduğuna dair bir şey söylemediği halde daha şimdiden dehşete düşmüş gibiydi. Allah'ın isteği dışında bir şeyin olabileceği fikri bile onu allak bullak etmek için yeterliydi.

"Hımm." Safiye şüpheci bir sesle homurdandı, bir şey daha söyleyecekti ama buna fırsatı olmadı, kasılmalar yine başlamıştı.

"Tamam İsmihan Sultan, tamam," dedi İncir, bir yandan da aletlerini toparlıyordu. "Söylemenize gerek yok, gidiyorum ve bunu içimden gelerek yapıyorum."

İsmihan kendi çatısı altında böyle bir tatsızlığın yaşanmış olmasından rahatsız olmuştu. Bunu telafi edebilmek için kendi gayretiyle ayağa kalktı ve kolunu tutarak ona yardımcı olan bir yardımcımla birlikte dışarı çıkıp kadını kapıya kadar uğurlamaya gitti.

Arkalarından baktıktan sonra Safiye'ye döndüm. Söylenen şeyler aklımı karıştırmıştı, neler döndüğünü anlamak istiyordum.

O sırada Safiye ayağa kalktı. Ona, bir çocukmuş gibi azarlayan bakışlarla baktım, ama bunun nedeni ayağa kalkmış olması değil, yapmış olduklarıydı. Bunun bir mazareti olamazdı.

Benim sert bakışlarımla karşılaşınca gözlerini kaçırmadı. Ama meydan okumuyordu, tam tersine gözlerinde yumuşacık bir ifade vardı. Yakalanmamak için düştüğü tuzakta yaklaşan avcıya ölü numarası yapan bir vahşi hayvana benzediğini düşündüm. Kendimi bu gözlerden koruyabilmek için yere baktım, ama artık çok geçti.

*Benim güzel İsa'm, ama o çok güzel!* dedim içimden. Bu, İtalyanca hissedip düşünmenin nedeni gençlik tutkumun gömülmüş olduğu yerlerden tekrar ortaya çıkıvermesiydi, bunu biliyordum. Aklım tamamen başımdan gitmeden dua etmeye başladım. *Yüce Tanrım, benden bir şey istemesine lütfen izin verme. Eğer bunu yaparsa ona karşı koyamayacağım...*

O güzel badem gözlerin bir bilinçsizlik bulutunun içinde yuvarlandığını görüyordum. Bir erkekten içimde kalan ne varsa ayağa kalkmış gibiydi. Sallandı ve yığıldı. Onu düşerken havada yakalamıştı kollarım. Terden sırılsıklamdı, elbisesi büyümekte olan karnına yapışmıştı. Damarlarında akan kanı bile hissedebiliyordum.

Altın saçlarla süslü başını yastıklara dayadım ve o güzeller güzeli yanağa dayanamayarak dokundum.

"Gazanfer," diye mırıldandı.

Elim geri düştü, hayal kırıklığına uğramıştım, incinmiştim, dudaklarından çıkan ad benimki değildi.

"Gazanfer nerede?"

"Gidip bir bakayım, onu bulabilecek miyim?" dedim soğuk bir sesle. Neyse ki ayağa kalkabilmiştim.

Bir kadından, özellikle de düşük tehdidi altındaki bir kadından beklenmeyecek bir güçle ve şaşırtıcı bir çabuklukla Safiye yerinde doğrulup oturdu ve elimi yakaladı. "Veniero," diye fısıltıyla konuşmaya başladı. "Selamlıkta bir doktor var. Bir Venedikli. Sokullu Paşa'nın konuğu. Onu bana getir."

Birden İtalyanca'ya dönmesi ve söyledikleri bende onun delirmeye başladığı izlenimini yaratmıştı. Bana diktiği gözlerinde artık biraz önceki yumuşaklıktan eser kalmamıştı. Daha çok sivri uçlu oklar fırlatıyor gibiydi bana bu bakışlar.

Onu bir zamanlar dadımın beni yatıştırırken tekrarladığı sevgi dolu bir sözcükle sakinleştirmeye çalıştım, ama yine de ona istedikleriyle ilgili bir ümit veremezdim.

Odadan çıktım ve selamlığa girmeden önce bir süre durup Safiye'nin üzerimdeki etkisinden sıyrılmaya çalıştım. Onun benden istediğini nasıl yapabileceğimi de... Gerçekte ne yapmam gerektiğini de tam olarak bilemiyordum. İlk iş olarak birini Gazanfer'i bulup getirmek üzere yolladım. Bu arada İsmihan ve birkaç yardımcım, yalnız kalıp bir çılgınlık yapmasını engelleyebilmek için Safiye'nin yanına gelmişlerdi. Ben de İtalyan doktoru bulabilmek için selamlığa gittim.

Murad'ın çevresinde popülerliğini yitiren hocalar ve şairlerden çoğu, Safiye'nin de yaptığı gibi can sıkıntılarını Sokullu'nun konukseverliğiyle dağıtmaya çalışırlardı. Odaya girdiğimde altı adam derin bir fikir tartışmasına dalmıştı. Bunlardan üçü Paşa'yla Farsça konuşuyordu, doğu ülkelerinde mesleğini geliştirmek için pek çok yolculuk yapmış olan doktor bu dili öğrenmediği için büyük pişmanlık içinde olmalıydı.

Altı-yedi dili rahatlıkla konuşabilen Paşa, bir parça da Venedikçe anlayabiliyordu ama yine de yetersiz kaldığı bu dili zorunlu nezaket diyaloglarının dışında kullanmazdı.

Mısırlı astronom ve iki ünlü şaire gelince onlar tek kelime bile İtalyanca bilmiyorlardı. Böylesine değerli beyinlerin insanın neredeyse tüm dünyanın kullandığını sandığı bir dili öğrenmek için bir çaba göstermediklerini görmek doğrusu şaşırtıcıydı. Altıncı adam bir denizciydi. Ona eskiden Andrea Barbarigo denirdi, şimdi ise adı Müslim olmuştu ve Sarayda çevirmenlik yapıyordu. Sanırım o da benim gibi İtalyanca konuşmayı tercih ederdi. Ama bu toplantı onun için düzenlenmemişti. O da bir kenarda sessizce oturmuş bir iki Farsça kelime anlamaya çabalıyordu.

Barbarigo bana, her zaman yaptığı gibi, insanda acıma uyandıran bakışlarla baktı. Uzun bir süre, bir dönme olarak Osmanlı Donanması'nda isim yapana kadar Safiye ile tekrar ilişki kurabilmek için uğraşıp durmuştu. Ama artık o bir Türk'tü ve Osmanlı'nın ahlak kurallarına uyması gerekiyordu. Ona acımakla vakit kaybedemezdim.

Şiir ve din dünyasına olan ilgim nedeniyle Farsçam oldukça ilerlemişti. Bu yüzden en azından konuşmaların ne hakkında olduğunu anlayabilmiştim. Kalinos'un tıbbi çalışmaları üzerinde tartışıyorlardı. Ben de fırsatı değerlendirdim ve getirdiğim haberi Paşa'ya ilettim.

"Abdullah," dedi, sanki benim de ateşim çıkıp hastalandığımdan korkmuş gibi kolumu sıkıyordu. "Abdullah, bunu nasıl düşünebilirsin? Sultan'ın hareminden bir kadın? Onu bir erkeğe, yabancıya göstermek?"

Barbarigo konuşmamızı duymuştu, içinde kadın lafı geçen her cümleyi duyduğunda yaptığı gibi kaşlarını yukarı kaldırdı. Kimbilir bu ne kadar ender oluyordu. Ona sırtımı döndüm ve daha yavaş bir sesle konuşmaya başladım. Safiye'nin bir Venedikli olduğunu ve bu nedenle onun için erkek doktorun yabancı ve korkulacak biri sayılamayacağını söyledim Sokullu'ya.

Ama Paşa ikna olmuyordu. "Ebe Kadın'ı istemiyor mu? O zaman bir başkasını çağırın derhal." Ve daha önce hiç aklıma gelmemiş olan bilgiler vermeye başladı bana. "Eğer buna rıza gösterirsek, hekimlikle uğraşan kadınlarımız kısa süre sonra sağlıktan çok paraya önem veren erkeklerin gölgesinde kalırlar. Kadınların çalışma alanı kalmaz ve bu onurlu işi tekrar yapamaz hale gelirler. Konuğum biraz önce bana Venedik'te yüksek ailelerden pek çok kadının, akrabası bile olmayan erkeklerin yardımıyla doğum yaptığını anlatıyordu. Bu çok yaygınlaşmış oralarda son günlerde. Sorarım sana, bir erkeğin doğum gibi bir işle ne ilgisi olabilir? Müslümanlar kendi kadınlarını bu şekilde asla aşağılamazlar."

Şansımı bir kez daha denemeye kararlıydım. Sultan'ın, sevgili gözdesi ya da doğacak bebeğinin eksik bir tedavi nedeniyle kaybı durumunda Vezir-i azam'ı ihmalle suçlayabileceğini söyledim. Eğer onların hayatı kurtulacaksa Sultan Murad bu iyiliği yapanın erkek olmasına çok da aldırmaz, dedim.

Efendim beni sakinleştirmek için tekrar koluma dokundu ve "Pekâlâ," dedi. "Ama ebe kadın gelene kadar." Adamın nasıl çalıştığını görmek istediğini de ekledi sözlerine. "Yalnız her şeyi öyle ayarlamalısın ki, namahremin yüzü bile görünmemeli."

Hemen harekete geçtik, ama aslında yapılabilecek çok fazla bir şey yoktu. Gülruh'a çok başarılı olduğu Kur'an derslerinden elişine kadar pek çok konuda eğitim vermeye gelen hocalar vardı. Bunların biri hariç hepsi de kadındı. Erkek olan, Güruh'a Farsça öğreten, Sokullu'nun hayran olduğu İranlı bir şairdi. Gülruh henüz küçük bir kız çocuğuydu, ama üzerinde çalıştıkları metinler genellikle aşk üzerineydi. Etraftaki kötü niyetli insanların dedikodularını engelleyebilmek için, ders boyunca bir hadımın yalnız bırakmadığı hoca ile öğrenci arasına, ortasında ufacık bir pencere olan büyük bir perde yerleştiriyorduk.

İşte şimdi bu perdeyi mabeyne taşımıştık. Bir tarafında Safiye, diğer tarafında doktor duracaktı. Bizim mabeyn daha çok bir okula benzerdi. Sokullu uzun zamandan beri hanımımı ziyaret etmiyordu, kendini okuyup yazmaya vermişti. Bu yüzden de mabeynde yaygın bir kâğıt ve mürekkep kokusu vardı.

Gülruh'un yaptığı alıştırmaları kontrol etmesi için hocasına uzattığı küçük pencereye bu kez Safiye incecik bileğini uzatmıştı. Bir nabız sayımından adamın nasıl teşhis koyabileceğini doğrusu çok merak ediyordum. Üstelik sımsıkı çarşaflara sarınmış bir durumda, zorlukla nefes alabilen Safiye'nin kalbi herhalde normal atamazdı. Ayrıca bir erkeğin dokunuşu onun kan dolaşımında daima değişiklik yapabilirdi. Galiba efendim haklıydı. Böylesine karmaşık bir hasta-doktor ilişkisinden nasıl sağlıklı bir teşhis ve tedavi çıkabilirdi?

Adam o bilekte ne buldu bilmiyorum, ama uzun uzun perdenin iki yanından konuştuklarına göre ilginç bir durum saptadığı kesindi.

Durumu kontrol için başlarına diktiğim yardımcıma, "Ne konuştular?" diye sordum.

"Bilmiyorum," dedi. "Anlamadığım bir dilde konuşuyorlardı."

Neredeyse yüksek sesle kendime küfrettim. Tabii! İtalyanca konuşmuşlardı ve bunu anlayabilecek olan yalnızca bendim. Böyle bir durumda, hangi akla hizmet onların yanına değil de, her şeyi tek başına halletmeye çalışan İsmihan'ın yanına gitmiştim? Evet, ona karşı sorumluluğum vardı ama başkaları da ona yardımcı olabilirdi. Aslında bunun nedenini biliyordum, Safiye'nin gözleri beni bir kez daha allak bullak ederek aklımı başımdan almıştı.

Uzun bir süre doktorun neler yapmış olabileceğini hayal etmeye çalıştım. Yaşlı bir adamdı ve işinin dışında bir şey onu pek ilgilendirmiyordu. Bilimsel bir çalışma söz konusu olduğunda rahatlıkla yemeğinden bile vazgeçebilirdi. Küçük, sivri sakalı bembeyazdı ve gözleri yaşlı bir büyükbabanınkilere benziyordu. Safiye o küçük pencereden bunları göremezdi, ama adamın buruşuk, kalın damarları fırlamış elleri ona mutlaka bir fikir vermiş olmalıydı.

Başkaları onların arasında yapılabilecek, ya da yapılamayacak olan tek alışverişin duygusal olabileceğini düşünebilirlerdi, ama ben böyle düşünmüyordum. Özellikle de İsmihan'ın bana söylediği bazı şeylerden sonra. Ve bunlar beni şiddetle rahatsız ediyordu.

Onu rahatlatmak için yanına gittiğimde bana, "Doktor hâlâ yanında mı?" diye sormuştu.

"Evet, hanımım," demiştim elini tutarken. "Allah'ın izniyle iyileşecek."

"İnşallah öyle olur. Ama ben olsam ne kendimi, ne de doğmamış bebeğimi bir Hıristiyan'a teslim ederdim."

"Korkma, İsmihan Sultan. Tıp, kutsal bir bilim dalıdır, hastalığı tedavi edenin Müslüman olup olmaması önemli değildir."

"Yine de Safiye'nin ne umduğunu anlayamıyorum. Aklını yitirmiş olmalı zavallı yavrucak."

"Doktor bu konuda da yardımcı olabilir," dedim. Aslında "yavrucak" lafı Safiye'ye uyacak bir yakıştırma değildi, hatta çok daha önce, o bir genç kızken bile bu şekilde tanımlanamazdı.

"Ama adamın kocama ve diğer adama dün söylediklerinden sonra..."

"Ne demiş?"

"İşin aslı... Bana sorarsan, adamın yaptığı övünmek... Gebelik, rahim, bebeğin ana karnındaki durumuyla ilgili olarak herkesin bildiklerinden çok daha fazlasını bildiğini söylüyordu duydum. Uzak bir yerlerde anneye hiç zarar vermeden gebeliği bitirmeyi öğrenmiş. Hatta bunu çok normal bir düşük gibi bile gösterebilirmiş. Bir kadını isterse doğum hummasına yakalanmış gibi gösterebilirmiş. Bir de dedi ki, onun bildiği kadar zehir ve panzehir çeşidini kimse bilemezmiş. Sence bu kara büyü gibi bir şey değil mi? Bence bu adamdan uzak durmak gerek, haklı değil miyim?"

Duyduklarımdan sonra İsmihan'ı telaşlandırmamaya çalışarak ama elimden geldiğince çabuk mabeynin yolunu tuttum. Ama ben gidene kadar yeni ebe kadın gelmişti ve yardımcılarım doktoru selamlığa götürüyorlardı.

# XXIV

*KÂFİR DOKTORDAN* yayılmış olabilecek kötülüklere karşı dualar mırıldanan ebe kadın, muayene olmak için çarşafını ve peçesini çıkartan Safiye'yi inanılmaz derecede sağlıklı bulmuştu.

Gazanfer de sonunda gelmişti. Bütün bunlar olup biterken nerede olduğu sanırım Safiye için de bilinmez bir durumdu. Ağrı krizinin tam ortasında onun nerede olduğunu sormasından belliydi bu. Odaya girdiğimde adamın sırtı bana dönük olarak Safiye'nin yattığı divanın ayak ucunda oturduğunu gördüm. Bu, hadımlarla hanımların arasında çok sık rastlanmayan bir fiziksel yakınlaşmaydı. Belki daha önceki zorunlu ahbaplığımız yüzünden hareketlerini kısıtlamak zorunda hissetmemişti kendini. O an farkettim ki, duygularının yüzüne yansımasını kolayca engelleyebilen hadımın korunmasız sırtı bazen onunla ilgili ipuçlarını açık edebiliyordu.

Bu öne eğilmiş sırt sanki, *bunu neden kendine yaptın hanımım*, der gibiydi. *Neden kendine ve doğmamış çocuğuna? Benim görevim seni korumak, bunu ölene kadar yapacağım. Ama sen kendi kendine kıymaya kalkarsan ben buna nasıl engel olabilirim?*

Kulaklarıma yansıyan gerçek sesi ise daha çok vasiyetini açıklayan birininkine benziyordu. Diyordu ki: "Selim'e karşı evet. Ondan nefret ederdim. Biliyorsun ki haklı nedenlerim vardı ve o ülkeyi mahvetmeye çalışıyordu. Ama Murad - Allah uzun ömürler versin- o babası gibi değil. Ona karşı olamam ben. İslam'ın bu yüce toprağını karmaşaya sürükleyecek işler yapamam. Bunun için sana hizmet edemem."

Safiye benim kapı ağzında durduğumu görmüştü. Gözlerini şöyle bir devirdi ve durumu anlayan Gazanfer hemen sustu. Tekrar iç dünyasını saklayan o sakin haline bürünmüştü. Derin bir nefes aldı, sırtı bile sessizleşmişti artık.

"Sultan Hazretleri nasıllar?" diye gereğinden fazla resmi bir dille durumu öğrenmeye çalıştım.

Ebe kadın yaptıklarından hoşnut, "O da, bebek de çok iyi," diye cevap verdi.

"Allah'a şükürler olsun."

Safiye bana dönüp tatlı tatlı gülümsedi, buna dayanabilmek için doğrusu yine zorlanmıştım. Neyse ki bunu sürdürmedi ve dönüp ebe kadınla konuşmaya başladı.

Gazanfer derin bir nefes daha aldı ve "Çok üzgünüm hadım," dedi. "Hareminin huzurunu allak bullak ettik."

"Önemli değil, bu Allah'ın isteği," diye yine resmi bir cevap verdim.

Adamın gözlerinden, *bu hiç de Allah'ın isteği değil*, demek isteyen bir ifade geçer gibi gelmişti bana.

Kaşlarımı yukarı kaldırıp bir şeyler söylemeye hazırlanıyordum ki, daha yüksek bir sesle beni şaşırtarak şöyle dedi:

"Korkarım, konukseverliğinizi biraz daha istismar edeceğiz."

"Misafir ev sahibine Allah'ın armağanıdır," diye cevap verdim.

"Hareminin başına gelenlerden haberdar olan Sultan'ımız onu kendi gözleriyle görmek istiyorlar," dedi.

"Sultan'ımızın istekleri bizim için bir emirdir."

"Ama hanımımı şu anda kımıldatmak çok akıllıca bir davranış olmayacağından..."

"Doğru söylüyorsun."

"Sultan Hazretleri kendileri buraya gelecekler."

"Bu bizim için en büyük bir şereftir."

"Bugün. Öğleden sonra."

Ne diyebilirdim. "Ne büyük, ne yüce bir şeref bizim için," diye tekrarladım.

"Ne kadar zorlanacağını biliyorum," diyen Gazanfer'in sesinde özür dileyen bir ton vardı. "Ama elden ne gelir?"

Bir an için Nur Banu'yu düşündüm. Öfke içinde olmalıydı. Safiye, Murad'ın kalbinde yerini hâlâ böyle koruduğuna göre zavallı köle kız bu işi ta baştan kaybetmişti. Çünkü bir Osmanlı Sultanı'nın ziyarete gittiği tek yer cuma namazları için camiydi. Şimdi bunun dışında bir olaya tanıklık edecektik.

Bu gönül ziyaretinin, sayısının hiç de az olmayacağını tahmin ettiğim eşlikçileri için konağımızda yer ayarlama telaşına düşmüştüm hemen. Çok kısa bir mesafeden de olsa bir yığın insan gelecekti Sultan'la birlikte, bundan emindim. Renkli giysileriyle oluşacak grupları tahmin edebiliyordum: Yeşil vezirler, beyaz müftüler, kırmızı mabeynciler, mavi mollalar. Bunların hepsinin de rahat ettirilip, mükemmel bir şekilde ağırlanmaları şarttı. Hatta bazı küçük armağanlar verilmesi de gerekecekti.

Efendim, koyu yeşil merasim giysilerini ve altın işlemelerle süslü kavuğunu çıkarttırmıştı. Selamlığında daha önce pek çok üst rütbeliyi ağırlamıştı ama bu başkaydı. Harem ise daha bir rahattı. Çünkü Sultan da olsa hiç kimse bir başkasının mahremiyetine giremezdi. Yine de İsmihan çeşitli hazırlıklar yaptı, Küçük Gülruh'a, Allah'ın Gölgesi olan amcasının onuruna en güzel elbisesi giydirilmişti.

Bütün bir gün boyunca ne Nur Banu'nun, ne de bir başkasının çapraşık işlerini düşünmek için vaktim oldu. Ama Sultan mabeyne girdiğinde geçmişte kalmış bir olayı anımsamaktan kendimi alıkoyamadım. Bugün Allah'ın Gölgesi denilen bu adam, yıllar önce Kütahya'daki mabeyne ilk geldiğimde benimle boğaz boğaza dövüşmüştü. Onun hiddetinden ancak benim bir hadım olduğumun ortaya çıkmasıyla kurtulabilmiştim. Acaba bunu o da hatırlıyor muydu?

O, sessizce ilerlerken hadımların ayaklarının dibinde bir küçük hanım pozuyla duran Gülruh'u, kardeşinin evini şereflendirmesiyle mutluluktan uçan İsmihan'ı ve zaferiyle gururlanan Safiye'yi izlemiştim ben de. Gazanfer'in yüzündeyse garip bir kırmızılık vardı. Bunun zevkten mi, utançtan mı, yoksa başka bir nedenden mi olduğunu anlayamamıştım. Ama bunları merak etmek için bile zamanım yoktu.

Ve en sonunda bütün bu yorucu işler, ziyaretçinin ayrılışıyla kazasız belasız sona erdi. Haremin kapılarını kapatıp selamlığa, efendimin yanına gittim.

Sokullu Paşa'nın daha çok asker ya da rahip odasına benzeyen özel odaları son derece sade ve erkeksiydi. Üzerinde birkaç yastık bulunan bir divan, oldukça yıpranmış ve bir kenarı kıvrılmış bir halı, bir rahle üzerine yığılmış mektuplar, divit, mürekkep hokkası ve bir harita. Hepsi buydu. Belki de bu odaya girebilen en kadınımsı yaratık bendim ve bu ziyaretlerimin sayısı da bir elin parmaklarının sayısından fazla değildi. Paşa'nın odaları bence haremden bile daha kapalı, içe dönük yerlerdi.

Sokullu kemerli burnunun üzerinden şahin gibi gözleriyle beni bir süre süzdü sonra, "İyi gitti Abdullah," dedi.

"Allah'a şükürler olsun."

"Sana da, Allah'ın hizmetkârı."

"Allah sizden razı olsun efendimiz." Önünde eğilip, ellerimi omuzlarıma yerleştirip kımıldamadan durdum.

Paşa merasim kıyafetini çıkartıyordu. Yardım etmek üzere elimi uzattım. Yüzündeki ifadeden buna onca yıldan sonra bile alışamadığını anlıyordum. O hâlâ vahşi bir Bosnalı'ydı. Yan gözle omuzlarına bakıyordum. Üzerindeki ince gömleğin altından yaşlı ve yorgun görünüyordu. Gerçekten de çok yorgundu. Bir başkası olsa mutlaka boynunu ve omuzlarını ovdururdu. Bir an bunu yapmak istedim ama sonra söylemeye bile cesaret edemedim.

Vezir-i azam artık yetmişine merdiven dayamıştı. Beyazları kapamak için kullandığı kına, sakalına belirgin bir kızıllık veriyordu. Ve gözleri, bu gece, sanki daha bir yorgun, daha bir bitkindi. Allah'tan başka hiç kimse bu göz kapaklarının üzerindeki ağırlığı bilemezdi.

"Söyle bana hadım."

"Efendimiz."

Bana sorduğu şeyin cevabını vermeye hazır değildim. "Söyle bana, Gazanfer Ağa hakkında ne biliyorsun?" Gazanfer'in adının başına eklediği sıfatı duyunca iyice şaşırıp, ne diyeceğimi bilemez bir hale gelmiştim. Bir an için başka birinden söz ediyor bile sandım. Ağa, efendi... Evet, bunlar hadımlara hitap edilirken söylenebilecek sözlerdi, ama ancak çok önemli durumlarda. Bunlar, üstat kelimesinden çok daha onur verici hitap biçimleriydi.

"Gazanfer... Gazanfer bir hadımdır." Evet, bu bilinen bir şeydi, başka bir şey daha söylemeliydim. "Gazanfer, işini bilen ve iyi yapan bir hadımdır." Tabii ki bunu söylerken kimin hizmetinde olduğunu belirtmeye gerek duymamıştım.

Efendim başını salladı. Sözlerimi değerlendirmişti. Ama sanıyorum sözlerimi onun kendi bildiğini yapan, güvenebileceği biri olduğu şeklinde değerlendirmişti. Ben aslında tam olarak bunu söylemek istememiştim.

"Niye sordunuz efendim?"

"Görünen o ki, Kapıağası olacak."

"Kapıağası mı?"

"Evet, hatta olacak demek yanlış olur, oldu bile. Artık av dışında her an Sultan'ın yanında bulunacak Gazanfer Ağa. Sultan Murad bugün açıkladı... Bizi ziyaret ettiğinde."

"Ama Kapıağası olmak neredeyse Vezir-i azamlığa yakın bir görev."

"Öyle. Hatta rahmetli Sultanımız Süleyman, Hicaz evkafını da Kapıağası'nın gözetimine verdiğinden beri daha da büyük bir önem kazandı bu görev."

"Safiye," diye mırıldandım, kendimi tutamamıştım.

"Evet." Efendim, ağır altın işlemelerle süslü kavuğunu çıkardı ve iyice traşlanmış çıplak başını çocuksu bir hareketle kaşıdı. "Efendim Sultan'ımın haremiyle uğraşmak benim üzerime vazife değil, bunu biliyorum. Ama onu yatağının başına kadar getirebilen bir kadının, istediği her şeyi de yaptırabileceğini düşünmeliyim. Hatta dilediğine dilediği rütbeyi bile verdirebilir. Annesi Valide Sultan'ın ona yeni cariyeler sunma hazırlığında olduğunu biliyordum. Hatta bu konuyla ilgili olarak haremden bana bir-iki not bile ulaştırıldı. Ama şimdi görünen o ki, yaşlı kadın şu an için pek başarılı oldu denilemez."

Sokullu Paşa sözlerini bitirince yeniden toparlandı ve gidip birkaç lamba daha yaktı. Biz hizmetkârlar ne güne duruyorduk? Eğilip halının kıvrık kenarını düzelttim. Ona bugün Safiye ile hadımı arasında geçen konuşmayı zamanında aktaramamıştım ama, en azından bu işleri yapabilirdim. Gazanfer, bugüne kadar Safiye'nin hadımıydı, ama artık, bu öğleden sonradan beri bütün imparatorluğun hadımı olmuştu.

İşin aslı, bu değişikliğin beni nasıl etkileyeceği konusunda hiçbir fikrim yoktu. Bu konuda belki yardım alabilirdim. Ama Selim döneminde koca bir imparatorluğu yönetmiş olmasına karşın efendim Sokullu'nun kadınların ve sessiz hadımların dünyasını tam olarak çözebileceğinden emin değildim. Sokullu, sanki bu yaratıklar hiç yokmuş gibi davranmayı tercih edenlerdendi.

Vezir-i azam kendine kızmış gibi başını salladı. "Sanırım, sekiz yıl boyunca, rahmetli Selim'in döneminde her şeyi kendi kafama göre yapmaya çok alışmıştım. Bu bana Allah tarafından bir uyarı. Sonuçta unutmamalıyım, ben yalnızca bir köleyim."

"Ve bir efendi. Ben de sizin kölenizim." Bunun ona ne faydası vardı? Herhalde hiç, ama şu anda ona sunabileceğim başka bir şey yoktu.

Lambaların gölgeli ışığında gülüşü daha bir sert ve kuru görünüyordu. "Evet, evet... Her neyse umalım ki, Sultan'ın kendisi de bir köle olmasın."

"Haremin mi?" Bu düşünceyle doğrusu şaşırmıştım.

"Evet. Gözdesinin. Ama Allah her şeyi daha iyi bilir."

Efendim, lambalardan birini rahlesinin üzerindeki kâğıtlar daha iyi aydınlansın diye yanına çekti. Bu benim artık susmam gerektiği anlamına geliyordu. Paşa'nın işaretiyle çekildim.

# XXV

*ŞUNU İTİRAF* etmeliyim, Gazanfer ve Ağa sözcüklerinin çok hoş, çok uyumlu bir ritmi vardı. Sanki birbiri için yaratılmış iki sözcüktü bunlar. Ve bu ikiliyi daha sonraki aylar boyunca çok sık duydum. Sanki herkesin Gazanfer Ağa'yla halledilecek bir işi vardı. Sultan'ın Sarayı'ndaki Kapıağası odaları henüz onarılamamış olduğundan bizim konakta görevini yerine getiriyordu Gazanfer. Ona, Paşa'nın selamlığının hemen yanındaki bölüm verilmişti. Ve ne garip, Safiye'nin hadımı artık zamanın büyük bir bölümünü erkeklerle geçiriyordu, hem de çok önemli görevlerdeki erkeklerle.

Safiye, bu bölümde gelişmekte olan işleri kendi karnının büyümesine gösterdiğinden çok daha büyük bir ilgiyle izliyordu.

Paşa'ya gelince... O bütün bunlar olurken kendi mekânında bir yabancı gibi kalmıştı.

Kapıağası'nın en önemli görevlerinden biri hacı adaylarını Mekke'ye götürmekti. Ve Zülhicce ayında bu kutsal amaca erişecek olanların artık İstanbul'dan ayrılmalarının vakti olan yedinci ay Recep çabucak gelmişti. Tabii ki, imparatorluk başkentinin tüm halkı, özellikle de Sultan, onların bu yolculuğuna bir yardımda bulunmalıydı. Hastalık ya da yaşlılık nedeniyle gidemeyecek olanların yerine gidecek vekillerin saptanıp, işlemlerinin yapılması ve bu insanların gidecekleri yere götürecekleri armağanlar için de birtakım harç ve vergilerin ödenmesi gerekiyordu. Buradan sağlanan paranın bir kısmı Hac yolunda geçilecek bazı yerlerde bedevilere güvence parası olarak veriliyor, bir kısmı başka yerlerden gelen hacılarla ticarette kullanılıyordu, kalan ise türbe, tekke gibi diğer kutsal yerler için harcanıyordu.

Bütün odalarımıza, koridorlara Venedik camından harikulade lambalar asılmıştı. En kaliteli halılar, altın işlemeli yeşil muhafazalar içindeki kutsal emanetler de cabasıydı... Ve tabii bir de kutsal Kabe'yi süsleyecek olan üzerinde altın ipliklerle dini kelimelerin işlendiği simsiyah saf ipekten inanılmaz uzunlukta kumaşlar... Bu amaçla hazırlanmış kumaşların en az yarısı yangında heba olup gitmişti, bu yüzden bunlara herkes gözü gibi dikkatle bakıyordu.

Sonunda bu kutsal yolculuğu yapacak olanların hareket günü geldi. Müslümanlığa yeni dönmüşlüğün ateşli coşkusu içindeki Arnavutlar, Bosnalılar; Asya steplerinden gelmiş vahşi eski dindarlar; neredeyse yarı çıplak Anadolu dervişleri, hepsi de sıra sıra dizilmişlerdi. Her yıl olduğu gibi, yolculuk surların dışında bir turla başladı. Henüz işin başındaydılar, bu insani coşku normaldi, o saflığa adım adım erişilecekti.

Neredeyse herkesi özendiren kutsal yolcuların sevinci öylesine büyüktü ki, son anda onlara katılanlar bile oluyordu. Geride kalanlarsa birbirlerine ve Tanrı'ya "İnşallah, önümüzdeki yıl," diyerek söz veriyorlardı.

Sultan'ın küçük çapta bir ordu sayısındaki vekilleri sürre alayının en başında yer alıyordu. Bunların da önünde şeceresi belli ve asla başka işlerde kullanılmamış iki deve yürüyordu. Birinci deve neredeyse tüm gövdesini örten sırmayla işli kırmızı kadifelerle donatılmıştı ve altından eğeri güneşin tüm ışıklarını büyük bir kutsallığın işareti gibi yansıtıyordu. İkincisinin üzerinde ise küçük yeşil kadifeden ve gümüşle işlenmiş bir eyer vardı. Bu Peygamber'in eyerini simgeliyordu.

Bu sade ama çok kutsal ışıkların pırıltısında herkes neredeyse gırtlağını yırtarak, "Allah! Allah!" diye bağırıyordu. Kendinden geçenlerin bazıları dayanamayıp, devenin ayağının değdiği yerlere dizlerinin üzerine düşüp alınlarını sürüyordu. Sanki Peygamber neredeyse bin yıl önce ölmemiş de, bu deveyle şu anda önlerinden geçiyormuş gibi bir heyecan ve coşkuyu yaşıyordu bu insanlar.

İki devenin ardından yalnızca Sultan'ın temsiline ait pek çok deve daha geldi geçti. Çünkü yolculuk boyunca kutsal emanetlerin ve eyerin sergilenmesi için her gece biri kırmızı, diğeri altın renginde iki büyük çadır kurulacaktı. Bunların taşınması başlı başına bir işti, ayrıca Hicaz'a gönderilen yirmi deve yükü altın ve gümüş vardı. Bütün bu işlerin yapılabilmesi için pek çok insan gerekliydi. Seyisler, biniciler, yükleme ve indirmede kullanılacak köleler, sucular, aşçılar... Kaldı ki bunların bir kısmı ailelerini de yanlarında götürüyorlardı.

Bu bir başlangıçtı. Öncü grubun arkasından, Tanrı'nın gözünde eşit, ama insan gözüyle eşit olduklarını söylemenin oldukça güç olduğu büyük bir kalabalık geliyordu. Yardımcıları olmadan bu yolculuğu yapamayacak olan, öbür dünya korkusuna düşmüş yaşlı ve zengin kişiler vardı. Bunların haremleri hemen arkalarından tahtırevanlarda taşınıyordu. İşin tuhaf tarafı bu tahtırevanları sandıklardan, hadımları hamallardan ayırabilmek gerçekten çok zordu. Üzerine bindikleri eşeklerinden başka hiçbir şeyi olmayan yoksullar vardı daha arkada. Bunların Suriye'ye kadar bile ulaşabilecekleri şüpheliydi, kaldı ki susuz Hicaz çöllerinde yaşayabilsinler. Bir de uyuz develerin tepesindeki zavallılar vardı ki, bunlar gerçekten zorlanıyordu; çünkü hayvanlar bağırıyor, aniden oturuyor, ya da hızla ileri atılıyorlardı. Bu da kutsal yolcu alayının canını oldukça sıkıyordu.

Disiplin içinde, çelik birer sıra halinde yürüyen askerler, bu yolculuğun tek düşmanının doğa olmadığını belli ediyordu. Bütün bu grupların ardından gelenlerse çok kalabalık bir şekilde, birbirine tıpatıp benzeyen ve tüm yolu yürüyerek kat edecek olan yoksul ve perişan dervişler, dilencilerdi. Bunların çoğunun elinde bir testi su bile yoktu. Kutsal hedeflerine ulaşabilmek için her adımlarında Allah'ın merhametine ve onlara diğer zamanlardan daha cömert davranacak olan varlıklı hacı adaylarının iyilik ve yardımlarına güveniyorlardı.

Hacı adayları selametle yolculuklarına çıktıktan hemen sonra, hamileliğinin sekizinci ayında olan Safiye'nin, Sultan'ın Topkapı'daki çatısının altındaki odaları hazırlanmıştı. Sarayda kendisini bekleyen entrika yumağına karşın, Gözde'nin oraya gitmesine artık hiçbir şey engel olamazdı. Oysa yeni ebe, onun geçirmiş olduğu düşük tehlikesi nedeniyle gerilimli ortamlardan uzak durmasını öğütlüyordu. Ama Safiye, Murad'dan ve devlet işlerinden uzak kalmamaya kesinlikle kararlıydı.

Bana gelince... Gazanfer Ağa'nın işleri yüzünden çok yoğun ve gerilimli günler yaşamıştım ve fazlasıyla yorgundum. Onlara ait son sandıklar da konağımızdan ayrıldığında artık bende de hal kalmamıştı ve hastalandım. Benim gibilerin başına sık sık gelen bir hastalıktı bu: İdrar yollarında iltihaplanma. İsmihan'ın armağanı, her kullandığımda içimi acıyla buran ve –güya– yerini tuttuğu organımla kıyaslanınca son derece zavallı olan gümüş kataterimden kanlı bir akıntı bile gelmeye başlamıştı. Aslında daha önce belirti vermişti hastalık, ama evde sürüp giden hengâme içinde kendimle ilgilenecek hiç zamanım olmamıştı. Artık giderek yükselen ateş ve halsizlikle yataktan çıkamayacak haldeydim.

Keten çayı ve nar suyuyla kendimi tedaviye çalışıyordum. Hastalığımın en yüksek noktasında olduğu o gün, halsiz ve bedbin yatıyordum. Nar suyunu çoktan tüketmiştim, keten çayı için yanıbaşımda duran su iyice soğumuştu ve benim kalkıp bunları mutfaktan alacak halim bile yoktu. Bu benim hatamdı, özel işlerimi daima kendi başıma çözümlediğim için hiç kimsenin aklından benim de bir gün yardıma ihtiyacım olabileceği geçmiyordu.

Kendimi inanılmaz derecede zavallı, yalnız ve çaresiz hissediyordum. Bunun nedeni belki de bu berbat hastalığın nedeninin insanlık dışı olmasıydı. Ölmek istiyordum çoğu zaman. Zaten bu yüzden ölen ne ilk, ne de son hadım ben olurdum böyle bir durumda.

Önceleri İsmihan'ın yanıma gelmesini beklemiştim. Yanında olmadığım için hiç mi rahatsız olmuyordu? Sonra bu isteğimden vazgeçmiştim, çünkü onun merdivenleri inip uzun koridorları geçerek yanıma gelmesi gerçekten çok zor bir işti. Böyle bir ziyaret, sonunda benim kendimi daha berbat hissetmeme yol açardı. İsmihan huzur ve mutluluk içinde, olduğu yerde kalmalıydı.

Sonra, belki de, diye düşünmüştüm, belki de minik Gülruh yanıma gelirdi. Bir süre onun neşeli sesini yanıbaşımda hayal etmiştim. Ama mutlaka annesi ona, "Sakın gidip, zavallı Abdullah amcanı rahatsız etme," diye tembih etmiş olmalıydı. Gülruh'un hareketliliğini izlemek bile gerçekten benim için çok yorucu olabilirdi. Kaldı ki onun gözlerinde en ufak bir endişe belirtisi bile görmeye katlanamazdım. Şu dünyada başka düşünecek kimsem yoktu. Birileri gelip benim bu utanılası hastalığıma tanık olmadan ölmek, gerçekten de çok daha hayırlı olurdu. Hiç kimsenin beni böyle görmesini istemiyordum, hatta odama mangal ve nar suyu getirecek basit bir hizmetkârın bile...

Tam bu düşüncelerle uykuya dalmak üzereydim ki, odaya

biri girdi. Görmeyi en son isteyeceğim ve umacağım kişiydi içeri giren. Bu, Gazanfer Ağa idi.

Ayağa kalkmak için beceriksizce çabaladım. Onu karşısında gören herkesin yaptığı gibi en azından eteğini öpmeliydim.

"Lütfen, rica ederim kendini yorma üstat," dedi. Acaba ses tonu ve hitabı kendi konumunu mu vurguluyordu? Bunu bilmem olanaksızdı.

Gazanfer koca vücuduyla benim halının üzerine yayıldı. Zaten odadaki tek divanı ben doldurduğum için pek uygun bir yer de yoktu. Bunun uzun bir ziyaret anlamına gelmemesi için içimden dua ettim.

Beklenmedik ziyaretçim iyice yerleştikten sonra, uzun cümlelerle bana evimizi kendisine ve sorumlu olduğu kişilere açmış olduğumuz için teşekkür etti. Bizlerin cennetlik, konukseverliğimizin en yüce dualara layık olduğu gibi bir yığın övgü dolu cümle sıraladı art arda.

Bu adam benden ne istiyordu? Neredeyse ağrıdan zonklayan başım bu soruyla meşguldü. Böylesi yüksek konumda insanların kendi çıkarları olmadıkça hiç kimseye özel ziyaret yapmadıklarını biliyordum.

Belki de kendisi, ya da hanımı burada bir şey unutmuş olabilirdi. Kupkuru ve ateşten çatlamış dilim izin verdiğince bu yönde bir şeyler anlayabilmek için sorular sormaya çalıştım zorlukla.

Gazanfer birden sustu ve kaşlarını çatarak aramızda duran sehpaya baktı. Ne yapmıştım da bu adamı kızdırmıştım? İşte şimdi cezamı çekecektim. Bu dev adamın ellerinde ölmek belki de berbat hastalığın pençesinde inleyerek ölmekten daha iyiydi.

Ağa, koca cüssesine karşın son derece hızlı hareket edebiliyordu ve onun her hareketi bizim gibi daha ölümlü görünenler için çok korkutucuydu. Yorganımı başıma doğru çektim endişeyle, her an üzerime sehpadaki çanak çömlek fırlatılabilirdi. Ama bunu yapmadı Ağa, yerinden kalkıp hızla koridora fırladı. Fırtına gibiydi. Dışarda gürleyen sesini duyabiliyordum. Yanına gelen hizmetkâra avazı çıktığı kadar bağırıyordu, "Evin bu en kıymetli koruyucusunu" nasıl bu kadar ihmal edebilirlerdi? "Sizde bir parça Allah korkusu varsa hemen koşturup keten çayı ve nar suyu getirin!"

Korku içinde koşturan terliklerin sesini duydum. Gazanfer ortadayken kimin aklına Allah'tan korkmak gelebilirdi? Sonra dehşet verici konuğum odaya döndü ve sanki kendi cüssesinden, ya da bağırışından utanmış gibi bir pozda sessizce tekrar halıya çöktü.

Bir süre mangalın ateşini karıştırdı, ama ben konuşana kadar başka bir şey söylemedi. "Hareminizde huzur yerinde mi?"

Büyük, işkence izleriyle dolu yüzden küçük bir gülümseme geçti. Ben herhalde aklımı oynatmış olmalıydım. Bir Kapıağası artık haremle mi ilgilenirdi? Mekke ve Medine gibi iki kutsal yerin sorumlusu olan Kapıağası... Ama hadım benim sorumla şaşmış, ya da kızmış gibi değildi.

"Hanımım Safiye," diye başladı sözlerine, neredeyse dedikodu eden, dostça bir ses tonuydu bu. "Düşman saflarında bir zayıflamanın haberini almış, bu yüzden Saraya dönmekte acele etti."

Zayıflama? Düşman saflarında? Böyle karışık sözlerle başa çıkamayacak kadar hastaydım.

"Küçük Macar... Nur Banu'nun Macar'ı, Murad'ın gönlünü çelmekte de, gebe kalmakta da hiç vakit kaybetmemiş." Acaba bu cümlede kendi memleketiyle gizliden bir övünme mi vardı? Kendi hanımına karşı?

Galiba durumu biraz anlamaya başlamıştım ve dedim ki, "Demek, Safiye ve küçük hevesli arasında bir rekabet söz konusu."

Gazanfer belli belirsiz gülümsedi. "Ama," dedi. "Benim hanımımın cephaneliğinde iki yeni silah var."

"Silah mı?" Yüksek ateş zihnimi zorluyordu, aklıma gelenlerin dehşetiyle titredim.

"Ve çılgınca cesur olan her asker gibi bunları düşmanına karşı kullanmak için sabırsızlanıyor."

"Bebeğini doğurmak için duyduğu sabırsızlıktan bile mi fazla demek istiyorsun?"

"Evet, bunların birincisi hekim."

"Hekim?"

"Onu tanıyorsun, Safiye ve bebeğinin hayatı tehlikede olduğunda senin getirdiğin adam."

"İnsanları, kendisini kurtaranın, iyileşmesini sağlayanın o hekim olduğuna nasıl da inandırdı."

"Murad'ı bile... Sultan bundan öylesine etkilendi ki, gözdesi, ebeden memnun kalmadığı her an o İtalyan hekimi yanına çağırabilmesi için gereken izni bile verdi."

İsmihan bunları duysa mutlaka bütün harem kadınları gibi, "Zavallı Safiye," derdi. "Zavallı Safiye, ağabeyim artık onu eskisi gibi sevmiyor. Kadınına karşı böyle bir aldırmazlık... Eski kıskançlığına ne oldu?"

Ama işler mutlaka çok daha farklıydı. Adamın, kadın sağlığı ve bedeni üzerindeki bilgileri aklıma geldi. O sıralarda Safiye'nin bunları kendisi için öğrendiğini sanmıştım. Oysa çok daha ileri görüşlü olduğunu düşünebilmeliydim. Murad'ın haremindeki tek kadın o değildi. Ve başkaları da rahatlıkla gebe kalabilirdi. Adamın hareme girmesi gerekmiyordu, bilgilerini Safiye'ye aktarması yeterliydi. Kendini bilime adamış olduğu bilinen bu adamı Safiye kör etmiş olabilir miydi? Adam çok yaşlıydı. Ama kuşku bile etmemeliydim, onun adı Safiye'ydi, her şeyi yapabilirdi amaçları uğruna. Ve herkesi kendi gücünün etkisi altına alıp, onun için yapılacak tüm işlerin kutsal olduğuna rahatlıkla inandırabilirdi.

Tanrı biliyordu, beni de kör etmişti o. Ona rastladığım günden beri bunun bedelini ödüyor, acısını çekiyordum.

Ateşim yüzünden düşüncelerim dağılıyordu. Gazanfer tekrar konuya girdi. "Hiç dert çıkarmadan, para harcamadan..." Safiye'nin ikinci silahını anlatmaya girişmişti heyecanla, beni aydınlatmaya çalışıyordu.

"Adı Mitra," dedi.

# XXVI

"MİTRA, yeni köle kız... O bir İranlı ve asil bir aileden geliyor," dedi Gazanfer. "Babası bir sınır kalesinin komutanıymış ve Mitra oradan alınıp getirilmiş kale düşürüldüğünde."

"Bu Mitra çok güzel sanırım."

Ağa sözlerime tam olarak, beklediğim gibi destek vermedi. "Çok çarpıcı değil, yani Macari ya da hanımım gibi değil. Bizim gördüğümüz, bildiğimiz diğer İranlılar gibi koyu tenli değil, buğday diyelim. Aslına bakarsan hepsi de öyle esmer değildir İranlılar'ın. Her neyse, dediğim gibi kız esmer değil ama saçları simsiyah; zümrüt ya da yakutlarla süslendiğinde muhteşem duracağından eminim. Taşlar ne kadar büyük olursa etki de o kadar artar. Ama tek başına? Sanmam... Fark edilmez."

"Köle işinden iyi anlıyorsun dostum."

"Eh, son birkaç aydır bayağı bir zaman geçirdim köle pazarında."

"Demek, bütün işin hacılarla ilgili değildi."

"Yok canım, nerde?... Evet, nerede kalmıştım?... Mitra dört yıl önce neredeyse çocukken buraya getirilmiş. Ve uzun bir süre hiç kimse onun içindeki cevheri keşfedememiş. Ama soylu bir kadın yüz kuruş verip, uzun uzun üzerinde çalışınca onun içinde gizlenen gerçek ortaya çıkmış. Aldığı eğitim sonunda, hem kendi dilinde –Farsça– şiirler yazıp şarkılar söyler; hem de tüm Osmanlı geleneğine, zevkine uygun davranabilir duruma gelmiş. Kimi insanın yıllarca da uğraşsa ulaşamayacağı kadar başarılı olmuş bu konuda. Kendine özgü bir yaratıcılığı, uslubu var doğrusu. Allah vergisi..."

"Galiba seni çok etkilemiş bu İranlı kız."

"Gerçekten de. Ben şairleri severim." Sözlerine devam ederken sesine bir parça hüzün ve acıma da eklenmiş gibiydi Gazanfer'in. "Murad kızı şiir okurken görmüş. Ünlü bir şair, kendi şiirlerini Sultan'a tanıtmak için ona okutuyormuş."

"Herhalde bu icrayla, şair imparator tarafından ödüllendirilmiştir."

"Tahmin edebileceğinden çok daha fazla... Adam bile şaşırmış ve şişinerek dolaşmış bir süre. Ama işin en ilginç tarafı, Mitra şiiri öylesine güzel okumuş ki, Murad –Allah uzun ömürler ihsan eylesin– şiirin sıradanlığının farkına bile varmamış."

Bu kadar abartıya artık dayanamıyordum, merak ettiğim şeyi sordum: "Peki bunun Nur Banu ile ne ilgisi var?"

"Bu olanları ilk duyan aslında o olmuş. Olanları öğrenince meraklanmış, şiiri birine okutturmuş ve ne kadar yavan olduğunu görünce, işin püf noktasının onu söyleyende düğümlendiğini anlamış. Ve oğlunun kulağına bu kadar hoş gelen sesin sahibini merak etmiş. Hemen birini kızı yetiştiren o asil kadına yollamış ve Safiye için ödediği paranın aynını teklif etmiş."

"Sonra?"

"Durumu öğrendim, Safiye'ye anlattığımda, bana, hemen git yarısı kadar artır teklifi, dedi. Kızın sahibi dürüst bir kadındı, teklifimi duyunca hemen kabul etmedi. Bunun nedeni parayı az bulması değildi. Kız meğerse bakire değilmiş. Kaleyi zapteden askerlerin azgın şehvetinin kurbanı olmuş Mitra yıllar önce. Kadın bana bunları anlattı ve belki de Valide Sultan' ın geniş hareminde bu durumu daha iyi değerlendirebileceğini, paramızı kabul edemeyeceğini söyledi. Bu durumda Safiye İtalyan hekime danıştı. O sırada Nur Banu, kadına beş yüz kuruş önermiş. Safiye altı yüzlük teklifini yineledi. Sonunda Nur Banu, kız bakire olmadığı için parasını çarçur etmek istemedi ve geri çekildi."

"İtalyan hekimin ne dediğini söylemedin henüz, yanılıyor muyum?" dedim.

"Haklısın. Söylemedim." Sözleri beni ürpertiyordu. "Adam daha önce bekaret bozulmasının düzeltilmesi durumunda yapılabilecek işlerle ilgili bir yığın şey görüp öğrenmiş, ama kendisi bu konuda bir denemede bulunmamış. Bu kez, herhalde bilime olan merakından ötürü bir denemede bulunmaya razı oldu."

Hadım iki elini açmış, durumu anlamamı bekliyordu. Galiba yüksek ateş anlama yeteneğimi oldukça azaltmıştı.

"Sonra?" diye sordum.

"Sonra, işin sonrası... Sanırım adam kendini başardığı için çok iyi hissediyordur."

"Safiye de altı yüz kuruşluk harcamasından kâr etti."

"Evet, etti."

Duyduklarımı kendimce toparlamaya çalışıyordum: Safiye bir köle kız satın almıştı ve Murad'ın tutkularına uygun olarak bu kızda fiziksel değişiklikler yaptırtmıştı. Ben düşünürken içeri soğuk nar suyu sürahisi ve kaynar çaydanlığı taşıyan bir köle kız girdi.

"Çok iyi," dedi Gazanfer. "Bundan böyle Abdullah'ı ihmal ettiğinizi sakın görmeyeyim."

Kız yerlere kadar eğildi, "Ağam," dedi. "Emriniz başım üstüne."

Safiye'nin hadımı, yeni Kapıağası, her şeyi kırabilecek kocaman ellerine uymayan bir incelikle bana bir bardak nar suyu hazırladı. Dizlerinin üzerindeydi, eğer içmemek üzere bir hareket yapsam beni kaşıkla beslemeye kalkacak gibi bir hali vardı.

Ben, buz gibi meyve suyunu içerken Gazanfer, bir başka bardağa sıcak su dolduruyordu. Yükselen buhar adamın devimsi ellerine sihirli bir hava veriyordu.

Nar suyunu yudumlarken arkamdaki kavanozu göstererek "Keten otu burada," dedim.

Ama konuğum –acaba ona konuğum demeli miydim?– sözlerimi duymamış gibi kendi kesesinden bir paket çıkardı. Hareketlerini izlerken onun nasıl kadınımsı bir biçimde yağlanmış olduğuna bakıyordum. Gazanfer küçük bir bohçayı masanın üzerine koyup açtı. Bu, kurumuş bir ot demetiydi.

"Nedir?" diye sordum.

"Bir karışım. Ayva'dan aldım."

Bu ismin geçmesiyle birlikte yüzüm allak bullak olmuştu, hatta elimin titremesinden bir parça nar suyu bile döküldü yorganıma. Bu Gazanfer'in gözünden kaçmamıştı.

"Biliyorum bu isim seni rahatsız ediyor, bir şekilde hanımınla yaşlı ebe arasında bir uğursuz ilişki olduğunu düşünüyorsun."

"Bilmiyorum," dedim. "Esrardan hoşlanmam, işin aslı bu."

"Bunu düşünme," diye Gazanfer beni yatıştırmaya çalıştı. "Bu öyle bir şey değil. Senin gibi hastalandığımda ben de bunu kullanıyorum... Ayrıca, Ayva benim şu anda nerede olduğumu bilmiyor, bilmesi de gerekmiyor. Belki merak ediyordur o kadar."

"Nedir bunlar?" dedim, hâlâ tedirgindim.

"Sana söyleyeceğim, bir daha olursa kendin hazırlarsın. Torbayı da bırakacağım zaten. Azman ayrık otu, altı ölçü."

Bunu söylediğinde burnuma gelen kokuyu tanımıştım, çimen kokusuydu bu gerçekten de.

" 'Köpeklerin karnı ağrıyınca nereye giderler bir bak', işte Ayva bana böyle demişti."

"Bahçıvanların başının belâsı o otlar, öyle mi?" Benden başka birilerinin de başında belâ olabileceğini düşünmem belki de iyi bir işaretti. Ama bu konuda yoğunlaşamadım, çünkü hâlâ kendi derdimle uğraşıyordum.

"'Bahçemde havuç yetiştirmektense ayrık otu bitmesini bin kere tercih ederim.' Bu da Ayva'nın sözü..."

"Evet, anlıyorum, tam da o kadının söyleyebileceği sözler bunlar. Sert, katı..."

"Haklısın, her neyse söylediğim gibi ayrık otu, soğan, ravant ve bir iki kök daha..." Gazanfer beni rahatlatmak için reçeteyi açıklamaya devam ediyordu. "Şu anda söylediklerimi aklında tutamazsın diye yazdım zaten." Cebinden çıkardığı bir kâğıdı, İçine bir tutam ot attığı bardağın yanına koydu.

"Teşekkür ederim," dedim, ikna olmuştum.

Balla tatlandırdığım çayı içmeye başladım.

Nedense kendimi biraz daha iyi hissediyordum; bunun etkisiyle hadımla birkaç değişik laf edebilmek için, "Allah'a şükür, bu yılki hac işi de hayırlısıyla halloldu," dedim.

Gözlerindeki yeşil kıvılcımlar bir anda pırıldadı. "Evet, Allah'a şükür."

Sesi çok neşeli çıkmıştı, kendimce bunun nedeniyle ilgili olarak bir tahminde bulundum ve "Bir yığın bahşiş almış olmalısın," dedim.

"Bahşiş mi? Böyle mi zannediyorsun? Bu kadar kutsal bir görevin yerine getirilmesi için çalışmanın karşılığında bahşiş almak öyle mi? Sizin hareme girmek isteyenlerden sen bahşiş alıyor musun?"

Söyledikleri beni hem şaşırtmış, hem de utandırmıştı. "Hayır, hayır," dedim. "Tabii ki böyle bir şey yapmıyorum."

"O halde ben dünyanın en değerli haremine girmek isteyenlerden niye bahşiş alayım? Biz oraya gidecekleri değerli bulalım, ya da bulmayalım, en sonunda onları kabul konusunda son kararı daima o Yüce Güç verir. Bazılarının bundan kişisel yarar sağlamaya çalıştıkları konusu doğrudur. Her şey insanlar içindir. Bana tek bir hediye bile verilmeye kalkışılırsa bunu Allah korkusuyla hemen sadaka olarak dağıtırım."

"Tabii," dedim. Ama içimden yine de imparatorluğun daha önce böyle bir Kapıağası ile karşılaşıp karşılaşmadığını merak ediyordum.

"Bu..." dedi, kendi yüreğindeki gizli haremin duygularını doğru kelimelerle anlatabilmekte zorlanıyordu. "Bu çok, çok yüce ve ulvi bir görev," dedi. "Allah'ın izniyle bunu başarabilmek istiyorum. Medine'deki Başağa ile iyi bir iletişim kurdum."

"Hicaz bekçilerinin başı bir hadım mı?" Aslında bu konuda bilgim vardı ama içinde bulunduğum zavallılık beni yine de böyle bir şaşkınlığa sürüklüyordu.

"Tabii. Tüm kutsal yerlerin bekçilğini bizim kardeşlerimiz yapar. Kudüs'teki El-Aksa, Hazreti İbrahim'in türbesi, Kahire'de Ali'nin türbesi... Mekke... Ama bunların içinde en değerlisi bizim için Medine'dir, Peygamberimizin şehri..."

"Anlıyorum," dedim. "Böylelikle kadın hacılar da erkekler gibi rahatlıkla dini görevlerini yerine getirebiliyorlar. Her iki cinse de aynı şekilde hizmet verecek insanlara gerek var bu durumda."

"Daha da önemlisi," diye ısrarla sürdürdü konuşmasını Gazanfer, "Özellikle de Medine bir başka anlam taşır. Çünkü Azrail'in, Allah'ın izniyle sevgili Peygamberimiz'in canını aldığı yerdir orası. En sevgili karısı Ayşe'nin yanındayken olmuştur bu."

"Safiye kızına bu adı verdiğinde acaba bunları biliyor muydu? Doğrusu merak ettim."

"Safiye kız isimlerini düşünmemişti bile," diye cevap verdi Kapıağası. "Bu ismi ben önerdim, çünkü Peygamber Efendimiz'in özellikle sevip koruduğu bu karısına daima özel bir sevgi ve saygı duymuşumdur."

Bir hadımın Sultan soyundan bir bebeğe isim vermesi ne kadar ilginç bir durumdu. Herkes Mehmed'in adını koyanın Kanuni olduğunu söylerdi, ama benim aklımdan o anda, belki bunun bile hadımdan çıkmış olabileceği düşüncesi geçiyordu. Mehmed adı aslında Muhammed'den geliyordu. Safiye'nin her iki çocuğu da diğer Sultan soyundan gelenlerden farklı olarak gösterişli, parlak isimler taşımıyordu. Bunlar çok daha sade ve içtendiler. Özellikle de imparatorluğu yönetecek olan erkeklere süslü isimler vermek âdettendi. Ama bu düşünceleri kendime sakladım ve konuğumu dinlemeye devam ettim.

"Peygamber Efendimiz, hemen öldüğü yere, Ayşe'nin odasının zeminine gömülmüş. Ondan sonra gelen halifeler Ebu Bekir ve Ömer de tıpkı yaşarken Allah yolunda izledikleri gibi, öldüklerinde de onun yolundan ayrılmamışlar ve onlar da aynı yere gömülmüşler. Ayşe de ölene kadar, o Yüce Efendi'nin mezarının yanıbaşında yaşamaya devam etmiş, günü gelip gittiğinde onu da aynı yere gömmüşler. Böylece, Peygamber'in evi Medine'deki büyük caminin çekirdeğini oluşturmuş. Bir avlunun çevresindeki harem ve selamlık odaları..."

"Demek ki bu odalar kadınlara aitmiş, o yüzden de bir hadıma ihtiyaç var, öldükten sonra bile."

"Evet, bir anlamda öyle, ama başka bir şey daha var. Tahmin edebileceğin gibi Peygamber Efendimiz'in çok kutsal ve büyük bir gücü, ışığı vardır."

"Zaten bu yüzden de onu ziyaret etmiyor mu insanlar?" O nur için..."

"Evet, bu nur insanın ruhuna huzur, düşüncelerine bereket verir. Ama aklından kötülük geçenler için tam tersi olabilir. Sana bir örnek olarak şunu anlatayım: Hazreti Ayşe'nin henüz yaşadığı günlerde, Medineli fesat bir kadın merak edip eve gelmiş ve içeri girip Peygamber'in mezarını görmek istemiş. İzin verilince o nurlu odaya adımını atmış ve atar atmaz da kavrulup küle dönmüş. Aklından geçen kötülükler yüzünden olmuş bunlar ve kadını da diğerlerine ibret olsun diye hemen oraya gömmüşler.

Her şeye rağmen türbe bu dünyanın toprağından yapılmıştır ve dikkatlice bakılmak, korunmak ister. Depremler, kum fırtınaları... İçinde yatan güce dayanamayan taşlar ve mermerler sık sık çatlar. Mekke'deki Kâbe'yi saran siyah kumaşlarla sarılıdır burası da ve bu kumaşlar yıpranıp yırtılırlar, bunların değiştirilmeleri gerekir. Peki bu kutsal görevleri kim yapabilir, kutsallıkla günlük yaşamın çizgisinde kim bulunabilir?"

"Yalnızca hadımlar... Bunu demek istiyorsun değil mi?"

"Evet. Bunu da şöyle bulmuşlar. Bir gün, her zamanki hoş kokunun yerine kötü bir koku yükselmeye başlamış mezarlardan. Öylesine bir hal ortaya çıkmış ki, en derin dini duygulara sahip hacılar bile buna dayanamaz hale gelmiş. Bazıları gidip araştırmaya çalışmış bunun nedenini, ama içeri girenlerin hiçbiri canlı olarak dönmemiş. Bunun üzerine bir çocuk yollamışlar gidip olan biteni görsün diye. Çocuk canlı çıkmış dışarı; ama kör, sağır ve dilsiz olmuş. Gördüğünü de, duyduğunu da anlatamayacak haldeymiş... Anlaşılmış ki, bu görevi başarabilmek için masumiyet ve cinsiyetsizlik, ama aynı zamanda akıl da gerekiyor. Bir hadım gönüllü olmuş bu göreve. Üç gün boyunca dua edip, oruç tuttuktan sonra içeri girmiş. Az sonra da elinde içerde ölüp kalmış güvercin leşleriyle dışarı çıkmış.

İşte o günden bu yana, kutsal yerlerin bekçiliği hadımlara verilmiştir. Şu anda tam kırk hadım bu işle görevli. Orada yiyor, içiyor ve yatıyorlar. Hepsi de son derece dindar, özü sözü bir, imanlı, bilgili insanlardır."

Düşünceli düşünceli sakalsız çenemi kaşıdım ve "Anlıyorum, ama yine de ben konuyu az önceki noktaya getireceğim," dedim.

"Evet?"

"Hadımlar kutsal öteki dünya ile ölümlü dünyanın sınırında durdukları gibi kadınlıkla erkekliğin de sınırında duruyorlar, öyle değil mi?"

"Doğru."

"O zaman şöyle diyebilir miyiz? Bizim bu perişan halimiz aslında yarı ahirette, yarı fani dünyada yaşamaktır, tıpkı ne erkek ne de kadın olduğumuz gibi..."

"Her şey Allah'tandır."

"Günaha girmek istemiyorsun galiba, öyle mi?"

Gazanfer yarım yamalak gülümsedi ve tekrar "Her şey Allah'tandır," dedi.

"Daha da ileriye giderek şunu da söyleyebiliriz belki: Bizim kadın ve erkek dünyalarını birbirinden ayırmada uğradığımız başarısızlıklar, senin demin anlattığın gibi Medine'deki harap olmaya, eskimeye benzetilebilir mi?"

"Dostum, bence bu her iki durum için de şöyle anlatılabilir: İki dünya birbirine karışır ama bu karışımın başarısı çok, çok azdır."

"Zeytinyağı ve sirke gibi mi?"

"Ateş ve barut diyelim. Bir öpücük ve her şey allak bullak olur."

"Yalnız bizim için geçerli değil bu."

"Doğru, bizim için geçerli değildir."

Rahatsız bir şekilde kımıldandım yattığım yerde, omuzlarımı silktim. "Her ne hal ise, yine de bu hoş bir durum değil."

Yüzünde yine eğreti bir gülüş belirmişti. "Her şey Allah'tandır, unutmayalım," dedi.

"Ya görevlerimizi yerine getiremezsek?"

Gazanfer sert sert bana baktı, ama yine de kaba değildi. Onun, zavallı hanımımın bir gecelik mutluluğundan ve bu uğurda benim görevimi yapmamayı tercih etmemden habersiz olmadığını bir kez daha hissetmiştim. Gülruh bu günahın sonucuydu ve bizi mutlu ediyordu. Acaba Kapıağası bunu kıskanıyor muydu? Birer ölümlü olarak yaptığımız bu hatayı kınıyor muydu? Ya da daha kötüsü bu günahın sonucunda kavuştuğumuz mutluluğu bizden almaya kalkışabilir miydi?

"Dürüst bir hacının kutsal mekânlara girişine engel olunmamalıdır," dedi. Bunu söylemesini beklemiyordum. "İçinde taşıdığı arzu ve düşüncelere de... Ama aslında kimin ve neyin içeri gireceğine karar vermek tamamen bir hadımın aklına ve vicdanına bağlıdır."

"Çok ağır ve korkutucu bir sorumluluk," dedim. Bana anlatmış olduğu şeylerin tümüne inanmamıştım ama yine de sesimin bir fısıltıya dönüşmesini engelleyemiyordum. "Benim gibi bir ölümlü böyle bir görevi yapamaz."

"Hayır, yapabilir. Bizim varlığımızın nedeni budur. Allah'ın koymuş olduğu sınırlarda, perdelerin ne zaman indirilip ne zaman kaldırılacağını –bir an için bile olsa– yalnızca biz biliriz, bu bilgi ve yetki yalnız bize verilmiştir. Allah'ın en sadık kölelerinin görevi budur."

# XXVII

*GAZANFER* sustu, düşünüyordu. Sonra tekrar ağır ağır konuşmaya başladı: "Gücümü daima en iyi biçimde kullanmış olduğumu söyleyemem. Ama bana verilen bu yeni rütbeden ötürü gerçekten minnettarım. Böylelikle Allah'ın isteklerinin neler olduğunu ve ona en iyi biçimde nasıl hizmet edebileceğimi tekrar düşünebildim. Sanırım böyle bir şey senin için çok daha kolay olur Abdullah." Adımı söylerken çok daha fazla bir şeyler vurgulamak istiyordu sanırım, çünkü benim adım 'Allah'ın hizmetkârı' anlamına geliyordu.

Bu konuda daha fazla yoğunlaşıp konuşmayı sürdürebilirdim, ama içtiğim çay işe yaramıştı ve hemen tuvalete gitmem gerekiyordu. "İzninle, dışarı..." dedim.

"Gazanfer bundan memnundu. "Gördün mü, bak nasıl etkili," dedi.

Ayağa kalkmaya çalışırken başımı salladım, kasıklarımdaki ağrı yüzünden dişlerimi sıkıyordum.

"Dur, sana yardım edeyim," diyen Gazanfer'in güçlü koluna tutundum.

Tuvalete ulaştığımızda kendimi tutamadım ve küçük bir çığlık attım. "Kataterimi unuttum"

Beni bir kenara yaslayan Gazanfer, "Ben getiririm," dedi. "Kavuğunda mı?"

"Bir hadım onu başka nerede taşıyabilir? Sehpanın üzerinde duruyor."

'Bir hizmetkâr bulup yollar,' diye düşünüyordum ve hatta böyle olmasını istiyordum. Ağrıdan çok utançtan perişandım. İçine düştüğüm bu durumdan ötürü neredeyse ölmeyi istiyordum.

Ama Ağa beni utandırmaya devam ediyordu, az sonra nefes nefese koşturarak katateri getirdi. Koca gövdesinin alışılanın dışında bir hareketlilik göstermiş olduğu sık sık inip kalkan göğsünden belliydi.

Ben kataterle işimi halletmeye çalışırken, Kapıağası da beni tutarak yardımcı oluyordu. Katater ellerimde titriyordu.

"Yapamıyorum," diye mırıldandım. "Tıkanmış."

Ama tıkanan idrar yolu değil, gümüş aletti. Gazanfer onu suyla çalkalayıp boruyu açtıktan sonra tekrar bana uzattı.

Rahatlayınca titremem geçmişti, ama son derece yorgundum. Dev hadım beni neredeyse sırtlayıp odama geri götürdü ve yastıklarımı kabartıp yatırdı, sonra çabucak bir bardak nar suyu tutuşturdu elime. Tekrar tuvalete gitmek istemiyordum, ama öylesine ısrar etti ki, karşı koyamadım ve içtim. Başımı yastığa koyduğumda mırıltılarla ona teşekkür ediyordum, konuşmaya mecalim yoktu.

Ben yatınca o da rahatladı, halıya iyice yayıldı ve tekrar konuşmaya başladı. Ses tonu daha çok küçük bir çocuğa masal anlatır gibiydi. Yalnız anlattıkları çocuk masalı değil, hadım hikâyeleriydi. İnanılması güç yeni mucizelerdi bunlar ve benim hâlâ ateşim vardı...

Gazanfer bana Medine bekçilerinin, siyah örtülere sarılmış, hoş kokulu kutsal mezarla caminin girişi arasındaki yüksek kürsüde nasıl oturduklarını anlattı. Orada barış, kardeşlik ve huzur içinde gün boyu dua ediyordu bu adamlar. Ateşler içindeki başım Gazanfer'in diri bir sesle anlattıklarının hayalleriyle dolmuştu.

Bu kürsüden hadımlar gelenleri rahatlıkla gözleyebiliyordu. Kadın ya da erkek hangi cinsten olursa olsun, hiç ayırmadan, bu kutsal mekâna gireceklerin neler yapmaları gerektiğini anlatıyorlardı hacılara. Bunlar hacının adına kutsal mezarın başında, "Ey yüce Peygamberimiz bir inanan geldi" diye dua da ediyordu. Tıpkı bizim bir kadını çevreye bir erkeğin geldiğini söyleyerek uyarmamız gibi... Eğer bir hadım o kürsüden bir saygısızı tespit ederse hemen aşağı iniyor ve değneğini savurarak- tek silahları buydu- ona Allah korkusunu öğretiyordu.

Burayı koruyan, gözeten hadımların hayat öyküleri edebiyat ve tarih adamları tarafından yazılıyordu ve böylelikle adlarının unutulmaması sağlanıyordu. Başağa bunları bir deri muhafaza içinde İstanbul'a gönderiyordu. Gazanfer ağır bir Arapça'yla bu isimleri ve öykülerini sayıyordu bir bir başucumda.

İçlerinden biri, eski zamanlardan, Gaffur Ağa, müthiş sesiyle ünlüydü. "Nasıl bir ses?..." Gazanfer'in kendi sesiyle söyledikleri daha da müthişleşiyor gibiydi. "O inançsızlara bağırdığında toprak sarsılır, camlar şangırdayarak kırılırmış. Bir gün müezzinin biri –ki adamın kalbi temiz değilmiş– bu sesi duyunca korkuyla minareden aşağı düşmüş ve ölmüş..."

Öğrendim ki, Medine'nin hadımları aynı zamanda Fatima Bahçeleri'nin de bakıcısıymış. Burası kutsal mezarlarla cami kapısının arasında, çölün ortasında mucizevi bir biçimde yükselen iki düzine hurma ağacının olduğu yermiş. Hiç kimse onlara dokunamazmış, hadımlardan başka. Erkek tohumların olduğu dal, zamanı gelince kesilip dişi tohumları taşıyan dalların arasına asılırmış ağaçlar üresin diye. Meyveler olunca hadımlar bunları en fazla hak eden müminlere armağan olarak yollarlarmış.

"Böyle bir durumu parayla sağlayamaz insan," diyordu Gazanfer. "Böyle bir şeref ancak ve ancak hadımların bilebileceği gerçek inananların hakkıdır. Dünyanın en zengin, en güçlü görünen adamları bile gelip hadımların ellerini öperler, bunların tadına bakabilmek için. Meyveler öylesine kutsaldır. Sana şu kadarını söyleyeyim, Fatima Bahçeleri'nin hurmalarının olduğu bir mutfakta asla yangın çıkmaz.

Siyah örtülerin değiştirilmesi zamanı gelince içlerinden altı tanesi seçilir ve bu hadımlar oruç tutup, dua ederler günlerce. Sonra gözlerini bağlayarak yukarı tırmanırlar ve kumaşları değiştirirler. Gözlerini bağlarlar, çünkü o yüce nur çıplak gözle izlenemez." Gazanfer, Kudüs'te de buna benzer kumaşlar olduğunu anlatıyordu.

"Sonra her gün, güneş batarken hadımlar kürsüden inerler ve hacıları dışarı çıkarıp arkalarından kutsal mekanın gümüş işlemeli kapılarını kilitlerler. Kandillerle mezarları ışıklandırırlar. Şafak sökene kadar çölü aydınlatacak olan kutsal mekanın altın zincirli tüm kandillerini birer birer elleriyle asarlar duvarlara.

Galiba bana Başağa anlatmıştı, evet o söylemişti, bazı dindarlar bu kutsal görevi yapmaya talip olurlarmış. Bu durumda adamı aylar boyunca bizzat kendisi eğitirmiş. Ve eğer, sonunda içine sinerse bir süre için karanlık basıp kapılar kapanınca içerde kalmasına izin verirmiş, sadece bir süre için. Kandillere yağ doldurup yakmasına ve dua etmesine... Böyle bir durumda adam kendi giysilerini çıkarıp bembeyaz, süssüz uzun bir elbise giyermiş, başına da bir hadım kavuğu konurmuş. Bu durumda bizden biri gibi olması gerektiğinden...

Evet, sonunda, bu kutsal görevini tamamlayan hadımlar uyumak için tekrar kürsülerine giderler, bazıları uyur bazıları da gece boyunca nöbet tutar. Cennet ve Cenennem arasında..."

Hikâye tüm çocukların başına geldiği gibi uykuyla sonlanıyordu. İçimden kendi bildiğim bir şeyi, bir masal başlangıcını geçiriyordum uykuyla uyanıklık arasında: "Bir zamanlar bir adam varmış, bir zamanlar bir adam yokmuş..."

Ne kadar uyuduğumu bilmiyorum. Belki de çok kısa sürmüştü bu. Yardımcılarımdan birinin odaya girmesiyle gözlerimi aralamıştım. Kapıağası'nın önünde saygıyla eğilmiş, kendisini selamlıkta çok önemli pek çok efendinin beklediğini söylüyordu.

Gazanfer ayağa kalktı ve "Görev dostum," dedi. "Hiç kimseye buraya geldiğimi söylememiştim , ama sonunda yine de beni bulmayı başardılar. Allah'a emanet ol..."

Ve gitti. Tekrar uyku bastırıyordu. Ama hâlâ bir-iki şeyi düşünebiliyordum, hem de çok enteresan iki şeyi...

İlki aklımı karıştıracak tuhaflıktaydı. Efendim de dahil olmak üzere herkes Gazanfer'in bu rütbeye nasıl kavuştuğunu biliyordu. Bunu Safiye istemişti, böylelikle Vezir-i azam'a karşı bir güç elde edecekti Sarayda. Ama şimdi işler bir parça planlandığından farklı görünüyordu bana. Safiye kendisine çok güçlü bir müttefik sağladığını düşünebilirdi. Ama Gazanfer artık başka şeylerin peşindeye benziyordu. Sanki o kutsal Nur'dan payını almış gibiydi. Bu, onun hanımının tuhaf ve tehlikeli isteklerinden kaçabilmesi için bir yol muydu acaba? Eğer böyleyse Gazanfer'i anlayabilirdim. Çünkü Safiye, benim de çok yakından bildiğim gibi, gerçekten de herkesi etkileyip sürükleyebilen tehlikeli bir gizeme sahipti.

Aklıma takılan ikinci nokta ise daha önce Gazanfer'in Andrea Barbarigo'ya anlatmış olduğu, Selim'in kendi kılıcıyla öldürdüğü oğlanının hikâyesiydi. Üç buçuk yıl önce gizlice dinlediğimde de hadımın bunu bir yabancıya nasıl anlattığına aklım ermemişti. O zaten fazla konuşmazdı, neredeyse en yakınındakilerle bile... Bunu niye yaptığını hep merak etmiştim.

Uykuya dalmadan bir dakika önce birden başka bir şey daha düşündüm. Ben o Yahudiler'in dükkânını gizlice bir delikten gözetlerken saklandığım yere dikilen yeşil gözleri... Acaba, acaba onları Barbarigo'ya değil de bana anlatmış olabilir miydi? Barbarigo aşk delisi, erkeklik organının peşinde sürüklenen bir şapşaldan başka neydi ki o sıralarda?

Kimbilir, belki de gerçekten o öğleden sonra da, tıpkı bugünkü gibi, o hikâyeyi de bana anlatmıştı Gazanfer Ağa.

## XXVIII

ZAMAN ZAMAN, kızlık zarının onarılmasıyla kazanılan bir bekâretle hadım edilme arasında bir benzerlik var mıdır, diye düşünüp durmuşumdur. Her ikisi de sonradan, insan eliyle yapılmış olduğuna göre... Emin olduğum tek şey, Safiye'nin yeni bulduğu İranlı Mitra'nın kadınlığıyla ilgili her değişimi acıyla yaşadığıydı. Daha önce başından geçmiş felaketleri de düşününce onun neden bu kadar içli şiir okuduğunu anlamak zor değildi.

Bunu kolaylıkla masmavi gözlerinden anlayabiliyordu insan. O alıngan ve kırılgan gözler, daima derin bir kederle doluydu. Ve yaşadıklarının anısıyla buğulanan bu gözler ona gizemli bir çekicilik veriyordu. Geçmiş acılar onun yalnız güzelliğine katkıda bulunmakla kalmamış, pek çok insanın yıllar süren bir eğitimle bile kazanamayacağı bir sanatsallık da kazandırmıştı ruhuna.

Yeni iki silahıyla içten içe kıvanan Safiye, Saraya dönüşünün şerefine bir davet vermeye karar vemişti. İmalı bir sesle, "Nur Banu'nun konukseverliğine bir karşılık olarak..." diye dolaşıyordu ortalıkta. Aylar önceki tatsız olayı unutmadığı belliydi.

Bundan sonra olup bitenler gerçekten de çarpıcıydı. O ne heyecandı. O ne gerilimdi... Ve Nur Banu, Mitra'yı görünce başından aşağı kaynar sular dökülmüş gibi olmuştu. O gece küçük Macar kızın başına gelenlerin bunlar yüzünden olduğu bile söylenmişti. Zavallı, karnındaki bebeği kaybetme noktasına kadar gelmişti.

Benimse bu konuyla ilgili olarak farklı düşüncelerim vardı. Safiye'nin o sabah Venedikli doktordan birtakım ilaçlar almış olduğunu biliyordum. Her ne kadar bunların kendi tedavisi için olduğunu ileri sürse de, onu küçük Macar'a kendi elleriyle bir tabak tatlı ikram ederken gördüğüm için kuşkularla doluydu kafam. Kızın yanından ayrılırken sanki göğsünün içine bir şey atıyor gibiydi ve yüzünde tuhaf bir ifade vardı...

Bunlardan hiç kimseye söz etmedim, çünkü böylesi bir şeye kendim bile inanmakta zorlanıyordum. Ayrıca bir kanıtım yoktu, tanığım da... Belki Gazanfer olsa bana inanırdı, ama o da şimdi başka işlerin peşinde, uzaktaydı.

Sanırım sadece Ayva bu durumdan şüphelenmişti. Beklenmedik bir şekilde hareketlenip kızın tekrar sağlığına kavuşabilmesi için elinden gelen her şeyi yapmıştı. Öylesine titizlenmişti ki, Safiye'nin kıza geçmiş olsun demek için bile yanaşmasına izin vermedi. Ve bu olaydan sonra İncir'le birlikte haremde Venedikli doktorun aleyhinde büyük bir dedikodu kampanyası başlattı.

Ramazan ayındaydık. Bir yandan oruç, bir yandan da hacca gidenlerin etkisiyle olağanüstü güçlü bir dini ortam vardı. Sırayla bütün kadınlara iftar davetleri veriyorduk Sokullu'nun konağında. Bir gece Nur Banu'yu, bir gece Safiye'yi... Her şeye karşın bu durumu idare etmeyi başarabiliyorduk, İsmihan'a gelince aklının köşesinden bile küçücük bir kötülük, fitne geçmeyen hanımım çırpınıp duruyordu huzurlu bir ortam yaratabilmek için. Yine de pek çok kez safça başladığı cümleleri toparlayabilmekte zorlanıyordu. Safiye varken Nur Banu'nun, Nur Banu varken Safiye'nin adını anmadan konuşabilmek oldukça güçtü onun için. "Ama dün bana Safiye dedi ki...," ya da "biri öyle olmadığını anlatıyordu. Kimdi o, Abdullah?" gibi cümleler eksik olmuyordu ağzından.

Ben böyle durumlarda sessizce gözlerine bakıyordum ve kızararak susuyordu İsmihan. Sonra bir süre büyük bir sessizlik çöküyordu odaya.

Nur Banu'nun bize geldiği bir geceydi ve böyle dikkatsizce yapılmış bir konuşmadan sonra, giderek daha alınganlaşmış olan Küçük Macar kız gözyaşları içinde odadan dışarı kaçmıştı. İsmihan gerilim içindeydi, kendini suçlayıp duruyordu bu olanlar yüzünden.

Nur Banu ise, "Gebelikten," diyerek onu avutmaya çalışıyordu. "Her zaman ağlıyor zaten, yerli yersiz, hiç nedensiz. Ama Allah'a şükür çabuk geçiyor."

Bir süre sonra, kız geri dönmeyince, gidip ona bakmaya karar verdim.

Dışarısı çok serin ve sakindi. Orada durup kaldım bir zaman. Tam karşımızdaki Aya Sofya'nın görüntüsüyle büyülenmiş gibiydim. Kopkoyu gecenin içinde binlerce kandille aydınlatılmış minareler göz kırpar gibi titreyen ışıklarla göğe doğru yükseliyordu. En yoksul evlerden konaklara, dergâhlardan türbelere her yer ve herkes bu dini duyguları paylaşıyordu. Bu mistik hava benim de yüreğime doluvermişti birden, sonradan edindiğim yeni dinin içime yaydığı huzurla gülümsedim, ne garipti olup bitenler, bu değişim...

Ama birden Haliç'in karşı kıyısından gelen birkaç çan sesiyle bu duygularım sona erdi. Hatırladım, bu yıl Ramazan, İsa'nın doğumgünü kutlamalarına, Noel'e denk gelmişti. İşte tam geceyarısı, bu kutlama çok coşkulu olmasa da dünyaya haber veriliyordu.

Çan sesleriyle çocukluğumun Noel gecelerine yuvarlanıp gidivermişti zihnim. Her şeyi en ince detayına kadar hatırlıyordum şimdi. Sanki bir büyülü sis içinde, ellerinde kandillerle dağdan aşağı inen köylüler ve kulaklarıma kadar gelen garip, inlemeye benzer nağmeler çıkaran borular... O soğuk, insanı ürperten nemli geceyarısı, yine kandiller, San Giorgio adasının çevresine toplanmış gondollar... Çocukken bu kutsal günler benim için ne kadar da özel, ne kadar da anlamlıydı. Çünkü San Giorgio benim azizimdi.

Ağzımda tuhaf bir tat vardı sanki. Belki Ramazan pideleri daha lezzetliydi, ama yine de Noel çöreklerini özlüyordum. Çünkü bu tadı güzelleştiren şey, un ya da şekerden değil, bana onları sunan ellerin sıcaklığından kaynaklanıyordu. Olduğum yerde büzüldüm ve gözlerime yaşlar doldu.

Bu çok özel kutsal anlardan biriydi. Bütün dinler benzer duygulanımlar yaratabiliyordu. Çok sıkça İslam düşüncesi de beni böyle etkilemişti. Minareler, derviş tekkeleri... Bu anlar hangi dinden olursak olalım, bizim sonsuzu yakalayabildiğimiz pencerelerdi. Bana gelince, bir şekilde bu pencereleri açabilmeye en yakın yerin Hıristiyanlık olduğunu düşünüyordum o anda. Bizi ilk kucaklayan kollar, Anne'nin kolları, ya da benim çocukluğumda olduğu gibi dadımın kolları, hayatımız boyunca daha sonra öğrendiğimiz her şeyden daha yakındı Tanrı'ya. Pek akıl dışı bir önyargı da olsa, şunu düşünüyordum, Gerçek'i arama yolunda hiç kimse bir yardım alamazdı. Evet bir önyargıydı, ama yine de bu gerçek bir düşünceydi.

Ben tam bu duygu ve düşünceler içindeyken, selamlığın kapısı açıldı ve efendimin konuklarından biri dışarı çıktı. En yakın gülün dibine yanaşıp, rahatladı. Tüm kutsal duygulanımlarım sona ermişti. Şunu bir kez daha söyledim kendime: Bizler de hayvanız.

Yan balkondan gelen şiddetli bir iç çekişle dikkatim dağıldı. Karanlıkta ağlayan, gebeliğinin son dönemindeki Macar kızını görebiliyordum. Ona dönüp dertlerini unutmasını ve tekrar içeri girmesini söylemek üzereydim ki, durumun birkaç damla gözyaşından daha ciddi bir boyutta olduğunu anladım. Kız çok tehlikeli bir şekilde balkonun kenarında duruyordu.

Küçük Macar'ın hayatını tam olarak neyin kurtarmış olduğunu asla anlayamadım. Kesinlikle bu benim varlığım değildi, beni görmüş olduğunu bile sanmıyordum. Belki o da uzaklardan yankılanan çan seslerini duymuştu. Macarların ne çeşit Hıristiyan anıları olduğunu bilmiyordum. Benim bildiğim sonsuz bir kar örtüsü, soğuk ve karanlığın ortasında yanan sıcacık bir ocaktı.

Küçük Macar kızı derin bir iç çekiş ve hıçkırıkla balkonun güvenli tarafına düşmüştü. İşte tam o sırada, Nur Banu gelip onu buldu ve bilezikli kollarıyla sıkıca sarıldı.

"Haydi, haydi ağlama güzelim," diye mırıldanan Nur Banu, kızı küçük bir çocuğa yapıldığı gibi kucaklayarak avutmaya çalışıyordu. Hıçkırıklar yavaşlayınca kız tek düze bir sesle mırıldanmaya başladı. Şöyle diyordu:

"Ey Meleğim, Nur Banu Sultan'ım, sana daha önce söyledim mi? Hayır, sanmam, söylemedim. Ben küçük bir kızdım. Ne var ki anlatılacak... Yalnızca dört yaşımdaydım. Doğduğum adanın adı Paros. Türkler geldi oraya ve her şey değişti.

"Ama hâlâ hatırlarım. O kış bayramını, Purim'i... Şimdi bilmem ki bu ne demek, neden? Tek hatırladığım o kötü adamın adı, Haman. Hâlâ o adı duyunca titrerim. Onlarla birlikte bu adı tekrarlayamazdım bile. Dedem bastonuyla yere vururdu. Ninem tavasında kuru fasulyeleri sallardı, ağabeyim odun sandığına küçük baltasıyla vururdu. Ben korkardım. Öleceğimi zannederdim.

"Ama annem gelir sarılırdı sıkıca kollarıyla bana ve derdi ki: Ester... Ester. İşte benim adım buydu. Başıma yapraklardan bir taç koyardı. Ester, Ester, kraliçe... Ve Haman'ın karanlığı yitip giderdi. Huzur gelirdi. Gülerdik birlikte. Tatlı yerdik. Herkes bilmediğim güzel şarkıları söylerken ben uyurdum. Sözleri hiç hatırlamıyorum, ama müzik hâlâ kulaklarımda. Her zaman bunları düşünüyorum, o geceden beri..."

Kız bir süre sustu, sonra kendine gelmiş olmalı ki Nur Banu'ya daha sakin bir sesle, "Ne düşünüyorsunuz hanımım?" diye sordu.

Nur Banu'nun ses tonuysa kuru ve katıydı. "En kederli, o kötü günlerimde, satın alındığımda, yapayalnız ve çaresizken hep o akşamı ve tacı düşündüm. Ester, Ester, kraliçe... Ve bu bana daha üstün şeylere layık olduğumu düşündürdü. Ve işte görüyorsun, karşındayım. Senin o güzel kara saçlarının üzerine bu tacı koyuyorum şimdi, yapraklardan değil, gerçek inci ve zümrütlerden üstelik. Hayır, hayır, kalsın sende çocuğum. Bu gecenin bir anısı olsun... Bir kraliçe... Benim güzel yaban çiçeğim, yüksel ve bir kraliçe ol."

Sonra ikisi birbirine sarılarak içeri girmişti.

Her zaman merak etmişimdir, acaba gerçek taşlardan yapılmış taç, simgesel olan yaprak taçtan daha iyi duygular verebilmiş miydi Macar kıza?

O ay içinde bir başka gece, dışarı çıkmış bir sokak satıcısından şerbet alıyordum. Öylesine iyi iş yapıyordu ki adam, bağırıp, bardakları birbirine vurarak müşteri aranmasına gerek yoktu. Tam arkamda bir de baktım bizim Gazanfer.

Selamlaştık, kibarca ona neden dışarda olduğunu sordum.

"Fatih Camisi'ndeydim," dedi.

"Haydi gel dostum," dedim. "Tüm gün boyunca aç karnına dua ettik camide, ama artık güneş battı, gel..."

"Adağım vardı," dedi.

Bu kutsal ay beni gerçekten de coşturmuştu ve galiba Gazanfer bile buna uyamayacak haldeydi. Vedalaşıp hemen uzaklaştı. Bana söylediklerinin anlamını ancak daha sonra duyduklarımla çözebildim. Hanımı sağlıklı bir doğum yaparsa yetimleri giydirmek üzere bir adak yapmıştı, bunu öğrenmiştim.

Safiye doğurmuştu. Hiç top patlamadığına göre bu bir kızdı. Belli, ertesi gün birkaç tüfek atışıyla açıklanacaktı bu utanç verici durum.

Safiye doktora bu durumdan ötürü daha az para ödemişti. Ama Gazanfer, Allah'a şükrediyordu. Çocuğun adı harem kayıtlarına Fatma diye geçirildi. Bir başka sade, dini isimdi bu da. Kimin koyduğunu tahmin etmekte zorlanmamıştım.

Safiye hiç de bu durumdan utanmışa benzemiyordu. Onu görür görmez anladım. Bu Ramazan'ın son iftarıydı ve Saraya davet edilmiştik.

Niye utanacaktı ki? Mitra da gebeydi ve Venedikli doktor başından beri bu işin içindeydi. Adam kesinlikle erkek dediğine göre... Mitra durumuna rağmen çok gözdeydi. Murad tüm Ramazan'ı onunla geçirmişti. Sultan'ın sanata olan sevgisi Mitra'da odaklanıyor gibiydi, kız yokken de başka bir cariyeyi çağırmıyor, müzisyen ve şair arkadaşlarıyla vakit geçirmeyi tercih ediyordu.

Yirmi yedinci gece bile, bu çok kutsal Kadir Gecesi'ydi, Mitra yanıbaşındaydı. Oysa erkeklerin çoğu bu gece karılarının yanında olmazlardı. Bu Allah'ın yarattıklarına kaderlerini verip, her şeyin sahibi kimdir, diye sorduğu geceydi.

O gece tüm yaratılanlar aynı cevabı vermişti: "Sensin yüce Allah'ım." Harem ziyaretleri belki de erkeklerin cevabını etkileyebilirdi.

Ama bir Sultan için bunlar söz konusu değildi. Hatta böyle bir gecenin meyvesi olacak çocuk doğuştan şanslı ve güçlü kabul edilirdi.

"Yani Allah'a şükürler olsun," diyordu Safiye, "karnı dolu olmasına rağmen Murad ondan yüz çevirmedi." Kızın elini tutmuş, ikisi tek kişiymiş gibi bir edayla konuşuyordu.

Altın işlemeli kırmızı elbisesi içinde Safiye gözlerini kıza dikmiş oturuyordu. Hemen eski formuna kavuşmuştu. Hiç kimse onun üç çocuk annesi olduğunu düşünemezdi, ayrıca bir de ölü doğumu vardı.

Gerçi hanımının yanında zaten hiç kimse bunun çok farkında olamazdı ama, Mitra çok iyi görünmüyordu. Hamile kadınların oruç tutmaları gerekmese de uykusuz geçen uzun geceler kızı yormuş olmalıydı. Sofraya kızarmış kuzu getirilince kendini tutamadı ve ağlamaya başladı. Anılarındaki kuzular, onu annesinin sıcak kollarına kadar götürmüştü galiba.

Şunu düşünmekten kendimi alamıyordum: Evet, Fatma henüz minicik bir bebekti ama bir kız çocuktu ve onu şimdiden bir dadının kollarına bırakmakla Safiye kontrol edebileceği bir güçten de kendini daha şimdiden yoksun bırakmış olmuyor muydu?

# XXIX

*GERÇİ BİZ* olaylar sırasında kendi evimizde huzur içindeydik, ama duyduklarımız her şeyi kendi gözlerimizle görmüş gibi olmamıza yetmişti.

Ayva, nargilesinin başında sızıp kalmıştı. Pek çok kişi, kalfanın sinir krizi geçirenlere nasıl sağduyu ve bilgiyle yaklaşarak sorunları çözümlediğini çok iyi bilirdi. Kendine özgü, tatlı sert yöntemiyle hayatın acı sürprizlerinin hakkından gelmenin ustasıydı Ayva. Bu yüzden o gece, dehşet içinde haykırarak uyandığında tüm haremin adeta kanı donmuştu. Öylesine bir sesmiş ki bu, sanki bir insan değil de hayaletler, cinler çığlık atıyor gibiymiş. Duyanlar, "Cehennemden yükseliyor gibiydi," demişti.

Elinde gülsuyu ve kafuru ile koşturup gelen İncir'in duyup da anlayabildiği ilk kelime, "Bebekler," olmuş.

Sonra, "Hepsi de paramparça," diye bağırmayı sürdürmüş Ayva. Tıpkı Gülruh'la ona rastladığımız gün yaptığı gibi.

Ayva bir parça toparlandığında, İncir ondan gördüğü kâbusu anlatmasını istemiş. Ama kadının yüzü daha da bir yeşermiş, dudakları çizgileşmiş ve konuşmayı reddetmiş. Hatta tekrarlayan bir karabasan krizinden hemen sonra bile bunu yapmamış. Öylesine kötü bir ruh haline girmiş ki Ayva, artık uyumak bir yana gözlerini kapamak bile istemiyormuş.

Bunun nedeninin kadının kullandığı uyuşturucular olduğunu düşünen Nur Banu ve İncir, nargileyi alıp götürmüşler yanından. Ama kitaplarını ve ilaçlarını saklamamışlar tabii, çünkü her şeye rağmen kadının yeteneklerine ve bilgisine şiddetle gereksinimleri varmış. Hatta belki her zamankinden daha fazla, çünkü Macar kızın zamanı gelmişti artık. Bu arada nargileye konulan yasak, Ayva'nın bu tip ilaçlara olan ilgi ve tutkusunu artırmaktan başka bir işe yaramamış.

Macar, doğum sancılarıyla kıvrandığında yanında yaşlı ebe yokmuş. Başlangıçta İncir'e, "Git de bak bakalım, kendi başına ne yapıyor, olmazsa ben gelirim," demiş.

İlk gün Ayva, kıza yardımcı olacak bazı karışımlar yollamış, ama hiç kimse bunların doğru dürüst hazırlandığına inanamamış.

Üçüncü günün sonunda sabrı taşan Nur Banu, hadımlarına ebe kadını doğum odasından attırmış.

Ayva'nın tavır ve konuşmalarından, acıyla kıvranan Macar kıza yardım bir yana zarar bile verebileceği belliymiş. Kapı ağzındaki barut tozunu aşıp da odaya girer girmez öylesine çığlıklar atmış ki, kızınkiler bunun yanında hiç kalmış.

İyice çaresiz kalan Nur Banu zorunlu olarak Safiye'nin ebesini çağırtmış, ama gelen Venedikli doktor olmuş. Ona bile razı olunmuşsa da, artık çok geçmiş, belki de çok erken... Bunu hiç kimse bilemedi ve Macar kız öldü, bebeği de... Herkesin tek emin olduğu bunlardı. Kız da tıpkı ülkesi gibi imparatorlara karşı mücadele edememişti.

Bazıları baş sallayıp, "Dört günlük acı çekiş ve ölüm... Ama yaşasaydılar, o ve oğlu... Sonları zaten belliydi... Allah ona acıdı," bile dediler.

Nur Banu Macar'ını kaybetmişti, Safiye de Venedikli doktorunu, çünkü artık haremde hiç kimse ona güvenmiyordu.

Ayva'ya gelince... Giderek daha da kötüledi. Tek kelime etmiyor, sadece çığlıklar atıyordu. Onu bir daha görmedim, çünkü haremin karanlık arka taraflarında bir bölüme kapatılmıştı. Çok ender olarak sesi bazen duyuluyordu, böyle olunca hemen pencereler, kapılar örtülüyordu.

Ayva bu durumda yıllarca yaşadı. Doğrusu ne zaman öldüğünü bile hatırlayamıyorum. Sesi giderek kesildi, yalnızca bir kâbus görünce bağırıyordu ve bu da haremin bakır kaplı kubbelerinde yağmurdan daha fazla bir gürültü yapmıyordu. Sonra sustu ve kendi kendine, sessizce öldü.

Nur Banu, Macar kızın yerine iki üç kız daha almıştı. Onun bu alışverişleri yüzünden pazarda fiyatlar inanılmaz artıyordu. Bundan ben bile payımı almıştım. Hanımım için sıradan bir hizmetkâr almaya gittiğimde üç yüz kuruş ödemek zorunda kalmıştım. Ama Nur Banu parasını boşa harcıyordu. O, oğlunun haremine her gün bir yeni kız soksa da sonuç değişmiyordu. Öylesine çok kız giriyordu ki Sultan'ın koynuna, kızların bu kalabalıkta bir isim yapmaları olanaksızdı.

Bir gün onarılan zenci hadımlar avlusundan geçiyordum. Korkunç bir ses duydum. Bu, acı içinde ağlayan biriydi. Kendimi tutamadım ve gidip neler olup bittiğine bakmaya karar verdim. Keşke gitmeseydim. İki zenci, bir kızı falakaya yatırmış , bir üçüncüsü de acımasızca sırtını kamçılıyordu.

İlk rastladığım hadıma, "Allah aşkına, öldürecekler," dedim. Kızın çığlıkları yüzünden zor konuşuyorduk.

"Allah'ın izniyle hayır," dedi hadım. "En azından şimdi değil. Emirlere uyuyorlar, kendini kaybedince ara verip bekliyorlar, tekrar düzelince devam ediyorlar işlerine."

Hadımlar disiplin uygulamakta zaman zaman çok sertleşseler bile, kızların tabanlarına atılan birkaç kamçıyla yetinirlerdi. Kız bir süre utanç içinde yürüyemese de kısa zamanda iyileşirdi. Ama sırtın kırbaçlanması olacak iş değildi, çünkü bu durumda izler kalırdı ve sırtı iz içinde bir kız bir daha asla Sultan'ın yatağına giremezdi.

"Bunun nedeni nedir?" diye sordum. "Neden Nur Banu kendi parasıyla aldığı bu kıza böyle davranıyor?"

"Bu Nur Banu'nun değil," diye cevap verdi adam. "Safiye'nin."

"İyi de, bunun da bir anlamı yok, Safiye'nin aldğı her kızı kamçılattırarak nereye varabilir, iş çığırından çıktı."

"Bu kıskançlıktan daha farklı bir olay."

"Nedir?"

"Büyücülük..."

Tam o sırada kızın sesi kesildi ve herkes de onunla birlikte sustu.

Büyücülük... Haremde bundan büyük bir suç olamazdı.

"Hırsızlık ve cinayet bile daha hafif kalır yanında." Sesim bir fısıltıya dönmüştü.

"Evet," dedi adam. "Böyle durumlarda büyü yapan cezasını çeker ve iş biter."

"Ama belki suçu işleyen bile neye alet olduğunu bilemez ve o güçlere engel olamaz."

"Ayva'nın durumunu unutmamalıyız."

"Gerçekten de..." Söylcyecek bir kelime bulamıyordum.

"Öyle akıllı bir kadın o hale geldikten sonra..."

"Doğru."

İncir'i düşünüyordum, onu ve hakkındaki dedikoduları. Ama İncir neden ustasına zarar verecek bir şey yapmış olsundu ki?

"Ama," dedim, "İşkence altında yapılan itiraflar, Şeytan'la ya da cinlerle çevrilen gizli işlerin örtüsünü ne kadar kaldırabilir?"

"Zaten neyin doğru, neyin yalan olduğunu kim ayırabilir? Söylenen her şeyi ciddiye almak zorundayız."

"Ama dostum, öldürmek bile bu işlere çare olamaz. Mezarların ötesinde bir dünyadan kaynaklanmış pusudaki güçlere karşı kendimizi korumamız olanaksızdır."

"Doğru. Böyle bir hayalet, herhangi bir karanlık köşeden ve hatta herhangi bir taşın altından çıkabilir."

Hadımın yanından kendi işlerimle uğraşmak üzere uzaklaşırken ayaklarımı bastığım taşlardan bile kuşkuya düşmüş durumdaydım. İncir'i düşündüm bir kez daha, ama sanırım benden başka hiç kimse onu aklına bile getirmiyordu.

Mitra'nın mavi gözleri ilk geldiği günden beri herkesi tedirgin etmişti. Safiye bile göğsünün üzerine iliştirdiği küçük bir aynayla, olası kem bakışlardan kendini korumaya çalışıyordu. Aklından hiçbir kötülük geçmeyen bir kadının çevresinde böyle değerlendirilmesi herhalde oldukça sinir bozucu bir durum olmalıydı. Karşılaştığın her kadının bedeninde kendi yüzünü yansıtan bir ayna görmek... Yine de Sultan'ın çocuğunu taşıdığı için ona dokunmaya kimse cesaret edememişti. Gerçi Nur Banu bu konuda birkaç girişimde bulunmuştu, ama bir yarar sağlayamamıştı.

Safiye de bu büyü fırtınasında güvendeydi, çünkü o Murad'ın varislerinin anasıydı. Ve sonunda kabak, bazıları Safiye'nin dairesinden birkaç hizmetkâr kızın başına patlamıştı. Bunlardan üçü Ayva'nın ve Macar'ın yanında çalışmışlardı, diğer kızlardan biri Cenevizli, ikisi İranlı'ydı. Aslında bu zavallıların suçlanmalarının tek nedeni kökenleriydi. Kızların tümü de falakaya yatırıldı.

Sonunda Cenevizli ile Safiye'nin hizmetkârlarından bir kız suçlu bulundu. Ve çuvallara konulan bu iki talihsiz, bir gece Haliç'te denize fırlatıldı. Onlara acıyan olmadı, desem doğru olur. Çünkü zavallılar, hadımlar tarafından öyle bir işkenceden geçirilmişti ki, ölüm onlar için bir kurtuluş bile sayılabilirdi.

Bu olaylardan sonra Murad, giderek karnı büyüyen Mitra'dan rahatsız olmaya başlamıştı ve ondan uzaklaştı. Sultan, arada bir kızı şiir söyletmek için çağırsa bile bunu bir perdenin arkasından yaptırarak mavi gözlerden kendini korumaya çalışacak kadar etkilenmişti olaylardan. Yatağını artık başka başka kızlarla paylaşıyordu. Nasılsa annesi bol bol kız yolluyordu mabeyne. O günlerde Mitra'nın bir oğlu oldu, adını Mustafa koydu İranlı. Kimbilir belki bir ağabey, belki de babanın anısınaydı bu isim.

Bu arada büyü hikâyeleri de yavaş yavaş eski etkinliğini kaybetti haremde.

Ama Murad'ın âlemleri devam ediyordu. Cariyeleri sayabilmek bile olanaksızlaşmıştı.

Safiye ve Nur Banu yeni kızlar için yarışa girmişlerdi, buldukları kızlar öylesine birbirine benziyordu ki, onları ayırt edemiyorduk. Bu garip mücadelenin galibi ise her gün değişiyordu. Sultan'ı avucuna alabilmek uğruna çıldırmış gibiydi iki kadın da...

Aşkla, ya da daha doğrusu cinsellikle –ki şimdi buna belâ bile diyebilirdim– deneyimimden öğrendiğim, gerçekten de bu duygulanımın içinde bir karanlık gücün olabileceğiydi. Şehvet ve büyü, doğrusu uygundu birbirine. Sarayda bir süre daha bu laflar tekrarlandı. Kaynaklanan yer ise değişiyordu. Bir Safiye'den, bir Nur Banu'dan...

Hamam duvarlarında garip işaretlere, karanlık bir köşede ürkütücü kemiklere rastlandığı bile oldu. Gerçekten de bir kötülük rüzgârı esmişti Sarayda ve etkisi azalsa da hâlâ sürüyordu. Böyle durumlarda falakacı hadım sopasını tekrar ortaya çıkarıyordu.

Adamdan hiçbir zaman hoşlanmamıştım. Sanki bu iş için doğmuş gibiydi ve durumundan çok hoşnuttu. Onu hadım etmeseler belki çok daha iyi olacaktı haremin kızları için.

İnsanın batıl inancı olmasa da, böyle bir sözün ortalıkta dolaşmasının bile nelere yol açabileceğini görmesi sırtını ürpertmeye yeterdi.

O yıl bir başka batıl inanç daha İstanbul'da etkisini gösterdi. Herkes olan biteni, Murad'ın tahta çıktığı gün söylediği ilk cümleye bağlıyordu: "Karnım aç." Murad'ın saltanatının ilk yılında iyi bir hasat alınamamıştı Anadolu'da ve bu yıl da beklenen olmamıştı, ikisi birleşince de Karadeniz'in kuzeyinden Avrupa'ya kadar tüm topraklarda büyük bir kıtlık başlamıştı.

Pazarda bir somun ekmeğin fiyatı yirmi meteliğe kadar çıkmıştı ve herkes satın alamıyordu. Sokullu'nun evinde tabii ki kimse aç kalmıyordu. Yine de pirince ağırlık verdik mutfakta. Efendim camilere yaptığı yardımların tutarını artırdı, böylelikle aş evlerinde sayısı giderek artan yoksullara daha fazla yemek pişirilebilirdi. Saraya gelince, orada bazılarının memlekette kıtlık olduğunun bile farkında olduklarını sanmıyordum. Onların ekmeği hâlâ sarayın geniş bahçelerinde otlayan keçilerin sütü gibi bembeyazdı.

İşte o günlerde, bir sabah, Murad bir İtalyan kuyumcuyla yeni bir şekerleme tepsisi sipariş etmek üzere buluşmuştu. Tepsi gümüşten yapılacak ve zümrüt, yakut, lapislerle süslü olacaktı, tabanı incecik işlerle donatılacaktı.

Bunları nereden mi biliyordum? Bunu daha sonra, sarayın çevirmenlerinden biri olan Müslim'den, yani bir zamanların Andrea Barbarigo'sundan öğrenmiştim.

Andrea, gözlerini Sultan'dan kaçırarak adamlarına bakmaya çalışan kuyumcunun sözlerini söyle çevirmişti: " Evet, yüce Sultan. Yapacağım iş, mesleğimin en ince, en güzel ürünü olacak. Sizin gerçekten de son derece zevkli bir sanatçı gözünüz var. En mükemmel malzemeler kullanılacak, buna mecburuz, aksi halde sonuç arzu ettiğimiz gibi olmaz."

"Evet, en iyisi olmalı," diye mırıldanmıştı Murad. "Eğer iyi bir şey isteniyorsa bedeli ödenmeli, kesenin ağzı açılmalı." Burada Müslim'e dönüp bunları çevirmemesini işaret etmişti Sultan. Sonra şunları söylemişti yüksek sesle: "Tabii. En iyisi olacak. Dünyadaki en iyisi. Ben Allah'ın Gölgesi'yim."

"Tek düşündüğüm..." Kuyumcu mahçubiyetten kızarmıştı. "Belki de biraz beklesek ... Bu kıtlık... Belki tepsiyi daha acil olan ihtiyaçların arkasına koyarsınız."

"Biz de şöyle bir laf vardır," demişti Murad. "Eğer herkes denk olsa iyi insan bulamazsın. İstediğin her şey sana sağlanacaktır."

Müslim bunları İtalyanca'ya çevirdikten sonra Murad, "Bugün ne? Cuma," demişti. "Divan başlamıştır. Sevgili konuklarım, gelip biraz İslami hükümeti izlemek ister miydiniz?"

Adam memnuniyetle gülümseyince Murad, "Gelin benimle," demişti. "Divan'ı izleyince belki içiniz daha da rahatlar."

Murad konuklarını alıp Sultan'ın Gözü'nün merdivenlerine kadar götürmüştü. Buradan Divan rahatlıkla izlenebiliyordu. Sultan Divan'ı buradan gözler ya da gözlemezdi, ama her an oradaymış gibi davranırdı herkes.

Sultan'ın Gözü'nün kapısındaki genç, acemi hadım, Sultan'ı görünce çok şaşırmıştı ve o selama durmaya çalışırken grup yanından geçmişti bile. Umutsuzca bir işaret yapmaya çalışsa da artık çok geçti.

"Sonra, sonra hadım," diyen Murad basamakları bir delikanlı gibi atlayarak yukarı çıkmış, esas kapıya gelip açmıştı bile. Ve sonra durmuştu.

Müslim'in bu kez çeviri dışında bir şeyler yapması gerekmişti. Kuralları çiğnese de bunu yapmak zorunda olduğunu biliyordu. Adamlara dönüp, "Beyler, belki Sultan'ı yalnız bıraksak daha iyi olacak," demişti. "Haydi gidip işlerimize bakalım." Sonra Murad'a dönüp Türkçe olarak, "İzninizle efendimiz," diye mırıldanmıştı.

Sultan, arkasına dönmeden eliyle gidin gibilerden bir işaret yapmıştı ve Müslim'le yanındakiler hızla avluya doğru uzaklaşmıştı. O gün Divan günü olduğu için avlu çok kalabalıktı ve adamların izleyebileceği pek çok ilginç şey vardı. Müslim hadımın acemiliğinden ötürü aslında memnundu, Sultan'ın hemen arkasında olmaktan da...

Onu görmüştü. Görür görmez bunun "o" olduğunu anlamıştı. Başkası olamazdı. Pembeler ve yeşiller içinde, tomurcuklanan bir şeftali ağacı gibi... Omuzlarına dökülen o altın ışıklı saçlar... Bir yığın minderin ortasında oturuşuyla çiçekler arasındaki kutsal Madonna'ya benziyordu, annesinin manastırındaki gibi... Kendine gelebilmek için gerçekten de temiz havaya ihtiyaç duymuştu Barbarigo.

# XXX

*DAHA SONRA* olanları ise Gazanfer Ağa'dan öğrenmiştim. Sultan'ın Gözü'nden hanımıyla birlikte Divan'ı' izleyen Gazanfer Ağa'dan.

Sultan'ı görünce şaşıran Safiye'nin kendini toparlayıp hemen ayağa kalkması belki bir saniye bile sürmemişti. "Allah seni korusun Sultan'ım."

"Seni de Safiye."

"Beni affet Sultan'ım. Biraz oyalanmak için Divan'a bakayım, demiştim. Hemen gidiyorum."

"Hayır, hayır. Kal. Otur."

Kapıağası, Sultan'ın gözlerinden bunun 'Otur, çabuk otur,' anlamına geldiğini anlamıştı. Koca vücuduyla eğildiği yerden başını kaldırdığında Safiye'nin Sultan'la aynı boyda olduğunu bir kez daha farkeden Gazanfer bir zamanlar Murad'ın çok hoşuna giden bu durumun belki şimdi sinirine dokunduğunu düşünüyordu.

Sultan yüksek sesle, "Yanımdakiler gitti Safiye," demişti. "Bugün Divan'ı birlikte izleyelim biz de."

Murad sanki içten içe kendine kızıyor gibiydi. Yüzü kızarmıştı, buna engel olamıyordu. Elleri sıkıntıyla yakasında dolaşıyordu. Gazanfer bir kez daha hanımına hayranlıkla bakmaktan kendini alamamıştı. Bunca zaman sonra bu adamı hâlâ bu hale getirebiliyordu Safiye. Sultan'ın yatağından gelip geçen gencecik, birbirinden güzel kızların haddi hududu yoktu, ama yine de hiçbiri onu böylesine derinden etkileyemiyordu.

Murad'ın eli az da olsa ağarmaya başlamış sakallarını sıvazlıyordu, belki de yaşlanmakta olduğunun düşüncesi içini sıkıyordu. Belki de içini sıkan daha başka bir şeydi: Bu kadının, karşılaştıkları ilk andan beri üzerindeki büyük etkisi... Gazanfer o ilk karşılaşmayı gözleriyle görmüş olmasa da bunu tahmin etmekte zorlanmamıştı.

Sultan'ın aklından geçen başka şeyleri tahminde de zorlanmamıştı Ağa. Murad, tüm âşıklarını Safiye'nin bildiğinden emindi. Kendi zayıflığı, bu kadın için bir sır değildi. Oysa Safiye, yanından ayrılmayan hadımıyla ona hâlâ sadık olduğunu söyler gibiydi.

Safiye, son derece duruma hâkim bir pozda, Sultan'ın yanında kendinden emin duruyordu. Durumun farkındaydı ve bundan büyük bir güç duyuyordu. Üç kıtanın efendisi onun gözlerine bakamıyordu. Utanıyordu...

"Safiye, ben..." diye mırıldanmıştı Sultan.

"Hiçbir şey söyleme Sultan'ım," demişti Safiye. "Eğer istemiyorsan..."

Sultan, Safiye'nin ona sunduğu bu anlayışlı tavra dört elle sarılmıştı, çok memnundu. Ama yine de, yine de bu onun içini sıkıyordu. Evet o bir Sultan'dı ama Safiye de Sultan yaratandı.

Eliyle minderleri kibarca işaret eden Safiye, "Buyur Sultan'ım otur. Adamların şimdi önemli kararlar verecekler," demişti.

Murad sanki bu kendi fikriymiş gibi yerine kurulmuştu. Safiye ise bir küçük sadık köpek gibi onun dizlerinin dibine kıvrılmıştı. Murad onu kaldırıp yanına oturtmak istediyse de bunu kabul etmemişti. Onun bu kendini aşağılayışındaki egemenlik Murad'ın anlayamayacağı bir durum değildi. Bir başka şey de aklından şöyle bir gelip geçmişti Sultan'ın: Safiye oturduğu yerden Divan'da olup bitenleri hem daha iyi işitebiliyor, hem de görebiliyordu, Murad'ın avantajı yalnızca daha yüksek ve rahat minderler üzerinde oturmasıydı.

Yeniçeri Ağası diyordu ki: "Eğer bir şeyler yapılmazsa, yemin ederim, askerler hafta sonuna varmaz kazan kaldırırlar."

Sipahilerin yakışıklı efendisi Ferhad da bunu onaylıyordu. "Korkarım ki sipahiler de buna katılır."

"Adamların yatakları çul çaput."

"Yemekleri bayat."

"Geçen haftadan beri et çıkmıyor."

"Eğer orduyu böyle beslerseniz ondan bağlılık da beklemezsiniz."

Sokullu o sakin sesiyle konuşmuştu: "Katılıyorum." Sultan'ın Gözü'nün hemen önünde oturan Vezir-azam'ın altın işlemeli sarığı görünüyordu. "Hemen bir şeyler yapılmalı. Halk zaten kıtlıktan kırılıyor, buna bir de orduda isyan eklenirse felaket olur sonumuz. Onlara bizim önerilerimizi götürdünüz, ne diyorlar?"

"Dişimizin kovuğuna bile gitmez, işte böyle diyorlar." Sipahilerin genç komutanı gülümsemişti. Gerçekten de yakışıklı bir adamdı.

Vezir-i azam genç adama sert bir şekilde bakarak, "Demek böyle deyip, alay ediyorlar... Bizim onlara yaptığımız öneriyi, imparatorluğu bile yıkabilecek bir şekilde reddediyorlar demek," demişti.

"Sipahilerin komutanı bunu demek istemedi," diye söze tekrar girmişti Yeniçeri Ağası. Ferhad'ın söyleyebilecek bir sözü kalmamıştı. Gazanfer, Sokullu ile Ferhad arasındaki anlam veremediği bir gerginliği rahatlıkla hissedebilmişti. "Pazarlık etmek istiyorlar, yılda adam başı yüz akçe..."

"Biz elli demiştik," diye cevap vermişti Sokullu.

"İstedikleri yüz akçedir efendim."

"İyi. O halde gidin bakın bakalım yetmiş beşe razı olacaklar mı? Biz de..." Divan'da çevresinde oturan diğer vezirlere şöyle bir bakmıştı. "...Görelim bunu nasıl yapabiliriz."

İki komutan eğilip çıkmıştı.

Adamlar çıkar çıkmaz Sokullu adeta patlayarak, "Allah aşkına, buna şantaj denir. Bu adamlar imparatorluğu dağıtacaklar. İslam'ı da... Hiç aldırmıyorlar mı?" diye bağırmıştı.

"Aldırdıklarına ihtimal veremiyorum," demişti Lala Mustafa. Çok yavaş bir sesle konuşuyordu. "En sonunda bu onların imparatorluğu değil."

"Tabii ki bu onların imparatorluğu."

"Hepsi de küçük birer çocukken alınıp getirildiler, bunu unutmayalım."

"Ben de öyle. Sen de... Bu ne demektir? Eğer onların evlenmelerine izin verirsek iş çığırından çıkar. Ama galiba sen de bu kanıdasın." Sokullu'nun sesi bir bıçak gibi keskinleşmişti. "Sen ve seni besleyen yandaşların..."

"Ben başka bir çıkış yolu görmüyorum efendim, ya siz?"

Sokullu da umutsuzdu ama şunları söylemekten de kendini alamamıştı, "Bazen zenginlerin başkaldırısı yoksullarınkinden daha tehlikeli olur."

"Afedersiniz anlayamadım?"

"Hiçbir şey Paşa. Bu Aristo'nun bir sözüydü."

"Gâvur işi." Lala Paşa yüzünü buruşturmuştu.

"Her ne hal ise... Birleşmemiz gerek efendiler. Hemen şimdi... Ve bu fazladan ödeyeceğimiz yirmi beş akçeyi nasıl sağlayabileceğimizi düşünelim. Toplayabileceğimiz yeni vergi yok. Sancakların yapabileceği bir şey yok, tarlalar kuraklık içinde. Her yanımız düşman dolu, gelecek para yok."

"Ama hâlâ bankerler var," demişti Lala Paşa.

"Leş kargaları. Yaşadıkça buna razı olamam."

"Bütün Hıristiyan ülkeler bunu yapıyor."

"Evet ve belâlarını da buluyorlar, faiz kesinlikle haramdır."

"Ama biz onlar gibi değiliz, biz koskoca bir inananlar imparatorluğuyuz."

"Bu sözleri dar bir görüş olarak değerlendirecek olanlar da vardır Paşa."

"Siz öyle mi dersiniz Paşam? Öyle mi?"

Mustafa Paşa geri adım atmıyordu.

"İnananlar olarak, Allah'ın yasak ettiğini yapamayız. Faizle para alamayız."

"Allah'ın isteği kullarının iyi yaşamasıdır."

"Böyle bir konu için bunu ortaya sürmek küfür gibidir Paşa. Ben inananların çocuklarını ileride köleleştirecek bir şeyi asla kabul edemem. Ve Şeyhülislam da benimle aynı fikirde olacaktır, eminim."

Adam o anda Divan'da değildi, Lala Mustafa başını sallamıştı. Şeyhülislam buna izin vermezdi. "O zaman tek yol, elli akçeyi aldığımız yerden yirmi beş akçe daha istemek, öyle değil mi?"

"Bunu nasıl yapabiliriz?"

"Parayı ayarlayalım yeniden. Bir gümüşteki yüzde ellilik bakır oranını yüzde yetmiş beşe çıkaralım. O zaman biz onlara aynı parayı veririz, ama asker daha fazla aldığını zanneder. Alışveriş yapanlar da öyle... Satıcılar da, alıcılar da..."

"Buna gerçekten inanıyor musun?" Sokullu Paşa'nın yüzü iyice asılmıştı.

"Zorunlular. Nasıl inanmazlar ki? Üzerinde Sultan'ın adı olacak."

"Bu para ne korkunç bir şey..."

"Ama Paşam, şimdi parası olan biri olarak konuşuyorsunuz, yoksulken bunları söylemek güçtür."

"Faiz hayır getirmez Paşa. Öyle, ya da böyle, bu da bir çeşit gelecek nesillerden çalmadır. Galiba her şeyin bir sınırı, sonu var. Büyük bir imparatorluğun bile... Ben bunu kabul etmekte neden bu kadar zorlanıyorum? Bu gerçeği görüp, yapılması gerekeni yerine getirmekte neden zorlanıyorum, buna cesaret edemiyorum?"

"Eğer bunu yaparsanız kimse size korkak diyemez."

"Doğru, diyemezler, çünkü onların kendileri de çok korkak."

"Bu gelip geçici bir değerlendirme."

"Evet ve Allah şahidimdir ki, bunun böyle kalması için uğraşacağım. Böyle şeylerin âdet halini almaması için uğraşacağım."

"Amin," demişti Lala Paşa.

Sultan'ın Gözü'nden olanları izleyen Safiye hayretini saklayamamıştı. "Bugün kıtlık var, deyip, sonra, yarın bitti, demek gibi bir şey bu. Sokullu Paşa çok inatçı bir ihtiyar. Çok merak ediyorum aşkım, ona nasıl katlanıyorsun?"

"Katlanmak mı? Buna zorunluyum. Beni ortaya çıkardı, bu hale getirdi. Benden önce babamı da."

"Fazla iktidarda kalan Vezir-i azamlar'dan kurtulmanın daima yolları vardır."

"Bak hayatım. Öyle ya da böyle, ben kendi işlerimi halledebilirim. Sokullu olsa da olmasa da..."

Safiye ile böylesine rahatlıkla nasıl siyaset konuşabildiğine Murad kendisi bile şaşırmıştı.

'Bunlar birbirini tamamlayan yaşlı bir çift gibiler,' diye düşünmüştü Gazanfer. Yatağı bile artık cinsellik için değil, muhabbet edebilmek için kullanan bir çift...

Safiye, "Sen de paranın ayarının düşürülmesi gerektiğini mi düşünüyorsun Sultan'ım?" diye sormuştu.

"Evet."

"Ama ben daha önce Sokullu'nun bu konuda ileri sürdüğü bazı fikirleri hatırlıyorum. Şöyle demişti: 'Ne çeşit bir adam, bir yalanın üzerine imzasını atabilir?' Halk bunu anlamasa bile tüccarlar gerçeği hemen anlayacaklardır. Ve bu paraların üzerinde senin adın olacak..."

"Evet, bu da bir görüş, ama yerine getirmek zorunda olduğumuz görevlerimiz var."

"Senin görüşün bu mu?"

"Evet."

"Görevlerimiz, işler... Senin yeni şekerleme tepsin gibi mi?"

Murad, Safiye'nin bu konuda bilgisi olmasından ötürü bir parça utanmış gibiydi. Ama kararlı bir ses tonuyla konuşmasını sürdürdü. "Gelecek, beni hoş görecektir. Eğer bunu yapmazsam yeniçeri ayağa kalkar ve imparatorluk tehlikeye girer."

"Tabii bir de, güçsüz bir Sultan gibi görünmemen gerekir orduya karşı. Aşkım bunun için çok mu altın aldın?"

Murad'ın ani ve şaşkın dönüşü onu elevermişti bile.

"Bunu zaten tahmin etmiştim. Kim vaat etti?"

"Sen tahmin et, benim küçük siyasetçim."

"Sanırım bu, Lala Mustafa Paşa'dır."

"Çok akıllısın."

Safiye gülümseyerek devam etmişti sözlerine, "O da kendinden daha aşağı rütbedekilerden almıştır, onlar da daha aşağıdakilerden, onlar da... Bankerler, tefeciler... Koskocaman bir ilişki yumağı.."

"Evet öyle. Ve sen bu işin nasıl olduğunu, düzenini benden çok daha iyi bilirsin."

Safiye, Murad'ın gencecik bir şehzade olduğu günlerdeki gibi ayaklarının dibinde oturuyordu yine.

"Seni çok mu hayal kırıklığına uğrattım Safiye?" diye sormuştu Sultan.

"Hayal kırıklığı mı? Hayır aşkım. O gümüş paralardan bir dizi yapıp, fesimin üzerine süs diye asacağım." Başını gülerek salladığında fesinin üzerindeki paralar şıngırdamıştı. "Hayal kırıklığına uğramış gibi mi görünüyorum?"

"Biraz."

"Yok, inan değilim. Hatta memnunum. Ortada dönen paranın bir kısmı tahmin edebileceğin gibi nasılsa benim olacak."

Murad başını sallayarak, "Anlıyorum," diye mırıldanmıştı.

"Herhalde benim Sokullu Paşa gibi yaşamamı beklemiyorsun?"

"Güzel kıyafetlerinden..." Murad, Safiye'nin elmas düğmeli yeleğini dokunmuştu dalga geçerek. "...Ve benim köle kızlarımdan yoksun olarak?"

"Kızlar olmadan duramazsın sen aşkım."

"Sadece bilmek istemiştim. O kadar." Bunları mırıldanırken Safiye'nin ensesine doğru eğilmişti.

Safiye dönüp Sultan'ın yanağına sevgi dolu yumuşacık bir öpücük kondurmuştu bunun üzerine. Murad da onu öpmüştü ve sonra ikisinin dudakları çok hafif bir şekilde birleşmişti.

Gazanfer hiç kımıldamamıştı. Hatta gözünü bile kırpmamıştı denilebilirdi.

"Söyle bakalım, senin Mitra nasıl bugünlerde?" Murad, o altın saçların arasına yüzünü gömmüş, mırıldanıyordu.

"İyi, çok iyi. Seni özlüyor."

"Ben de onu. Ne kadar güzel şiir okur."

"Evet, öyle. Ama sen, annenin sana yolladığı o yeni küçük köleyle öylesine meşgulsün ki..."

"Evet, o aptal şey."

"Daima öyle değiller mi zaten?"

Murad hiçbir şey söylemeden ona katıldığını belli ederek gülümsemişti. Tekrar derin derin nefes aldıktan sonra da, "Onu bu gece bana gönder, olur mu?" demişti.

"Mitra?"

"Evet."

"Tabii. İsteğin başım üstüne."

Safiye bu sözlerden sonra onu tekrar öpüp dışarı çıkmıştı. Devasa Macar hadım da sessizce arkasından seyirtmişti.

# XXXI

"*KRAL YASEF.*" Bu yazı kırmızı ve gümüşi beyaz çizgilerle çevrelenmiş, ortasında iki kükreyen aslan figürünün bulunduğu süslü armanın üzerinde silik de olsa hâlâ okunabiliyordu. Kırmızılar pembeye, lacivertler açık maviye dönüşmüştü. Beş yıl boyunca nemli soğuk ve kavurucu sıcak altında kalmıştı Yasef Nasi'nin rüyalarının simgesi. Sultan, Kıbrıs'ı alarak emeline kavuşmuşsa da Nasi kavuşamamıştı. Önce adada kıtlık baş göstermişti. Selim buna kahrolmuştu, ama bunun nedeni halkın içine düştüğü zor durumdan çok, adanın fethi sırasında ünlü bağların yakılıp yıkılmasıydı. Yeniden o mükemmel verimin alınabilmesi için kim bilir kaç yıl gerekecekti ve oraya yerleştirilenler şarap işini ne ölçüde becerebileceklerdi?

Sonunda, dostu ve akıl hocası Nasi'ye adayı ancak doğru düzgün bir hale gelince vermeye karar vermişti Selim. Savaşın zararları bu topraklardan tümüyle temizlenecek, Kıbrıs yeniden güzelleştirilip donatılacaktı ve bu süreç için Sultan bir askeri, Muzaffer Paşa'yı seçmişti.

Muzaffer Paşa gerçekten de güzel bir iş çıkarmıştı. Kıbrıslılar şimdi Müslümanlar'la yakın ilişki içindeydiler. Bunun nedenlerini kendimce değerlendirebiliyordum. Bizim Venedikliler, adadaki tüm rahiplerin Roma'ya bağlı olması konusunda hiç taviz vermemişlerdi. Oysa Muzaffer, Ortodoks kilisesini etkinliğinde serbest bırakmıştı. Adanın dini lideri bir müftü oldukça, insanların cennete hangi dille gittikleriyle de, kiliselerdeki ikona ve tütsülerle de ilgilenmiyordu Osmanlılar.

Muzaffer Paşa, Bizans geleneğine bağlı olarak o güne kadar tarla ve bağlarda toprak kölesi gibi çalışanlara belli bir ücret karşılığında o toprağı satın alabilme hakkını da vermişti. Bütün bunlar çok daha iyi sonuç vermişe benziyordu Kıbrıs'ta.

Üç yıl sonra adanın üzümlerinden üretilmiş ilk şarap partisi, vergi olarak İstanbul'a gelmişti. Ama hiç kimse bunun eski zamanlardaki kadar iyi olup olmadığına karar verememişti. Selim ölmüştü ve bunca insanın ölümüne değecek bir sonuç olup olmadığı hakkında hiçbir şey söyleyemezdi.

Selim'in dünyadan göçüşüyle Nasi'nin hayalleri de uçup gitmişti. Nasi, yeni Sultan'ı tanıyorsa da babasıyla olan gibi bir dostluk söz konusu değildi aralarında. Muzaffer Paşa'ya bir tuğ daha eklenip yeni bir sancağa atanarak ödüllendirildiğinde, hiç kimse şaşmamıştı ve Divan da daha önce verilmiş tüm sözlerini unutuvermişti. Evinin kapısındaki armanın renkleri gibi Nasi'nin de uçup gideceğini sanmıştık hepimiz.

Oradan geçtiğim bir gün, içeri Nur Banu'nun hadımlarından birinin girdiğini görünce bu yüzden oldukça şaşırmıştım. Çünkü gözde olduğu günlerde Nasi, daha çok Safiye ile sıkı bir ilişki içindeydi. Hadımın orada bulunuşuyla ilgili olarak hiçbir açıklama getiremiyordum ve kendi işlerim vardı, yürüdüm gittim, sonra da bu olayı unuttum.

Ve yine başka bir günümde bu olayı telaş içinde şöyle bir, tekrar anımsadım.

Çünkü o öğleden sonra diğer olanlar benim için çok daha önemliydi. Sokaktan içeri en son giren ben olmuştum galiba. Sıcak nedeniyle herkes zamanından önce dükkân kapatıp evlerine sığınmıştı. Konağın bahçesinde beni karşılayan ağaçların gölgesi ve yasemin kokularıyla doğrusu çok rahatlamıştım. Evin içi yine de daha serindi ve orada beni karşılayansa Gülruh'un şen kahkahaları olmuştu. Hareme girmeden önce bir süre durup gönlümü açan bu güzel sesi dinlemek istemiştim.

Avlunun ortasında Sokullu'nun evde olduğu zamanlar namaz kılmadan önce abdest aldığı fıskiyeli bir havuz vardı. Küçük Gülruh'un bunun etrafında koşturup durduğu belliydi. Onu her böyle görüşümde varlığının nedeni olan günaha yataklık ettiğim için asla pişmanlık duymuyor, tam tersine mutlu oluyordum. Hatta Sokullu ona bakıp, "Ne garip bana hiç benzemiyor," dediğinde bile...

Çok güzel bir çocuktu ve henüz dokuzunda olmasına karşın yavaş yavaş bir genç kız havası kazanmaya başlamıştı. Babasının, yani öz babasının hatlarını ve vücut yapısını taşıyordu. Yaşıtlarından daha iri ve boyluydu. Sağlıklı, yanık bir ten rengi vardı. Birazcık hastalanıp rengi solgunlaşsa da, iyileşince çabucak çok daha şıkırtılı bir tene kavuşuyordu. İsmihan için böyle bir şey ancak güneşte yanıp, az çok hareket etmekle olabiliyordu. Kızı hastalanınca hanımım adeta kahrolur ve çocuk bir daha asla iyileşmeyecekmiş gibi davranırdı. Anneyle kızın göbek bağı sanki asla kesilmemişti.

Genellikle olduğu gibi Gülruh sağlıklıyken, sızlanmaya bir neden bulamayan İsmihan onun saçlarına takardı aklını. Doğru, moda olduğu gibi kıvırcık, sert ve kalın telli değildi çocuğun saçları. "Büyüdüğünde siyah yün takacaksın kafana," der dururdu İsmihan. Ama Gülruh'un zayıf görünen saçları inanılmaz bir hızla büyüyordu ve şimdi arkasında sallanan iki örgü, en uslu ve uykulu kediyi bile arkasında koşturacak kadar neşe doluydu.

Gülruh, kendi evinden çok bizimkinde vakit geçirmeyi seven yeğeni Şehzade Mehmed'le oynuyordu. Bu öğleden sonra, daha da canlı bir koşturma içinde olmalarının nedeni oyunlarına Arap Paşa'nın da katılmış olmasıydı.

Arap Paşa, Sokullu'ya benden çok daha önceden beri hizmet etmiş olan zenci köle kadının oğluydu. Neredeyse sağır ve kör bir hale gelmiş olan kadın, oğlunu yeniden görünce yirmi yaş gençleşmiş gibi olmuştu. İnsanları benzetmekte çok usta değildim, ama tüm söylentilere karşın bu adamın babası kesinlikle ihtiyar Ali'ydi. Bundan emindim. Ama bir yığın insan bu konuyla ilgili olarak dedikodu yapar dururdu, bunu da biliyordum.

Sokullu Paşa, bu gence bir babanın verebileceği her olanağı sağlamıştı: İyi bir eğitim ve sonra iyi görevler. Ama eğer yetenekli ve zeki olmasa, onu bu rütbelere çıkartmazdı efendim. Bunu biliyordum. Üç tuğu vardı Arap Paşa'nın ve Sokullu onun Kıbrıs'ın yeni valisi olmasını istiyordu.

Sokullu, bu genç adamı ve yeteneklerini seviyor, takdir ediyordu. Gençlik ya da güzellik, onu zekâ ve başarı kadar asla etkileyezdi. Küçük hanımım ise çok daha açık bir biçimde tapıyordu genç Paşa'ya. Ona yeni konuşmaya başladığı günlerde söylediği gibi sesleniyordu sevgiyle: Brabi.

Gülruh, Arap Paşa'nın cebinden tütün kesesini kapmış kaçıyordu. Havuzun etrafında güle oynaya koşturuyorlardı.

Aslında Mehmed, bu siyah adamın her gelişinde olduğu gibi bir parça tedirgindi. Yeğeninin ilgisinin başkasına dönmesine tahammül etmekte zorlanıyor gibiydi. Hatta onların gülüşmelerini, sarılmalarını kıskanıyordu besbelli.

Sonunda yakalanan kız ve onu kovalayan genç adam sarmaş dolaş kıkırtılarla nefes nefese havuzun kenarında çöküp kalmışlardı. Gülruh'un eli hâlâ adamın cebindeydi, Arap Paşa kıza sevgiyle sarılmıştı. Bu kollar dikkatimi çekmişti: bembeyaz pürüzsüz bir kol ve yanında kıvır kıvır tüylerle kaplı simsiyah olan bir diğeri...

Mehmed hemen yanlarında bir kenara atılmış gibi duruyordu. Bunu gözden kaçırmak olanaksızdı. Ayağındaki kırmızı terlikleri yere fırlatıp arada bir, "Gülruh. Gülruh. Haydi oynayalım..." diye öfkeyle bağırıyordu.

O sırada Sokullu gelmişti. Benimle aynı yerden girmişti bahçeye. Birkaç adım arkamdaydı, "Ah Arap, ben de..." dedikten sonra susuvermişti.

Bu suskunluğu bir süre daha sürmüştü. Ne yapacağını biliyorsa da zorlanıyordu. Bir orduyu yönetebilirdi başarıyla Paşa, ama haremle ilgili işlerde bu deneyim bir işe yaramıyordu. En doğruyu yapabilmenin peşindeydi o ve böyle duygusal anlara hiç alışık değildi.

Sonra, "Kızım buraya gel," demişti.

Biri siyah, biri beyaz iki yüz şaşkınlıkla bu sese dönmüştü. Yalnız sese değil, kendilerinden başka birinin daha dünyada var olduğuna şaşırmış gibiydiler. Bu durum geçer geçmez Gülruh gülümseyip başını Arap Paşa'nın omzuna dayayarak "Baba," demişti.

Sokullu'nun sesi, kızın bu yumuşak davranışıyla daha da bir kararlılık kazanmış gibiydi.

"Sana buraya gel, dedim."

Gülruh'un gözleri büyümüştü ve belki de korkuyla Paşa'ya iyice sokulmuştu. Sokullu başını sallayarak tekrar bağırmıştı.

"Doğru hareme!"

Kız bunun üzerine hemen gitmişti, saç örgüleri artık sallanmıyordu. Paşa kolumu sanki kuvvet almak ister gibi tutuyordu. Olabilirdi, ne de olsa ben yarım erkektim. Sessizce bana, "Artık zamanı geldi," demişti. "Bundan böyle, o da senin korumandadır."

Anlamıştım, önünde saygıyla eğildim. Daha sonra Şehzade'nin uzun uzun ağladığını duydum, "Gülruh'u istiyorum, Gülruh'u istiyorum..." Tıpkı dadısından ayrıldığı günlerdeki gibi sızlanıyordu çocuk.

Bu, ikisinin arasında ilk somut ayrılıktı. Bunu biliyordum. O günden sonra Mehmed'in annesinin yanına bile gitsek, Şehzade odaya girdiğinde, Gülruh peçesini örtmek zorundaydı ve artık konuşamazlardı, onun söylemek istediklerini ancak ben aktarabilirdim küçük Şehzade'ye.

Mehmed henüz bu yasaklamaları, cinselliği anlayabilecek yaşta değildi. Ama Gülruh'un hareme gönderilmesinin nedeninin kendisi olmadığını biliyordu, ben de... Bir kez daha emin olmuştum ki Arap Paşa, Sokullu'nun oğlu değildi. Eğer öyle olsaydı kızıyla Arap Paşa'nın paylaştığı yakınlık Vezir-i azam'ı asla bu denli rahatsız etmezdi.

Gülruh'un bir erkek kardeşi yoktu. Artık evlenene kadar görebileceği tek erkek babası olacaktı. Onun kederi yeğeninki gibi gürültülü olmamıştı. Hiç ses çıkarmadı.

Birkaç hafta sonra Sokullu evdeki dört köle kızdan biriyle Arap Paşa'yı evlendirdi. Onu kesinlikle korumak ve onun için hedeflediği yerlere ulaşmasını istiyordu ihtiyar vezir, bundan emindim.

Gelini hamama götürdüğümüz gün Gülruh ağlayarak odasına koşmuştu. Kına gecesine zorlukla katlanmıştı, zifaf gecesi ise bir kâbustu küçük genç kız için.

Gülruh'un evlilikle ilgili olarak neler bildiğinden emin değildim. Burada Batı'ya hiç benzemeyen bir biçimde harem kadınları böyle konularda çocukların yanında konuşmaktan çekinmiyorlardı. İsmihan onlardan daha farklıydı, belki de bunun nedeni kendi özel ve tek gecesiydi, kim bilir? Ama yine de çocuğun bu konudaki bilgilerinden emin değildim.

En azından Gülruh, evliliğin çok önemli bir özel paylaşım anlamına geldiğini biliyordu herhalde. Özgürlüğü verilen bu kölenin, taptığı Arap Paşa'nın yanına rahatlıkla gidebileceğinin farkındaydı. Oysa o, soylu bir kandan gelmesine karşın bunu yapamıyordu. Peçe arkasından bir bakış... Bu ona yetmezdi. Gülruh kıskanıyordu.

Bu evlilikle ilgili başka şeyler de vardı. Çok önemli olmasa da bunları söylemek gerekiyor. Çünkü daha sonra olanları anlamak açısından çok önemli.

Herkes oturmuş, binbir çeşit yemekle donatılmış düğün sofrasının keyfini çıkarıyordu. İsmihan bu konularda gerçek bir uzmandı. Kuzular, pilavlar, binbir çeşit tatlı...

Tam o sırada Nur Banu gelmişti. Bir kölenin düğününde bir Valide Sultan! İsmihan hemen gelinin yanında bir yer sunmuştu ona.

Kadın yumuşak bir ses tonuyla gelinle konuşmaya başlamıştı. Tabii ki bu çok yüce bir davranıştı. Kızı böyle bir konuşmayla ne kadar onurlandırdığını biliyordu. Doğrusu bundan hiç kuşkulanmamıştım. Hatta Nur Banu'ya nargilesini götürdüğümde duyduğum, bana saçma gelen ilk sözlerinden bile.

"Zenci olması çok kötü," diyordu Valide Sultan. "Böyle bir adamın tohumları insanı çok rahatsız eder. Bundan sağlıklı çocuk çıkarmak doğrusu zor iştir, çok zor..."

Ama daha sonrakiler çok daha garipti: "Sanki bize geldikleri zaman olanlar gibidir bu iş de... Bir beyaz adamdan çok daha iyi ve gayretle çalışır siyahlar. Ama sonra, her şeyi, Allah bilir neden, kendi siyah, çamurumsu suratlarına döndürüverirler birden..."

Gelin, Kafkasyalı çok genç, taptaze bir cahil kızdı. Ve kendi ülkesindekilerin çoğu gibi kuvvetli batıl inançları vardı. Nur Banu'yu dikkatle dinliyordu, gözleri korku içinde kocaman açılmıştı. Belli ki Valide Sultan'ın söylediklerinden oldukça etkilenmişti.

# XXXII

İSTANBUL'da o yıl olanları tüm Hıristiyanlar daima hatırlayacaklardı. Çünkü Meryem Ana'mızın ölüm yortusu sırasında çok kötü olaylar yaşanmıştı. Murad, Osmanlı tarihinde alışılmadık bir biçimde, yaşanan kıtlığı ileri sürerek o yıl hiçbir savaş ilanında bulunmadığı için yeniçeriler boşta kalmıştı.

İçlerinden bir kısmı Saraydan kopardıkları yetmiş beş akçeyi meyhanelerde harcamayı seçmişti. Meyhaneciler, paranın ayarında yapılan değişikliği farkedip, şaraba aynı ölçüde su katarak kendilerini yeni düzene uydurmakta gecikmemişlerdi. Ama bu bile askerlerin sarhoş olup Hıristiyanlar'ı taciz etmesini engelleyememişti. Bazı genç papaz çömezleri onların sayısının az olduğunu düşünüp kutsal ibadetleriyle dalga geçen ve dini ayinlerini bozan bu başıbozuk adamlarla başa çıkabileceklerini düşünüp karşı koymuşlardı. Çıkan olaylar sonucunda ne yazık ki, baş papaz öldürülmüş, kilise yakılıp yağmalanmıştı ve hatta çoğu orta yaşı aşmış bazı dindar kadınlara tecavüz bile edilmişti.

O günleri, çıkan olaylar nedeniyle olmasa da Müslümanlar da hatırlayacaklardı. Çünkü olaylar kendi mahallelerinde değildi, yalnızca biraz gürültü patırtıyı duymuşlardı. Sokullu, konuyu öğrenir öğrenmez öfkeyle Divan'ı toplamıştı.

"Hıristiyanlar bizim korumamız altındadır," diye başlamıştı sözlerine. "Bugüne kadar vergilerini düzenli olarak ödediler, bize karşı bir kusur işlemediler. Onları, her zaman olduğu gibi dini görevlerini yerine getirmekte özgür bırakmalıyız. Onlar Kur'an'ın tanıdığı insanlardır. Onları korumak bizim Allah'a karşı görevimizdir. Bunun için söz verdik. Hıristiyan ya da Yahudi hiç kimseye, Müslümanlar sözlerini tutmadılar, dedirtmemeliyiz."

Aslında Sokullu askerler arasındaki sessizlikten tedirgindi. Bu, her an bir belayı getirebilirdi. Paşa yılların deneyimiyle bunu sezebiliyordu. Yeniçeri Ağası'nı çağırmıştı. Şeyhülislam'ın da desteğini alarak hemen sokaklara adam salındı ve yeni bir yasa duyuruldu halka: "Allah'a ve O'nun Peygamberi'ne karşı çıkarak şarap içip sarhoş olan her Müslüman hemen cezalandırılıp, kafası kesilecektir."

Bu ilanın arkasından Sultan, Edirne'deki avdan dönene kadar sinsi bir sessizlik olmuştu İstanbul'da. Murad babası gibi bir sarhoş değildi. Gerçi o da ara sıra içerdi, ama bu daha çok şiirle, müzikle yoğrulmuş bir zevk boyutundaydı. Ona kalsa bir yasaklama yerine olayların zaman içinde eriyip unutturulmasını tercih ederdi, çünkü böyle içki yasakları daha önce en az yirmi kez konulup kaldırılmıştı. Bu çok saygın bir hava yaratmıyordu halk arasında. Ama yine de fazla ses çıkarmamıştı Sultan.

Murad, için için gerilen kente av arkadaşı Üveyis'le birlikte dönmüştü.

Üveyis'i daha önceden biliyorduk. Selim öldüğünde Murad'la birlikte başkente zorlu bir yolculuğun ardından gelen dört kişiden biriydi bu adam. Onu ilk gördüğümüzde içine kapalı bir dağ adamına benziyordu, ama şimdi Sarayda geçen yıllar içinde oldukça değişmişti.

Bir defa kısa bacaklarının neredeyse taşıyamayacağı kadar şişmanlamıştı, koca bir göbeği ve kalın bir ensesi vardı artık. Tuhaf bir cüceye dönmüştü. Sık sık burup durduğu koca bıyıklarıyla ortalarda dolaştığında doğrusu oldukça ilginç bir tablo çiziyordu. Tek kulağında sallanan küpesi, parlak satenden altın işlemeli şalvarı... Aslında bu kılıkla at üstünde rahat etmesi çok da mümkün görünmüyordu. Biri ona karnına sardığı koca kuşakla ne kadar komik göründüğünü söylemeli, diye geçiriyordum içimden adamı her gördüğümde. O kuşakla şişkoluğu daha bir ortaya çıkıyordu. Saray çevrelerinde tanıdığım öz be öz tek Türk olan Üveyis'e tipik Türk giysilerinin bu kadar yakışmaması gerçekten de garipti.

Murad'ın neden bu adamı kendine yakın tuttuğunu hepimiz çok merak ediyorduk. Murad, her şeye rağmen iyi bir eğitimden geçmişti. Aslında adamı avdan ava kullandığı sevdiği bir at gibi kabul edip, iyi bakıldığı gözden uzak bir yerde tutsa çok daha iyi olurdu herhalde. Üveyis'in avda çok iyi olduğu söyleniyordu. Sultan'ın av partilerine katılanların anlattığına göre, adam bedenindeki bunca olumsuz değişikliğe karşın hâlâ inanılmaz uzaklıklardan avı görebiliyordu. Belki de Murad'a en çekici gelen özelliği de buydu.

Murad sanırım, şiire olan yakın ilgisinden ötürü, yaşamın keskin çelişkilerinde bile bir estetik olduğuna inanıyordu. Üveyis tekdüzeliği yıkıp ortama canlılık katan bir soytarı gibi Divan'a bile katılıyordu. Yine de Murad'ın ne kadar büyük bir zıtlığın simgesi olsa da bundan nasıl bir yarar beklediğini tam olarak anlayamıyordum. Özellikle Üveyis'in, Divan'da söylediği, Sokullu'nun tepesini attıran, ama adamın Sultan'ın gözdesi olmasından ötürü sesini çıkartamadığı densiz sözleri duyduğumda bunu bir kez daha kendime sormuştum.

"Allah aşkına," diye dişlerinin arasından diğerlerini ürkütüp sindiren bir ses tonuyla bağırmıştı küçük adam. "Hıristiyan doğmuş biri, bizim gibi müezzin sesleriyle doğanlara nasıl faziletten söz edebilir? Biz, İslam'ı babalarımızdan öğrendik. Onunki ise bir gâvurdur. Onu izleyin efendiler. Eğer o ulvi yüzün arkasında sinsi bir kötülüğün gizlendiğini öğrenirsem hiç mi hiç şaşmam."

Divan'daki diğer dört-beş kişi de devşirmelikten gelmiş insanlardı. "Sonradan İslam'a gelenler makbul Müslümanlar' dır" sözü bile adamın üslubunu yumuşatamamıştı.

O gün eve döndüğümde, İsmihan'ın da ben evde yokken Nur Banu'yu ziyaret ettiğini öğrenmiştim.

"Valide Sultan ne istiyormuş?"

"Aynı şeyler. Yeni dedikodu da yok. Sokullu Paşa'nın hâlâ Divan'dan dönmemesine çok şaşmış." İsmihan elindeki işine bir iki kez daha iğnesini daldırıp çıkardıktan sonra, kendi kendine yavaş bir sesle mırıldanmıştı. "Garip."

"Garip olan nedir hanımım?"

"Valide Sultan'ın daima beline doladığı muhteşem kemerini hatırlıyor musun?"

Hatırlamıyordum ama konuyu uzatmamak için biliyormuş gibi başımı sallamıştım. "Bugün onu takmamış mı?"

"Hayır takmıştı," diye cevap vermişti İsmihan. "Ama onun ucunda sallanan inci var ya, nerdeyse kuş yumurtası kadar büyük olan..."

"Evet?"

"Bugün o yoktu. Öyle bir şeyi kaybetmiş olamaz, değil mi? Yoksa Saray birbirine girerdi. Çalınmış olsa... O zaman bundan mutlaka haberimiz olurdu."

"Evet, birine vermiş olmalı."

"Evet. Ama kime? Nur Banu kimi bu kadar ödüllendirebilir?"

Buna verecek bir cevabım yoktu.

Gerilim içindeki Sokullu garip işler yapmaya başlamıştı. O pazar –nedense o gün Divan toplanmamıştı– Sokullu tüm ev halkının Boğaz'da bir gezi yapmasını istediğini söylemişti.

Kızların çoğu doğal olarak bu öneriyle sevinçten çıldırmış gibiydi. Onları derleyip toplamak için uğraşmak benim bu tekne gezisinden yeterince zevk almamı engelliyordu. İsmihan'ın oraya kadar dikkatle taşınması gerekmişti. Ama tekneye ulaştığımızda minderlerin arasına kurulup şerbetini yudumlamaya başladığında o bile mutlu olmuşa benziyordu.

Güneşin altında esen rüzgâr çok hoştu. Hava güzeldi ve yosun, tuz, balık kokuları bana eski günlerimi hatırlatıyordu. Gülruh ve birkaç kız beni sıkıştırınca onlara o günlere ait anılarımdan bazılarını anlattım. Arada İsmihan'la gözgöze gelince, birbirimize gülümsüyorduk. Doğrusu iyi bir günümdeydim, bunları anlatırken kendimi kötü hissetmemiş, acı duymamıştım.

Otuz beşi geçen biri hayatı anlayıp kabullenmeyi öğrenmiş oluyordu galiba. Gençlik günlerim, olması gerekenden çok daha hareketli geçmişti, ama artık onlar çok geride kalmıştı ve anılarımı tazelemek eskisi gibi canımı yakmıyordu.

Gülruh mutluluk içindeydi, sürekli gülüyordu. O ve diğer kızlar teknenin kenarında balık tutar gibi hareketler yapıyorlardı. Yardımcılarımı onlara göz kulak olmak üzere yanlarına yolladım. Kızlar hemen durup, kenara çekildilerse de, az sonra denizin keyfini çıkarmak için üst güverteye çıktığımda gördüğüm kırmızı, sarı perdelerin arasından uzanan beyaz kollar pek de kolay söz dinlemeyeceklerinin kanıtıydı. Ben de onları görmemiş gibi yapmayı tercih ettim. Zaten iyice yakınımıza gelen bir gemi olmadıkça hiç kimsenin bu beyaz kolları görmesi mümkün değildi. Hatta öyle bir gemi olsa bile bu kolların sahiplerinin kim olduğunu bilmeleri de.

Dönüp efendimin teknesine baktım. Evet o da bizimle bu geziye gelmişti, ama bir başka tekneyle. Onunki daha küçüktü ve asla çok yakınımıza gelmiyordu. Vezir-i azam bağdaş kurmuş bir tentenin altında oturuyordu. Yanındakiler ise böyle bir keyfi paylaştığı dostları değildi. İki yardımcısı ve bir sancak beyi vardı teknede. Harıl harıl çalışıyorlardı. Acaba Paşa bizim varlığımızdan gerçekten haberdar mıydı?

Haliç'ten çıkmış Boğaz'da ilerliyorduk. Yanıbaşımızda Hıristiyanlar'ın oturduğu Galata, boyasız ahşap evleri, sütunlu balkonlarıyla uzanıp gidiyordu.

Öylesine yakından gidiyorduk ki karaya dönüp kaptana, "Dikkat et, şimdi kadının biri tepemize bulaşık sularını dökecek," diye şaka yapmıştım.

Adam kahkahayla gülmüştü. Aslında uzak bir olasılık gibi görünse de, oradan rahatlıkla gözlenebilirdik. Pera'nın bakımsız evlerinin çoğu, balkonlarına oturup etraflarında gördükleri en küçük bir detayı bile memleketlerine rapor eden yabancı diplomatlara aitti.

Aman, dedim kendi kendime, bakarlarsa baksınlar, yazarlarsa yazsınlar...

Kısa bir an Andrea Barbarigo'yu düşündüm. Müslüman olup Müslim adını alan bu Venedikli şimdi çevirmenlik yaptığı Sarayda, acaba eski diplomatlık günlerini arıyor muydu? Sanmıyordum.

Arkama yaslanıp gezinin tadını çıkarmaya karar verdim.

# XXXIII

BİRDEN bazı sesler duyarak irkildim. Bunlar kıyı meyhanelerinden geliyordu. Hıristiyanlar'ın içki içmeleri yasak değildi ve Pera sahillerindeki evlerin bir kısmı daha çok denizcilere yönelik böyle yerlerle doluydu. Aslında yalnız yabancı denizcilere değil, şarap içmek isteyen herkese açıktı bu yerler. Küçükken çok dindar olan dadım bana, bizim için kutsal olan pazar günlerinin İslam aleminde çok farklı değerlendirildiğini söylemişti. Evet, işte bugün pazardı.

Kıyıdaki tenteli bir balkondan yükselen sürekli konuşma sesleri ve kahkahalar arasından duyulan şarkılar insanı meraklandıracak, hatta şaşırtacak ölçüdeydi. Çünkü bunlar Hıristiyan nakaratlarına benzemiyordu. Meyhanenin oldukça yakınındaydık ve gördüklerimle gözlerim yerinden fırlamıştı. Duyduklarıma ise inanamamıştım.

Veranda ağzına kadar yeniçeriyle doluydu. Mavi şalvarlı askerler hep bir ağızdan zaferden dönenlerin şarkılarını söylüyorlardı, ama sözleri değiştirip küfre dönüştürerek...

O an içimden, hemen efendimle bu ahlaksızlar arasına tıpkı haremde olduğu gibi bir perde gerebilme arzusu yükselmişti. Ama iyi ile kötüyü birbirinden ayırabilecek kadar büyük bir perdeyi bulabilmek olanaksızdı. Ben bunları aklımdan geçirirken Paşa çoktan olan biteni görmüştü. Tek yapabileceğim, kürekçilere bir an önce Sokullu'nun onuru olan haremini bu rezillikten uzaklaştırmaları emrini vermekti.

Efendim, yanındakilere hemen kıyıya yanaşmaları ve kölelerden birinin derhal gidip nöbetçi zaptiyeleri getirip bu adamları tutuklatması emrini vermişti. Köle kendisine verilen bu görevden hiç de hoşnut olmuşa benzemiyordu. Macar ordularıyla savaşılan bir cephede casusluk yapmayı tercih edeceğinden emindim. İşin doğrusu her iki durumda da öldürülme olasılığı aynıydı. Ama burada ölümün dışında, bir de onursuz bir duruma düşme tehlikesi de vardı. İspiyonculuk yapmak istemiyordu adam. Yine de tekne kıyıya yanaşır yanaşmaz çaresiz fırlayıp gitti ve Pera'nın dar sokaklarında kayboldu.

O günkü gezimiz bazıları tarafından önceden bilindiğinden ve bunu onların planlandığından daima kuşkulanmışımdır. Daha sonra yaşadıklarımız bunu doğruluyordu zaten.

İçki nedeniyle adamlar iyice gevşemişlerdi ve sanırım ortada bir nöbetçi de yoktu, varsa bile o da çoktan kafayı bulmuş olmalıydı. Ama artık kıyıdan iyice görülebilecek bir mesafedeydik. Gölgeliğinin altında oturan, altınlı gümüşlü giysileriyle efendim Sokullu hemen fark edilebilirdi. Zaten bundan daha fazla kürekçi, tuğ ve süs ancak Sultan'ın kendisinde olabilirdi. Adamlar birbirlerini susturup fısıldayarak "Sokullu... Sokullu Paşa geldi," demeye başlamışlardı.

Birden kalabalığın arasında şişko gövdesiyle Üveyis belirdi. Koca göbeği parmaklıklara dayalıydı. Birbirinin zıddı iki adam bir süre bakıştı.

Üveyis'in kulağında her zamanki küpenin yerinde çok daha gösterişli bir takı sallanıyordu: Kocaman, kuş yumurtası kadar bir inci.

Küçük Türk, sağ elini bizi selamlamak üzere yukarı kaldırdı. Elinde yasak içkiyle dolu bir kadeh vardı. Alaycı bir sesle bağırdı: "Sokullu Paşa, şerefine."

Arkasındaki adamlar bir an duraklasalar da sonra hep birlikte kadehlerini kaldırarak adamın sözlerini tekrarladılar: "Şerefine Sokullu Paşa."

Ve yine hep birlikte kadehleri kafalarına diktiler. Kahkahalarla gülüyorlardı. Böylesi bir disiplinsizlik örneği Osmanlı ordusunda kolay kolay daha önce yaşanmış olamazdı.

Sonra işi iyice azıtarak denize çürük meyve ve sebze atmaya başladılar. Hatta bir iki şarap fıçısı bile fırlatıldı sulara.

Bağıra bağıra Paşa'yı da davet ediyorlardı ve "Biz kalben çoktan ölüp cennete gittik, savaş meydanında şehit olmanın canı cehenneme," diye naralar atıyorlardı.

Adamlar dalga geçmek için bile şarabın ziyan edilmesine gönülleri razı gelmediği için olacak, içlerinden birini fıçıları geri getirmek üzere tutup denize attılar. Bunu yaparken öylesine eğlenmişlerdi ki, başkalarını da atmaya başladılar, hatta meyhanecinin karısını bile.

Kürekçilerimiz canla başla çalıştığı için uzaklaşmıştık. Artık olanları göremiyordum ve zaten böyle bir rezaleti görmeye tahammülüm de kalmamıştı.

Kadınlar perdelerin arkasında olduklarından durumu çok kavrayamamışlardı, fazla bir şey söylemediler. Zaten bir parça anlasalar da bunu kendilerine yönelik bir davranış olarak değerlendirmeyecekleri kesindi. Gezinin devamı sakin geçmişti. Hatta kimseyi rahatsız etmemek için İsmihan deniz tutmasına karşı olağanüstü bir çaba göstermişti.

İki cinsi böyle birbirinden ayrı tutmanın en önemli nedeninin kadınların zayıflık ve zaaflarıyla erkeklerin önemli işlerine karışmamasını sağlamak olduğu söylenirdi. Ama şimdi başka bir şey daha düşünüyordum: Belki de bunun nedeni, erkeklerin pis ve iğrenç işlerinden kadınların onurlarını koruyabilmek de olabilirdi.

Efendim o gün çok geç saatlerde döndü eve. Saraya gidip saatlerce Murad'la konuşmuştu ama, sonuç alamamıştı. Sultan, pek sevgili av arkadaşının değil boynunun vurulmasına, onuruyla oynanmasına bile asla razı gelmemişti. Küçük Türk'ün arkadaşlığı onun için Vezir-i azam'ın onurundan bile daha önde geliyordu.

Yine de daha önceki benzer uygulamaların aksine içki yasağı yürürlükten kaldırılmadı. Ama uygulanmadı da. Bir gün bir başkasının işine yarayabileceği düşüncesiyle kitaplarda kaldı.

Sokullu, bunun orduda ve halk arasında nasıl felaketlere yol açabileceğinin bilincindeydi. Haber tabii ki dört bir yana anında yayılacaktı. Rezaletin yükünü en ağır olarak çekecek olan da Paşa'nın bizzat kendisiydi. Bu, sanki lanete uğramak gibi bir şeydi. Efendimin yüzü, güçlü kuvvetli bir adamken bir sabah aniden bir tarafına felç inmiş birininkine benzer bir hal almıştı.

O gece kapısında, belki de diğer erkekler gibi rahatlamak için haremden bir kız ister, diye bekledim. Ama o böyle bir erkek değildi. Belki benimle konuşmak isteyebileceğini düşünmüştüm, ama bunu da yapmadı. O, çevresindekilere düşüncelerini açabilecek kadar asla güvenmezdi. Bu sıkıntılı anları, biraz daha farklı biri olsaydı belki daha kolay aşabilirdi. Ama zaten öyle biri olsaydı bunlar başına gelmezdi.

Efendim bir süre sonra yatak odasına gidip kapısını kapattı. Bu benim de artık oradan ayrılabileceğim anlamına geliyordu, ama gitmedim. Kapısının altından ışık sızıyordu, Sokullu da uyuyamıyordu.

O gece Paşa uzun bir mektup yazdı kendi elleriyle. Bu mektup onun dünyada en çok güvendiği adama, yeni Kıbrıs Valisi Arap Paşa'ya yollandı ertesi gün. Arap Paşa, ona etiyle, kanıyla, canıyla, ruhuyla en yakın olan insandı.

# XXXIV

"*ABDULLAH,* buraya gel."

Duvarın yanındaki dev çınar ağacına tırmanmış olan Gülruh fısıltılı bir sesle beni çağırıyordu.

Ah bu kız! Hareme gönderileli yaklaşık bir yıl geçmişti ve hâlâ buna direniyordu. O günden beri daima yanında bulunmak üzere yardımcılarımdan birini görevlendirmiştim. Tombul, hoş sohbet neşeli bir adamı...Onu seçmemin nedeni hadımın ilginç öyküler, fıkralar anlatarak ve güzel şarkılar söyleyerek kızı oyalayabileceğine inanmamdı. Ama adam nargilesinin içine bir tutam esrar atıp keyif yapmayı da çok seviyordu. Ve böyle zamanlarda Gülruh onun yanıbaşına oturup nakış işlemiyordu tabii ki. Sonunda da işte böyle oluyordu, yani onun peşine kendim düşüyordum.

"Haydi, gel buraya," diye ısrar ediyordu küçük hanımım ve yanıbaşındaki dalı gösteriyordu. Durup onun aşağı düşmesini beklemek çok saçma olacaktı.

Duvar kenarında ilkbaharın başlangıcında bir çınar ağacı... Bu bana bir başka günü, bir başka ağacı ve bir başka kızı hatırlatmıştı. Gülruh'dan azıcık daha büyük; ama ruhen çok, çok daha büyük bir kızı, tüm hayatımı bir paçavra gibi savurup atan bir başka kızı...

Osmanlı kadınları Venedikli hemcinslerinin süslü püslü giysileriyle kıyaslanınca daha sade görünen şalvarlarından ötürü çok daha kolay ağaca tırmanabiliyorlardı. Hedefledikleri yere ulaşınca çok daha sade ve mütevazı olabildikleri gibi. Ama yine de, daha az çekici değillerdi. Gülruh, haşarılıktan şeffaf yeleğinin bir-iki inci düğmesi kopuk bile olsa artık o kadınsı hoşluğa bürünmeye başlamıştı. Saten terlikleri parmak uçlarında sallanıyordu. Çıplak bilekleri bembeyazdı ve burnumun ucunda bir o yana bir bu yana gidip geliyorlardı.

Bir zamanların manastır duvarına fırlayan çocuğu olsam, yanına tırmanmaktan gerçekten korkardım. Gurur ve huysuzlukla utancımı, kalp çırpıntılarımı, kasıklarımın ortasındaki sertliği saklamayı denerdim. Şimdi, kendi dediğimi ona yaptırtmak; yani o benim ağaca tırmanmamı isterken, onu gerekirse fiziksel güç bile kullanarak aşağı indirmek, belki de gelecekte daha tehlikeli istek ve hatta zorlamalarına karşı şimdiden bir alıştırma yapma olanağı verebilirdi bana.

Ama ben bu küçük kızı, gençlik tutkularımdan çok daha farklı bir şekilde seviyordum. Aslında bu birbirine hiç benzemeyen duygulanmaları tanımış olduğum için şanslıydım. Gülruh'un üzerinde olduğu dalı, ikimizi de taşıyabilir mi, diye kontrol ettim ve sonra yanına çıkmaya başladım. Doğrusu bunu kolayca yaptığımı söyleyemem. Gemi halatlarına bir maymun gibi tırmandığımdan bu yana öyle çok zaman geçmişti ki... Bir an için çok derinlerde bir sızı duydum. Ayrıca üzerimdeki hadım giysileri de böyle bir iş için fazla uygun değildi. Gülruh beni izlerken kıkırdayarak gülüyordu.

Nefes nefese yanına vardığımda hemen ilk sorusuna cevap verdim: "Yahudi Yasef Nasi." Bana "Bu kim?" diye sormuştu.

Ama, "Bizim kapımızda ne yapıyor?" sorusuna verebileceğim bir cevap yoktu.

"Gidip bir sorayım," dediysem de beni bırakmadı ve ben de gitmedim. Ağacın dalları arasından olup biteni gözlemeye koyulduk merakla.

Onu tek gözleyen biz olmasak, kızı hemen aşağı indirirdim. Ama ortalarda Nasi'den başka biri yoktu ve adam, bizim varlığımızdan habersiz, konağın kapısında dimdik durmaya çalışarak sert adımlarla bir ileri bir geri yürüyordu. Aslında daha fazla seyirci bulabilmeyi uman bir tavır içindeydi. Başını geriye atmış bağırıyor, ya da bir marş söylüyordu galiba. Bundan emin olamıyordum, çünkü çok yakınımızda değildi. Boynuna yıllardır kapısında duran hanedan armasını asmıştı.

Bir süre bu tuhaf manzarayı seyrettik. Gülruh sıkıca elime yapışmıştı. Ama sonunda sıkıldı ve aşağı inip eve doğru koştu, gidip şişko hadımıyla eğlenmek ona daha çekici gelmiş olmalıydı.

Bense bir süre daha orada kalıp bunun ne anlama geldiğini anlamak için düşünüp durdum. Aslında bir cevap bulabilmekte doğrusu zorlanıyordum. Ama sonunda kendimce bir açıklama getirdim olaya: Nasi, Sokullu'nun başına son gelenleri duymuş olmalıydı, Paşa'nın itibarı oldukça sarsılmıştı. Hem Saray, hem de halk içinde... Adam da şimdi, yıllardır içinde taşıyıp durduğu kral olma özleminin gerçekleşmesi için belki de yeni bir fırsat doğabileceğini düşünüyor olabilirdi. Selim öldüğünden bu yana Divan'a bile sokulmuyordu Yasef ve ilgiyi çekebilmek için bu yöntem aklına gelmişti herhalde.

Yıllardır peşinde koştuğu hayaller ve uğradığı hezimet Nasi'yi çok yıpratmıştı. Öyle ki onu bizim kapıda gören üç-beş kişi ona deli muamelesi yapıp geçip gitmişti. Aslında Saraydan bana sızan bilgilerden biliyordum, sırf Sokullu ve Arap Paşa'ya bir tokat atabilmek için bunu yaptırmış olabilirdi bazıları.

Ama Allah'tan iş o raddeye gelmedi. Gece havanın soğuk ve rutubetli olmasından mı, ilerlemiş yaşı ve aklını hafif oynatmış olmasından mı neden bilinmez, sabahleyin yol kenarında ölmüş olarak bulundu Nasi. Herkesin aklından bir suikast kuşkusu da geçmişti tabii, ama Sokullu bununla ilgili bir delil olmadığı için birini suçlamaktan kaçındı. Kalın bir zincirle boynuna astığı hanedan arması, buz gibi olmuş boynunda sanki adamı boğmuş gibi duruyordu.

Nasi'nin geride bıraktığı servetinin Saraya geçişi ile ilgili işlemleri yapmak görevi Sokullu'ya düşmüştü. Evi ve eşyaları satıldı; altınlar, gümüşler, mücevherler ve kölelerine el konuldu. Bunlar denkler halinde Saraya getirilip Peygamber'e ait emanetlerin bulunduğu odanın arkalarında bir yerlere yerleştirildi. Mal varlığını Sarayın yardım ve desteğiyle edinen Yahudi ya da Hıristiyanlar öldüğünde böyle davranılıyordu. Onların serveti camilere bağlı vakıflara devredilemiyordu.

Nasi'nin ölümünden bir hafta sonra, efendim benden çeşitli kadın giysileri ve kayısı rengi bir çarşaf bulmamı istedi.

Bunları sağlayıp Küçük Han'ın yanında bir eve götürecek, sonra da orada bekleyen kadını giydirip bizim hareme getirecektim. Verilen emir buydu.

Olanları duyunca İsmihan öfkeyle, "Onu hemen bana getir, gözlerini oyacağım," diye bağırdı.

Doğrusu böyle bir şeyi yapmayı hiç arzu etmiyordum. Kızı sadece bir kere görmüştüm, o da çarşaflıyken. Ama çok sıradan biriydi, bundan emindim. İsmihan'la kıyaslanınca tek üstünlüğü kendi bacaklarının üzerinde yürüyebilmesiydi. Ama en az onun kadar ağırdı. Çarşafı içinde abuk sabuk bir yürüyüşü vardı. Bunun nedeni belki de İslam âlemine yeni katılmasındandı.

Yine de, içimde açıklayamayacağım tuhaf duygular vardı. Bana adını bile söylememişti, ama rahatlıkla hangi yöne gitmesi gerektiğini söylediğimizde anlayıp ona göre davranıyordu. Onu kapalı tahtırevana bindirdiğimizde nereye, nasıl oturması gerektiğini söylememizi bile beklemeden, kırk yıldır buna alışıkmış gibi davranmıştı.

İsmihan'ın tepkisini anlamak kolaydı. Daha önce asla bir kıskançlık göstermemişti, zaten Sokullu da buna neden olacak bir davranışta bulunmamıştı. İsmihan bir Sultan kızıydı, Sultan kardeşiydi. Pazarlarda satılan bir kadın, bin erkek çocuk doğursa bile onunla boy ölçüşemezdi. Yine de Sokullu istese arada bir canı sıkılınca yatağına güzel bir tazeyi rahatlıkla alabilirdi. Ama bunu yapmamıştı daha önce. Herkesin merak ettiği, yıllar sonra neden böyle bir işe kalkıştığıydı. İsmihan bunları bilse de, bu ani ve beklenmedik değişiklikle allak bullak olmaktan, öfkelenmekten kendini alamıyordu.

Buna bir de yeni gelenle ilgili bilinmezlik eklenince kızgınlığı giderek paniğe dönüşmüştü. Onun kim olduğunu, neler yapabileceğini, gücünü ve zaaflarını bilmiyor, öğrenemiyordu. Yeni köle mabeynde tutuluyordu. Kapatıldığı yer, o güne kadar hiç kullanılmamış olan cariye odasıydı. Oraya sadece

Sokullu ve ben girebiliyorduk. Benim de bu konuda konuşmam mümkün değildi, çünkü efendim bana tüm kutsallığım adına yemin ettirmişti.

Normalde Paşa haremle fazla ilgilenmezdi. Kendi düzenimizde yaşayıp giderdik. Benim işim onun ilgi alanının dışındaydı. Şimdi kırk yılda bir benden bir istekte bulunmuştu ve ben de elimden gelen her şeyi canı gönülden yapmalıydım.

İsmihan daha sonraki günlerde de mücadelesinden vazgeçmedi. Önce yeni mücevherler, giysilerle çekiciliğini artırmanın peşine düştü. Sonra bunun yetmediğini görünce çevresini yaşlı kadınlar, kalfalar sardı. İş, duaya, muskaya ve büyülere kadar vardı. Hatta bir gün kullanılmayan bir dolapta kurumuş yılan derisi ve yarasa kanadı bulduğumda benim bile yüreğim ağzıma geldi. Ama hanımım ne yaparsa yapsın durumda bir değişiklik olmuyordu.

Mabeyne tek başıma günde iki kez gidiyordum. Hem merak, hem de nezaketimden yeni gelene yıkanmak isteyip istemediğini soruyor, onu konuşturabilmek için elimden geleni yapıyordum. Biraz hava alsın diye peçesini çıkarmayı önerdiğimde bile konuşmadan başıyla beni reddediyordu. Odadan çıkarken daima kapıyı kilitlemem gerektiğini Paşa bana sıkı sık tembihlemişti. Buna özellikle dikkat ediyordum.

Hareme döndüğümde İsmihan'ın binbir sorusuyla karşılaşıyordum, ama doğrusu istesem de doyurucu bir cevap veremiyordum. Tek söylediğim, "Bilmiyorum" oluyordu.

İsmihan sık sık acı içinde dudaklarını ısırarak nemli gözlerle, "Kocam hâlâ onunla vakit geçiriyor mu?" diyordu.

"Her gece birkaç saat."

"Yalnız geceleri mi?"

"Bildiğim kadarıyla öyle."

"Allahım, gece... Ne yapıyorlar?"

"Bu Allah'ın bileceği bir şeydir hanımım. Ama sanıyorum konuşuyorlar. Oysa bana tek bir kelime bile etmiyor."

İşte bu noktada İsmihan hıçkırıklara boğuluyordu. "Ama nasıl olsa yıkanmak zorunda kalacak. Âdet günü yaklaşmış olmalı, o zaman kocam onun yanına gitmez. Ama ya, ya... Ya hamileyse?" Bu çeşit sözler söyleyerek kendini harap ediyordu İsmihan.

Bir gün yeni kıza yemek getirdiğimde Gülruh'un oralarda dolaştığını gördüm. Benden önce orada olduğuna bakılırsa bu bir rastlantıya benzemiyordu.

"Abdullah, lütfen izin ver de içeriye gireyim. Annemin dediği gibi yapmam ben, onun gözünü filan oyacak değilim, ne olur..."

"Haydi yürü git yaramaz kız." Arkasına küçük bir şakacı tokat attım Gülruh'un.

Ben mabeyn anahtarını kuşağımın arasına yerleştirirken küçük kız dikkatle beni izliyordu.

Bir başka gün Gülruh yine karşıma çıkıp, "Abdullah senin ülkende kadınlar çişlerini ayakta mı yaparlar?" diye sordu.

"Hayır," dedim. "Bizim kadınlarımız da aynen sizinkiler gibidir ve bu işi çömelerek yaparlar. Neden böyle sorular soruyorsun küçük maymun?"

"Hiç... Öylesine sordum."

Arkasını dönüp gidiyordu ki, birden saten terliklerinden birinin üzerinin kiremit tozlarıyla lekelenmiş olduğunu gördüm. Paçası da öyleydi. "Sarı ipek şalvarındaki bu lekeyi görünce çamaşırcı sevinmeyecek," dedim.

"Yok canım, halleder," diyerek uzaklaşıp gitti.

Daima oradan oraya koşup duruyordu bizim yaramaz. Bu düşüncelerle ben de aksi yöne doğru kendi işlerimin başına dönmek üzere yürüyordum ki, birden kafesli pencerelerden birinin sinekliğin yerinden çıkmış olduğunu gördüm. Düzeltmek için yanına gittim ve bir süre camdan dışarı bakıp gökyüzünü, ağaçları seyrettim. Kış geliyordu, renkler giderek grileşmekteydi. Bahçeye doğru baktığımda pencerenin altındaki kiremitlerde taze birtakım izler gördüm. Gülruh'un terliğinde ve paçasındaki lekenin nedenini anlamıştım.

Allah'ım, derken kalbim sıkışmıştı. Kiremitlerden biri yerinde yoktu. Küçük maymunun buradan kayıp iki kat aşağıya düşmemesi bir mucizeydi.

Çevreme bakındım ve ortalıkta kimsenin olmadığından emin olunca, Gülruh'un da yaptığı gibi kendimi pencereden aşağı sarkıtıp kiremitlere bastım. Adım attıkça çocuğun atlattığı tehlikenin boyutlarını daha iyi kavrıyordum. Kaygan ve eski kiremitler her an benim bile aşağı uçmama neden olabilirdi. Bahçedeki taşların üzerinde bir şey parlıyordu, dikkatle baktım, bu kırık bir bilezikti. Oraya ancak düşmüş olabilirdi, çünkü baktığım yer selamlığın avlusuydu.

Evet, Gülruh kesinlikle buralarda dolaşmış ve Allah tarafından korunmuştu. Ama damda ne arıyordu? Sol tarafta şehrin çatıları, kervansaraylar, pazarlar, arka bahçeler karmakarışık uzanıp gidiyordu. Sağ tarafta ise Sarayın kubbelerinin üzerinden geçip giden gemiler ve Anadolu yakasının kadın memelerine benzeyen tepeleri görünüyordu. Bir çocuk için çok ilginç görüntülerdi bunlar. Özellikle de tavşan gibi hareme hapsedilmiş bir kız için...

Karşı tarafa doğru olan manzara mabeynin üzerindeki kubbeyle bir parça kapanıyordu. Harem duvarıyla bunun arasına çok zor sığabilmiştim, ama on yaşında bir çocuk için bu çok kolaydı. Oradan baktığımda Gülruh'un gördüğünü ben de gördüm. Kullanılmayan, adeta terk edilmiş bir bahçecikti burası. Ortada boş bir havuz ve çevresinde ihmal edilmiş birkaç ağaç ve çiçek tarhı vardı. Buraya yalnız mabeynden çıkılabilirdi. Mimar, evin erkeği ve gözdesinin başbaşa bahçe keyfi yapmaları için planlamış olmalıydı bu köşeyi. Dünyaca ünlü Sinan, galiba bu kez müşterisini yeterince tanıyamamıştı. Sokullu ile asla bağdaşmayacak bir lükstü bu. Dikkatle bahçeciği incelediğimde başlangıçta ne kadar özenle düzenlenmiş olduğunu anlayabiliyordum. Bir köşede, kolaylıkla havalanması için geniş camlı bir tuvalet bile vardı. Bunu yaparken tabii ki hiç kimse haremin çatısından küçük bir kızın burayı gözetleyebileceğini düşünmemişti.

Gülruh mutlaka bir şeyler görmüş olmalıydı. Geri dönüp, yukarı çıktım, teli kapattım ve hemen tamircileri çağırdım. Adamlar çerçeveyi iri çivilerle yerine oturttular. Onlar çalışırken başlarına bir yardımcımı dikip, kadınları uzaklaştırmayı ihmal etmemiştim. Sonra gidip mabeyndekine, eğer görülmek istemiyorsa gündüzleri dışarı çıkmamasını öğütledim.

Selamlığa geçtim, oradan da avluya. Kırık bileziği alıp tamir ettirdim. Ve bu iş bitince Gülruh'u yanıma çağırdım. Bileğini tutup bileziği taktım. Fazla konuşmadım sadece, "Umarım bana bu işi bir daha yaptırmazsın," demekle yetindim.

Ne demek istediğimi anlamıştı, ben uzaklaşırken o boyun eğmiş bir tavırla onarılmış bileziğiyle oynuyordu.

## XXXV

GÜLRUH'un kafasından neler geçtiğini tahmin edemiyordum. Ama bende de bazı kuşkular uyanmaya başlamıştı.

İnanılmazdı... Böyle şeyler yalnız binbir gece masallarında olur sanırdım. Gülruh o masallara uygun çocuk ruhuyla bazı şeyleri benden daha kolay ve çabuk anlamış olmalıydı.

Ertesi sabah olanlar her şeyi kafamda netleştirmeme yetmişti.

"Abdullah buraya gel."

Efendimin ses tonundan, önemli bir şeyler olduğunu anlamıştım. Gözlerinde neredeyse umutsuz bir anlam vardı, onun yüzünü kara çıkarmamam gereken bir durum vardı belli ki.

"Efendim?" dedim, yere kadar eğilirken. Aslında yalnız olduğumuzda benden bu kadarını yapmamı asla istemezdi.

"Abdullah, efendilerin sana söyleyecekleri varmış."

Misafir denemeyecek bir pervasızlıkla içeri dalmış birtakım adamlar ta mabeynin kapısına kadar gelmiş her tarafı arıyordu. Perdeleri çekiyor, yatak-yorgan dolaplarını talan ediyor, sandıkları açıyorlardı. Kıyafetlerinden ve kılıçlarından bu adamların Sultan'ın özel muhafızları olduğu belliydi.

Efendim ve ben odanın bir kenarında duruyorduk.

İçlerinden biri, "Vezir-i azam'ın hareminin başı sen misin?" diye sordu.

"Allah'ın izniyle," diyerek adamın önünde de eğildim

"Söyle bana hadım, hareminin namusu tam mıdır?"

"Efendimin onurunun çiğnenebilmesi için önce benim öldürülmem gerekir."

"Ama eğer değerli hareminin duvarları arkasına bir şeyler saklanması için efendine yardım etmezsen, bu da senin ölümünü gerektirebilir."

"Efendiler, ne efendimin, ne de benim onurumu bu şekilde çiğnemeye devam edebilirsiniz. Lütfen bu aşağılamaya bir son verin."

Muhafızların başı gözlerini mabeyn kapısına dikmiş bakıyordu. Sanki bu kapının arkasını görmek ister gibi bir hali vardı. Ama tüm isteğine karşın böyle bir hareketi yapmaya onun bile cesareti yoktu. Bakışlarını bana döndürdü. Onları en az mabeyn kapısı kadar sağlam karşılamaya hazırdım.

"Pekâlâ," dedi adam. "Sana inanıyorum hadım. Ama bunun çok ciddi bir durum olduğunu bilmen gerek."

"İmparatorluğa ait bazı değerli şeyler kaybolmuş," diye açıklama yaptı efendim sakin bir sesle, eli omuzumdaydı. "Yasef Nasi'nin ölümünden sonra Saraya teslim edilenlerle ilgili olarak."

"Çalınma desek daha doğru olur," dedi adam. " Ve bu işe karıştıysan başına geleceklere hazır ol."

Efendim, "Seni ve Yüce Sultan'ı temin ederim ki, böyle bir şey söz konusu bile olamaz. Adamlarım Nasi'nin mallarını benim talimatımla sattılar ve ele geçen her bir akçe Hazine'ye aktarıldı. Hesaplar çok sıkı tutuldu. Onları Sultan'ımıza defalarca gösterdim. Hiçbir hata yoktur. Eğer adamın malının daha fazla olduğu umulduysa, onu bilemem. Rahmetli Sultan Selim'in ona bunun üç katını bahşetmiş olduğunu kayıtlardan biliyoruz. Ama bu konuda benim elimden bir şey gelmez. Lütfen yapılan para ayarlamasını ve bunun piyasadaki etkilerini aklınızda tutunuz efendiler. Ayrıca Nasi inanılmaz ölçüde müsrifti. O köylü Türk Üveyis, bu konuda karanlık kuşkular içinde, diye bundan biz sorumlu tutulamayız," dedi.

"Bu hırsızlıktan sorumlu olarak aranan, yardımcılarınızdan Feridun adlı o hırsızı kollamanın yanında; Üveyis Bey'in, Sultan'ımızın haklarını kollaması çok daha ulvi bir davranıştır. Çok kuşkulu bir biçimde ortadan kayboldu, nasıl olduysa..."

"Bunun Sultan'ımızın çıkarlarıyla bir ilgisi olduğunu hiç sanmıyorum. Çünkü efendimiz, Nasi'nin servetinden kalanları Üveyis'e armağan etti. Onu böyle çirkin suçlamalara iten şey açgözlülüğüdür."

"Feridun'un yerini söylemedikçe, Üveyis Bey'i suçlarken daha dikkatli davranmalısınız."

"Feridun Bey onurlu bir insandır," dedi Sokullu Paşa. "Keşke Divan'daki herkes onun gibi olabilse... Bana hizmet etmeye başlamadan önce Saray Nişancılığı'nı yapmıştı ve hak ettiği saygıyı bu görevinde kazanmıştı."

Muhafızların komutanı adeta tehdit eder bir şekilde Paşa'ya yanaşmıştı. "Haydi bu yetenekli, onurlu adam nerede söyleyin," dedi.

Sokullu kesin ve kararlı bir sesle, "Nerede olduğunu bilmiyorum," diye cevap verdi.

Bu sözlerin üzerine ben de efendimi savunacak birkaç söz söyledim: "Hareminin onurunu ve güvenliğini kim tehlikeye atar?"

Askerler arkalarını dönüp gitmeye hazırlanıyorlardı. Bana gelince, artık mabeyne tekrar gittiğimde peçe ve çarşafın arkasında kim olduğundan emin olarak yemek tepsisini sunacaktım konuğumuza. Bu adam Feridun Bey'di.

Üveyis, sanırım hâlâ bizim haremin temizliğinden emin değildi. Çünkü o öğleden sonra adamın karısı ile birlikte Nur Banu bizi ziyarete gelmişti. Bu beraberlik doğrusu alışılmadık ve şaşırtıcıydı.

Onları her zamanki nezaket ve konukseverliğimizle karşıladık. Hanımımı uyarmak gereğini bile duymamıştım. 'Nasılsınız, iyi misiniz?' faslından sonra onu hiç kimsenin son durumdan ötürü yakınmaktan alıkoyamayacağını biliyordum. Eğer söz etmezse çok daha kuşku verici olabilirdi, onu doğal davranışı içinde bırakmak bana akıllıca gelmişti o anda.

Nur Banu anlatılanları duyunca, "Haydi getir şu kızı da, gerçekten senin için bir tehdit mi, değil mi anlayalım," demişti.

Üveyis'in karısı basit ve hatta biraz da aptalca bir kadındı. İsmihan'ın anlattıklarından sonra hemen ağlamaya başlamıştı. Ama Valide Sultan ona asla benzemezdi. Yanında bu kadını taşımış olmasının tek nedeni Üveyis'e çabucak haber iletmekti, bundan emindim.

İsmihan, "Dışarı çıkmıyor," diye sızlandı.

Üveyis'in karısı kalıp dertleşmek istiyordu. Bir kadının üzerine genç bir odalığın getirilmesinin ne kadar acı verici olduğunu biliyordu. Ama Nur Banu için bunun bir önemi yoktu. O buraya gelmesinin nedeni olan sorunun cevabını öğrenmişti: Bizim haremde kimseye görünmek istemeyen biri vardı. Ziyareti uzatmadı ve kadınlar az sonra gitti.

"Allah'a şükürler olsun gittiler," diye sevinçle bağıran Gülruh alışılmadık bir biçimde kollarını belime dolayarak bana sarılmıştı.

Ne kadar güzel bir yüzü vardı. Artık boyu neredeyse babasınınkine yaklaşmıştı kızın.

"Neden böyle söylüyorsun çiçeğim?" diye sordum.

"Çünkü..." dedi, dikkatle gözlerime bakıyordu. "Pekâlâ Abdullah, sen söyle, sen de bundan memnun değil misin?"

Ses çıkarmadım. Doğruydu, aynı duyguları paylaşıyorduk. Ama duygularımız mabeyndeki tehlikeyi savuşturmak için yeterli değildi.

## XXXVI

O GECE gün batımından önce, askerler tekrar geldi, ama bu kez onları mabeyn kapısının dışında tutmayı başaramamıştım.

"Sesini duymalıyız," diye tutturmuştu komutan. "Onun bir kadın olduğundan emin olmalıyız."

"Konuşmayabilir," diyordu Sokullu. "Çok utangaçtır."

"O zaman ne yapın yapın onu konuşturun. Aksi halde, bütün İstanbul sizin haremde bir erkek sakladığınızdan kuşkulanacaktır. Böyle bir utançla vezir olarak ne kadar kalabileceğinizi siz kendiniz düşünün."

Efendim derin bir nefes alıp mabeyn kapısına gitti. Kibarca kapıyı vurdu ve sözlerine başlamadan önce gırtlağını birkaç kez öksürerek temizledi.

"Fatma, Fatma," diye seslendi. Bu öylesine sıradan bir isimdi ki... Böyle bir sıradanlık hem her türlü kuşkuyu çekebilir, hem de her türlü kuşkuyu akıllardan silebilirdi. Efendim kadınlar konusunda gerçekten de çok saftı.

"Fatma, burada adamlar var." Bu sözler hiçbir işe yaramasa da, en azından Feridun Bey'i uyarabilirdi. "Bak Saraydan adamlar geldi ve senin konuşmanı istiyorlar. Senin bir... Bu bir onur meselesi. Ve hayat memat... Fatma, kapıya gelip bir şeyler söyler misin?"

Hiç cevap yoktu.

"Çok onurludur," dedi efendim, ama askerler tatmin olmamışlardı.

"Bırakın da içeri girip onu ikna edeyim," diye atıldım.

"Hayır," diyen komutan kolumu tuttu. "Sen de bu işin içinde olabilirsin hadım. İçeri girip harem kapısını açabilirsin ve bir köle kızı çabucak getirip, bizimle konuşturabilirsin. Hayır olduğun yerde kal. Burada yapılması gereken şey kadının konuşmasıdır. Ona kadar sayacağım, sonra adamlarım kapıyı kırıp Sultan adına içeri girecekler. Hepsi bu kadar."

"Efendi," dedi Sokullu. "Burası, askerlerin umutsuzlukla isyan etmeye kalktığı Yugoslavya dağları değildir. İslam'ın namuslu kadınlarına karşı hata işlersen, unutma bunu hayatınla ödersin."

"Sultan'ın aradığı birini saklamanın cezası da ölümdür. İki durum da aynı benim için. Bunu göze alırım. Ya sen Paşa? Adamlar hazırlanın, saymaya başlıyorum."

Ve komutan dediğini yaptı.

"Fatma lütfen. Gelip konuşmayacak mısın? Haydi gel de, ikimiz birden bu saldırının utancından kurtulalım."

Efendim yalvaran bir sesle konuşuyordu ve bu Vezir-i azam'dan beklenen bir tavır değildi. Bence yalvarmasının asıl nedeni Feridun'un bir an önce kaçmasına yardımcı olabilmekti. Ama nereye kaçacaktı? Bizi ancak bir mucize kurtarabilirdi.

Belki beni böyle durduğum yerde hareketsiz bırakan da, o mucizeyi umutsuz bir şekilde beklememdi. Zaten elimden fazla bir şey gelemezdi. Gidip arka taraftan kaçışı için bir şeyler yapmaya çalışsam da bir sonuç sağlamak olanaksızdı. Bu, ancak ve ancak açık bir suç kanıtı olabilirdi, o kadar.

Kapı bir-iki darbeden sonra menteşelerinden kurtulmuştu. Kalbimin sesini kulaklarımda gümbürtülerle duyuyordum. Kayısı rengi çarşaflı ise hiç kımıldamadan odanın köşesinde duruyordu. Askerler onu görünce şaşıp kalmışlardı. Aslında bekledikleri, elinde kılıcıyla bir erkekti. Ne yapacaklarını bilemiyorlardı. Komutan hızla odayı adımladı ve kayısı çarşaflıyı kolundan yakaladı.

Peçesine asıldığında aralanan çarşaftan kadının göğüsleri belli olmuştu. Sonra hiç kimsenin bir kadın sesi olduğundan kuşkulanamayacağı bir inleme duyuldu. "Lütfen efendim. Allah aşkına, beni bırakın."

Eğer bir Hıristiyan olarak doğmuş olmasam, buna kendi gözlerimle görmüş olsam bile inanamazdım. Beş silahlı adam hemen geri döndüler ve canlarını kurtarma korkusuyla kapıya koşturdular. Efendim eliyle bir işaret yaptı. Gidip kapı nöbetçilerini onların yolunu kesmek üzere uyarmalıydım. Galiba Tanrı beni daima koruyordu. Buna kendi kendime kahkahayla güldüm.

Göz ucuyla efendimin kayısı çarşaflıya sarıldığını görmüştüm bu arada. İkimiz de o çarşafın altındakini yakından tanıyorduk. Bu Gülruh'tu.

Saldırganlar hemen yakalandı ve Sokullu'ya intikamını alma hakkı verildi. Üveyis'in en sadık adamlarından biri olan komutan asıldı, diğerleri ise toparlanıp iyi birer Müslüman olabilmeleri için gereken dersi fazlasıyla aldılar.

Doğrusu ben de bir ceza bekliyordum, Gülruh'un güvenliğiyle yeterince ilgilenmemiştim. Ama Sokullu ve Feridun Bey öylesine kendi sorunlarıyla yoğunlaşmıştılar ki, benimle ilgilenmediler. Feridun Bey, hâlâ kendisini iyice komikleştirmiş kadın giysileri içindeydi ve kahkahalarla gülüyordu. Hareme geçtim, beklediğim ceza bana verilmese de, ben kendimi uzun süre bu ihmalim nedeniyle sorgulayıp cezalandıracaktım.

Kuşağıma soktuğum anahtar kaybolduğunda anlamalıydım aslında olanları. Gülruh bana sarıldığında onu aşırmış olmalıydı. Allahım, ne salaktım. Gerçekten de birkaç kamçıyı hak etmiştim.

"Pekâlâ küçük hanım," dedim onu gördüğümde. Öfkemi çıkarmaya çalışıyordum. "Kendinden utanmalısın."

"Ben mi Abdullah?" Masum bir pozla beni kandırmaya çalışıyordu. "Ne yaptım ki? Hadımım Karanfil'le satranç oynuyoruz biz. Öyle değil mi Karanfil?"

Ve Karanfil, son nargilesinin verdiği uyuşukluktan yeni kurtulmuş, "Evet, doğru söylüyor" dedi ağır ağır.

Ona odadan hemen çıkmasını söyledim, "Seninle sonra görüşeceğiz," demeyi de ihmal etmedim.

Sonra Gülruh'a döndüm ve derse başladım: "Genç kızlar böyle..."

Sözümü kesti. "Asla yapmazlar! Ama erkekler bizim haremimize giriyorsa... O zaman ne yapacağımızı nasıl öğrenebiliriz?"

"O haremde değildi. Sadece mabeyndeydi," dedim. Aslında söylediklerinin doğru olduğunu biliyordum.

"Orası da haremin parçasıdır."

"Kapı kilitliydi, bunu gayet iyi biliyorsun."

"Sanırım anahtarı geri istiyorsundur," diyen Gülruh, gömleğinin yakasından içeri elini sokup çıkardığı anahtarı gözümün önünde salladı. Almak için elimi uzattığımda gülerek geri çekti ve "Ama bana onun adını söylemelisin," dedi.

Başımı salladım.

"Onun hayatını kurtardım. Adını bilmek hakkımdır."

Kalbim yerinden çıkacak sanmıştım.

Bir an için gözlerinde başka bir şey görür gibi olmuştum ve bu benim için askerlerin saldırısından bile daha beterdi.

Telaşla, "Seni hiç ilgilendirmez, bu üstüne vazife değil," dedim.

Biz böyle anahtarın etrafında oynaşıp konuşurken anladım ki, o gözlerde gördüğümü sandığım şey yoktu. Gülruh, en az onun kadar şaşkın olan Feridun Bey'e ancak bir ya da iki kere bakmış olabilirdi.

"Anahtarı kullanmaya cesaret edemezdim Abdullah," demişti. "Ama tam o sırada askerler geldi. Ah çok komikti" Yakışıklı dememişti. "Kadın giysileri içinde bir erkek! Çok rahatsızdı ve beni görünce sevindi. Hemen çarşafını verip avluya kaçtı. Hem de bir anda."

Ben onu azarlayıp dururken Gülruh gidip bir pencerenin kenarına oturmuştu ve çocuksu tavrıyla bacaklarını sallıyordu. Sonra birden yanakları kızardı ve gözyaşlarını tutamayıp ağlamaya başladı. Yine korkmuştum, galiba istemediğim bir itirafı duyacaktım. "Biliyorsun musun Abdullah? Hareme gönderildiğimden beri babam ilk kez bana dokundu."

Dersimi noktalamalıydım. "Bana damlara tırmanmayacağına, kilitli kapıları açmayacağına dair söz ver," dedim. "Babanın onurunu korumalısın. Bir gün babanın senin için seçtiği adama tertemiz gitmezsen onun kalbini kırmış olursun."

Başını salladı, kocaman damlalar yanaklarından süzülüyordu. Konuşamıyordu. Bunun yerine ayaklarını daha kuvvetli bir şekilde duvara vurdu. Bu, bana öylesine dokunmuştu ki, ona sarılmaktan kendimi alıkoyamadım. Bu gerçek bir sarılma ve paylaşmaydı. O, bu kucaklaşmayla soğuk ve sert bir babada bulamadıklarını, bense asla sahip olamayacağım bir çocuğun sıcaklığını bulmuştum.

Sokullu Paşa, artık Feridun Bey'i haremde tutamayacağını anlamıştı. Ertesi cuma, Paşa'nın yardımcısını bir tahtırevana koyarak dışarı çıktım, uzak bir çiftlikte adam erkek giysilerine kavuşup atına atladı ve uzaklaştı.

Feridun Bey; Sokullu'nun yeğeni, Budin şehri sınırındaki Beylerbeyi Mustafa Paşa'ya bir mektup götürüyordu. Mustafa Bey, Feridun Bey'e güvenli bir yer bulamasa bile, nasıl olsa onu rahatlıkla daha güvenli Hıristiyan topraklarına geçirebilirdi. Ondan sonra oturup Murad'ın keyfinin gelmesini bekleyeceklerdi.

Kayısı çarşaflının ortadan kaybolmasıyla İsmihan anlatılamaz bir şekilde rahatlamıştı. "Biliyordum," diyordu. "Bu aptalcaydı. Sonunda ondan bıkacağını biliyordum." O iyileşince, haremdeki karmaşa da sona ermişti.

Sokullu Paşa'ya gelince... O, olayların hemen ardından tekrar odasına çekilip Arap Paşa'ya uzun bir mektup daha yazmıştı.

# *Bölüm IV*

# Ferhad

# XXXVII

*SİPAHİ ALAYI* Komutanı, Hipodrom'da, at nallarının kaldırdığı toz bulutunun içinde sert ve hızlı adımlarla bir grup adamının talim yaptığı yöne doğru ilerledi. Sipahiler, halkın büyük bir coşku ve beğeniyle izlediği gösterilerinden birine hazırlanıyorlardı. Bu, at üzerinde meşaleler ve tutuşturulmuş kılıçlarla yapılan bir gösteriydi. Aslında çok zor bir iş değildi, tek başarılması gereken atların alevlerden ürkmemesiydi.

Ferhad Paşa biraz önce de meydanın diğer ucunda çok daha gösterişsiz ama önemli bir talimi yapan askerleri kontrol etmişti. Askerler mızraklarıyla hedefi tam ortadan vurmaya çalışıyorlardı. Bugün en küçük bir aksaklığa, yetersiziliğe tahammülü yoktu Paşa'nın. Çünkü Hipodrom'daydılar ve yanıbaşlarındaki konak Sokullu'ya aitti. Bu ona çok büyük bir tedirginlik veriyordu. Aslında galiba Vezir-i azam'la ilgili her şey ona bu duyguyu yaşatıyordu. Sokullu konağının kapısından çıkacak ve tek bir bakışıyla hangi birliğin daha başarısız olduğuna karar verecekti, tabii komutanın da... Ferhad Paşa'nın gerçekte her zaman yaptığı gibi askerlerine avaz avaz bağırarak onları coşturmak için çırpınmasına bugün gerek yoktu. Yüzlerce kez talimden ve savaşlardan geçmiş bu adamların gözleri daima şiddet pırıltılarıyla doluydu. Ama yine de daha fazlası için uğraşıyordu Ferhad Paşa.

Aslında onu tedirgin eden yalnız Sokullu'nun bakışları değildi. Sokullu'nun haremi de vardı, kızı ve karısı. Bunları aklından geçirirken her zamanki gibi ürpermişti. Bir erkek başka birinin haremini düşünmemeliydi, bunu biliyordu. Ama Ferhad kendini o haremi düşünmekten alıkoyamıyordu. O kadın onun da karısıydı, o kız onun da kızıydı.

Bazen Hipodrom'da çalışırken harem kapısından kapalı bir tahtırevanın çıktığını görüyordu. Ama dönüp bakamıyordu bile. Eğer kendi disiplinsizlik yaparsa, askerlerinden nasıl bekleyebilirdi disiplinli olmalarını? O tahtırevana bakmadan da içini hayal edebiliyordu Paşa. Arkası dönükken onu kavuran gizli bakışları da...

Böyle durumlarda herhalde askerler komutanlarındaki tedirginliği, nedenini bilmeden sezer gibi oluyorlardı. Bunu hissedebiliyordu Ferhad, ama yine de kendini kontrol edemiyordu zaman zaman. Konya'daki o büyülü gece, bir an tüm yoğunluğuyla gelip geçiyordu aklından. Sonra toparlanıp eskisinden çok daha fazla bir gayretle sarılıyordu işine.

O tuhaf ilişkinin dışında Paşa'nın hayatında asla görevden başka bir şey olmamıştı.

Evet, ilişki... Her şey son derece gizli ve tehlikeli bir görevi yerine getirmek üzere Sokullu'nun evine gelmesiyle başlamıştı. Bir süre Vezir-i azam'ın konağında görevi tamamlayabilmek için gerekli zamanın dolmasını beklemişti. Beklemekten başka yapacak bir işi yoktu o günlerde. Avluda, bahçede dolaşıp durmuştu avare avare. Sonra bir gün, sonbahar güllerinin arasından yükselen o güzel sesi duymuştu. Ev sahibinin karısı ut çalıp şarkılar söylüyordu. Birbirinden güzel aşk şarkıları... Sanki cennette gibi hissetmişti kendini Ferhad. Aşkı ta iliklerine kadar hissetmişti.

Tıpkı bir savaşta şehit olmaktan kaçamayacağı gibi bundan da kaçamazdı. Sonunda bu da Allah'ın emriydi. Görevini yerine getirebilmek için sığındığı yer, onun kaderinin düğümlendiği yer olmuştu. Evet, görev ve kader...

O binbir anlamla dolu çiçekleri harem kafeslerinin dibine bırakmak da bir görev olmuştu onun için. Nice şair böyle bir esinle yazmamış mıydı o güzelim, içten mısraları?

Sonra yeni bir görevle Konya'ya gönderilmişti ve Vezir-i azam'ın karısı da oraya gelmişti. Bu karşılaşma yalnızca bir rastlantı mıydı, yoksa Allah'ın dileği mi? Korkmuştu Ferhad. Sonra kış biterken bir kez daha Konya'ya geldiğinde Vali onu evinde konuk olmaya çağırmıştı. Ve İsmihan da aynı evde konuktu. Kaderden kaçılmıyordu.

Abdullah'ın, hadımın ona gelişi ve söyledikleri... Nasıl karşı çıkabilirdi bunlara?

Olmadık zamanlarda aklına o gecenin hayalleri düşüyordu Ferhad'ın. İsmihan'ın tomurcuk güllere benzeyen pembe göğüs uçları... Yasemin kokulu simsiyah bukleleri... Teninin baldan daha tatlı tadı...

Onun bir bakire olmadığını ve Vezir'den üç kez gebe kalıp üçünü de yitirdiğini biliyordu. Ama o dalgın kara gözlerde beliren şen pırıltılardan, yanaklarının al al oluşundan İsmihan'a daha önce hiç kimsenin veremediği bir şeyleri vermeyi başarabildiğini anlamıştı. Ve bu Ferhad'ın kendi duygularını da kamçılamıştı. Vermek ve almak... Aşk...

Onun kendi bedeninin altındaki kıvrılmaları aklına geldiğinde en sıcak günde bile titriyordu Ferhad. Bazen bir martı çığlığı, İsmihan'ın arzu dolu küçük haykırışını çağrıştırıyordu. Ve tıpkı o andaki gibi nefesi kesiliveriyordu genç adamın.

Yıllardır bir yığın fahişeyle birlikte olmuştu Ferhad. Kadın nedir biliyordu. Ama ne kadar marifetli olurlarsa olsunlar, bir daha asla o geceki gibi bir doyuma ulaşmamıştı.

O gecenin ürünü olan bir de çocuk vardı. Gülruh... Onun kızı... On ya da biraz daha fazla olmalıydı şimdi. O gecenin ne kadar geçmişte kaldığını ancak kızın yaşını hesaplamaya çalıştığında anlayabiliyordu. Yoksa ona yaşadıkları hep dünmüş gibi geliyordu.

Hiç görmediği kızı... Onu hayal etmeye çalışıyordu. Bir

gül, pembe ve yumuşacık. O bir güldü, Gülruh... Bülbüle âşık olan gül... Annesine benziyor olmalıydı.

Belki kendine de benziyor olabilirdi. Bunu daha çok Sokullu Paşa'nın keskin ve inceleyen bakışlarıyla karşılaştığında düşünüyordu. Bazen Ferhad Paşa, ihtiyar adamın bu konuda tahmininden daha fazla bilgiye sahip olabileceğini düşünüyordu. Hatta her şeyi bildiğini...

Evet, kız, on yaşlarında, iyi bakılan, özenle büyütülen bir küçük hanımdı ve artık çarşafa girmiş olmalıydı. Ana kız, onları yan yana görse belki de biribirinden ayramazdı. Tabii bunu denemek bile olanaksızdı. Harem kapılarını kilitleyen Abdullah, o "büyülü geceyi" bir daha tekrarlanmamak üzere ebediyen bitirmişti. Cennetin kapılarını bir defalık açmıştı hadım...

Zamanla her şey silinir, der insanlar. Yeni aşklar, yeni acılar... Belki başkaları için bu doğruydu ama Ferhad için değil. O, diğerlerine benzemiyordu, hiçbir yönden. Yerinde başka biri olsa, büyük bir olasılıkla kendine ait şeyleri almış olduğu için Sokullu'dan nefret edebilirdi. Oysa Sipahi Alayı'nın genç komutanı asla böyle düşünmüyordu. Yürekten bağlıydı Vezir-i azam'a, imparatorlukta ve hatta dünyada ondan daha çok görevine bağlı birinin olmadığını biliyordu Ferhad Paşa. Sokullu, sahip olduğu her şeyi sonuna kadar hak etmiş biriydi, buna ailesi de dahildi. O, Allah'a ve Sultan'a bunların karşılığını ödemiş bir adamdı.

Ferhad, Cennet'in zapt edilerek alınamayacağını biliyordu. Onu kazanmak, ona layık olmak gerekiyordu. Bunun da en önemli koşulu görevini iyi yapmaktı. Ferhad'ı genç yaşta bu mevkiye çıkaran da zaten içindeki bu inançtı.

Ve Ferhad, sonunda belki de yerine geçeceği adama karşı görevlerini mükemmel bir şekilde yapmanın peşine düştü tekrar. Eğer çok başarılı olursa, bunun olmaması için bir neden yoktu. Vezir-i azam sonsuza kadar yaşayacak değildi nasıl olsa. Ferhad Paşa onun yerine aday olabilecek bir avuç kişiden biriydi. Ve bu adayların içinde Saraydan bir gelinle ödüllendirilmemiş olan da yalnız oydu. Şimdilik evlenmeyi de düşünmüyordu. Laf olsun diye bunu yapamazdı. Evliliğin, işinde yükselmekle olan ilgisini çok iyi biliyordu.

Kaldı ki onun aklında tek bir gelin adayı vardı. Şimdilik bekleyebilirdi, bunun bir sakıncası yoktu.

Evet, Sokullu sonsuza kadar yaşayamazdı. İçinden bunu tekrarlayıp duruyordu. Ama ateşle talim yapan askerlere yaklaşırken şunu da düşünüyordu: Kimin ne zaman öleceğini Allah'tan başka kimse bilemez.

Ferhad Paşa'nın burun delikleri at pisliği, toz ve kükürt kokusuyla titredi. Kıvılcımlara karşı koruyabilmek için bağlanmış at kuyrukları ile alevler içindeki kılıçlar arasında bir parmak bile mesafe yoktu neredeyse. Askerler öylesine bir ustalıkla yapıyordu ki işlerini, gün ışığında bile bundan etkilenmemek imkânsızdı. Ferhad neden en cengâver askerlerin bile bu gösteriye meraklı olduğunu merak etti bir kez daha. Sonuçta bu bir gösteriydi.

Adamların komutanını yanına çağırdı eliyle. Askerlerin ortasında bir sihirbaz gibi duran adam, hemen atını kenardaki çeşmeye sürüp kılıcındaki alevleri söndürdü, sonra da Ferhad'ın yanına yöneldi.

Bu nefis kısrağı nereden bulmuştu komutan? Atın rengi neredeyse pembemsiydi, Arap ve Avrupa tohumlarının mükemmel bir kırmasıydı hayvan.

Bu alt rütbeliler nasıl oluyor da en güzel hayvanları buluyorlardı? Bunu daima merek etmişti Ferhad. Gerçekten de kısrak, kendi atından kat be kat üstündü. Sultan'ın özel hayvanlarından bile daha iyiydi belki de.

Eğer nereden buldun, diye sorsa alacağı cevabı tahmin edebiliyordu. "Onu mu? Bir deri bir kemikti aldığımda, yaşlı bir adamdan satın aldım. Şecereli bir hayvan değildir." Devamını da biliyordu Ferhad: "Ama doğrusu ondan ayrılamam.

Çok iyi bir hayvan değil, ama biz onunla çok iyi dostuz. Onu asla satmam."

Bu adama Atlı İskender diyen kimbilir belki de anasıydı. Öylesine ustaydı ki bu işte, sanki anasından atla doğmuştu. Ufak tefek, kıvrak, kara gözlü, kara kaşlı, kara bıyıklı biriydi. Tuhaf bir havası vardı, ne yaparsa yapsın en mükemmelini yapacakmış gibi görünüyordu. Belki de Lala Mustafa Paşa onu özellikle bunun için çağırmıştı.

Adam atından inmiş karşısında bekliyordu. Ferhad, bu adamla yan yana gelince neden tedirgin olduğunun cevabını veremiyordu kendine. Sanki konuşunca adama söylememesi gereken bir bilgiyi vererek, birine ihanet edeceğini hissediyordu, bu yüzden daha çok yazılı emir vermeyi tercih ediyordu. Okuyup yazmak İskender'in en zayıf yönüydü. Ve Ferhad onun en azından bir süre bununla uğraşmasını tercih ediyordu.

Elindeki kâğıdı okuyan İskender, başını kaldırıp: "Demek Macaristan'a gidiyoruz," dedi.

"Evet."

"Ne zaman efendim?"

"Adamlarını toparlar toparlamaz. Diğerleri çoktan hazırlandı. Edirnekapı'da buluşulacak."

"Öğle ezanından önce orada oluruz."

"İyi. Bunun ne derecede gizli bir görev olduğunu tekrarlamama herhalde gerek yok."

"Söylenmese de malûm." Adam sırıttı, sesini iyice alçaltmıştı ve bunu onca at nalı sesinin arasında Ferhad'dan başka birinin duymasına olanak yoktu. "Vezir-i azam'ın yeğeninin hakkından gelmeye gitmiyor muyuz? Tabii ki çok gizli bir görev bu."

Ferhad yüzünün kızardığını hissetti. "Hakkından gelmek diye bir şeyi kimse söylemedi. Emirler, onları alanlar tarafından tartışılmaz, hakkında yorum yapılmaz. Yazılı olan: 'Vezir-i azam'ın yardımcısı Feridun Bey'in ortadan kayboluşu meselesi halledile...' Hepsi bu kadar."

"Ama herkes 'halledile'nin ne demek olduğunu bilir." Okuma yazması kıt olan İskender, ne yazık ki şiir meraklısı Ferhad Paşa'dan daha iyi yorumlamıştı mesajın satır aralarını.

"Umalım ki, öyle bir şey olmasın."

İskender tekrar sırıttı, sonra, "Başka bir şey var mıydı efendim?" diye sordu.

"Yok. Dur, dur, bir şey daha var. Sokullu Paşa'dan almanı istediğim mektubu ne yaptın?"

"Kıbrıs'a giden geminin kaptanına verdim, emrettiğiniz gibi."

"Arada hiç kimse açıp okumadı değil mi?"

"Ne demek istiyorsunuz efendim?" İskender yine sırıtmıştı.

Ferhad, adam sırıtınca neden rahatsız olduğunu sonunda bulmuştu. Bu, İskender'in eksik dişinin etkisiydi. Ağzında tuhaf bir karanlık leke oluyordu her sırıtışında adamın.

"Hiçbir şey," dedi. "Unut gitsin. Öğleden önce Edirnekapı'da."

"Evet efendim."

Ferhad neden bu adama böylesine hayati bir konuda güvendiğinin cevabını veremiyordu. Adamın insanlar üzerinde garip bir etkisi vardı. İskender hızla yükseliyordu, ama gösterdiği son aşamanın nedeni de Ferhad'ın bizzat kendisiydi. Ateşle oynayan süvarilerin başı, yalnız halkın değil vezirlerin de ilgisini çekiyordu. Kısa zamanda daha nerelere tırmanacağı bilinemezdi.

Ferhad garip bir şekilde, Macaristan seferinin başı sanki kendisi değil de, İskender'miş gibi hissediyordu. En güzel at onundu, en hünerli tabur da. Daha üst makamlar için gereken güveni de acaba böyle mi sağlıyordu?

# XXXVIII

*İKİ HAFTA SONRA* Budin'de Ferhad, İskender'e "Beylerbeyi hiçbir şey bilmediğini söylüyor. Başka ne yapabiliriz?" diyordu.

"Hiçbir şey bilmediğini söylüyor," diye alaycı bir sesle tekrarlamıştı İskender. "Bu yeterli bir açıklama mı? Sokullu'ya kanıyla canıyla bağlı bir adamdan başka ne tür bir cevap bekleyebiliriz zaten?"

"Her neyse, şu anda emin olabileceğimiz tek şey Feridun Bey'in sınırı geçmiş olduğu."

"Evet, sanırım."

"Yapabileceğimiz daha fazla bir şey de yok."

"Yok mu? Ben tatmin olmadım. Lala Mustafa Paşa'nın da olacağını sanmam."

"Sokullu, Vezir-i azam'dır. Ona bağlı adamlara eziyet etmenin ne anlamı var?"

"Çünkü artık onun günleri sayılı. Ünvanı ne olursa olsun, yapılacak en akıllıca iş yıldızı parlayanın yanında olmaktır, sönenlerin değil."

"Konuşma biçimin insana ihaneti hatırlatıyor sipahi."

"İhanet Sultan'a karşı olur. Allah şahidimdir, bunu asla yapmadım. Her şeye rağmen senden benden farksız bir köle olan Vezir-i azam'ın aleyhinde birkaç söz söylemenin neresinde ihanet var? Ayrıca, herkesin bildiğinden daha farklı bir şey de demedim. Sokullu, yalnız bir köle değil, aynı zamanda ihtiyar bir köle. Yetmişini geçti. Her an Allah onu yanına alabilir. Her an..."

Hiç düşünmeden "Allah korusun," diyen Ferhad'ın bu dileğine İskender 'amin' diyerek katılmamıştı. Kim bilir, belki de bu, onun asla gerçekleşmesini istemediği bir dilekti.

Daha sonraki günlerde, insana kasvet veren kapkara gökyüzünden boşalan yağmur, Budin'in çamurlu sokaklarını yıkamaya başlamıştı. Yıkık dökük göçmen evleri de, daha dayanıklı binalar da sanki bu sularla Tuna'ya, oradan denize, oradan da İstanbul'a sürüklenecek gibi görünüyordu. Ortalık öylesine kararmıştı ki, gece ve gündüz birbirinden kolay kolay ayrılamıyordu.

Ferhad, sokaklar bomboş olduğuna göre artık akşam olmuş, diye mırıldandı. Aslında en acil işi olanlar için bile bu hava yeterli bir mazeretti. Zaten ortalıkta ondan başka biri yoktu görünen.

"Neden bu ihtiyar adama böylesine bağlıyım?" diye düşünüyordu Ferhad. Sokullu, kimse ona dokunmasa bile fazla yaşamazdı, bu doğruydu. Ama, yine de bu gece, karşılığını asla ödeyemeyeceği bir gönül borcunun ağırlığını duyuyordu omuzlarında, yüreğinde.

Sanki Paşa, kendi sahip olduklarını yüce bir ruhla onunla paylaşmış gibiydi. Tıpkı kapısını çalan dilencilerle ekmeğini paylaştığı gibi... Ferhad kendini bir dilenci olarak düşünmekten çok hoşlanmamıştı ve bu onun aklını karıştırmıştı ve hatta ayaklarını da. Çamurlu boş sokakta kayıp sendeledi.

Fransız ve İtalyan yapı ustaları, sanatçılar Budin'i bir zamanlar nadide bir mücevher gibi süslemişlerdi. Ama neredeyse elli yıldır bir sınır karakolu halini alan şehir bu güzellikleri birer birer kaybediyordu. Her zaman aynı şeyler söylenmişti: "Şu Avusturyalıları biraz daha geri sürelim, o zaman nasılsa yeni baştan imar ederiz burayı." Ama bu asla gerçekleşememişti, bugüne kadar Osmanlılar'ın burada yaptıkları tek şey bir hamam ve iki kaplıcadan ibaret kalmıştı. Zaten bunun nedeni de Beylerbeyi'nin anayurdunda alıştığı gibi yıkanmadan duramayacak olmasıydı. Ferhad'ın İstanbul'un inceliklerini seyretmeye alışık gözleri, bu kaba sabalığı yadırgıyordu ve gördükleri gönlünü açmıyordu.

Yağmurdan ıpıslak olmuş şehrin tüm kokuları birbirine karışmış gibiydi: Tokay şarabı, biber, krema, lahana, domuz sosisi... Sesler de öyleydi... Her şey onda derin bir sıla özlemi uyandırıyordu. Duyduğu kelimeler, bir çingenenin kemanından yükselen melodi onu hızla bir hasretin içine sürüklüyordu.

Yüksek sesle "Gülruh," dedi. Daha önce asla bunu yapmamıştı ve ölene kadar da bir daha yapmayacaktı. "Kızım." Böyle şeyler düşündüğünde hep yaptığı gibi başını göğe kaldırıp aya baktı. Ama bu gece onu da göremiyordu, her yer kapkaranlıktı. "Gülruh. Bülbülün âşığı gül. Bu imkânsız bir aşk."

Aslında bunların ona bir faydası yoktu. Gidip ateşin başında üstünü başını kurutmalı, böyle düşüncelerden uzaklaşmalıydı. Böyle bir gecede dışarda dolaşmak akıllıca değildi. Ama bu yürüyüş herkese saçma da görünse onun için bir kaçıştı. Döndüğünde duyacağı sözleri biliyordu: "Beylerbeyi! Öldü! İdam edildi!"

Beylerbeyi'ne çok özel bir sevgi ve saygısı yoktu Ferhad'ın. Onun bu göreve Sokullu'nun yeğeni olduğu için getirildiğini biliyordu. Aslında zaafları olan, beceriksiz bir adamdı. Ama Sokullu'nun yakınıydı ve Ferhad'ın aklı hep Sokullu ile meşguldu. Vezir-i azam'a duyduğu minnet başka bir şey düşünmesini engelliyordu. Bu gece ona yeğeninden bile daha yakın olduğunu hissediyordu.

Tekrar, "Gülruh," diye mırıldandı.

Önünden geçtiği binanın harap olmuş süslemelerine gözü takılmıştı. Her gelip geçen asker, buradan anı olsun, diye bir parça söküp gitmişti sanki. Ferhad bir tuğlanın bıraktığı boşluğa baktı. Hemen yanıbaşında, yağmurla yıkanmış, yıldız şeklinde küçük bir mermer parçası vardı. Tutup kopardı bu grimsi taşı sallandığı yerden. Nasılsa gözden çıkarılmış bir yapıydı bu, belli yok olup gidecekti. En azından belki bir kadının elinde bu parça yaşayabilirdi.

"Şimdiye kadar İskender işini bitirmiş olmalı," diye düşünürken mermer yıldızı kuşağının içine soktu ve birliğine doğru hızlı adımlarla yürümeye başladı.

Usta bir kuyumcu tarafından nefis bir kolyeye döndürülen mermer yıldızı Gülruh'a verilmek üzere uzatırken Ferhad, "Abdullah, üstat, İskender'i Sipahiler'in başına getirdiler," dedi.

"Evet, ama duyduğuma göre sizi de Yeniçeri Ağası yapmışlar."

Ferhad buna çok da aldırmıyormuş gibi omuzlarını silkerek, "Evet," dedi.

"Tebrik ederim."

"Artık Sokullu Paşa'nın mesajlarını iletemem."

"Başka kaynakları da vardır, meraklanmayın."

"Evet, doğru." Ferhad bir an sustu sonra yavaş bir sesle, "bunlar da hanımın için," dedi.

Bu bir demet taze sedef çiçeğiydi. Sokullu'nun haremiyle arasında gidip gelmiş çiçekli haberleşmeyi bir kez daha ruhunun derinliklerinde duyuyordu Yeniçeri Ağası. Ancak bir aşığın çözebileceği anlamları taşıyan meyveler, tomurcuklar, çiçekler... Çınar yaprağı sevgilinin elidir, karanfil onun güzel bedenidir. Ve Ferhad'ın hâlâ kesesinde sakladığı o bir tutam saç... Biliyordu ki bu da, sen başımın tacısın, demekti.

Şimdi de sedef çiçeği... "Unutma beni."

Abdullah hiçbir şey söylemeden çiçekleri aldı ve gitmek üzere arkasını döndü.

"Oh, üstat?"

"Evet?"

"Lütfen efendine yeğeni Beylerbeyi'nin ölümünden duyduğum üzüntüyü söyle. Yakın olduklarını biliyordum..."

Abdullah çok da aldırmadan, "Allah'ın dediği olur," dedi. Adamı hiç tanımıyordu.

"Ve..."

"Ve?"

Ferhad ne diyeceğini tam olarak bilemezmiş gibi, gözlerini kırmızı çizmelerine dikmişti. "Ve efendine kendini korumasını söyle," dedi başını kaldırmadan.

"Neye karşı?" Hadım birden dikkat kesilmişti. "Benzer bir komploya karşı mı?"

"Bir şey söyleyemem. Yalnız tetikte olmalı. Ben... Ben, bir yığın dul ve yetim gördüm daha önce."

Ferhad sözlerini tamamlar tamamlamaz arkasını dönüp hızla dışarı çıktı.

## Bölüm V

# Abdullah

# XXXIX

"DİNLE, sevgili dostum Abdullah. Sana yeminle söylüyorum, bu adamı hiç gözüm tutmuyor. Hareminden bir kadının yanına sokulursa, sen sen ol, aman gözünü dört aç."

Gazanfer'in omuzumda ağırlığını hissetiğim kocaman eli ve çakıllı bir dere yatağında akan suyun sesini andıran konuşması, onun umduğu gibi beni bir dikkat küpü haline getirmemişti. Daha çok aniden öğle uykusundan sarsılarak uyandırılmış birinin şaşkınlığına benzer bir ruh hali içine girmiştim. Gazanfer'in başlarına bir kötülük gelecek, diye alışılmadık bir kaygı gösterdiği bizim haremin kadınları da zaten ortalarda yoktu. Peygamber'in yaklaşan doğum günü kutlamaları için Safiye'nin odalarından birinde büyük bir olasılıkla yeni giysi ve mücevher tartışmaları yapıyorlardı. Hacı alayı Hicaz'dan yeni dönmüştü. Hindistan, Çin ve daha uzak ülkelerdeki Müslümanlar'la yapılan anlaşmalar herkesi memnun etmişti. Hem kutsal ziyaret yerine getirilmiş, hem de çok yararlı ticari ilişkiler kurulmuştu. Ve kadınlar da bundan paylarına düşenleri mutlulukla karşılıyorlardı.

Gazanfer'in ve onun uyarısıyla benim de ilgimi çeken ikili az ötemizdeydi. Yanında hadımıyla yürüyen bir kadın... Tabii ki bunda bir gariplik yoktu, hadımların hanımlarına eşlik etmeleri görevlerinin en önemli bölümüydü bilindiği gibi. Onların ya hemen arkalarında yürüyüp emirlerini, şikâyetlerini, dedikodularını dinler; ya da önlerinden koşturup perdeleri, kapıları açar, onları erkek dünyasından uzak tutmaya çalışırdık biz. Gerçekten de gözüme ters gelen herhangi bir durum yoktu. Yüzlerce kez geçtiğiniz bir koridorun çinilerini ansızın ilk kez gibi fark etmekti bu da.

Kadın'ın adı Mitra'ydı, Safiye'nin İranlısı. Şiirleriyle Sultan'ın gönlünü öylesine kazanmıştı ki ondan ikinci defa gebe kalmayı becerebilmişti. Gerçekten çok yakışıklı olan hadımı da İranlı'ya benziyordu ve Nur Banu'nun takımındandı. İkili alıştığımız cinsten bir konuşma içinde gibi değildi. Ne dışarı çıkma telaşı vardı göze çarpan, ne de alışveriş telaşı. Adamın elindeki bir şiir dosyasıydı. Farsça duygusal ve dinsel eserlere olan yoğun ilgime rağmen hâlâ iki İranlı konuştuğunda bir şey anlayamıyordum. Ama herhalde onlar da Allah'ın birliğinden söz etmiyorlardı.

Aslında bu birliktelikte tuhaf olan başka bir şeydi. Haremde öylesine bir kutuplaşma vardı ki, Nur Banu'nun çevresinden birinin Safiye'ninkilerden biriyle görülmesi herkesin aklına hemen casusluk, büyü, zehir gibi konular geliyordu.

Gazanfer yanımdan ayrılıp ikilinin yanına doğru ilerledi avluda. Ne söylediğini duymadım, ama kız hemen odasına doğru koşturdu, hadıma gelince o da kolunun altında dosyası sıvışıp gitti göz önünden.

Dev adam tekrar yanıma geldiğinde biraz şaka yapabileceğimi düşündüm. Gazanfer'le konuşurken daima yarı ciddi davranırdım. Böyle biriyle fazla içten olabilmek mümkün değildi.

"Ne oldu, casusluk mu, zehirleme mi?"

"Allah bizi ikisinden de korusun," dedi Gazanfer. Sonra az önceki sözlerini tekrarladı, "Bu adamı hiç gözüm tutmuyor."

Omzuna dostça dokunup onu sakinleştirmeye çalıştım. Bu koca adam en ufak bir şekilde hiddetlense bile yeterince korkutucu oluyordu. Ama o burnundan soluyarak konuşmaya devam ediyordu. "Onun kasabını tanırdım."

"Eee?" O bıçağın ne olduğunu bilen biri olarak sesimin titremesine engel olamamıştım. "Kasap kasaptır."

"Kızıl Muaviye kendine sanatçı derdi, kasap değil. Sanatçılar çok değişik insanlardır, emirlere değil kendi duygu ve düşüncelerine göre davranırlar. Sonuç daima istediğin gibi olmayabilir."

Onu hâlâ ciddiye almayı düşünmüyordum, ama sözleri bu ikili ile ilgili olarak daima hissettiğim, ama daha önce bir türlü adlandıramadığım kuşkuyu netleştirmiş gibiydi. Bu çift birbirini mıknatıs gibi çekiyordu. Bu bana gençliğimde, tabii hareme girmemden çok önce, kızlı erkekli ama kesinlikle bir büyüğün refakatinde yaptığımız dansları hatırlatıyordu. İki cins arasında kesin bir sonuca gitmeden yaşanan o tuhaf çekimi... Türkler bu doğa kanununa ya tümden karşı çıkıyor, ya da tamamen başıboş bırakıyorlardı. Böyle bir duyguyu askıda, kendi haline bırakmak onların tanımadığı bir durumdu.

Bu yeni gözlemimle ilgili bir şeyler anlatmaya çalışırken birden dikkatsizce bir hata yaptım ve Gazanfer'e hadımlar arasında yaşanabilecek kıskançlığın bana çok garip geldiğini söyledim.

"Bizim kaderlerimiz dünyanın her yerinde ve her zaman aynı değil midir?"

Çok kalabalık bir odadaki, ortak çalışan iki suikastçının gizli anlaşmalarını hatırlatan bir bakış attı bana. Ama bu işkence izleriyle dolu yüzden kesin bir anlam çıkarabilmek olanaksızdı. Sırtıma dokunarak beni kendisiyle birlikte avlunun köşesine, onun için hazırlanmış divana yürümeye davet etti.

Kapı Ağası olarak tabii ki Sarayda ayrı bir çalışma yerine sahipti, ama dışarıda işi olmadığında Gazanfer hareme gelip Safiye ile Nur Banu'nun odalarının sınırı olan bu harem avlusunda, kölelerin hazırladığı yumuşak minderlerden oluşan köşede oturmaktan hoşlanıyordu. Ortadaki sehpanın üzerinde bir yığın kâğıt vardı.

Böylelikle, haremin iki rakip kadını arasında olan, ya da olabilecek olan her şeyden haberdar olabiliyordu rahatlıkla. Yanında başka birinin oturduğunu daha önce hiç görmemiştim ve şimdi bu davetle şımarmam mı, yoksa korkmam mı gerektiğinden emin değildim.

Gazanfer sanki burası onun eviymiş gibi ellerini çırpıp hizmetkârları çağırdı ve bana ne ikram edebileceğini sordu. Bir bardak limonata benim için yeterliydi, pirinç sürahiden önümdeki karla doldurulmuş maşrapaya biraz döktüm. Gazanfer de nargilesini yaktı ve fokurdatmaya başladı.

Bir süre oradan buradan konuştuk. Gerçekten de sanki haremin avlularından birinde değil de, onun evinde gibi hissediyordum kendimi. Sonra aniden bir giriş bile yapmadan pat diye, "Bütün hadımlar aynı şekilde yaratılmamıştır," dedi. Ben cevap vermeye hazırlanırken o devam etti. "Bazıları Allah'ın isteğine diğerlerinden daha zor razı olurlar. Bazılarıysa bu yaşam biçimini her şeye tercih ederler."

"Hayır," diye hemen itiraz ettim. "Hiçbirimiz hayatımızın en iyi bölümünün bizden böyle kesilip atılmasını kendimiz istemedik."

"Ben istedim," dedi Gazanfer.

Numara yapmadığını biliyordum, ama yine de bu duyduğuma inanmam çok zordu.

"Ben, Macaristan'da küçük bir çocukken," dedi. Nargile, kaynayan bir tencere gibi sesler çıkararak fokurduyordu. Ama o tencerenin içinde çorba mı, büyü mü kaynatıldığını henüz bilmiyordum.

"Babamı hatırlamıyorum," dedi. Büyü başlıyordu. Bana geçmişini anlatacaktı. Ve ben de doğrusu bunu dinlemek için can atıyordum.

Koca hadım derin bir nefes aldıktan sonra, "Ben henüz iki aylık bile değilken, Süleyman'ın Peşte seferi sırasında Valpo'yu savunurken öldürülmüş o," dedi. "Valpo küçük bir kasabadır, duyduğunu sanmam. Ama ben çocukken başka bir şey duymadım. Annem benim ilk söylediğim kelimenin Valpo, ikincisinin de intikam olduğunu anlatırken çok övünürdü.

Hiç babam olmadı. Ama dört amcam ve ak saçlı bir kurda benzeyen dedem vardı. Tarlalarımız ve sürülerimiz olsa da bakımsızlıktan perişan haldeydiler. Bunun nedeni olarak hep Osmanlılar gösteriliyordu. Ne yazık ki kış gelip de yeniçeri geri çekilince bile erkekler alışkanlıklarını değiştirmiyorlardı ve her şeyi kadınların sırtına yükleyip bir kenarda pineklemeyi tercih ediyorlardı. Hayatımızı sağlayanlar annem ve halalarımdı. Akşamları karnımızı doyuran onlardı. Amcalarımdan biri bir yeniçeri tüfeğini omzuna asarak gururla dolanırdı ortalıkta. O yüzden de evin diğer erkeklerinden daha üstün görürdü kendini, galiba bir asker olduğunu düşünüyordu en azından. Geceleri herkes bir araya gelip kahramanlık şarkıları söylerdi."

Gazanfer nargilesini biraz daha fokurdattı ve geçmişe dalmış gözlerle hikâyesini anlatmaya devam etti:

"Böyle bir gündü yine. Kapının dışında, içerde söylenen şarkının sözlerini anlamadan yalnızca müziği duyuyordum ve onun temposuna uygun bir şekilde elimdeki baltayı önümdeki kütüğe vuruyordum. Ocak sönecek bile olsa hiçbiri kalkıp da odun kesmezdi erkeklerin ve ben annemin böyle bir işle yorulmasını istemiyordum. Zaten yaşıtlarımdan çok daha iri yarı ve güçlüydüm.

Amcamlara göreyse bu yaptığım kadın işiydi, bunun yerine atıcılık ya da güreş tutmam gerekiyordu. Ama ben aldırmıyordum.

Ben çalışırken annem yeni bir kucak odun almak üzere dışarı çıkmıştı. İçerde söyleyip durdukları şarkıların etkisi altında bana, 'Belâ,' dedi, 'Bir gün büyüyüp Valpo'nun intikamını alacaksın, bundan eminim.'. Ben, elimde balta yüzüne baktım ve ona, 'Hayır anne' dedim. 'Bunu yapmayacağım, ben burada kalıp senin odununu keseceğim.'

Sözlerimi sadece duygusal bir kadın olan annem değil, dedem de duymuştu. Dışarı fırladı ve arkama geçti. Elleriyle beni aşağı doğru omuzlarımdan itmeye başladı. Sanki ben eğmeye çalıştığı bir daldım. Direniyordum, o da daha kuvvetle bastırıyordu. Bir yandan da, 'demek annenle kalmak istiyorsun, öyle mi oğlum?' diyordu. Sonunda canım öylesine yanmaya başladı ki, dayanamayıp silkindim ve baltayı kapıp o öfkeyle dedeme doğru fırlattım. Aslında o kadar canım yanmasıydı ve öfkelenmeseydim hedefi şaşmazdım, ama Allah'a şükürler olsun fırlattığım balta, yalnızca kürk şapkasının ucunu koparıp karşı duvara saplandı.

Kendine gelince koca ihtiyar kahkahalarla gülmeye başlamıştı. Beni kolumdan tutup içeri götürdü, sırtıma vurarak oğullarına olanları anlattı keyifle. Baskı altında kalan gençlerin nasıl aslan gibi kükrediğini söyleyip gülüştüler ve amcam kahramanlık şarkısına yeni bir mısra daha ekledi bu konuyla ilgili olarak.

Bense yapmış olduğum hareketin ağırlığıyla perişandım. Az daha katil olacaktım! Ve onlar bunun ne kadar korkunç, dehşet verici bir şey olduğunun farkında bile değillerdi. Ailem neyin doğru, neyin yanlış olduğunun farkında değildi... Ertesi gün gidip kasabamızın papazına hissettiklerimi anlattım. O benim iç dünyamı çok daha iyi anlamıştı ve bana, 'Kılıçla yaşayanlar kılıçla ölürler,' dedi.

Şimdi bile, din adamlarının işlerine geldiği gibi sözler söylediğini düşünürüm. Gerçi papazın o gün bana söyledikleri doğruydu, ama yine de o bir Protestan'dı ve Avusturyalı Katolikler'den hiç hoşlanmıyordu. Türkler bile ona daha yakın geliyordu. Beni anlayışla karşılamasının ve barıştan yana konuşmasının nedeni bu olsa da kendimi onun yanından ayrıldığımda iyi hissediyordum."

# XL

GAZANFER Ağa sözleriyle beni kendi çocukluğuna taşıyordu: "Protestan papazla olan ahbaplığımın bedeli bir cehennem azabı gibi ödetildi bana evde. Sana bunca yıl baktım, besledim, diye bağırıyordu annem. Dedem çıldırmış gibiydi. Herkes 'Valpo, baban, intikam!' diye çığlıklar atıyordu.

Amcalarım ve dedem tüm güçlerini Türkler yerine benden intikam almaya yöneltmişlerdi. Bunun nedeninin beni sertleştirmek olduğunu tekrarlayıp duruyorlardı. Ama sırtımda onların kamçılarının acısını hissederek, kaç kez yatağımın altına sakladığım ikonanın önünde ağladığımı bilmiyorlardı. Bu resimde İsa, sakalsız ve kadınımsı bir yumuşaklık içinde, merhamet sembolü olarak tasvir edilmişti. Bütün bu eziyetlere ancak bu şekilde katlanabiliyordum, gücümü o ikonadan alıyordum.

Sonunda onu da buldular, dedem resmi duvara vurdu ve paramparça etti. Ne çeşit bir Hıristiyanlık'tı bu? Beni ensemden yakalayıp tekrar kamçılanmaya götürdü.

Tıpkı bir canavara dönüşmüştü, ulur gibi sesler çıkarıyordu. Bana pantolonumu indirtti, daha önceki dayak izlerim hâlâ taptaze duruyordu. Bunca acıya katlanmış olmama inanamıyordu, inadıma da. Eline kamçısını tekrar almıştı ki, aklına daha da beter bir ceza geldi. Bıçağını çıkardı, şimdi senin erkekliğini uçuracağım, diye bir nara attı. 'Sen bizim aramızda bir erkek olmaya layık değilsin.'

Korkuyla titriyordum, yine de nasıl olduysa, 'Haydi durma vur bıçağı,' diye fısıldamayı başarabildim.

'Ne diyorsun sen?' diye sordu.

Bu kez sesim daha yüksek çıkıyordu, ama bir kadın sesi gibi tiz ve inceydi. 'Haydi kes erkeksen. Ben erkek olmak istemiyorum senin gibi.'

Dedem söylediklerime inanamamıştı. Beni birden bıraktı. Bu lanet gibi bir şeydi. Kendi oğlunun oğlunu kastre etmek... Ev halkı bizi izliyordu, dedem tekrar ulumaya başlamıştı, ama sonra bunun ulumak değil gülmek olduğunu anladık. Delice kahkahalar atıyordu ihtiyar kurt. Onun güldüğünü gören diğerleri de buna katıldılar, efendilerinin öfkesi dinmişti en sonunda.

Bana döndü ve 'merak etme erkek olacaksın, korkma,' dedi. 'Hiçbir oğlum bıçağın karşısında senin kadar cesur davranamamıştır.'

Sonra tekrar tekrar kahkahayla güldüler, dedem saçlarımı çekip pantolonumu toplamamı söyledi.

Aslında ağlamak istiyordum, ama onlara bu mutluluğu yaşatamazdım. Yüzüm alev alev yanıyordu. Dışarı, karların arasına fırladım. Arkamda bir kurt sürüsü vardı sanki, baltamı kaptım ve koştum, koştum... Her yer buz gibiydi ve karlarla kaplıydı. Bir süre sonra üşümeye başladım, öfkeden üzerime bir şey almamıştım. Yine de geri dönmek istemiyordum. Ölene kadar dönmeyecektim, kararlıydım.

Baltamı kapıp önümdeki bir ağaca giriştim, küçük yeşil dallarına kadar paramparça ettim onu. Çıldırmış gibiydim. Öyle doğramıştım ki dalları, her biri yüzlerce küçücük parçaya ayrılmıştı.

'Tanrı düşmanına acısın, dostum.'

Şaşkınlıkla bu sese doğru döndüm. Elimde balta dikilip kalmıştım. Soğuk, öfkenin yerini alıyordu artık bedenimde. Nefes nefeseydim. Hem balta sallamaktan, hem de korkudan. Yanıma birinin yaklaştığını fark etmemiştim.

Adam bir yabancıydı. Daha önce pek fazla yabancı görmemiştim. Küçük kasabamızdaki herkesi çocukluğumdan beri tanıyordum ve doğduğum yerin dışında yalnız Zekzard'ı görmüştüm, o da bir kez. Adamın giysileri ve konuşması tuhaftı, ama zaten benim için Zekszard'ın ötesinde her yer aynı tuhaflıkta olabilirdi. Çok da aldırmadım buna.

'Söyle bana,' dedi adam, 'seni bu kadar öfkelendiren nedir?' Atından inmiş hayvanı bir ağaca bağlıyordu. 'Böyle parça parça doğradığın düşman da kim?'

Dedem, demeyi kendime yediremediğim için aklıma ilk geleni söyledim: 'Kâfir Türkler.'

'Anlıyorum', dedi yabancı, kara gözlerini kırpıştırıyordu. 'Peki sen daha önce bir Türk gördün mü?'

'Hayır', dedim, 'ama babam...' Ve adama oturup uzun uzun tüm geçmişimi, ailemi, köyümü anlattım, amcamın şiirlerine varana kadar.

'Aferin', dedi adam, 'peki senin inancında yabancılara yardım etmek var mıdır?'

Böyle bir şey yapmış değildim daha önce, ama dini inançlarım bunun yapılması gerektiğini düşündürüyordu bana ve 'evet', dedim.

Adam yolunu kaybettiğini söyledi ve ona Zekzard yolunu tarif edip edemeyeceğimi sordu.

'Oradan mısınız?' diye sordum.

'Hayır, ama onun biraz güneyindenim', dedi gülerek. 'Bana Zekzard'a kadar olanını tarif edersen gerisini kendim bulabilirim.'

Kendi bilgimle övünerek ona yolu tarif ettim ve gün doğana kadar at sürmesi gerekeceğini söyledim. Başını salladı, hiç konuşmadan karşılıklı dikildik bir süre. Onun aklından ne geçtiğini bilmiyordum, ama benimkinde şu vardı: 'Söyle yabancı kasabanızda bir erkek çocuğa ihtiyacınız var mı? Varsa beni de al götür, baltamı nasıl kullandığımı gördün...'

Ben bunları toparlayıp söyleyemeden yabancı, güleç bir yüzle tekrar konuşmaya başlamıştı. "Bak delikanlı. Sana minnettarlığımı gösterebilmek için bana bir şans ver. Oturup bir güzel ateş yakmaya, sonra da atımın terkisindeki az önce avladığım geyiği birlikte kızartıp yemeye ne dersin? Doğrusu ben açlıktan ölüyorum, yolumu ararken ağzıma tek bir çöp bile atmadım. Ama şimdi madem doğru yolu biliyorum, karnımı doyurmam da bir sakınca yok. Seninkini de... Ne dersin?'

Bu daveti memnuniyetle kabul ettim. Aslında başka bir zaman olsa onu evimize de davet edebilirdim, ama şimdi geri dönmeyi hiç düşünmüyordum. Dostumu berbat akrabalarımla tanıştırma fikri çok iticiydi benim için o anda.

Yabancı çok becerikliydi, ıslak yeşil dallardan mükemmel bir ateş yaktı. Üstümüzü başımızı kuruttuk ve tıka basa yedik kızarmış etimizi. Adam bir çocukla nasıl konuşulması gerektiğini biliyordu. Ona bütün sıkıntılarımı anlattım. Dedemi, amcalarımı... Türkler hakkındaki fikirlerini, eski savaşları, silahları, çevremizdekilerin özel beceri ve beceriksizliklerine kadar her şeyi... Benim papaz bile böylesine ilgi göstermemişti bana. Sonunda dayanamayıp beni bu ormana yollayan olayları da anlattım.

Yabancı güldü ama bu bir alay gülüşü değildi. Şefkatle bakıyordu bana, duygusal bir insandı belli ki.

'Bir daha deden sana böyle bir şey yapmaya kalkışırsa, ona bir zamanlar Bizans imparatorlarının kendi oğullarını kastre ettirmiş olduklarını söyle. Bunun nedeni olarak, ikinci ve üçüncü oğulların tahtın gölgesinde kalmalarını engelleyip onlara da hayat olanağı vermek olduğunu söylerler. Eğer deden bunları bilse cinsiyetsiz insanları aşağılamaktan vazgeçer sanırım.'

Adam, Zekzard civarında bir köyde doğmuş olduğunu, dünyanın pek çok yerini gezip gördüğünü anlattı. Buna Konstantinopolis de dahildi. Bir çocuğun yüreğini hoplatacak öykülerdi başından geçenler. Bana hayatın birkaç akraba ve çamurlu bir köyden ibaret olmaması gerektiğini, hadımların tuhaf yaratıklar olmadığını, çok üstün mevkilere çıkabildiklerini söyledi. Kaderim belirleniyordu, ama benim çocuk saflığı içinde bunu kavrayabilmem imkânsızdı.

Macaristan'a gelmekten hoşlanıyordu yabancı. 'Çünkü',

diyordu, 'burada kadınlar en azından kendi doğaları içinde. Yanlarında kendilerini bebek gibi besleyen hadımlar yok, bunu görmemekten memnunum. Ama yine de sonunda Türkler' in arasına dönmek hoşuma gidiyor. Macera olmayınca hayat sönük geliyor bana.' Adam sözlerini bitirince keyifli keyifli gülmüştü.

Sonra artık zaman geç olduğu için kalktık, ateşi söndürdük, onunla birlikte, uğurlamak üzere atına doğru yürüdüm. Ama nedense gözlerim yaşla dolmuştu ve bunu görmesini istemediğim için arkamı dönüp oradan uzaklaştım.

Daha dört adım ya atmış, ya atmamıştım birden adımın söylendiğini duydum. Bu yabancı değildi, önümde dedem vardı. Beni aramak üzere ormana gelmişti, ben ona seslenemeden birden ortalığı yoğun bir barut kokusu ve duman kapladı."

# XLI

GAZANFER hikâyesine devam ediyordu: " 'Dede, dede, yapma, o benim dostum', diye bağırdım. Ama çok geçti, ihtiyar kurt silahını ateşlemişti. Dostum vurulup yere yıkılmıştı, arkasında atı şaha kalkmış kişniyordu.

'Arkadaşın mı? Seni salak seni!' diye bağırıyordu dedem. 'O adam bir Türk. Türk casusu.'

'Hayır, hayır o bir Macar. Burada doğmuş ve...'

'Nerede doğmuş olduğunun bir önemi yok. Bu at, eyer, sarık, pala... O bir yeniçeri. Neyse Tanrı'ya şükür ölü bir yeniçeri.'

Ama yabancı ölmemişti. Kımıldanıp, yerinden doğrulmaya çalışıyordu, yerler kan içindeydi. Dedem onun kıpırdandığını görünce yeniden silahını doldurmaya başlamıştı.

'Çekil önümden, bırak işini bitireyim,' diye bağırıyordu bana.

Elimde baltam ne yapacağımı bilemeden duruyordum tam önünde. Dedem silahını yine kaldırıp beni azarlamaya başlayacaktı ama, birden yüzünde tuhaf bir gülüş belirdi.

'Tamam,' dedi. 'Artık kendini kanıtlamanın zamanı geldi. Onun işini sen bitir. Evet, sen. O ünlü baltanla... Haydi git. Kaşlarının ortasından ayır onun kellesini ikiye. Tam bir erkek ol. Bu dünyanın en önemli işidir, başaracaksın. Haydi!'

Ona arkamı döndüm, yabancıya bakıyordum. Baltamı omzuma doğru kaldırdım. Arkadan her şey uygun görünüyor olmalıydı. Ama dedemin yüzümü görebilmesine olanak yoktu. Dudaklarımı kıpırdatarak dostuma fısıltıyla, 'kaç,' dedim.

Atın dizginlerini kaptım ve yerinden doğrulmaya çalışan yabancıya uzattım, yaralı koluyla hareket etmekte zorlanıyordu.

Dedem ne yaptığımı anlamıştı. 'Çekil önümden Tanrı'nın belâsı çocuk!' diye avazı çıktığı kadar bağırıyordu.

Ben de yeniçeriye 'haydi, çabuk ol', diye... Yerimden hiç kımıldamadım ve adam atına tırmanmayı başarır başarmaz ortadan yok oldu.

Ondan sonra olanları düşününce daima dedemin beni alnımın ortasından vurmasının benim için çok daha iyi olacağını düşünmüşümdür. Önce azar, hakaret sonra dayak ve bir dilim ekmek bile verilmeden odaya kapatılma... Aslında buna çok da aldırmıyordum. Karnım toktu, yabancıyla yediklerimiz hâlâ midemdeydi ve kendimi yalnız hissetmiyordum. Bir dostum vardı artık benim ve bu yakınlık, tahta çerçeveli bir resmin bana sunabileceğinden çok daha fazlaydı. Kendimi iyi hissediyordum. Bunu sert ve kötü davranarak değil, iyi ve merhametli olarak kazanmıştım üstelik. Tıpkı o kadınımsı görüntülü İsa'nın dediği gibiydi bu."

Gazanfer'in anlattıklarına kendimi kaptırmış dinliyordum. Başından beri ilk defa sözünü keserek merakla sordum: "Gerçekten de adam bir yeniçeri miymiş?"

"Evet, tabii," diye cevap verdi dev hadım. "O kara kış içinde kolundaki yarayla saatlerce at sürüp kışlasına başka kim ulaşabilirdi zaten?"

"Yani yaşadı öyle mi?"

"Evet."

"Ama o adama ailen ve çevrendeki insanların Türk düşmanlığıyla ilgili bir yığın bilgi vermiştin."

"Evet, öyle."

"O zaman sana olan borcunu bunları kendine saklayarak mı ödedi?"

"Hayır, her şeyi kelime kelime anlatmış komutanlarına. İki hafta sonra yeniçeriler bizim köyü bastılar ve dedemi, amcalarımı öldürdüler."

"Bu sana çok acı bir ders olmuştur herhalde: İnsanlar onların hayatlarını kurtaranlara karşı bile vefasızlık edebilirler... Öyle değil mi?"

"Hayır, tam olarak bunu söyleyemem. Çünkü bana olan borcunu benim hayatımı kurtararak ödedi yabancı. Katliam sarhoşu askerler her şeyi yakıp, herkesi kılıçtan geçirirken o engellemese benim de başım uçacaktı bir pala darbesiyle. Yetişip beni kurtardı adam.

Sonra komutanlarıyla konuştu ve bana da beni İstanbul'a götürüp Enderun'a yerleştirmek istediklerini söyledi. Böylelikle onun gibi bir yeniçeri olabilecektim ben de. Sanki bir aziz beni kolumdan tutup berbat bir ortamdan çıkarıp almış gibiydi. Ona hayır, diyemedim.

Ama sonra gece başladı. Benim gibi bir kenara ayrılmış erkek çocuklar ve bakire kızlar vardı. Kızlar köle pazarında iyi bir para karşılığında satılacaktı. Oğlanlar ise devşirme olarak yetiştirilecekti.

Yeniçeriler zaferlerini kutlamaya başladılar. Giderek daha azgınlaşıyordu gözü dönük askerler... O kahkahalar, naralar..."

"Savaşın acımasız yüzü, değil mi?"

"Evet, gerçekten de acımasız ve iğrençti. Daha önce kadınlarla erkeklerin böylesine rezil ve vahşi bir şekilde birarada olduğunu ne görmüş, ne de duymuştum.

Ne yazık annem de o saldırılan kadınların arasındaydı. Çaresiz, zavallı bir çocuk gibi bağırıyordu. Onun çığlıklarını duymamak için sıkıca kulaklarımı kapamıştım.

Sonunda sustular ve ortalığı derin bir sessizlik kapladı. Her şey bitti, huzura kavuşuldu, diye düşünüyordum... Ama yanılıyordum. Yeniçeri dostum yanıma geldi ve annemin öldüğünü söyledi. O gece daha fazla saldırıya uğrama korkusunun dehşeti içinde kendi karnına bir bıçak saplayarak intihar etmişti zavallı. Ailenin tüm erkeklerini mezara koyup acı ve utanç içinde hayatını devam ettiremeyeceğini biliyordu. 'İstersen onun başında dua edebilirsin', demişti adam. Ama benim, o paramparça, kanlar içindeki cesedin başında söyleyebilecek hiçbir sözüm kalmamıştı. Allak bullaktım duyduğum acıyla, midem bulanıyordu. Kendimden nefret ediyordum."

Dayanamayıp, "Neden?" diye sordum Gazanfer'e.

"Neden mi?" Omuzlarını silktti keder içinde. "Erkek olduğum için."

"Ve erkekler böyle şeyler yaptığı için?"

Hadım dalgın gözlerle avluyu süzdürdü. "Erkekler kadınları görünce..." Sustu ve daha fazla bir açıklama yapmadı. Sonra tekrar konuşmaya başladı: "Biraz kendime geldiğimde, arkadaşıma onun gibi, dedem gibi bir insan kasabı olmak istemediğimi söyledim. Artık hiçbir idealim kalmamıştı. Ne bayraklar, ne de mavi-sarı yeniçeri giysileri umurumdaydı. Adam kendisi de bir savaşçı olmasına rağmen, bir çocuktan böyle savaş karşıtı sözler duymaktan ötürü şaşkınlığa uğramış gibi değildi.

Öyle olacağıma hadım edilmeyi tercih ederim, diye bağırdığımda yüzüme sanki bana imreniyormuş gibi baktı. Doğru ve düzgün bir bıçak darbesi insanı savaşın rezilliklerinden uzak tutabilirdi. Ben bu konuda inatla ısrar edince, benim gibi bir asker arkadaştan yoksun kalacağı için üzgün olduğunu, ama Belgrad'ın en iyi adamını bu iş için ayarlayabileceğini söyledi. Beni alıp Kızıl Muaviye'ye götürdü. Onu, işte bu şekilde tanıdım.

Operasyon sırasında dostum yanımda durup elimi tuttu. Sanki ben onun savaş alanında yaralanmış bir arkadaşıydım. Ben iyileşene kadar da her gün ziyaret etti ve bana tatlılar getirip saatlerce yanımda oturdu. Aslında Gazanfer adını ilk kez bana o koymuştur. Bunu, haremi değil savaş alanlarını düşünerek vermişti tabii ki.

Sonunda ayrılık zamanı gelmişti. Ben kadınlar, o da erkekler dünyasına doğru yolculuğumuza başlamalıydık. Belki bir daha asla karşılaşmayacaktık, ya da karşılaşsak bile birbirine zıt, karşı durumlarda olacaktık. Bunu biliyorduk. Ve dostca vedalaştık."

Gazanfer sözlerini bitirince bir süre sustu. Ben de sustum. Paylaştığımız kaderin kederi konuşmayı anlamsızlaştırıyordu.

Bu adamın benimle paylaştığı şeylerin önemini biliyordum. Uzun bir süre bu devasa hadımı öyle ya da böyle, bir düşman olarak kabul etmiştim. Oysa daha önce de ben hastalandığımda elinde özel ilaçlarla ziyaretime gelip neler anlatmıştı. Bana gösterdiği bu yakınlığın karşılığında ben de ona bir şeyler vermek istiyordum. Zorlandıysam da, ne yazık anlatacak bir şey bulamamıştım. Doğrusu iyi hissetmiyordum kendimi. Ama yine de, küçük de olsa bir sırrımı ona açarak belki bir denge sağlayabilirdim.

Yavaş ve sakin bir sesle, "Söyle bana dostum," dedim. "Andrea Barbarigo Hıristiyanlık'tan dönüp Müslüman olduğuna göre, hanımın artık kimi ziyaret ediyor dışarıda?"

Aslında bir cevap beklemiyordum, sadece durumu bildiğimi belli etmek istemiştim.

Bana yaklaşıp daha da dikkatle baktı yüzüme ve "Kira'nın dükkânının bitişiğindeki dükkân, öyle mi?" diye sordu.

"Evet," diye cevap verdim.

"Orada olduğunu tahmin etmiştim," dedi. Nargilesinden iki nefes daha çekti ve "Mikael Kantakuzenos," dedi.

Çok şaşırmıştım, gerçekten de bir cevap beklemiyordum. Aslında ben ona bir şey söylemek isterken o bana bir yeni bilgi daha vererek manevi borç yükümü artırmıştı.

Mikael Kantakuzenos bir Rum'du. Efendim ondan "Bizans gemisinden kıyıya vuran parçalardan," diye söz ederdi. Ama bunu aşağılamak için söylemezdi. Kantakuzenos, Sokullu'nun dostlarındandı ve yardımcısı Feridun Bey'in ortadan kaybolmasından sonra başkentte en güvendiği kişilerden biriydi. Tıpkı Kıbrıs Beyi Arap Paşa gibi. Bu Hıristiyan toplumu için iyi bir şeydi, ama Divan için kuşku uyandırıcı bir durumdu. Vezir-i azam'ın politik arenada tek güvendiği kişi bir Rum'du...

Gazanfer bu ismi söyler söylemez bazı şeyler de kafamda netleşivermişti. Acaba geçen aylar boyunca Sokullu'nun almış olduğu kararlara Safiye ne kadar karışmıştı? Efendim çok dürüst bir adamdı, asla rüşvet kabul etmezdi, İsmihan ise kocasının işleriyle ilgilenmeyi aklına bile getirmezdi. Bu yüzden Safiye, Nur Banu'nun yönetimdeki ağırlığıyla başa çıkıp, hakkından gelebilmek uğruna, Vezir-i azam'ı etkileyebilmek için çok farklı bir yöntem ve yol bulmuştu demek ki. Kantakuzenos çok iyi bir hatipti, güzel konuşurdu. Sokullu Paşa, onun anlattıklarının yarısını bile dinlemiş olsa, kesinlikle aklında bir şeyler kalmıştı mutlaka.

Durumu anlamıştım. Başımı salladım. Çok ciddi bir gerekçe olmadan asla ve asla bu öğrendiğimi başkalarına söylemeyecektim. Gazanfer bunu biliyordu.

Aramızda o gün geçenlerden sonra bunun aksi olanaksızdı.

# XLII

O YIL korkunç bir salgın oldu. Veba tüm kenti sardı ve bir yığın insan yok olup gitti. Hastalık, bu kez yalnız yoksul mahallelerde ve limanda görülmüyordu, en varlıklı ailelerin evlerinde bile dolaşıyordu ölüm.

Pera'da yaşayan İtalyanlar kalabalık gruplar halinde kentten ayrılmanın peşine düşmüştü. Bazıları Adalar'a kaçtı. Ama bu da pek sonuç getirmedi, içlerinden bazıları hastalığı zaten kapmıştı ve adanın kapalı ortamında veba çok daha kolay yayılıverdi.

Ada'da kaynak suları yoktu. Su, kış boyunca yağan yağmurların doldurduğu sarnıçlardan sağlanıyordu ve bu da başka hastalıklara davetiye çıkarıyordu.

Görülen ve kabullenilen bir gerçek vardı: Ne yapılırsa yapılsın bu beladan kaçabilmenin bir yolu yoktu. En iyisi Allah'a kendini bırakıp beklemekti. Nasıl olsa savaş alanlarında ölen askerler, ya da doğum yaparken ölen kadınlar gibi onlar da şehit olacaklardı ve Cennet'in bahçeleri onları bekliyordu.

O yıl hastalığın kurbanları arasında Şeyhülislam da vardı. Adam zaten çok yaşlıydı, hepimiz onu uzun süre daha yaşayamayacağını biliyorduk. Gençler gibi dayanamazdı yüksek ateşe. Ama bu Allah'ın emriydi. Bazılarıysa onun hastalığına sevinmeseler bile, "İlahi Adalet" diye mırıldanıyordu. Çünkü Şeyhülislam'ın, dini kişiliğine ve Allah'a karşı sorumluluklarına rağmen, Selim'in Kıbrıs'ı zaptetmesi konusunda etki altında kalarak fetva verdiği bilinen bir gerçekti. İhtiyarın bugün yarın ölümünün beklendiği haberi üzerine bizim ev halkı bu acıyı paylaşmak üzere hemen Şeyhülislam'ın konağının yolunu tutmuştu.

Efendim hastanın yattığı ilaç ve tütsü kokan odada oturuyordu. Gece gündüz Kur'an okunuyordu evde. Yaşlı adam hâlâ dudaklarını kımıldatarak bunlara eşlik etmeye çabalıyordu. Oğulları ve diğer yakınları sırayla gidip geliyordu odaya. Adamın elini tutuyor, alnındaki ıslak bezi değiştiriyor, konuşmalarıyla ona güç vermeye çalışıyorlardı.

Efendim bu adama karşı derin bir saygı duyuyordu. Divan'da daima aynı görüşleri paylaşmamalarına karşın tek bir olay dışında –genç hizmetkâr oğlanın Selim tarafından öldürüldüğü gün– Şeyhülislam'ın dine aykırı davranmamış olduğunu söylerdi.

Kanuni'den bu yana hâlâ görevde kalmayı başarabilmiş olan yalnız ikisi vardı Divan'da. O görkemli günlerden günümüze ne çok şeyin değişmiş olduğunu ikisi de içlerinde acı duyarak izliyordu. Eskiden ağza bile alınamayan rüşvet, şimdi devletin her kademesinde alıp başını yürümüştü. Yeni bir Şeyhülislam'ın atanması Sarayın değil, dini kurumların işiydi. Ama Sokullu, ölmekte olan dostu Hamid'in ayrılmasından sonra Medrese'de başlayan yozlaşmaların farkındaydı. Ziyaret için gelen din adamlarının ellerinde taşıdıkları tespihler artık ipe dizilmiş cam ya da sıradan taşlardan değil; altın zincirlere dizili lapis, yakut ya da neceflerden oluşuyordu. Ve bu sakallı adamların büyük bir bölümünün, Paşa'nın gözünde Sultan'ın, Üveyis'in ve hatta Nur Banu'nun parayla satın alınmış kölelerinden daha fazla bir değeri yoktu.

Sokullu ölmekte olan arkadaşına kaygılarını yüksek sesle anlatıyordu: "Sen de gidersen ne olur halimiz dostum?" Sanırım bu konuşmanın sonuncu olabileceğini Paşa çok iyi biliyordu.

"Allah ne isterse o olur," diye mırıldanarak cevap verdi

Şeyhülislam. Odadaki din adamları kadınların mücevher kutularının çıkardığı sese benzeyen şıkırtılarla tespihlerini çekmeye devam ediyorlardı. Hiçbir şey söylemediler ama, efendimin bana daha sonra söylediğine göre, adamın yerine geçecek olan mutlaka bu konuşmayı hafızasına kazımıştı.

Harem ahalisinin hasta da olsa bir erkeğin yanına gitmesi yasaktı. Onlar adamın karısı ve kızlarının acısını hafifletmeye çalışıyorlardı. Neyse ki, burada durum selamlıktaki kadar kasvetli ve entrika dolu değildi.

Şeyhülislam'ın şişko bir koyuna benzeyen karısı Ümmü Gülsüm, kocasına çok bağlı bir kadındı. Karı koca inanılmayacak kadar birbirine zıt iki insandı oysa. Adamın sakin durgunluğuna karşın kadın çok havai bir yapıdaydı; adam olağanüstü mantıklıydı, kadınsa yalnız duygularıyla davranırdı. Adam on yaşında Kur'an'ı hatim edip indirmişti ve tüm duaları ezbere bilirdi, kadına gelince en küçük bir duayı bile yardımsız tamamlayamazdı. Eğer aralarında harem perdeleri olmasa bu ikilinin uzun bir evliliği becerebileceğinden doğrusu kuşkuluydum.

Zıtlıklarla örülü bu ilişkinin sonucunda sanırım Şeyhülislam, kadınların aptal ve dini konularda yetersiz olduğu kanısına varmıştı. Ama artık bunun fazlaca bir önemi kalmamıştı. Yerine geçecek olan adamın da mutlaka bir haremi olacaktı ve bu harem son derecede zeki, dindar kadınlardan oluşabilirdi. Arada yine o kalın perdeler sallansa da, iki dünya arasında farklı etkileşimler meydana gelebilirdi kolaylıkla.

Ümmü Gülsüm'ün ölüm konusunda çok duygusal tepkiler vereceğinden emindim. Ama hadımları ona bu haberi getirmeden önce böyle bir ruh haline girmeyeceği de kesindi. O ana kadar, her ne kadar yüzüne kederli bir ifade oturtmuş olsa da, içini karartmaya niyetli görünmüyordu. Birkaç saat sonra değişecek olanın yalnız kendi hayatı değil, aynı zamanda imparatorluğunki de olması ise hiç mi hiç umurunda değildi.

Ona bununla ilgili bir soru sorulsa büyük bir olasılıkla, kocasının işine uygun olarak davrandığını söyleyebilirdi. "Her şey Allah'tan gelir." Ama aslında onun dini algılayış biçimi çok farklıydı. Kadına göre dürüst ve iyi davranmak yeterliydi ve bunlar zaten Allah'ın istediği şeylerdi. Dine uygun davranma çabası ile Allah'a daha yakın olunabileceğine aklı fazla yatmıyordu. Eğer her şeyi düzgün yaparsan Allah'ın isteği de zaten buna uygun olurdu. Yani lafın kısası, pratik bir düşünce biçimi vardı bu konuda.

Oda, ölünün arkasından ağlayıp dua etmek üzere çağrılmış kadınlarla doluydu. Hafız'ın biri neredeyse anlaşılamayan bir şekilde Kur'an okuyordu. Sabahtan beri çalışmaktan yorulmuş olmalıydı. O dinlenirken Kur'an'ın büyük bir bölümünü ezberlemiş olan Gülruh'un bu yeteneğini göstermesi için ısrar etti kadınlar.

Gülruh okurken Ümmü Gülsüm gülümseyerek, "Harikulâde bir çocuk," dedi. İsmihan'a döndü. "Ah İsmihan Sultan," diye devam etti. "Bir gün senin sıran gelip sen de dul kaldığında –inşallah yıllar sonra olur bu– sana ne kadar gıpta edeceğim."

Kadının söyledikleri öylesine saçma gelmişti ki, kadınlar gülmemek için kendilerini zor tuttular. Hanımım kibarca, "Pek anlayamadım," dedi.

"Şunu demek istiyorum: Kocan çok akıllı bir adam ve ilerde seni yalnız bıraktığında sıkıntıya düşmeyesiniz diye para biriktiriyor."

"Ama benim kocam Sultan'ın kölesidir," dedi İsmihan. "O öldüğünde serveti de Saraya geçer. Kızım ve ben öyle bir şey olduğunda Sarayın bize vereceği parayla geçinmek zorunda kalacağız. Bu, benim en korktuğum şeylerden biridir."

"Ah, evet" derken Ümmü Gülsüm gözünü kırpmıştı alaycı bir şekilde. "Ama herkes Sokullu'nun Sultan'ın kayıtları dışında da parası olduğunu bilir. Yatağınızın altında... Öyle değil mi? Bana bunu söylemişlerdi. Zamanı gelince –inşallah yüz yıl sonra olsun– sen de bunu öğrenirsin tabii."

İsmihan hiçbir şey söylemedi, ama tombul yüzündeki şaşkınlığı görüyordum. Sanki, 'Bu nasıl olur? Herkes biliyor? O zaman ben niye bilmiyorum?' der gibiydi.

Bir süre sonra hastanın odasına bir perde yerleştirilmesine yardım etmek üzere selamlığa çağrıldım. Şeyhülislam artık son dakikalarının geldiğini ve ölmeden önce karısıyla konuşmak istediğini söylemişti. Kadını oraya götürme görevi de bana düşmüştü.

İsmihan'ın bizi duyamayacağı kadar uzaklaşır uzaklaşmaz, pek uygun bir ortam olmamasına rağmen dayanamayıp kadına sordum: "Afedersiniz hanımım, lütfen kusuruma bakmayın, ama efendimle ilgili olarak az önce söylediklerinizi acaba kimden duyduğunuzu sorabilir miyim?"

"Hımm... Bunu herkes söylüyor zaten."

Herkes söylüyorsa o zaman Sultan da duymuştu mutlaka ve böyle ise kendini aldatılmış hissediyor olmalıydı. Bunları kadına söylemeden, sorularımı sürdürdüm: "Peki acaba bunu en son nerede ve kimden duyduğunuzu hatırlayabilir misiniz?"

"Dur bakayım. Evet, tabii. Sarayda... Valide Sultan'ın yanındaydım. Bana o söyledi son olarak."

"Nur Banu Sultan? Anlıyorum."

"O da bunu herkesin söylediğini tekrarlamıştı. Zaten öyle olmasa ben de bunu dile getirmezdim, öyle değil mi?"

"Sanırım yapmazdınız hanımım." Demek ki birileri bunu ortalıkta yayıyordu.

Odaya gelmiştik. İhtiyarın Sokullu'ya, "Kusura bakma dostum," dediğini duydum.

"Tabii," diyen Sokullu dışarı çıkıyordu ki, Şeyhülislam tekrar onun elini tuttu ve "haremine iyi bak Paşa," dedi. "Bu benim hayattaki tek pişmanlığımdır, geride bırakacaklarımla daha çok ilgilenebilirdim. Sıran gelip de öbür dünyaya giderken sana sual edildiğinde benim durumuma düşmeni istemem. Haremine iyi bak."

Efendim saygıyla başını salladı. Bunları söyleyen neredeyse azizlik mertebesinde biriydi. Aslında Şeyhülislam, haremiyle az zaman harcayarak ne kadar doğru bir iş yapmış olduğunun farkında değildi. Eğer bunun tersini yapsaydı belki pişman olmak için çok daha fazla nedeni olacaktı adamcağızın.

Kocasıyla yaptığı konuşmayı bitirip hareme dönen Ümmü Gülsüm, kırk yıldır evli olduğu adamın ölüm döşeğinden gelen bir kadına asla benzemiyordu. Heyecan içindeydi ve yerine bile oturmadan coşkuyla konuşmaya başladı.

"Sanırım bir süre için bu konuda ağzımı kapalı tutmamı istiyorlardı, ama ben dayanamayacağım. Erkekleri bilirsiniz, hiç duygu yoktur onlarda. Oysa ben susamam. Hele de böyle bir şeyi saklamam mümkün değil. İsmihan Sultan, sen ve ben akraba oluyoruz. Kocalarımız konuşup anlaşmışlar. Senin kızını benim küçük oğlumla evlendireceğiz."

İsmihan'ın ağzı şaşkınlıktan bir karış açık kalmıştı bunları duyunca. Yüzündeki ifadeden buna inanmadığı belliydi. Kadın onu inandırmak için hemen devam etti konuşmasına.

"Tabii kocam Gülruh hakkında hiçbir şey bilmiyordu, ama ona hemen kızının nasıl güzel Kur'an okuduğunu, ne kadar dinine bağlı yetiştirilmiş olduğunu söyledim. Bu onun son arzusu. Sokullu Paşa verdiği sözden dönecek biri değildir. Kocam sürekli olarak haremin ne kadar önemli olduğunu anlattı durdu. O bunları anlatırken Abdurrahman'ım kıpkırmızı bir yüzle dinliyordu. O benim gözümün bebeğidir, en küçüğüm... Her şeyimiz hazır Allah'a şükürler olsun. Sevinçten kalbim gümbür gümbür çarpıyor. Allah size iyi erkek evlatlar, bana da torunlar verir inşallah.." Kadın şimdi Gülruh'a doğru dönmüştü. "Bak göreceksin kızım, gelin kaynana çok mutlu olacağız."

Kur'an okumayı bitirdikten sonra Gülruh, Şeyhülislam'ın torunlarıyla oyun oynayarak onları oyalıyordu. Büyükler bunu kızın onlara nefes aldırabilmek için yaptığını sansalar da, ben gerçekte Gülruh'un kadınlardan sıkıldığı için böyle davrandığını biliyordum. Ümmü Gülsüm'e soru sormayı, ya da itiraz etmeyi istediğini bildiğim gibi biliyordum bunu da. Ama o artık büyümüştü, sesini çıkaramıyordu. Kadın gelip onun sırtını okşayıp yanağını öptüğünde, bir anda sanki o da vebaya yakalanmış gibi rengi sararmıştı.

Sonunda İsmihan toparlandı ve "Doğrusu şaşırdım," dedi. "Aslında ben Safiye'nin oğlu Mehmed'le böyle bir şeyin olacağını düşünüyordum. Tabii bu konuda bir konuşma yapılmamıştı, ben yalnızca..."

Gülruh doğruldu, çocuklardan uzaklaştı ve annesinin yanına doğru ilerledi. Ondan kuvvet almak mı, yoksa ona kuvvet vermek için mi bunu yapmıştı bilmiyorum.

*Evet, evet. Benim yeğenim, Mehmed. Ben onunla evlenmeliyim. Biz bunu çocukluğumuzdan beri istiyoruz.* Ama bunlar dile gelemiyordu. Gülruh'un gözlerinden okuyordum bu sözcükleri.

İsmihan konuşmaya devam etti: "Tabii bir de şu var, inşallah Mehmed bir gün Sultan olacak. Sultanlar evlenemezler. Onlara denk olabilecek kim vardır ki dünyada? Ama beri yandan artık hanedanın kendini parayla satın alınan köle kızlardan da sıyırması gerek. Eğer Mehmed yeğeniyle evlenirse ve sanıyorum birbirlerinden hoşlanıyorlar, o zaman hanedan çok daha güçlü olabilir. Ana ve baba aynı asil soydan gelirse..."

Gülruh bunlara katıldığını başını sallayarak belli etmekten kendini alamamıştı.

Ümmü Gülsüm ise çok daha farklı düşünüyordu. "Bunlar, Safiye'nin kafasından geçenler," dedi. "Murad'a da yaptığı gibi, Mehmed'in de onun sözünden çıkmamasının peşindedir o. Ve bu, zavallı Nur Banu'yu çok üzüyor. Sana samimiyetle şunu söylemek istiyorum İsmihan Sultan. Senin yerinde olsam kızımı bu kavga ve hesapların dışında tutardım."

Bu çeşit yorumları Şeyhülislam'ın karısının tek başına yapabilmesi pek mümkün değildi. Sanırım İsmihan bile Nur Banu'ya yapılmış olan son ziyarette bulunmadığı için pişmanlık duyuyordu. Aslında bu kadından çok daha üstün biriydi o. Sarayda büyütülmüştü. Yine de kendini toparladı ve kibarca gülümseyerek kadına cevap verdi.

"Söylediklerimle kalp kırmak istememiştim. Eğer sabırsızca konuştuysam bunun nedeni yanlışlıkların düzeltilmesini istememdir. Bizim evimiz ne yazık ki siyaset, savaş ve kölelikle karmakarışıktır. Oysa bakın sizinki akıl ve huzurla dolu olduğu için ne kadar yüce."

Ümmü Gülsüm, Nur Banu tarafından yönlendirilmeden doğru konuşabilecek biri değildi. Hiçbir şey söylemeden oturduğu minderde kımıldandı ve gülümsedi. Pek yakında dul kalacak olduğunu bilse de, yakın gelecekte gerçekleşeceğini düşündüğü düğün onu mutlu etmeye yetiyordu.

Neyse ki tartışma uzamadı. Çünkü hadımlardan biri aceleyle içeri girip erkeklerden yeni bir haber getirdi. Bir an önce gitmeliydik. Şeyhülislam için duyduğumuz tüm içten ilgiye rağmen bunu yapmaya mecburduk. Piyale Paşa, bir önceki gün Divan'a katılmamıştı, bunu biliyorduk. Şimdi bunun nedenini öğrenmiştik. Paşa da vebaya yakalanmıştı ve Şeyhülislam'dan çok daha genç olmasına rağmen hastalığa dayanamamıştı. Vezir ölüm döşeğindeydi, Fatiha okunmadan yanına ulaşabileceğimiz ise kesin değildi.

Selim, İsmihan'ın baba bir, ana ayrı kardeşi olan ikinci kızı Gevherhan'ı Piyale Paşa'ya vermişti. Çiftin çocuğu olmamıştı ama birbirlerine çok bağlıydılar. Hatta Vezir'in bu uğurda işini ikinci plana ittiği bile söylenirdi. Bu çok bağlı karı-koca kendi dünyalarına dalmıştı. İsmihan kızkardeşiyle neredeyse evlendiğinden bu yana pek görüşmemişti.

Ama madem ki Gevherhan, kızkardeşini şimdi yanına çağırıyordu, bu istek derhal yerine getirilmeliydi. Gevherhan'ın dünyasının Ümmü Gülsüm'ün bol dedikodulu dünyasından çok farklı olduğu kesindi.

Sokullu bu haberle çok sarsılmıştı. Bizi yolda bırakıp hemen koşturdu Saraya doğru. Sanki siyasetçiler doktorların yapamadığı mucizeyi gerçekleştirebilirlermiş gibi... Üveyis ve çevresindekilerle yakın olmasına rağmen Piyale Paşa, kafası yatmazsa onlara karşı çıkmaktan geri durmazdı. Karısı çok dürüst ve erdemli bir kadındı, onun desteğini daima hissetmişti Paşa ve Gevherhan'ın düşüncelerine de büyük önem verirdi. Sokullu, Divan'da Piyale Paşa ve Şeyhülislam olmadan bayağı zorlanacağa benziyordu.

Ve beklenen oldu. Allah'ın emri yerine geldi. O gece iki adam da öldü. Hocalar, hafızlar, ağıtçılar iki konak arasında gidip gelirken çok iyi para kazandılar. Herhalde bu onlara bir sonraki veba salgınına kadar yetecek birer küçük servet yaptırmıştı.

Daha sonra yapılan cenaze törenlerinde efendim her iki dostunun tabutunu da taşıdı.

Ve eve döndüğümüzde, hemen Mikael Kantakuzenos'u çağırdı yanına. Rum gelene kadar da oturup Kıbrıs'a yollanmak üzere yeniden uzun bir mektup yazdı.

## XLIII

SONUNDA sonbaharın ilk yağmurları başladı ve bu yağmurlarla sanki veba da akıp gitti, hava temizlendi. Herkes daha kolay ve özgürce soluk almaya başlamıştı, ciğerlere dolan havayla yüzlere de mutlu gülüşler gelmeye başladı.

Ama doğrusu bizim haremde çok da rahat soluklandığımız söylenemezdi. Ve Ümmü Gülsüm'ün bizi ziyaretiyle de bu hava değişmedi. Kadın hemen gidip Gülruh'u öptü ve çeyiz işlerinin ne âlemde olduğunu sordu. Bizim Gülruh eline iğne bile almamıştı, cevap vermeden boş gözlerle baktı.

"Birbirimizi yakından tanımalıyız," diyordu Ümmü Gülsüm. "Lütfen ne zaman istersen bize gel. Bu yıl içinde bu düğünü yapacağız kısmetse."

Gülruh ilk fırsatta hemen kaçıp gitmişti salondan ve tabii bir ateş topu gibi benim odama dalmıştı.

"Yapamam! Yapmayacağım!" diye bağırıyordu. Gözyaşlarına boğulmuştu.

Ona sevgiyle sarılıp sırtını okşadım. Artık gerçekten de çocukluktan kadınlığa geçiyordu. Eğer gerçek bir erkek olsam bu duygusallık ikimiz için de tehlikeli olabilirdi. Ama şimdi duyduğum, onu koruma arzusundan ibaretti. Bu uğurda kolaylıkla ölmeyi tercih edebilirdim. Bundan emindim.

Ağlaması biraz hafifleyince konuşmaya başladık. "Şimdi söyle bakalım," dedim. "Neden bu Hamid'in oğlu Abdurrahman işi seni böyle korkutuyor? Doğrusu ben onu hiç görmedim, bütün bildiğim annesinin anlattıkları... Ve bu çeşit konuşmalara da çok güvenmediğimi bilirsin, şimdi söyle bakalım sen ne duydun?"

Gülruh susuyordu, sanırım ne düşündüğünü tahmin edebiliyordum. "Demek," dedim, "Sen de bir şey bilmiyorsun. Bunu tahmin etmiştim. Görmediğin biri hakkında nasıl karar verdin öyleyse?"

"Onu görmek istemiyorum. Onunla ilgili bir şey öğrenmek de istemiyorum."

"Ama ben istiyorum," dedim. Bana bir haine bakar gibi baktıysa da, ben sözlerimi sürdürdüm. "Eğer bu adam hakkında bir bilgi edinemezsem, bu evliliğe engel olabilmek için nasıl mücadele edebilirim?"

"Oh, benim canım Abdullah'ım!" Sevgiyle sarılıp öptü beni. Doğrusu bu, yıllardır yaptıklarından çok daha sıcak ve minnet doluydu.

"Sorun... Bunu nasıl yapacağım?... Annesinin söylediğine göre bizim delikanlı tüm zamanını Medrese'de geçiriyormuş. Aniden gidip onu ziyaret etsem olmaz. Benim gibi biri son derece tuhaf karşılanır orada. Hayır, bu olmaz. Tek yol, senin biraz çaba göstermen. Kadının davetini kabul et, ben de seninle gelirim. Ama çok da fazla gayretli görünmemelisin, yoksa kayınvaliden bu defa senin çok hevesli olduğunu düşünebilir. Ölçüyü iyi tutmalıyız."

"Bence bu çok iyi olur. Öyle çok hevesli olayım ki, adam beni karı olarak almaktan korksun. Ne dersin?"

"Haydi, saçmalamayı kes. Eğer böyle davranırsan, ne kadar Osmanlı kanından gelirsen gel, seni bir sokak serserisi bile karı olarak almaz. Kendi düzeyimizi bozmadan bu işi çözümleyebiliriz. Önce söylediğim planı uygulayalım. Eğer bundan tatmin olmazsak, o zaman başka yolları deneriz."

Ümmü Gülsüm'ün evi şehrin batı yönündeki surların oradaydı. Çatı katından Mekke'ye giden hacı adaylarını izleyebilmek için çok güzel bir yerdi.

Doğrusu Gülruh buraya bayılmıştı. Öğreneceklerimiz hoşuna gitmese bile en azından sürre alayını izlemiş olmak bu ziyareti yeterince yararlı yapmıştı.

Ümmü Gülsüm'e gelince, Sokullu'nun evinden onun davetini kabul edip gelen birini -özellikle de oğluna gelin olması kararlaştırılan birini- ağırlamak çok hoşuna gitmişti. Ve hacı alayından daha ilginç olan bir şeyi görebilmemiz için bize doğrusu çok yardımcı oldu. Bu, genç damat adayıydı.

Kadınların ikinci kattaki dairesi, çoğu dini törenleri izlemek üzere dışarıda olan evin erkeklerinin yaşadığı selamlıktan daha iyi bir görüş alanına sahipti. Bu yüzden de konakta kalan erkekler, alayı görebilmek için mescidin tepesine tırmanmak zorundaydılar. Bunların büyük bir kısmı köleler ve delikanlılardı.

Onların bu hareketliliğine katılmayan tek bir kişi vardı. Aşağıda oturmuş kitap okuyordu kayıtsızca. Aslında gürültüleri duyuyordu ve bunlar dini bir törene aitti. Ama o yine de istifini bozmamakta ısrarlıydı. Sanki tek başına bir camide dua ediyor gibiydi.

"İşte o," dedi Ümmü Gülsüm. Sesi gururla doluydu. "İşte benim gönlümün sultanı."

Babasının etkisiyle Abdurrahman müderris olmuştu. On iki yaşında sünnet olduğundan bu yana dini eğitim görüyordu. Babası gibi o da Kur'an'ı ezbere biliyordu, ama kırk yaşından önce ders vermesi uygun görülmediği için bunu yapamıyordu. Bu ciddi iş için ağarmış saç ve sakala gerek vardı söylendiği gibi. Böyle durumlarda az bir para karşılığında kiralanan daha yaşlı bir adamla birlikte çalışıyordu Abdurrahman.

Çocuğun üzerinde çok büyük bir sorumluluk baskısı oluşmuştu. Öncelikle babası Şeyhülislam, yüksek mevkilerdeki ağabeyleri... Evet bunlar belli ki onu eziyordu. O da başarmaya kilitlemişti kendini ve bunun için çok çalışması gerektiğini biliyordu.

Ağabeyleri hem kişilik, hem de görevlerindeki başarılarıyla ünlenmiş kişilerdi. Ve bütün bunlar on sekiz yaşında bir delikanlıyı kavurmuş gibiydi.

Solgun tenli bu delikanlının dini konularda bilgili olduğu belliydi, ama sanırım henüz bir bilge sayılamazdı. Herhalde bir soru sorulduğunda, bilgisi birbirinden bağımsız ve asla bir araya gelemeyen akarsular misali akıyordu dudaklarından. Ama bunlardan tam bir sonuç çıkarmak mümkün olmuyordu büyük bir olasılıkla. Eğer ona bir şey sorulmazsa, ki artık bu daha sık başına gelen bir durumdu, eminim yaptığı tek şey, bir kenarda yüzüne ağırbaşlı bir ifade oturtarak durmaktan ibaretti. Hatta biraz da başkalarını küçümseyen bir ifade bile denilebilirdi buna. Ona danışmadan, yalan yanlış konuşan bir kuru kalabalık olarak görüyordu çevresindekileri.

Sonuç olarak yalnız bir delikanlıydı Abdurrahman, ama bununla gurur duyuyordu. Oysa bana gençliğine rağmen zayıf, yaşlı ve eskimiş görünüyordu.

Sürre alayı görününce mescidin çatısına tırmanmış diğer delikanlılar onu da yanlarına çağırdılar. Abdurrahman'ı ayakta ilk kez görüyorduk şimdi. Annesi bundan şikâyetçi görünmüyordu. Kadın güçlü kuvvetli biriydi, oysa oğlu ağırbaşlı dini giysilerin içinde insanın içini bir tuhaf yapacak kadar zayıf ve güçsüz görünüyordu. Solgun ve ve hatta neredeyse görünmez bir bedendi bu. Sırtı hafif kamburlaşmıştı, bacakları ve kolları eğri büğrü görünüyordu. Sanki fazla oturmaktan kramp geçirmiş gibiydi hareket ettiğinde. Ama annesi hâlâ bu konuda bir şey söylemiyordu. Yalnız az önce yaptığı gurur dolu konuşmayı kesmişti. Susuyordu...

Abdurrahman tırmanmak üzere pencere kenarlarındaki demirlere tutunarak ilk hareketini yaptığında hepimiz nefesimizi tuttuk. Bunu becerebileceğe benzemiyordu ve yanılmadığımızı gördük, hemen vazgeçip eski yerine geri dönmeyi tercih etti. Ama diğerleri ısrar etti. Bazıları aşağı inip onu çekiştirerek yukarı tırmanmak üzere yüreklendirmeye çalışıyordu. Tam kutsal develer geçerken Abdurrahman'ı çatıya çekmeyi başardılar. Delikanlılar onu aşağıda bıraksa belki daha iyi olacaktı. Hiç mutluya benzemiyordu bizim sıska. Diğerleri merakla alayı izlerken, o burnu büyük bir tavırla, küçümseyerek bakınıyordu etrafına. Yüzünden ne düşündüğünü neredeyse anlıyordum: "Ne cahil insanlar, iki boş deve eğerine hayranlıkla bakıyorlar!" Herhalde o anda aklından, Allah'tan başka hiçbir şeye tapmamak gerektiğiyle ilgili dua geçiyordu. Bundan emindim.

O sabah buraya gelmeden önce, Gülruh'un gencecik kalbinde bir delikanlıyı görerek bazı yumuşamalar, duygulanmalar doğabileceğini ummuştum. Ama şimdi görüyordum, böyle bir şey olamazdı. Arkamı döner dönmez çatılara, ağaçlara tırmanan benim küçük maymunum bu adamla mı evlenecekti? Abrurrahman, belli zamanından çok önce yaşlanmıştı. Daha on sekizinde solgun bir müsveddeye dönmüştü bu genç adam. Gülruh'a sevgiyle, onu korumak isteyerek baktım ve Tanrı'ya bu işin olmaması için yalvardım.

Herhalde onun da aklından benzer şeyler geçiyordu. Birden bugün onda daha önce görmediğim bir şeyi farkettim. Kulaklarındaki iri altın halkalardı bunlar. Nereden bulmuştu bu küpeleri?

Sonunda Ümmü Gülsüm'e veda ederek konaktan ayrıldık. Tahtırevana binip, bizi kimsenin duyamayacağından emin olunca Gülruh eğilip, "Umarım Abdullah, bunu engellemenin bir yolunu bulursun," dedi.

"Elimden gelen her şeyi yapacağım," diye cevap verdim. Bana minnet dolu gözlerle baktı. Yüzüne sevgiyle dokundum, azıcık gülsün istiyordum. Sonra yavaşça küpelerini çekip salladım ve "Ama," dedim, "Sana bu küpeleri veren adam da aklımın köşesinden bile geçmez, bunu bul."

Başını çevirdi ve tahtırevanın perdesini kendi çekti. Bu tavrından anlamıştım, yanılmıyordum tahminimde. Küpeler Kıbrıs'tan gelmişti, Arap Paşa'nın armağanıydı. Hamid'in oğlu Abdurrahman'la evlenmek istemiyordu Gülruh, ama bunun en önemli nedeni gördüklerimiz değildi. Bizim kızın aklı, kardeş gibi büyütülmüş olmalarına rağmen hâlâ o güçlü kuvvetli, zenci genç adamdaydı. Şehzade Mehmed'le ilgili davranışları bile bunu saklamak içindi. Bunca zaman sonra onu hâlâ kalbinde yaşatmasına şaşmış ve üzülmüştüm. Böyle bir şey asla ve asla olamazdı. Zavallı çocuk, diye geçirdim içimden. Zavallı çocuk...

# XLIV

*AKŞAM ÜSTÜ* tenhalaşmış sokakları geçerek eve doğru ilerliyorduk. Hacı adayları Boğaz'ın öte yakasına geçmişlerdi ve sanki bu uzun, kutsal yolculuklarına çıkarken şehrin ruhunu da yanlarına alıp götürmüşlerdi. Müezzin sesleri bana çok sönük geliyordu bu akşam. Birden oldukça geciktiğimizi fark edip, Gülruh'un tahtırevanını taşıyan kölelere, "Acele edin," dedim. Bir mümin, yüzünü ve yüreğini Mekke'ye çevirip kısa bir süre ibadet ederek nasıl bir ruh arınmasına kavuşmayı bekleyebilirdi? Diğerleri çoktan , bu kolay, Tanrı'ya kestirmeden ulaşma yoluyla kıyaslanamayacak upuzun ve çok zorlu yolculuğa başlamışlardı. Üstelik büyük bir özveri ile yaya olarak düşmüşlerdi Kâbe yollarına... Bize gelince... Ne yazık ki, bize kalan biçimsel bir dindarlık görüntüsünden ibaretti. İçimi koyu bir kasvet kaplayıvermişti.

Oh, Allahım, merhametini bizlerden esirgeme, diye mırıldandım.

O sırada, dar sokakta bir adam telaş içinde hızla yanımdan geçti. Çabucak göz önünden yok olmuştu ama, ben yine de üzerindeki metal örgü zırhın sesini duymuş, başındaki tepesi topuzlu miğferi fark edebilmiştim. Adam bir çavuştu, yani imparatorluğun özel korumasıydı.

Ne tuhaf, diye düşündüm. Bir çavuşu böyle koşturan ne olabilirdi? O, Sultan'ın emrini yerine getirirdi ve buna zaten hiç kimse karşı çıkamazdı. Üniformasını neden kalın, kapkara bir pelerinin altına saklamaya çalıştığını anlamam mümkün değildi, hele de böyle karanlıkta bir hırsız gibi kaçmasını...

Tam konağımızın köşesine gelmiştik, birden köleler durdu, dehşet ve korku içinde dua etmeye başlamışlardı. "Devam edin, devam!" diye bağırdımsa da kimse buna aldırmadı. Yerlerinde kalakalmış adamları hareketlendirmek için itip kakmam gerekti.

Gülruh merak içinde tahtırevanın perdesini açıp, "Ne oluyor Abdullah?" diye sordu.

"Orta malı biri gibi, nasıl olur olmaz perdeyi açabilirsin?" diye daha önce hiç yapmadığım bir şekilde azarladım kızı. Aslında beni kaygılandıran onu birilerinin görebileceği değil, onun görebilecekleriydi. Böyle davranmaya mecburdum iyiliği için.

Aceleyle bahçeye girdik. Köleleri, gördüklerini anlatıp haremin huzurunu bozmamaları için uyardım. Kapıdaki bekçiyi de hemen gidip efendimizi çağırması için yolladım, dışarı şöyle bir bakması adamı adeta kanatlandırıvermişti.

Yine de karanlık sokakta, sallanan bir cesedin yanıbaşında geçirdiğim süre benim için yeterinden uzundu. Burada durmaktaki amacım, başlangıçta cesedi köpeklerin saldırısından ve bazı insanların kötü davranışlarından, alaylarından koruyabilmekti. Ama dakikalar ilerledikçe ortalıkta benden ve yol kenarında kaşınan sıska gri kediden başka bir canlı olmadığını anladım. Sanki bir kara büyü sonucuydu gördüklerim, ürperdim ve kendimi korumamın daha akıllıca olabileceğini düşündüm.

Birden hatırladım, kentin tüm yüce yürekli dindarları bugün bizi geride bırakıp gitmişlerdi. Ceset, yüzünde intikam ve öfke istermiş gibi ifadeyle sallanıp duruyordu az ötemde. Bir kez daha, Allah'ın merhametine sığındım.

Sonunda kapı açıldı. Demir kapı kollarının ve kilidin çıkardığı ses bile beni yerimden hoplatmaya yetmişti. Efendim yanında bir süre önce Saray tarafından onu korumakla görevlendirilen üç çavuşla birlikte dışarı çıktı. Miğferlerini görünce az önceki adamı tekrar hatırladım ve nedenini o an için tam olarak bilemediğim bir endişe sardı içimi. Sokullu'ya bu korumalar verildiğinde Paşa doğrusu çok şaşmış ve bunun gerekçesini öğrenmek istemişti: "Sultanım, neden bu askerleri bu işle görevlendirdiniz? Ben sokaklarda yanımda birkaç arkadaşımla silahsız dolaşmaya alışmış bir kölenizim. Ve bu güne kadar da başıma kötü bir şey gelmedi."

Murad'ın cevabı baştan savma olmuştu. Ama ben onun bu konuda söylemek istemediği bazı düşünceleri olduğunu sezmiştim.

Sokullu'nun üzerinde çok sade bir giysi ve başında basit bir sarık vardı. Belli ki kırk yılda bir yalnızca kendine ayırıp dinlenmeyi planladığı akşamlardan biriydi bu. Belki namazdan yeni kalkmıştı. Bekçi koşarak odaya vardığında herhalde seccadesi üzerindeydi ve adamın korku dolu, "Paşa'm Rum ölmüş. Bizim kapının yanına asılı, sallanıyor cesedi," sözleriyle duasını alelacele tamamlayıp fırlamış olmalıydı dışarı.

Mikael Kantakuzenos onu iyi anlayan ve güvendiği insanlardan biriydi. Onu karşılarken Sokullu'nun süslü giysilere ihtiyacı yoktu. Efendim, emindim, Rum dostunu bekliyordu bu gece. Ne yazık ki adam ölü olarak gelmişti bu kez konağa.

Paşa, duygularını içine gömerek, her zamanki kararlılık ve sakinlik içinde kapıdan dışarı çıkıp cesede baktı. Hemen Hıristiyan rahiplerin çağırılması emrini verdi, Rum için gereken dini törenler, âdetler yerine getirilmeliydi. Gelen papazlardan birinin, "İşte Osmanlı'ya yakın olmanın bedeli... Seni korur gibi görünürken başına ne işler açabilir bu adamlar. Hiçbirine güvenilmez Türkler'in," dediğini duydum, ama bunu efendime iletmedim. Biliyordum, bu sözler onu en az dostunun ölümü kadar üzerdi.

Papazlar gelmeden önce çavuşlar yukarı tırmanıp adamın cesedini aşağı indirmişlerdi.

Az önce bir arkadaşlarının yaptığı işin tersini yapan bu muhafızları izlerken aklıma gelenleri Sokullu'ya aktarmam gerektiğini düşündüm ve Paşa'ya sessizce daha önce gördüklerimi anlattım.

"Rum kendini asmış olamaz," dedim. "Tekmelediği sehpa nerede? Ortalarda böyle bir şey yok."

Son olarak da ona küçük bir kâğıt uzattım. Bu, adamın göğsüne iliştirilmişti ve ben onu görür görmez kimseler gelmeden bunu almayı başarmıştım.

Paşa dikkatle okudu yazanları: " Müslüman kadınları kirletenler böyle cehennemi boylar."

Daha sonra Gazanfer bu konuyla ilgili olarak, ben sormadan şunları anlatacaktı: "Yemin ederim, son kez ona Safiye'den mesaj götürdüğümde birinin bizi izlediğinden kuşkulanmıştım, ama böyle sonuçlanacağını da doğrusu tahmin etmemiştim." Ve hadım, gayri müslimler için söylenmesi âdetten olmadığı halde, "Allah rahmet eylesin," diye bitirmişti sözlerini.

Evet o akşam, bu kâğıdı okuyan efendim düşünceli düşünceli konuşmadan duruyordu. Eğilip kulağına, "Sarayın adamları bizim kapıyı uzun süredir gözlüyorlardı herhalde," dedim. "Rum'u burada yakalayıp öldürmek üzere... Efendimiz bundan eminim, ama nedenini bilemiyorum."

Sokullu benim bu heyecanlı konuşmama karşılık tek kelime etmedi, başını sallamakla yetindi. Sanki bu olanlar onu fazla şaşırtmamıştı, böyle bir şeyi bekliyor gibiydi.

Her zamanki gibi Paşa, o gece Arap Paşa'ya yazdığı uzun bir mektupla içini döktü.

Ama gelen cevap beklenmedik bir biçimde ve acı vericiydi. Bu, koyu lacivert bir yün pelerindi. Bazı yerlerinde, kopkoyu kan lekelerinin ortasında, kılıçların açtığı belli olan delikler vardı. Kıbrıs Valisi adanın ta başından beri belası olan haydutlarla dövüşürken üzerinde bu pelerin vardı ve ne yazık ki aldığı yaralarla oracıkta ölmüştü Arap Paşa.

"Ya korumaları?" Efendim sesindeki kedere hâkim olmaya çalışarak soruyordu.

"Bu konudaki haberler iyidir efendimiz. Çok şükür hepsi de kurtulmuş."

"Hepsi?" Sokullu bir an yanıbaşında dikilen kendi korumalarına, çavuşlara baktı. Başını kaygıyla ve bir şeylere inanamazmış gibi salladı. Bu kadarı olamaz, diyordu sanki.

"Hem de yaralı bile yokmuş," diye devam etti haberci. Gülüşü yüzünde giderek kayboluyordu. "Ne oldu efendimiz?" diye sordu. "Sizi hiç olmazsa bu haberle biraz sevindirebileceğimi düşünmüştüm ben."

"Canım gibi, öz oğlum gibi sevdiğim birinin öldürülmesine ve onu korumakla görevli yüz adamın bunun için parmaklarını bile kıpırdatmamış olmasına mı sevinecektim?"

Paşa'nın bu sözleri üzerine adam, "Evet, çok, çok garip... Öyle değil mi?" diye sormaktan kendini alamamıştı.

"Evet, gerçekten de garip." Efendimin aklı başka bir yerdeydi, sözlerini, "Evet, hepsi bu kadar, sağolun," diyerek tamamladı.

Haremde olanlar benim zihnimi başka açılardan oyalıyordu. Karnında Arap Paşa'nın yedi aylık bebeğini taşıyan genç dul da geri gelmişti adadan. Kocası öldüğü için tekrar köleler arasına dönmek zorundaydı. Zavallı, acı ve gözyaşları içindeydi. Bebeğin doğumuyla bu üzüntü verici ortam daha da yoğunlaştı. Bunun tek nedeni kadına özgürlüğünü ve Paşa'nın adını verebilecek olan bir oğlan doğurmaması değildi, bebek son derece sağlıksız ve hatta hastalıklıydı, ama yine de yaşamak konusunda beklenmedik bir inadı vardı.

Öte yandan bir de Gülruh'un yaşadığı keder vardı. Çok sessiz ve içine kapalı bir biçimde yaşıyordu bunu. Haberi aldıktan sonra yaklaşık bir hafta boyunca ne kadar ısrar edersek edelim, ağzına tek lokma bile koyduramamıştık. Ama haremin perdeleri her şeyi örterdi, tıpkı bir yarayı kapatan taze deri gibi. Hem de hiçbir iz kalmamış gibi... Ve bir süre sonra her şey geçti. Ama artık Gülruh eskisi gibi değildi, ya da şöyle demek belki daha doğru olurdu: O artık bir çocuk değildi, genç bir kadın olmuştu.

Ne kadar değişmiş olduğunu aslında tam olarak birkaç hafta sonra babası tarafından mabeyne çağrıldığında anladım. Sokullu, Feridun Bey işinden bu yana Gülruh'u görmemişti. Zaten herhalde kadınlar aklına en son gelen şeydi Vezir-i azam'ın. Paşa'nın bir parça gergin olduğunu görebiliyordum, ama Gülruh da ondan daha az gergin değildi. Gözleri kocaman kocaman açılmıştı, kalbinin atışıyla hızlı hızlı inip kalkan göğsü, yanaklarının kızarması heyecanını açığa vuruyordu.

Babasının onu niye çağırdığını tam olarak bilmiyordum. Ama yine de mabeyne doğru ilerlerken elimi omuzuna koydum ve ona asla istemediği biriyle evlenmek zorunda olmadığını tekrarladım.

"Hoş geldin çocuğum," diye karşıladı Paşa, kızını.

"Hoş buldum babacığım." Başı öne eğikti ve çenesi neredeyse göğsüne değiyordu.

"Gel yanıma kızım. Gel, korkma benden," diyen Paşa gergin bir biçimde güldü, sözlerinin inandırıcılığı konusunda belki kendi bile kuşku duyuyordu.

Kız babasına doğru ilerledi, ama tam yaklaşmıştı ki, tamamen yabancı birinin karşısındaymış gibi iki eliyle yüzünü kapadı. Aslına bakılırsa, gerçekten de yabancı biri olduğu söylenebilirdi Sokullu'nun. Neyse bu sıkıntılı durum fazla uzamadı. Sokullu kızı kucağına aldı. Çocuğu sanki kendi de hatırlamaya çalışır gibi bir hali vardı. Ama artık Gülruh büyümüştü ve babasının dizinde çok komik görünüyordu. Paşa kızın ellerini yüzünden çekti, çenesini kaldırdı ve gözlerine baktı.

Çocukken belki bu yüzde kendinden bir şeyler aradığında, bulduğunu da söyleyerek avunmuş olabilirdi, ama artık bu çok zordu. Gülruh'un yüzünde ona ait tek bir çizgi bile yoktu. Acaba kızın kime benzediğini o da benim gibi görebiliyor muydu? Yoksa o kapkara gözlerin, yumuşacık dolgun dudakların, incecik yanakların güzelliğini gördüğünde İsmihan'ı düşünüp, kadının çekiciliği konusunda kendini ıskalamış mı hissediyordu?

Paşa bunları zihninden uzaklaştırmak ister gibi bakışlarını uzaklara çevirdi. Tekrar kızına baktığında hemen konuya girdi: "Şunu anlamalısın kızım, ben daima senin için en doğru ve en iyi olanı isterim."

"Evet, babacığım," diye mırıldandı Gülruh.

"İyi. Seni artık bir an önce iyi bir adamla evlendirmek istiyorum kızım. Önceleri küçük olduğunu düşünüyordum, ama şimdi giderek yaşlanıyorum, ölüp gitmeden senin iyi bir evlilik yaptığını görmek istiyorum."

"Allah size yüzlerce yıl daha ihsan eylesin babacığım."

Sokullu başını salladı. "Sağol kızım ama yine de senin geleceğinle ilgili işlere öncelik vermeliyiz. Belki duymadın, haberin yok ama, Şeyhülislam Hamid'le ölüm döşeğinde bazı şeyler konuştuk. Rahmetli, bana senin en küçük oğluyla evlenmeni çok arzu ettiğini söylemişti. Bu onun son arzusuydu. Bunun gerçekleşmesini ben de istiyorum. Hamid'in oğulları bugün bana geldiler ve yarın akşam beni evde ziyaret etmek istediklerini söylediler. Gelip herhalde düğün, nikâh parası gibi şeyleri konuşmak istiyorlar ve iş bu duruma gelince kimsenin onuruyla oynayamayız, öyle değil mi? Anlıyor musun?"

Gülruh hızlı hızlı başını salladı anladığını belli ederek.

"Benim tek emin olmak istediğim konu senin bir itirazın olup olmadığı. Senin mutlu olmanı isterim çocuğum. Eğer istemezsen para miktarını çok yukarı çekerim ve vazgeçip giderler, ama doğrusu bu onlara hakaret etmek gibi bir şey olur. İyi bir ailedir rahmetlininki. Güçlüdürler de... Eğer Sultan akılsızlık etmezse o aileden daha pek çok Şeyhülislam çıkar. Şu sana talip olan Abdurrahman bile şimdiden bilgisiyle ün salmış durumda. Bir gün o da yüce mertebeye ulaşabilir. Ama, unutma, benim esas istediğim senin mutlu olman. Bana kendini açabilirsin kızım, şimdi."

Kulaklarıma inanamıyordum. Gülruh çok alçak bir sesle ama kararlı bir şekilde: "Abdurrahman'la evleneceğim babacığım, eğer senin de istediğin buysa..." diyordu.

Çocuk korktu herhalde, diye düşündüm. Onun yerine ben konuşmalıydım. Ama bunun ne yeri, ne de zamanıydı. Abdurrahman'ın ağabeylerinin ziyaretine sadece bir gün vardı. Hemen bir plan yapmalıydım. Fazla zamanım yoktu.

# XLV

SOKULLU konuşmasını bitirmişti. Yüzündeki ifade durumdan hoşnut olduğunu belli ediyordu, ama aynı zamanda bir hüznü de saklamaya çalışır gibiydi. Gülruh'a artık gidebileceğini söyledi. Koşarak dışarı çıkan kız da daha az hüzünlü değildi. Arkasından gidip onu avutmak ve hâlâ bu evliliği engelleme şansımız olduğunu söylemek istiyordum, ama efendim beni durdurdu.

Belki de sıra bana geldi, diye düşünüyordum. Oysa bana ne düşündümü sormadı Paşa. Bu kadarı onu tatmin etmiş olmalıydı. Zaten kızın sözlerini kendi kulaklarımla duymamış mıydım?

Sokullu, "Şeyhülislam ölüm döşeğinde bana haremimle daha fazla ilgilenmemi ve onlarla zaman geçirmemi öğütledi," dedi. "Bu bana huzur verirmiş. Şimdi görüyorum ki doğru söylüyordu rahmetli. Bana bu konuda yardımcı olmalısın Abdullah. Yarın sabah Divan var, akşam da biliyorsun konuklar. Ama onlar gittikten sonra..."

Cümlesini bitirmese de konuşmamızın bitmiş olduğunu

düşünüyordum. Ona elimden gelen her yardımı yapacağıma söz verdim.

Aslında kızını daha yakından tanısa bu evliliğin olmaması gerektiğini Paşa kolaylıkla anlayabilirdi.

Sokullu arkasını dönmüştü, ama çıkabileceğimi henüz söylememişti. Tekrar bana döndüğünde gözlerime inanamayacak kadar şaşırmıştım. Koskoca Vezir-i azam? Kim onun ağlayabileceğini düşünürdü?

"Biliyorum..." dedi. Hıçkırığını tutmaya çalışıyordu. "Ta başından beri onun benim öz kızım olmadığını biliyorum."

Kalbim yerinden çıkacakmış gibi atıyordu. Benim bundaki payımı da biliyor muydu acaba? Bunca yıldan sonra artık cezamı çekme zamanım gelmiş miydi?

"Yemin ederim ki, zaman zaman aklımdan, keşke Peygamberimiz kızların öldürülmemesiyle ilgili o sözleri söylemeseydi, diye bile geçti. Ne kolay olurdu tıpkı eski Yunanlılar gibi kendi utancından bir başka bedeni yok ederek kurtulmak...

Ama çok şükür Kur'an bana daima olduğu gibi doğru yolu gösterdi. 'Bir kız çocuğu doğduğunda onun yüzünde karanlık gölgeler belirdiğini söyleyenler aldanıyorlar...' Hatta bu kız çocuk insanın kendi kızı olmasa bile... Bunu yaşadım ben. Abdullah seni yalnızca affetmiyorum, sana aynı zamanda minnettar olduğumu da söylüyorum."

Paşa'nın yüce yürekliliği beni utandırmış ve ruhumu karmakarışık etmişti. Aslında minnetle dolu olması gereken yürek benimkiydi.

"Eski bir türkü vardır," diye sürdürdü sözlerini. Bana hiç konuşma fırsatı vermiyordu. Ama aslında zaten böyle bir şansım olsa da, kendimi doğru dürüst ifade edebileceğimden emin değildim. "Bazen köylülerin arıduruluğu neredeyse Kur'an'ın damıtılmışlığıyla yarışacak ölçülerdedir. Türkü şöyle:

*"Ey benim nazlı kızım*
*Doğunca yüzümü karartan kızım*
*Şimdi evimin tacı kızım*
*Veremem seni yadellere*
*Kırk deve yükü altına bile*
*Bahtımın yıldızı kızım."*

Sokullu tekrar susmuştu, ama biliyordum konuşma hâlâ bitmemişti. Sessizlik uzayıp gidiyordu. Söylediklerinin etkisiyle benim de gözlerimden yaşlar süzülüyordu. Aklımdan Ferhad ve İsmihan'la ilgili binbir görüntü gelip geçiyordu. Sustuk, sustuk, sustuk...

Bütün bu duygusallığa rağmen konuşulması gereken başka konular da vardı. Paşa'ya bana anlattıklarından sonra, nasıl olur da kızının evliliğine ait kaygı ve kuşkularımı açabilirdim, nasıl bu iş olmamalı, diyebilirdim? Onun kalbini kırmak istemiyordum daha fazla. Ben bunları düşünürken o yerinden kalktı ve yanıma geldi, elini omuzuma koydu.

"Hatırlıyor musun Abdullah?" dedi. "Yanıma ilk geldiğin günü?"

"Evet efendimiz." Ne garipti, o konuşmaya başladığında benim aklımdan da aynı an geçmişti. Bunun nedeni omuzuma koyduğu o dost eliydi, bunu biliyordum. Yıllar önce de aynı şeyi yapmıştı Paşa. Sanki onu ilk gördüğüm gün ve bugün arasında zaman hiç geçmemiş gibiydi.

"Ya seni yapayalnız haremimin başında bıraktığım o yıllar... Dört müydü, yoksa daha da mı fazla?" Güldü. "Bütün bu yıllar boyunca bana mükemmel hizmet ettin. Yakında senin benim para işlerimle de ilgilenmeni isteyeceğim."

Elini omzumdan çekmişti ve ben onun bana yağdırdığı övgülere beceriksizce cevap vermeye çalışıyordum. Birden tekrar koydu elini omuzuma. Ama bu kez daha farklıydı bu temas. Çok yumuşaktı, bir kumru ya da kelebeğin hafifliği, masumiyeti vardı dokunuşunda. Tuhaf bir tedirginlik duyuyordum, ama hiç kımıldamadım. Çünkü sanki azıcık kımıldasam incinebilir gibiydi.

"Ben küçük bir çocukken," dedi Sokullu, "Enderun'daykken kadınlardansa erkeklerin aşkını, sevgisini tercih ederdim. Çok daha kolay ve güvenliydi böyle bir ilişki. Daha doyurucuydu, üstelik insanın sinirini de bozmuyordu. Bu eğilimim devam edebilirdi aslında...

Ama sonra bunu değiştirmeye karar verdim ve Selim'in kızıyla bu yüzden evlendim. O hâlâ benim için en değerli kadındır, hayatımın tek kadınıdır. İşte seni o günlerde gördüm, o avluda benim senin satın alınışını onaylamamı bekliyordun. Birden heyecanlandım. Hareme defalarca karımı ziyaret etmek üzere geldim o tarihten sonra, ama bu daha çok seni görebilmek içindi. Evimdeki hadımların sayısının yetersiz olduğunu aklıma bile getirmiyordum, çünkü sen benim gönül gözümü fazlasıyla dolduruyordun..."

O konuştukça ben çok ama çok garip bir duygunun etkisi altına girmiştim. Yıllar önce benden koparılıp atılmış olan organlarımın yerinde yabancı, tanımadığım bir karışık karıncalanma vardı sanki. Pek çok defa çıplak kadınlarla dolu hamamlarda bulunmuştum ve hiçbir şey duymamıştım. Belki de bunun nedeni hiç kimsenin aklına daha önce, benim de aşk acıları çekme olasılığım olduğunun gelmemiş olmasıydı.

Eski bir deyiş vardı: Ten ister ama ruhun gücü buna yetmez, diye. İşte şimdi durum bunun tam tersiydi. Böyle durumları son derece normal karşılayan Türkler arasında neredeyse bir yirmi yıl geçirmiştim, ama daha önceki geçmişimin köklü izlerini hâlâ taşıyordum. Birden midemin kalktığını hissettim. Kekeleyerek ona bu ikilemi açıklamaya çalıştım.

"Biliyorum," diyerek hemen benim çaresiz konuşmamı engelledi. "Karım ve o adam arasındaki ilişkiyi öğrendiğimde senin benim gibi hissetmenin ne kadar olanaksız olduğunu anladım. Bana karşı onun yanında yer almıştın, öyle bir durumda bile. O günden beri senin beni sevemeyeceğini biliyorum. Belki de bu aldatılmış bir koca olmaktan daha fazla acı vericiydi. Seni zorlamayacağım, hatta senden böyle bir şeyi istemeyeceğim. Hayallerim bana yetiyor."

Bu tutkulu sözlerle çaresizleşmiştim, önünde dizlerimin üzerine çöktüm. Onun yüce ruhunun önünde iki büklüm olmuştum, tek başına yaşadığı bu cehennem azabına saygı duymamam olanaksızdı. O gerçekten de onurlu, dürüst, üstün nitelikli bir insandı. Ellerini tutup öptüm.

Bunu kendiliğinden, içimden geldiği için yapmıştım. Sonra birden aklım başıma gelip daha mantıklı düşündüğümde bir korku sarıverdi tüm benliğimi: Ya benim bu itirafı ona karşı kullanacağımı düşünürse?... Aklımdan bunlar geçerken Paşa yanağıma dokunacakmış gibi hafifçe elini uzatmıştı.

Sanki yüzüme ateş değecekmiş gibi başımı hızla geri attım. Bir yandan da korku içinde ona bakıyordum. Ağlıyordu, gözlerinden inen yaşlar demin kızının arkasından döktüklerinden bile daha fazlaydı. Gözgöze geldik, artık dışarı çıkabilirdim, bakışları bunu söylüyordu. Özgürdüm, gidebilirdim.

Kapı ağzında tekrar saygıyla yerlere kadar eğildim ve tıpkı bir kadın gibi, haremin güvenliğine doğru hızla koşturdum.

# XLVI

*DAHA ÖNCE,* Gülruh'un yanına gidip evlilikle ilgili olarak yapmayı planladığım konuşmayı unutmamıştım. Odasına baktım, karanlıktı. Her zaman dolaştığı yerleri kontrol ettim, ama doğrusu kafam öylesine karışıktı ki, dolaşırken birden neden orada olduğumu hatırlamadığım bile oluyordu.

Çatıdaki pencerelerin kafeslerini kontrol ettim. Gevşekçe

çivilenmiş bir tanesini yerinden çıkardım. Doğrusu buna başka bir zaman olsa kızardım, ama şimdi bambaşka bir ruh halindeydim. Kafesi alıp bir kenara koydum ve dışarı baktım. Gecenin soğuğuyla kiremitlerin üzeri az da olsa buzlanmıştı ve ben aklımın başıma gelmesi için bu karanlık, serin havadan medet umuyordum. Kaygan çatının üzerinde Gülruh'un izlerini görsem eskisinden daha çok korkacağımı biliyordum, çünkü artık o benim küçük maymunum değildi, bir yıl geçmişti o günden bu yana ve büyümüştü. Evet upuzun kolları ve bacakları yürürken, oynarken çok hoştu ama yüksek yerlere tırmanıp dolaşırken eskisi gibi fazla işe yaramazdı. Özellikle de bu buzlanmış kiremitler üzerinde.

Ama hiçbir iz yoktu, Gülruh için duyduğum endişe ve korkuyu şimdi kendim için duyuyordum. Bu evdeki geleceğim, o anda bana, tehlikeli ve sonsuz bir cehennem gibi görünüyordu. Ve bu, tıpkı efendimin yaşadığı acılı, çaresiz yalnızlığa benziyordu galiba... Karanlıkta bunları düşünerek ne kadar oturduğumu bilmiyorum. Sonunda aşağılardan bir yerden bir ses duydum, sanki biri geliyor gibiydi ama kimse gelmedi. Bu sesle toparlandım ve hem zihnen, hem de bedenen kendime geldim.

Tekrar Gülruh'u aramaya koyuldum, yeniden odasına gittim. Hâlâ kapkaranlıktı ama içerde yalnız olmadığımı hissetmiştim. Gözlerim karanlığa alışır alışmaz, uyuyan birinin yavaş yavaş soluk aldığını duydum. Bu Gülruh'du, uyuyordu, etrafında hizmetkârları sessizce oturmuş onu bekliyordu. Öylesine derin ve ağır bir uykudaydı ki, demin ben geçerken de aynı durumda olduğunu tahmin etmekte zorlanmadım. Beni yanıltan onun her zamanki uykusuzluğu olmuştu.

Bir gelin adayı düğünden önce yaklaşık bir hafta boyunca çeşitli tören, şenlik ve toplantılarla yeni duruma alıştırılırdı, bunu biliyordum. Acaba gergin gelin ben miydim, yoksa Gülruh muydu?

Odama gittim, kafam hâlâ karmakarışıktı, gün boyunca olanları düşünmekten kendimi alamıyordum. Sonra bazı sesler duydum ve anladım ki efendim de selamlıkta uyuyamıyordu. Ve daha da kötüsü Vezir-i azam bu gece yalnızlığa bile dayanamayacak kadar yorgundu ruhen. Ölgün yanan lambalar ona eşlikte yetersiz olmuştu. Yardımcısını yanına çağırmıştı Paşa. Adam çoktan kendi yatağına uzanıp uyumaya hazırlanırken, Paşa "Gelsin" demişti herhalde.

Bu adam Sokullu'nun daha önce günlerce mabeynde sakladığı yardımcısı Feridun Bey'e hiç benzemiyordu. Saraydan biriydi, Sultan'ın kölelerindendi. Tabii Feridun Bey de öyleydi, ama bu adamla kıyaslanamazdı. Hepimiz üç aşağı beş yukarı onun Üveyis'in casuslarından biri olduğundan kuşkuluyduk. O yüce adamın, Sokullu'nun böylesine aşağılık birinin eşliğine muhtaç olması yüreğimi acıyla burkmuştu.

Böyle bir adamla özel konuşmalar yapabilmek olanaksızdı. Sokullu ona Sultan Murad'ın dönemiyle ilgili bir kitabı yüksek sesle okutturuyordu. Bunun nedeni yalnız Osmanlı'ya karşı duyduğu sadakat ve bağlılık olamazdı. Öyle olsa oturur, kitabı tek başına okurdu Paşa. Ama bunun yüksek sesle okunmasına ihtiyacı vardı. Çünkü o karanlık gece de, ruhsuz da olsa bir başka sese muhtaçtı Vezir-i azam.

Ben kapının yanında durup hem onları izliyor, hem de konuşulanları dinliyordum. Kitapta I. Murad'ın bir Sırp tarafından savaş alanında vurulduğu yere gelinmişti. Burada efendim elini sallayarak adamı susturdu.

Hiç düşünmeden, tıkır tıkır çalışan bir makine gibi kitabı okuyan adama bu hareketle sanki bir parça canlılık gelmiş gibiydi. Belki şimdiki Sultan'la geçmiştekinin isim benzerliği nedeniyle ilginç bir konuşma yapacağını düşünmüştü Sokullu'nun. Hatta Saraya yetiştireceği bazı bilgiler edinebileceğini bile... Ama umduğu gibi olmadı. Paşa her şeye karşın Sultan'a; onun babasına, dedesine duyduğu gibi bir saygı ve bağlılık içindeydi. Ölmüş Sultan Murad için bir Fatiha okudu yüksek sesle.

Onun bu görüntüsünü asla unutamadım. O dua ederken sanki zayıf bedeni nurlu bir ışıkla sarılmış gibiydi. Yaşlı bedenini yastıklara minderlere yaslamış, sanki ihtiyarlığa direniyordu. O güne kadar onun yaşlı olduğunu hiç düşünmemiştim. Ona baktım ve yüreğimin içinden şu cümlenin geçmesine engel olamadım: "İşte herkesten daha üstün olan bir insan ve yemin ederim ki seviyorum..."

Cümleyi kendi kendime bile tamamlamamıştım. Bundan utanıp tiksinebileceğimi biliyordum gelecekte. Birden bu karışık düşüncelerim onların sesiyle dağıldı. Sokullu Paşa diyordu ki: "İnşallah Allah bana onunki gibi bir ölüm nasip eder."

Kimseye görünmeden sessizce oradan uzaklaşıp odama gittim.

Sanıyorum ancak sabaha karşı uyuyabildim. Sabah ezanının okunduğunu bile duymamıştım. Sokullu'nun Divan'a gittiğini de... Ama uyanır uyanmaz, dünkü itirafların etkisiyle tekrar büyük bir gelecek kuşkusu içinde buldum kendimi. Gülruh'un bir an önce evlenmesi için dua ettim. Belki beni de alıp yeni evine götürebilirdi.

Peki ama bu ne çeşit bir ihanetti? Onun, o garip utangaç delikanlıyla evliliğine engel olmak üzere söz vermiştim. Her şey karmakarışık olmuştu. Cinsiyetsizlerin aşk işine karışmaması belki gerçekten de iyiydi. Ama her zaman bu ilişkilerin dışında kalmak da galiba olanaksızdı.

O gün ilk yapmam gerekenin kendi hakkımda düşünmemek olduğuna karar verdim. Gidip küçük hanımımı bulmalıydım ve bana kalbinin sesini anlatmasını istemeliydim.

Hizmetkârlarına sordum ve sabah ezanıyla birlikte kalkmış olduğunu öğrendim. Hemen gidip yaşlı terzi kadını uyandırmıştı ve saatlerdir onunla birlikte oturma odasında dikiş nakış alıştırması yapıyordu. Sanırım çeyiz hazırlığının bir parçasıydı bu. Kızlar sevinçle bana durmadan, "Duymadın mı, küçük hanım evleniyor," deyip duruyordu.

Anlatılanlar bana yine de inandırıcı gelmiyordu. Terzi kadının daha önce Gülruh'la ilgili söylediklerini düşündüm. Bizim küçük hanım bu konularda öylesine beceriksizdi ki, zavallı kadın uzun uğraşmaların sonunda ona bir şeyler öğretebilmekten tamamen vazgeçmişti. "O tek bir iğne batırıp çıkarana kadar ben bir çarşaf takımı tamamlarım," deyişi hâlâ kulaklarımdaydı.

Gülruh bu sözleri duyunca hiç kızmamış tam tersine göklere uçmuştu adeta. Oh, artık çeyiz yapmakla uğraşmam gerekmiyor, diye oynamaya başlamıştı sevincinden küçük maymun. Şimdi duyduklarıma inanmakta zorlanıyordum. Herhalde hizmetkâr, kendi hayallerini evin kızı üzerine oturtuyor, diye düşündüm. Yine de gidip bir bakmak daha doğru olacaktı.

Odaya doğru ilerlerken gördüğüm şey, beni Gülruh'un da, kendimin de geleceğiyle ilgili kuşku ve kaygılardan bir anda uzaklaştırıvermişti. Camlardan birinden dışarı baktığımda soğuk ve nemli sonbahar solgunluğundaki bahçede garip birini fark etmiştim. Bu, hırpani kılıklı bir dervişti.

## XLVII

*BU NUR YÜZLÜ* adamla onun kim olduğunu bilemeden defalarca konuşmuştum. Ama şimdi tek bir bakışla onun kim olduğunu anlamıştım. O benim eski dostum Hüseyin'di, ya da başka bir anlatımla sevgili Hacı'mdı.

Onu çocukluğumdan bu yana tanıyordum. Ailemi yitirdiğimde, onların yerini almıştı benim için. Ben onun hayatını bilerek değil, ama belki kazayla bir kez kurtarmıştım, oysa o bunu benim için defalarca yapmıştı. Beni hadım eden kasabı öldürerek intikamımı da o almıştı. Ve böyle bir cinayetle kendi rahat, güvenli hayatını da terk ederek dervişler gibi yaşamaya başlamıştı.

Konya'dan ayrıldığımızdan bu yana Hüseyin'i hiç görmemiş olduğumu fark ettim birden. O günlerde şimdi gelinlik çağa gelmiş olan küçük hanımım henüz ortalarda yoktu. Eski dostuma bakınca onu ne çok özlemiş olduğumu düşündüm.

Ona doğru, geçen yılları telafi etmek istercesine hızla ilerledim. Anında ulaşmıştım bahçeye, "Dostum, dostum... Allah'a şükürler olsun yine görüştük. Bu ne büyük mutluluk," diye bağırarak koşuyordum.

Hacı neredeyse bir heykel gibi, hareketsiz duruyordu ve bir Müslüman ermişinden çok bir Hıristiyan azizine benziyordu. Beni görünce hiçbir sevinç gösterisi yapmadı. Hatta konuşabilecek kadar birbirimize yaklaştığımızda bile bu tavrını değiştirmedi, yalnız şunları söyledi: "Efendin, dostum... Onun hayatıyla ilgili bir tehdidin olduğunu öğrendim."

Elini avucuma almış sevgiyle sıkıyordum. Konuşmadan, ben sözlerinin önemini kavrayana kadar gözlerime bakarak durdu. Kendimi aptal gibi hissetmiştim toparlandığımda. Buz gibi olmuştum, telaşla, "Nasıl, neden, kim?" diye art arda sordum.

Hacı bunların sadece birini cevapladı. "Eğer daha önceden uyarılmadıysa, korkarım belki geç bile kalındı."

"Evet, evet," dedim aceleyle, aslında tam olarak ne yapmam gerektiğini bilemiyordum. "Tamam, hemen şimdi gidiyorum. Ama lütfen sen de içeri gir ve ben dönene kadar bekle."

Kapıdaki bekçiyi, bahçıvanı ve onun oğlunu buldum hemen. Ocak başında laflıyorlardı avare avare. Onlara duyduklarımı anlattım, ama doğrusu zorlanmıştım. Sonunda anlattıklarıma kulak verip yerlerinden kalkmaya razı oldular. Bahçıvanın oğlunu hemen Hüseyin'in yanına yolladım, gidip ağırlasın diye.

Belki de bu bir aptallıktı. Bekçi neredeyse paslanmış palasını kapmıştı, benim tek silahım belimdeki merasim kamasıydı, bahçıvanla birlikte birkaç sivri alet de ben aldım elime. Ama bunlar ne işe yarayabilirdi? Bu halimizle ancak herkesi kendimize güldürebilirdik, o kadar. Yine de, "Haydi, çabuk olalım," dedim. Hüseyin'in bana asla yalan söylemeyeceğinden emindim.

"Bu suikastı yapmaya kalkışacak haini uyandırmayalım, dikkat edelim," diye onları uyardım.

Çabucak ikinci avluya gittik. Divan günü olmasına rağmen yine de yadırgandık, çünkü hava öylesine berbattı ki, çoğu insan sorununu ertelemeyi tercih etmişti. Neredeyse bizden başkası yoktu.

Birkaç tüccar, bir an önce işinin başına dönmek için sabırsızlanan iki üç zanaatkâr, hanımının sorunlarını çözmenin peşinde bir hadım ve zavallı görünüşlü bir dervişten ibaretti bekleyenler. Ellerindeki tespihleri sabırla çekerek bekliyorlardı, konuşmadan. Her zamanki hareketli, ateşli günlerinden birini yaşamıyordu Vezir-i azam Divan'da.

Bir kenarda dizilmiş yeniçeriler olası bir taşkınlığa engellemek için bekliyordu. Onları gören bekçiyle bahçıvan hemen geri çekilip, sus pus olmuştu. Durumu bir an önce bu askerlere açıklamalıydım. Yoksa başımıza biz konuşana kadar büyük belalar gelebilirdi.

Yeniçerilerden biri elini hemen palasına atmıştı. Beni tanımadığı kesindi. Askerlerin gözünde zaten tüm hadımlar birbirinin aynıydı. Bizden kuşkulandıkları belliydi bu adamların.

"Bugün Divan nasıl gidiyor?" dedim.

"Allah'a şükür iyi," diye cevap verdi, ama bizimle ilgili kuşkularının henüz dağılmamış olduğu belliydi.

Birkaç sorudan sonra henüz bir terslik olmadığını anladım. Aslında günlük işler neredeyse tamamlanmıştı, herkes yemeğini bile yemişti.

"Yemek!" dedim. "Çeşniçibaşı tattı mı?"

"Tabii ki."

"Ve bir terslik yok, öyle mi?"

"Evet. Sokullu Paşa pilava ve tatlılara bayıldı. Doğrusu ona imrenmediğimi söyleyemem."

Demek ki ilk aklıma gelen tehlike söz konusu değildi. "Aslında yemek için erken değil mi," diye sohbeti sürdürdüm, "daha öğle namazı bile okunmadı."

"Lala Mustafa Paşa orduyla İran'a gittiğinden bu yana fazla iş olmuyor," diye cevap verdi yeniçeri. Kuşkuları dağılmıştı galiba.

Tam ona dönüp, "Bak dostum, ben Paşa'nın hadımıyım ve ona..." diye sözüme başlamıştım ki, "dikkat" diye bir komutla sustum. Divan dağılacaktı. Askerler iki yana dizildiler, son giren Sokullu'ydu Divan'a ve ilk olarak da o çıkacaktı dışarı.

Bulunduğumuz yerden onun durup Yeniçeri Ağası'na bir şeyler söylediğini görebiliyordum. Ferhad saygıyla dinliyordu onun sözlerini, mahçup ve utanır gibi bir hali vardı. Sokullu Divan'dan ayrılıp avluya çıkmıştı.

Onu görünce şaşıp kaldım. Divan'dan çıkan Paşa'nın tavırlarında her zamanki güçlü duruşu bulamamıştım bugün. Daha zayıf ve güçsüz görünüyordu, sanki aşırı derecede yorgundu. Hatta yarım günlük bir çalışma bile ona fazla gelmiş gibiydi. Divan'ın neden kısa sürmüş olduğunu tahmin etmekte zorlanmıyordum.

Beni görünce bir parça değişti. Sanki gözleri canlanıp, tutuşuvermişti. Gülüşü belirgin olmasa da güzeldi, yeleğinin ucunu çekiştirip duran elleri sakinleşmişti. Dün geceki konuşmalardan sonra benim buraya gelmemden hoşnuttu, bu belli oluyordu.

Elini kaldırdı ve bekleyenlere dönüp, "Burada Allah rızası için kim yardım isteyecekse, akıl danışacaksa ortaya çıksın," dedi.

Bu onun gün boyu, usanmadan, bıkmadan yaptığı bir şeydi. Herkesi kabul edip aynı yüce gönülle sorunları dinler, çözüm bulmaya çalışırdı.

Onu görünce ileriye atılan tüccarlar ve zanaatkârlar bu sözler üzerine utanıp kalakalmışlardı, hatta bazıları geri bile çekildi. Sokullu hiç kimseyi rütbesi ya da parası için daha farklı bir ilgiyle dinleyecek bir adam değildi. Bir an herkes susup kımıldamadan durdu.

Sonra hadım ileri çıktı, tahmin ettiğim gibi sorunu hanımıyla ilgiliydi. Sokullu onu dinledi, verdiği armağanı aldı ve yanındaki kadife çantaya attı, adama birkaç iltifat dolu söz söylemeyi ihmal etmemişti. Yeniçerilere göre her hadım aynıydı, ama efendim bunun böyle olmadığını biliyordu. Bu davranışını bir anlamda kendim için özel olarak yapılmış bir selamlama olarak almıştım. Sonra diğerlerinden daha saygın olan derviş ileri çıktı.

Davranışı bir tuhaf mıydı? Sanki abasının altına bir şey saklamış gibi gelmişti bana. Aklıma Hüseyin'in sözleri gelmişti tekrar. Bu kıyafet bir suikastçının en emin şekilde gizlenebileceği kıyafetti.

Adam ona doğru yanaştığında, kendimi tutamayıp "Efendimiz, efendimiz, kendinizi koruyun," diye bağırdım.

Sokullu sesimi duyunca yavaşça bana doğru dönmüştü, yüzünde hafif bir tebessüm vardı. Benim onu yanıltmayacağımı bilirdi, elini kılıcına atmıştı. Ben de hançerimi çektim, bekçi ve bahçıvan da beni izlemişti. Yeniçerilerin arasına atıldım, adamlar bize şaşkın bakıyordu. Ama hemen toparlandılar, kimin dost kimin düşman olduğunu bir anda anlayamamışlardı. Olan zavallı bahçıvana oldu ve bir kılıç darbesiyle adam tek gözünü oracıkta kaybetti.

Bunlar olurken suikastçı boş durmayıp yapacağını yapmıştı. Abasının altından çıkardığı hançeri efendimin kalbine saplayıvermişti.

Sosyal hayatta tavırlar, kılıklar ne kadar da insanlara özellik ve hatta koruma verir. Ya da öyle sanırız. Kumaşlar bize öyle bir kalkan yapıyordu ki, bunun altında atan bir kalp, vuran bir nabız olabileceğini bile unutuyorduk kolaylıkla. Vezir-i azam sade ama yeterince süslü giysileriyle dokunulmazmış gibi dururdu. Oysa suikastçının bıçağı onun atlaslarını delerek daha içerdeki yerlere kadar kolayca ulaşıvermişti ve Vezir-i azam'ın kanı şimdi, Sarayın bahçesinde her gün boğazlanan koyunlarınkinden hiç de farklı olmayan bir biçimde fışkırıyordu.

Adam tuhaf bir aksanla anlaşılamayan sözler haykırıyordu. Herhalde kendi zaferiyle ilgiliydi bunlar. Onun hakkından gelmeyi diğerlerine bıraktım. Derviş kaçmaya bile yeltenmemişti. Belli ki bu uğurda ölmeye hazırlamıştı kendini. Fırlayıp yere düşmekte olan efendimi yakaladım. Sağ eli hâlâ kılıcının kabzasındaydı. Sol elini tuttuğumda onu da bırakıp, iki eliyle ellerimi tutmaya çalıştı. Bir âşık gibi, diye düşündüm. Aşkını söylemiş ve yaşamıştı. Diğerleri onun son sözlerine dini bir anlam verseler de, ben bunun, "Abdullah," olduğundan emindim.

Hayatın onu bırakıp gittiğini görebiliyordum. Kur'an'ın ilk suresini okudum, gönlüme huzur veren dini inançlarımdan ötürü memnundum. Tıpkı bir gece önce Sokullu'nun söylediği gibi bir tonlamayla dua ettim. Bir şehidin sonuna özenmişti ve şimdi bu dileği yerine gelmişti.

# XLVIII

*ÖLÜMÜN* izlerini çarçabuk ortadan kaldıran aceleci İslam anlayışına o günlerde büyük bir hayranlık duymuştum. Cinayetin ardından Sokullu'nun naaşı eve getirilmemişti. Konakta yalnız ağıtçılar vardı ve ölüm, ev halkı için zafer ve efsanelerle bütünleşmiş bir soyut kavram olarak kaldı. Bana gelince, ben böyle bir saf duyguyu yaşayamadım, çünkü Paşa'nın cesedi ikinci avludan mezarlığa götürülene kadar yanından hiç ayrılmadım. Ama bunlar öylesine çabuk olmuştu ki, karmakarışık, olup bitene inanamayan ruh halimden çıkamamıştım. Hâlâ o dehşet ve şaşkınlık, ruhumu kaskatı yapmaya devam ediyordu.

Haberin kentte yayılması inanılmaz bir hızla olmuştu. Bu arada ölü yıkanmış ve camiye getirilmişti. Herkes tabutu taşıyabilmek için yarışıyordu. Birkaç adım yürüyüp bu görevi yerine getirenlerin yerini hemen başkaları alıyordu. Ben de onların arasındaydım, içinde beyaz bir kefene sarılı Paşa'nın cansız bedeninin olduğu tabutu taşıdım. Ve ne garip sanki boşmuş gibi geldi o tahta sanduka bana. O sırada bir mucizeymiş gibi yaşadığım bu duygunun gerçek nedeni, aslında onu kaldıranların sayısının çokluğuydu mutlaka, ama ben bunu düşünemeyecek kadar duygusaldım.

Bu ruh haliyle mezarlığa kadar gittim. Oradaki öne eğik diğer taşlar bana sanki yeni kazılan mezarı selamlıyormuş gibi görünmüştü. Benim için bu ebedi ayrılık töreni hacca gitmek kadar kutsaldı.

Oysa ertesi gün Sarayın ilk Divan'ı toplandığında bu kutsal hava çoktan silinip gitmişti ve bu kez içimi korkunç bir intikam duygusu sarmıştı. Hiç düşünmeden katilin yüzünün karşısında buldum kendimi.

Çok çabuk ve kısa bir sürede cezalandırılmıştı adam. Vücudundan bir pala darbesiyle ayrılmış kafası, aşağı yukarı boyu kadar bir yükseklikte sergileniyordu. Babıali bu çeşit bir cezalandırma ve sergilemeyi böyle bir şeye özenenleri önceden korkutmak amacıyla yapıyordu. Çabucak defnedilme ölen insanın herkesin aklında saygın olarak kalmasını sağlıyordu. Oysa bu kesik baş, neredeyse çürüyüp bozulmaya ve köpek dışkısı gibi kokmaya başlamıştı bile.

Adamı daha önce bu kadar yakından görmemiştim. Kan ve pisliğin altından görünen takkeli yüzün son derece sıradan bir görüntüsü vardı. Celladın palası çok ustaca çalışmıştı, adamın yanakları bile bozulmadan duruyordu, olayı hatırlatan tek şey kesik boynun kenarından kasaplık et gibi pırtlamış bir kas kümesiydi. Sıradan siyah kaşları, bıyığı, normalden biraz daha enli ve büyük bir burnu vardı. Onun tek özelliği görebildiğim kadarıyla dört beş günlük bir sakalın altından görünen yuvarlak, iri çenesinin ortasındaki çukurdu. Belki de saklanabilmek için sakal bırakmış olabilir, diye düşündüm. Tuhaf bir alayla kasılmış gibi görünen dudaklarının cinayet anındaki bıçaklaşmış halini tahmin etmekte zorlanmamıştım. Yarı aralık o dudakların arasından görünen dişlerinden en önde olanı yoktu.

Bu adam kimdi, neyin peşindeydi? Böyle bir hareketin kendi sonu anlamına geldiğini de biliyor olmalıydı. Ama yine de bunu yapmış olduğuna göre, karşılığında ne almış olabilirdi? Efendimi ne pahasına öldürmüştü? Böylesi bir nefreti hak etmek için Paşa'nın bir şey yapmış olduğuna inanamazdım. Kafasındaki takkeyle katil hâlâ dervişe benziyordu. Ama acaba gerçekten de öyle miydi? Bu da birkaç günlük sakalı gibi bir saklanma yolu muydu acaba? Bu kılıkla dolaşırken hiç kimse kuşkulanıp üzerini aramayı düşünememiş olmalıydı.

O sırada olay yerinde olan nöbetçilere sormuştum, ama adamı bir an önce cehenneme yollama gayreti içinde hiçbiri ona dikkat etmemişti. Tek bildikleri adamın takma adının Delilo olduğuydu. Öteki dünyayı bilmiyordum, ama bu dünyada emindim ki, hiç kimse bu adamı şehitlik mertebesine koymayacaktı. Adamın bağırışının Türkçe olmadığı konusunda kime bir şeyler söylesem şaşırıp kalıyordu. Bu da akla gelmeyen bir durumdu.

Avluda kesik başın karşısında dururken olayla ilgili edinmiş olduğum bilginin tamamı buydu. İçimde büyük bir intikam ateşi yanıyordu. Ama kimden alacaktım bu intikamı?

Efendim çoktan ölmüştü ve kendini koruyabilmek için harekete bile geçememişti. Bendeki izlenim bu adamın bu işi tek başına yapmadığıydı. Mutlaka başkaları da vardı bu işin içinde. Cinayet planı biliniyordu ve arkadaşım Hacı'nın dışında hiç kimse bu konuda bir şey yapmamıştı. Ya da zaten bunu istedikleri için adamı cesaretlendirip yönlendirmişlerdi. Ona efendimin üzerinden bir ölümsüzlük vaat edilmiş olmalıydı bu alçaklar tarafından.

Bu insanları bulmak için oracıkta yemin ettim ve bu yemini katilin suratına savurduğum bir tükürükle mühürledim. Tükürüğüm yanağına yapıştı ve sonra sanki gözyaşı gibi aşağı akmaya başladı, kirli yüzde temiz bir iz bırakarak kaydı bıyığına doğru. Orada kaldı ve iğrenç işlerine kendilerini kaptırmış sinekler bir an bu temasla havalansalar da, sonra hemen tekrar eski yerlerine konup vızıltılarla çalışmaya devam ettiler. Bıyığı sineklerin bu hareketiyle sanki adam hâlâ canlıymış ve yaptıklarından mutluymuş gibi kımıldanıyordu.

Bana bu konuda yardım edebilecek olan kişi dostum Hacı'ydı. En azından gelip beni uyardığına göre benden daha fazla bir şeyler bildiği kesindi. Ama eve gidip yaptığım araştırmada onun ortalarda olmadığını gördüm. Bahçıvanın oğlu hem Paşa'nın ölümü, hem de babasının yaralanması nedeniyle perişan olduğu için bu konuda bir şey bilmiyordu. Tek aklında kalan ihtiyar dervişe su götürdüğünde onu göremediğiydi. Çocuk içinde bulunduğu ruh haliyle ermişlerin sırra kadem basmaları konusunu saygıyla anlatmayı bile düşünmemişti. Ona daha fazla soru sormam anlamsız olacaktı.

Ama neredeyse şehirde gördüğüm herkese bu konuda bir şey bilip bilmediklerini sordum. Hatta bizim kapıya eşeğinin sırtında sebze getiren delikanlıya bile. Kendi mahallelerinde böyle bir ermişin yaşadığını söyledi bana. Hemen peşine takıldım ve adamdan bir şeyler öğrenebilmeye çalıştım. Adam delikanlının eşeği kadar kayıtsızdı ve en basit dini sorularımı bile cevapsız bırakmıştı.

Öfkeyle çocuğa, "Senin ermişin ne işe yarıyor?" diye sordum.

"Ona ayda bir kez fasulye ve tuz vermezsek..." diye açıklamaya başladı çocuk. "Eğer bunu yapmazsak, çok kızıyor. Dudaklarından çıkacak tek bir bela sözcüğüyle ailemin kökünü kurutabilir. Bunu daha önce yaptığını herkes bilir, emin ol. Ona karşı dikkatli davranmalıyım. Arada bir evimize gelir ve pencere kenarına bir muska bırakıp gider. İşte bunu yapınca biz de Allah'a şükrederiz."

Böyle yöntemlerle bir yere varamayacağım kesindi. Katil de böyle kendi çıkarının peşinde koşmuştu mutlaka, bundan emindim ama zavallı şarlatandan çok daha fazlasını kaptığından da emindim. Orada burada görünüp kaybolan dervişler hakkında sık sık beni haberdar etmeye başlamıştı çevremdekiler. "Öyle bir derviş ki..." diyorlardı söze başlarken, "kendini tamamen Allah'a ve Kur'an'a vermiş ve geriye kalan sanki bir posa..."

Yine de gidip düşüyordum o dervişin peşine ve ne yazık ki gördüğüm zavallı bir yarı deliden başka bir şey olmuyordu genellikle. "Allah rızası için... Allah rızası için..." diye yalvaran bu adamlara bir-iki metelik verip uzaklaşıyordum yanlarından. Bu çeşit adamların cinayet ya da ermekle bir ilgileri olmadığı kesindi.

Belki de çevreyi ve hatta tüm şehri gezip, tekkeleri kontrol etmeliydim. Ama İstanbul'da bunlar sayılamayacak kadar çoktu. Her yer dini mekânlarla doluydu. Aslında camilerin genellikle imaretleri ve yardım yerleri varsa da, yüksek görevlerdeki din adamlarıyla tekkecilerin daima dostluk içinde olduğunu söyleyebilmek mümkün değildi. Kimi Allah'a bir konağın üst katından on kişilik ailesini besleyecek kadar yakın duruyordu. Kimi ise sürünerek...

Zavallı yoksul tekke müridleri kapı kapı dolaşarak günlük nafakalarını sağlamaya çalışıyordu ve bunların hepsi de birbirine tıpatıp benziyordu. Aralarındaki sıkı bağı da düşününce bunlar arasında bir soruşturma yapmak asla mümkün olmuyordu.

Bazı tekkeler daha zengindiler, bunlar yalnız çevrede yaşayanların değil, vergi toplayanların da dikkatini çekiyordu. Gerçi dini kişilerden vergi alınmıyordu, ama onların da tamamen kendilerini dine vermeleri şartı aranıyordu, özellikle de siyasete bulaşmamış olmalıydılar. Buralara daha kolay girebiliyordum, hatta şeyhlerle bile konuşmayı becerebiliyordum.

"Sen gerçeği mi arıyorsun?" Sanki sorguya çekilen benmişim gibi bu çeşit sorularla karşılaşmam çok zaman almıyordu. "Sen Allah'ın nuruna kavuşmak isteyen bir derviş misin?"

Hatta, "Evet, Allah'a şükürler olsun," diye cevap vermeyi öğrendiğimde bile, bunun bana amacımla ilgili bir yararı olmuyordu. Er ya da geç bu adamlar beni kendi sorularımdan koparıp konuyu diledikleri yöne çekmeyi kolaylıkla başarabiliyorlardı. Ve her ne kadar ciddiyetle tekkenin amacını, geleneklerini öğrenmeye çalışıp, dindar bir tavır sergilesem de sonunda hep aynı cümleyle karşılaşıyordum: "Eğer bir özü yakalamanın peşindeysen sana yardımcı olabiliriz. Genellikle insanı aradığına götürecek olan şey sorduğu sorudur. Allah ne istediyse o olmuştur. Ama bunun dışında, hayır... Sen doğru soruyu bulmadıkça sana yardımcı olmamız olanaksız..."

Şehrin kuzeyinde, ortasında çok eskilerden kalma bir mezar- belki de bir Hıristiyan'a aitti bu- olan bir avlunun çevresindeki küçük evlerden birinde Andrea Barbarigo'ya, ya da şimdiki ismiyle Müslim'e rastladığımda doğrusu çok şaşırdım. Venedikli eski diplomat tabii ki tekkenin şeyhi değildi, ama çok saygın bir üye olduğu kendisine konuşma yetkisinin verilmesinden belliydi. Ona son kez rastladığımda yaşadığımız tatsız olaylar nedeniyle bir özür borçlu hissediyordum kendimi.

"Senin aslında yapmak istediğin dostça bir uyarıydı," dedi. "Bunu o sırada tam olarak değerlendirememiştim, ama zaman içinde ne kadar haklı olduğun ortaya çıktı. Üzülme..."

"Seni burada gördüğüm için doğrusu şaşkınım," dedim. "Bir tekkede... Aslında yalnız burada bulunuşun değil, sana burada yapılan muamele de..."

"Ben artık bir Hıristiyan değilim dostum," dedi. "Artık Sokullu Paşa yaşamıyor, bundan sonra Sarayda eskisi gibi yakınlık görüp görmeyeceğimden emin değilim. Her şey Sultan'a bağlı... Kış mevsiminde olduğumuz için denize açılmam da söz konusu değil. Bu yüzden buradayım. Tekkede iyi anlaştığım dostlarım var ve yeni şeyler öğreniyorum. Hepsi bu."

Ezan okunana kadar onunla saatlerce konuştuk, ama doğrusu araştırdığım konuyla ilgili değildi bu sohbet. O da bütün diğer konuştuğum tekke mensupları gibi benzer şiirler okumuş, benzer sözler söylemişti. Tıpkı daire şeklinde dönen dervişler gibi, o da aynı konunun çevresinde dönüp duruyordu konuşurken. Ama ilk kez ben hiç soru sormadığım halde Sokullu Paşa'nın adı geçmişti konuşmalar arasında, kendiliğinden... Bu tekkeye daha sonra defalarca gittim, diğerlerinden çok daha hoş gelmişti burası bana.

İstanbul'daki dervişler, Konya'dakilerden çok daha farklı davranıyordu. Orada neredeyse herkesi bağrına basan kişilerdi bu insanlar. Oysa burada Babıali'nin, Sarayın gölgesinde bu mümkün değildi. Yine de bu son tekke daha farklı görünüyordu. Oraya yaptığım ziyaretlerin sonunda, her ne kadar kendimi diğerleri gibi bir nurlu aydınlamanın eşiğinde hissetmesem de, doğrusu çok gönülden bir şekilde karşılanıyordum. Müslim'in ve tabii ki Allah'ın yardımıyla neredeyse Konya'dakine benzer bir haz almaya başlamıştım bu ziyaretlerimden.

Sanki gizli bir güç beni buna zorluyordu. Bunu şimdi

anlıyorum. Ama o dönemde bunun nedeninin ruhumda ve kafamdaki karışıklık, öfke ve yalnızlık duygusu olduğunu sanıyordum. Ama adına ne denirse densin gizli güç ya da bunalım geçmeye, hafiflemeye başladı ve sonunda huzur bulabildim. Ramazan başlamıştı o günlerce ve defalarca gittim tekkeye bu kutsal ay boyunca. Kadir Gecesi'ni de orada yaşadım, inananlarla birlikte. Tıpkı Konya'da yaptığım gibi müritlerle omuz omuza oturup dua ettim.

Böyle oturmamızın nedeni yalnız birlik duygusunu yoğun olarak hissedebilmek değildi, gerçekten de tekke çok küçüktü ve çok kalabalıktı. Kadir Gecesi zaten hep böyle olurdu. Ramazan'ın her gününden daha kutsaldı bu gece. İnsanların geleceğinin yazıldığı, günahlarının affedildiği bu geceyi savsaklamak kimsenin işine gelmezdi.

Çok kalabalık olmasına karşın tekke soğuktu ve nefeslerimiz neredeyse dumanlı bir hava vermişti odaya. Karşımızda oturanları bir sis içinden ya da hamamda buğulanmış camlar arkasından görür gibiydik. Orada kolunun ucuyla camı silebilirdin, ama burada değil. Neredeyse elle tutulabilir büyük bir enerji birikmişti tekkede, tıpkı çok sıcak bir yaz gününde güneşin sıcağını emen büyük taşlar gibiydik şimdi.

Müritler arasından birini arkadaşım Hacı'ya benzettiğimde ilk anda bunun, bu enerji ve mistik havanın yarattığı bir yanılsama olduğunu sandım. Sanki bizi denetlemek üzere o gece görevli meleklerden biri göze görünmüş gibiydi. Hacı ile konuştuğum bir başka kutsal geceyi anımsadım. Bana nasıl derviş olduğunu ve bunun, onun için ne anlama geldiğini anlattığı geceyi. Belki de bu melek ancak kutsal gecelerde göze görünürleşiyordu ve onu sadece bunu gerçekten hak edenler görebiliyordu.

Bu kutsal ortam beni neredeyse sarhoş etmişti ve kendimi zihnen tavana kadar yükselmiş hissediyordum. Ya efendimin öldürülüşü? Şu anda bu çok dünyevi geliyordu ne yazık ki...

Gece boyunca dua ettik, zikrettik ve vecd içinde döndük. Bütün bunlar arasında arkadaşımın görüntüsü bir belirip bir kayboldu gözümde. Tıpkı kıpırtılı bir suyun yüzeyine yansıyan bir ağacın görüntüsü gibi, diye düşünüyordum. Ne yanına gittim, ne de baktım ona, bunun saygısızca olacağını biliyordum. O isterse gelirdi, o isterse konuşurdu. Bu duygular içinde gece boyunca tevekkül içinde bekledim durdum ve bu arzum benliğimin içindeki tüm diğer arzuları sildi süpürdü.

Tıpkı daha önce olduğu gibiydi. Yıldızlar, gökyüzü, ay ve şafak vakti...Dine uygun bir sakinlik ve ağırbaşlılık içinde ertesi güne hazırlık yapmak üzere avluda mütevazı sahur yemeğimi yiyordum. Hüseyin, Hacı karşımdaydı. Avluda bizden başka kimse yoktu. Gözlerimi önüme eğip bekledim.

Bir süre hiç konuşmadan durdu. Sonra "Aleyküm selam," dedi. "Selamün aleyküm," diye cevap verdim. Bu kadarı yeterdi. Konuşmaya devam etmese bile, bu artık benim için yeterliydi. Ama devam etti.

"Neyin peşindesin, neyi arıyorsun ya Abdullah?"

"Onu," dedim sadece.

"Onu ancak kendi içinde bulabilirsin," dedi.

Daha sonra olanların tümü de bir tekrar gibiydi. Sanki zaman ve mekânın bir önemi kalmamıştı, yaşadığımız bir özgerçekti. Ve bu özgerçek, o anda ufka en yakın görünen biri Maşrık'da, biri Magrip'te iki yıldızın arasındaki kutsal kubbenin derinlikleri kadar gerçekti. Bir derviş böylesi bir gerçeği, varlığının tüm zerrelerine kadar bir saniye içinde duyar ve onunla özdeşleşmişliğini tek bir hecede ifade ederdi: Hu.

Gün ağarana kadar hiç konuşmadan Allah aşkıyla yanarak bu özgerçeği yaşadık. Sonunda yerinden kalkan dostum bana baktı ve şu dünyevi kelimeleri söyledi: " Harem, cinayetin yalnız istendiği değil, aynı zamanda kararının da verildiği yer. Gözlerini iyice aç dostum."

Giderek solgunlaşan yıldızların altında müezzinin sabah

ezanına başladığını duyduk, bunu ilk kez duyuyor gibiydim. Sanki asırlardır hep bunu duymayı bekleyip özlemişiz ve sonunda bu amacımıza kutsal Kadir Gecesi'nin sabahında kavuşmuşuz gibi hissediyorduk kendimizi, gözlerimiz yaşlarla dolmuştu. Sessizce ve birbirimize hiç dokunmadan vedalaştık. Ne zamana kadar? Bir başka on beş yıl için mi? Bunu Rahman ve Rahim olan yüce Allah'tan başka kim bilebilirdi?

Namaz kılmak üzere tekrar binaya girdik. Ellerimi kulaklarıma doğru kaldırdığımda kolumun kenarı sanki gönül gözümün buğusunu sildi ve arkadaşımın görüntüsü yitip gitti.

# XLIX

"HAREM cinayetin yalnız istendiği değil, kararının da verildiği yer. Gözünü aç dostum."

Kocasının ölümü üzerine hanımım, ağabeyi Sultan'ın korunması altına girmişti. Selamlığında yaşayan bir erkek olmayınca koca konak bomboş kalmış gibiydi. Orayı bir külliyeye dönüştürmeyi düşündükleri bile söyleniyordu.

Saraya dönmüştük. Safiye hemen kendisine bitişik daireye yerleşmemiz konusunda çok ısrar etmişti ve bunun dışında hiçbir şeyi kabullenmeyeceği belliydi. İsmihan, daima Nur Banu ile Safiye arasında ılımlı bir çizgide durabilmeyi başarmıştı. Ama bu kez elinden bir şey gelmiyordu. Kendisine gösterilen bu dostça tavır onu çok etkilemişti. Öneriyi reddetmesine olanak yoktu. Safiye, sanıyorum oğlu Şehzade Mehmed'le yeğeni Gülruh'un bir arada olmasının kendisi için hayatı kolaylaştıracağını düşünüyordu.

Taşınma benim tüm işlerimi sonlandırmış gibi görünüyordu. Harem zaten bir hadımlar ordusuyla dolu olduğu için yardımcılarımın işine son vermeyi düşünüyordum. Aslında geçen yıl o kadar çok kız alınmıştı ki Sultan için, ne kadar hadım olursa olsun yeterli sayıyı bulmak zordu. Ama burası Saraydı ve yapılan işlerde doğru bir mantık aramak anlamsızdı. Sonunda onların da bizimle kalmasına karar verildi.

Başlangıçta sorumluluklarımın azalmasından ötürü memnun olmuştum. Tüm zamanımı efendimin cinayetini araştırmak için kullanıyordum. Ama sonunda bu "özgürlüğün" bana ne faydası olduğunu düşünmeye başladım. Saraydaki hadımların görevleri belliydi. Bense oturup kendi kendime iş icat etmeye çalışıyordum.

"Selam hadım. Burada ne yapıyorsun?"

"Bu koridorun fazla dikkatli korunmadığını düşünmüştüm de..."

"Yok, yok. Ben buradayım. Sen hiç merak etme. Herkes işinin başında. Sen niye pazara inip hanımın için alışveriş yapmıyorsun? Mutlaka ihtiyacı olan bir şeyler vardır, mücevher, kumaş, tatlı..."

Kadir Gecesi'nden sonraki gün, oturup kendi kendime düşündüm ve anladım ki, ben aslında en önemli görevimi yerine getirmiyordum. Hanımımın güvenliği ve rahatıydı bu.

Sokullu ile olan evliliği yıllardır bir görüntüden ibaretti. Bunu hepimiz biliyorduk. Üzüntüsünün de böyle olacağını düşünüyordum. Belki de beş yıldır adamın yüzünü bile görmemişti. Aynı evde yaşamalarına rağmen hayatları birbirinden çok ayrıydı karı kocanın. Ama unuttuğum şey, böyle bir boşluğun korkunç bir suçluluk ve vicdan azabı da getirebileceğiydi. Artık asla göremeyeceği o adam için hayalinde bambaşka bir yer yaratabilirdi. Onu kan içinde görmesinden çok daha korkunç sonuçlar verebilirdi bu da.

Aslında çok fazla şikâyet eden biri değildi İsmihan, ama Ramazan'ın bitiminden hemen sonra bir gün beni yanına çağırdı. Ona sorumluluğumu aksatmamın nedenlerini anlatmaya çalıştım. Tek derdimin Sokullu Paşa'nın uğramış olduğu saldırının arkasında kimlerin olduğunu bulmak olduğunu, onun anısı için böyle davrandığımı, intikam almak istediğimi açıklamaya uğraştım. Bunun üzerine bana dönüp, "Senin bu erkek işleriyle ne ilgin var?" diye sordu.

Elini şöyle bir sallayarak, "İntikam," dedi. "Bu erkekler içindir. Senin yerin sevgili Abdullah benim yanımdır. Harem..."

Gerçeği söylüyordu. Kimbilir kaç defa bana bunu kibarca ima etmişti ve ben kendi derdimin peşinde aldırmamıştım ona? İki aylık üzüntünün ona yapmış olduğunu ancak şimdi görüp anlayabiliyordum. Gözle görülebilir bir biçimde zayıflamıştı ve bunun nedeni Ramazan değildi, bundan emindim. Zayıflamıştı ama bu onu yine de minderlerden koparamamıştı. Sanki onlar olmasa asla oturamayacakmış gibi bir zavallılık içindeydi İsmihan.

Bu kadın benim karımdı. Mistik ve sembolik anlamda o benim karımdı. Bu doğruydu. Bensiz yarım sayılırdı ve benim hayatım da onsuz hiçbir şey ifade etmezdi. Bu benim onun önünde diz çöküp, "Benim evleneceğim adam nasıl biri?" diye sorduğu soruya cevap verdiğim andan beri böyleydi.

Ona, "Başka hiç kimsenin kölesi olmak istemezdim," demiştim İsmihan'ı cevaplarken. Ve bu cümleyle ikimiz de köle olmuştuk, ama köleliğimiz bizi, sahibimiz olan adamdan daha özgür yapmıştı. O asla bir başkasına ihtiyaç duymanın ne olduğunu bilmemişti ve bunu öğrenemeden de ölmüştü.

Ellerinde işleriyle dedikodu yapan diğerlerine aldırmadan bir kez daha onun önünde diz çöktüm. Küçücük ama artık iyice tombullaşmış elini avucuma aldım ve ona söz verdim: "Bir daha asla intikam sözünü ağzıma almayacağım."

"Sağol Abdullah," dedi ve gülümseyerek arkasına yaslandı tekrar. Gözlerini kapadı, aylar sonra ilk kez huzur içinde uyuyacağa benziyordu.

Ayağa kalktım ve çıkmadan önce durup ona Gülruh'u sordum. "Onu odasında göremiyorum."

"Hayır, orada değil. Artık bizim gibi yaşlı kadınlarla zaman geçirmek istemiyor. Ama buralarda bir yerdedir. Bilirsin."

Evet, bunu biliyordum ama neredeydi?

"Bilmiyorum Abdullah. Ama onu bulursun. Ona benim yerime bakacağından eminim." Bunları söyler söylemez gözlerini kapadı ve uyumaya başladı İsmihan.

Genç bir kızın Sarayda saklanabileceği dolapları, çatıları, ağaçları bilmiyordum. Ve iki ayda onun bunları keşfetmiş olduğundan emindim. Aramaya başladım. Kimi yalnızca omuz silkiyordu, kimi de, "Gülruh mu? O da kim? Safiye'nin bugünlerde uğraştığı tombul mu?" diyerek yüreğimi ağzıma getiriyordu. Kesin olan bir şey vardı: Gülruh iki aydır annesi ve Safiye'nin etrafında fazla dolanmamıştı.

Yapacağım tek şey en uzak yerden başlamaktı. Bir çocuk gözüyle her yeri aramam gerekiyordu. Bunu daha önce de yapmıştım. O korkunç yangın gününü hatırlayınca Allah'a bana bir daha öyle bir telaş ve üzüntüyü yaşatmaması için yalvardım.

Bu kez onu yeğeni Mehmed'le bulmayı ummuyordum. Böyle bir durum bir yığın dert çıkartabilirdi başımıza. Gerçi her ikisi de Osmanlı kanından gelen bireylerin hataları diğerlerininki gibi değerlendirilemezdi ama olsun... Birden telaşlanmıştım, kendimi de suçlu hissediyordum.

Sarayın daha önce hiç bulunmadığım bir bölümündeydim. Burası kölelerin yatakhanelerinin arasında uzun bir koridordu. Ortalıkta kimseler yoktu. Bütün kilimler ve yataklar havalandırılmak üzere dışarı çıkarılmıştı. Sonra birden bana Gülruh'u unutturan bir şey oldu.

Farsça konuşan bir çiftin sesini duydum. Bu bizim için aşkın diliydi, onlar içinse anadil. Yine de söylenenleri anlayabilirdim genel olarak. Çünkü en sıradan aşk şiirlerini bilenler için bile zor değildi söyledikleri.

"Hayır, hayır. Lütfen, olmaz," diyordu kadın.

"Neden?" diye soruyordu adam.

"Öğrenir."

"Hayır öğrenemez. Nerden aklına gelecek? Çocuk da olmaz."

"Ama yapamayız. Sen..."

"Aşkım, sana daha önce söyledim. Hadım eden bana acıdı. Çok acıdı. Hâlâ ikimize de zevk verebilirim. O adamın verdiğinden çok daha fazlasını verebilirim sana. Harun Reşit'in gül bahçelerindeki gibi bir zevki yaşatabilirim ben."

Kız çok derinden bir nefes almıştı. Belli ki adamın bu kelimeyi söyleyişiyle o da heyecanlanmıştı. Zevk...

"Ama galiba hayatın bıçağı kasabınki kadar merhametli değil." Bu kez adamın sesinde bir hayal kırıklığı ve öfke vardı. "Aylardır neler çekiyorum? Senin bu kadar yanında ve senden bu kadar uzak olmak..."

"Aşkım, mücevherim, her şeyim. Benim de acı çektiğimi görmüyor musun? Yemin ederim ki doğru sözlerim. Ama bunu yapmamalıyız. Bu bizim kaderimiz. Buna hakkımız yok. En azından şimdilik. Bekle... Benim özgür olmamı ve tekrar..."

"Sen İran'a döneceksin ve ben bu cehennemde kalacağım, öyle mi?"

"Hayır, hayır, benim ailem varlıklı ve güçlüdür. Senin için gereken parayı ödeyeceğiz."

"Ve biz çocuklarımızla, başka bir adamın çocuklarıyla sonsuza kadar mutlu yaşayacağız, ha?"

"Evet. Zavallı şehit kardeşime bunun sözü verildi."

"Ama görmüyor musun, sözünü yerine getirmek için henüz parmağını bile oynatmadı."

"Evet, şimdilik öyle. Ama yapacak, biliyorum. Murad

ölünce... Şu anda Mehmed'in tahta geçeceğinden bile emin değil o."

"İnşallah bu söylediklerin yarın olur."

"Sus, susss... Şimdi gitmeliyim yoksa başım belaya girer. Haydi bir şiir daha söyle de gideyim."

Adam kadının sözlerini dinliyordu. Sesi yavaşlamıştı. Bir aşk şiiri söylemeye başladı. Mısralar onları çok daha derin bir aşk denizine yolluyordu, bu açıktı.

*"Ey güzel, sen ki bana derdi derman edensin;*
*Şimdi: Çekil önümden, diye ferman edersin;*
*Senin yüzün canımın kıblesi olmuş bir kez;*
*Ne yapsın, kıble mi değiştirsin bu can dersin?"*

Adamın şiiri tamamlaması zor görünüyordu. Kadın tekrar itiraza başlamıştı.

"Hayır, hayır. Lütfen sevgilim, hayır."

"Neden, neden?"

"Anlar."

"Hayır anlayamaz."

Artık seslerin hemen yanına gelmiştim. Önce kapıya kulağımı dayayıp dinledim, sonra da aralayarak içeri kaydım. Neden kendimi belli ederek içeri girmek yerine bunu yaptığımı hâlâ bilmem. Belki de çok ileri gidip, kontrolerini yitirdikleri için ben de onların havasına girmiştim, bilmiyorum. Evet, içeri kayarak girdim ve şaşkınlıktan gözlerim yerinden uğradı. Sultan'ın hareminde! Böyle bir şey daha önce ne olmuştu, ne de daha sonra olabilirdi. Hatta böyle bir şeyin düşünülmesi bile söz konusu olamazdı.

Uzun, karanlık bir yatakhaneydi burası. Odanın iki tarafına boydan boya kölelerin yatakları dizilmişti. Dolu olan yatak sol tarafta ve aşağı yukarı odanın sonuna doğruydu ve tepedeki pencerelerden oraya çok çok hafif bir ışık sızıyordu.

Bu zayıf ışığın altında bir kadın gölgesi vardı. Sırt üstü yatmıştı ve yuvarlacık, gamzeli çenesi dikkati çekiyordu.

Başında ne peçe ne de tül vardı, amber karası saçları yastığa yayılmıştı. Tek eli o ateş gibi ışıltılar saçan saçlarının arasındaydı ve bu eliyle arada bir o taraftaki göğsünü toparlamaya çalışıyordu.

Yeleğinin düğmeleri açıktı ve çamaşırınınki de... Göğüsleri meydandaydı kadının. Kendi ağırlıklarıyla iki yana ayrılmış bu memelerin başları iyice sertleşmişti. Erkeğin başı arada bir bunların üzerinde dolaşıyordu. Kadın birden inleyerek adamı geri itti.

Şimdi daha net görüyordum, kadının şalvarı da çözülmüştü.

İşte tam o sırada bu çiftin kim olduğunu anladım. Gerçi adam üzerinden giysilerini çıkarıp atmıştı, ama kadın Safiye'nin Mitra'sı olduğuna göre, onun da kim olduğunu tahmin etmek zor değildi. Evet, adam da Nur Banu'nun İranlı hadımıydı.

Tam o sırada hadım üzerindeki son giysiyi de sıyırıp fırlattı. Bunu çok çabuk, tek harekette yapmıştı. Adam, omuzları üzerine sıkıca abanmış olsa da, kadın sanıyorum o arada göreceğini görmüştü, şeklini yitirmiş bir erkeklik organı.... İranlı, kadının üzerinde bacaklarını iki yana açmıştı, ama kaşla göz arasında, daha adamın çamaşırı havada iken, kadın ondan kurtulmayı başardı. Adam, bunun üzerine iki eliyle kadının şalvarına yapıştı, Mitra ayağa kalmaya çabalarken yere yuvarlandı ve yatakların arasındaki aralıkta emekleyerek kaçmaya çalıştı.

Kaçmasına olanak yoktu, birden kendime geldim. Hızla koşup onlara doğru sokakta çiftleşen köpeklere bağırır gibi bağırdım. Elimde bir masadan kaptığım buzlu su vardı ve hiç düşünmeden bunu üzerlerine fırlattım.

Bu hareketimin hemen ardından gelen ses öylesine yüksekti ki, daha çok bir canavarınkine benziyordu. Nur Banu' nun hadımı bir boğa gibi böğürüyordu. Ben de ona doğru ilerlerken ağzıma gelen küfrü basıyordum. Kadın sızlanarak ağlıyordu çaresizce.

Hadımın elinde ağır bir pirinç güğüm vardı ve gözlerindeki ifade beni öldüreceğinin resmiydi. Kendimi korumaya çalışırken bir yandan da güğümle kızın arasına girdim. Aslında yapabileceğim fazla bir şey yoktu. Elimdeki sürahiyi ileri uzattım, ne yazık ki porselen binbir parçaya kırılarak yatakların üzerine yayılmaktan başka bir işe yaramadı. Bu kez boş elimle kendimi savunmaya çalışıyordum. Sağ şakağıma yediğim bir darbeyle dizlerimin üzerine yığıldım. Adam çok güçlüydü ve hiçbir kadınsılık yoktu bu bedende belli ki.

Kafamda davullar çalıyor, gözlerimin önünde yıldızlar uçuşuyordu. Bütün bu karmaşa içinde tek bir şeyi net olarak görebiliyordum. Bu çok ama çok garip ve şaşırtıcı bir şeydi! Bu, adamın erkeklik organıydı, gerçekten de üzerinde kasabın bıçağının izleri vardı. Şimdi bu garip organ rahatlamıştı ve etrafı yapışkan ve sütümsü bir sıvıyla kaplanmıştı. İkinci vuruşunun hızı, adamın boşalmasıyla hafiflediği için şanslı sayılabilirdim. Bunları düşünürken kendimden geçtim ve bir an için her yer karardı.

Gözlerimi tekrar açıp çevreme baktığımda sanıyorum çok fazla bir zaman geçmemişti. İranlı'nın elinden pirinç güğüm düşmüştü ve kendi de sırtüstü kımıldamadan yatıyordu. Bir an için düş gördüğümü sandım. Sonra onu ensesinden tutup kaldıran bir çift dev eli gördüm ve Gazanfer'in kocaman, çirkin yüzünü. Acaba bu ölümün de mi yüzüydü?

Ağa, adamı tutup yere vurdu ve yüzü kanla kaplanan İranlı hareketsiz kalakaldı. Gazanfer bir an için kararsızlığa düşmüştü: Bana mı yardım edecekti, bu aşağılık hadımın işini mi bitirecekti, yoksa ağlayan kadınla mı uğraşacaktı? Allah'tan o sırada gürültüyü duyan başkaları odaya daldı ve hepimizle yeteri kadar ilgilenecek insanla doldu yatakhane. Gazanfer Ağa hemen yanıma geldi, beni kaldırıp yataklardan birine taşırken, öfkeyle dişlerinin arasından konuşuyordu: "Bu Kızıl Muaviye'nin bıçağına güvenmemek gerektiğini biliyordum."

Kanayan yaralarım durumumu olduğundan daha ciddi gösteriyordu. Bunlar derhal temizlenip sarıldı.

"Şimdi daha iyiyim, sağol," deyip yerimden kalkmaya yelteniyordum ki dev Macar, "Hayır, hiç kımıldamadan yatsan daha iyi olur," dedi.

"En azından kendi odama gidebilirim Ağa, bırakalım da kızlar kendi yerlerinde rahatlasınlar," diyerek itiraz ettim.

Köle kızların gerçekten de kendi kendilerine kalıp olanları konuşmaya can attıkları belli oluyordu. Kimi eline güğümü almış dikkatle inceliyor, kimi az önceki günah ilişkisinin yaşandığı yatağa kaçamak bakışlar atıyordu. Bir hadım? Olacak şey değildi bu. Bir aşk? Bu da öyle... Gazanfer onlara baktı ve bana hak verdi, ayağa kalkmama yardım ettikten sonra ve beni omuzladı.

Kapıdaki kalabalığın arasında Gülruh'u gördüm. Ona gülümseyerek çok da kötü olmadığımı göstermeye çalıştım. Sonra bir elimle saçlarını okşadım.

"Burada ne yapıyorsun küçüğüm?" diye sordum sevgiyle. En sonunda onu bulmuştum ama bu kez kendi belamın içinde. "Burası senin için uygun bir yer değil," dedim yürürken.

Elimi tutan Gülruh da bizimle birlikte yürüyordu. Hem de sanki işi bitiren Gazanfer Ağa değilmiş de benmişim gibi... Benimle bir kahraman gibi gururlanıyordu İsmihan'ın kızı... Ama elimi sıkışı aklıma bir başka şeyi daha getirmişti. Gülruh bu temasla bana şunu der gibiydi: "Sevgili Abdullah, benim için de aynısını, hatta daha da fazlasını yapabileceğini biliyorum. İstemediğim bir evlilikten beni ancak sen kurtarırsın."

# L

BEN daha odama ulaşmadan, İranlı'nın denizin dibini boyladığını biliyordum. Ona cenaze yaparak İslam'ın törenlerini zedeleyemezlerdi.

Mitra da odasına götürülmüş ve toparlanmasına yardım edilmişti. Ama şimdi oturup geleceğini düşünüyordu kaygı içinde. İki oğlunu yanına çağırdığında bakıcılar bu isteğini yerine getirmemişlerdi. Çünkü Kızlarağası'nın az sonra ölüme gönderebileceği birine hizmet etmekten korkuyorlardı.

Kızlar Ağası, Nur Banu'nun adamıydı ve gerçekten de Mitra'yı alıp denizin karanlık sularına atmakta hiç tereddüt etmeyeceği belliydi. Aslında çoğumuz İranlı yarı hadımın Valide Sultan'ın emirleri doğrultusunda davranmış olduğunu düşünüyorduk.

Nur Banu ona şöyle demiş olmalıydı: "Haydi gün geldi. Sana emrediyorum. İkinci lohusalığı da bitti ve yeniden Sultan'ı etkisi altına alabilir bu kadın. Bugün onu rezil etmelisin, ya da kendin benim gözümde rezil olacaksın, hem de ömür boyu..."

Ve belki de ona birtakım özel ilaçlar içirmiş, özel kremlerle erkekliğinin artması için yardımcı olmuştu Nur Banu. Adam hayatının ne kadar tehlikede olduğunu bilmiyor olabilirdi, ama Valide Sultan bunu çok iyi biliyordu.

Böyle iyi yetiştirilmiş, beyaz bir hadım, üstelik de Kızıl Muaviye'nin elinden çıkmış biri çok pahalıydı. Ama Nur Banu onu, kendisi için bir tehdit olarak kullanılan Safiye'nin İranlı Mitra'sından kurtulabilmek için feda etmeye hazırdı. Kız şairliğiyle Sultan'dan iki oğlan çocuk sahibi olmuştu ve o gebeyken Nur Banu'nun bulduğu Çerkez kızı da Mitra'nın yerini almayı becerememişti. Murad yine onu istiyordu. Şimdi Nur

Banu, İranlı kızı ortadan kaldırabilmek için, uğruna bir servet ödediği İranlı hadım ölmüş de olsa elinden geleni yapmaya devam etmekte kararlıydı.

Ama Safiye de boş durmuyordu tabii. Köleler yatakhanesinde olanları duyar duymaz ayaklanmış olmalıydı. Kızlar Ağası'nı hemen durdurup, soluğu Sultan'ın yanında almıştı. Peçesini bile takmamış olması nasıl bir endişe içinde olduğunun belirtisiydi. Sultan yalnız değildi, Safiye onlar gidene kadar bekledi. Çünkü konuşacaklarının yalnız ve yalnız kendisi ile imparatorlukta ölümle yaşamın kararını veren Sultan'ın arasında kalmasını istiyordu.

"Senin çok sevdiğin sevgili Mitra'mız, iki oğlunun anası, saltanat hareminde alçakça bir saldırıya uğradı. Annenin hadım kılığındaki bir adamı, senin şeref ve onurunla oynayabilmek için ona tecavüze kalkıştı. Yüce Allah'ın yardımıyla hadımlarımın en değerlisi onu neyse ki durdurabildi ve emeline ulaşamadan öldürdü. Gel de o odada hâlâ yerlerde duran o lanetli tohumun izlerini gözlerinle gör istersen. Ama şükürler olsun ki, onların teki bile namuslu Mitra'ya dokunamadı.

Adam yaptığının cezasını anında hayatıyla ödedi. Ama şimdi gözdenin de cezalandırılması gerektiğini söyleyenler var. Efendim, onun sana, senin ona duyduğun sevgiyi düşün. Sana verdiği o iki güzel, sağlıklı oğlanı düşün. Onlar ki senin adını dünyanın dört bir yanında taşıyacak olanlardır. Onları bu yaşta anasızlığa mahkûm etmemelisin.

Sonra o güzel şiirleri düşün, o güzel sesi... Bunlardan uzak bir dünyayı hayal edebilir misin, kendini onsuz bırakınca mutlu olabilir misin?"

Hayır, Murad'ın kalbinin derinliklerinden gelerek verdiği cevap buydu. Nur Banu'ya gelince, onu da yatıştırmak gerekiyordu. Mitra bir yıl süreyle Saraydan uzaklaştırılma cezası aldı. Murad bunu İranlı kıza söylerken sanki kendi de kızı suçluyormuş gibi utanmış ve pişmanlık içinde kalmıştı.

Safiye mutluluktan uçuyordu. Hemen kızı nereye yollayacağının planlarını yaptı. En iyisini kızı ve çocuklarını, Nur Banu'nun entrikalarından uzak, sağlıklı bir yer olan Edirne'ye yollamaktı. Safiye ayrıca onların yanına müzisyen ve şairlerden oluşan bir grup da koydu. Haftada bir, iki şehir arasında gidip gelecek olan haberci de Sultan'ın onun şiirlerinden uzak kalmamasını sağlayacaktı.

Kısacık bir ömrü olan cariyelik işi için, bir yıl gözden uzak kalmak aslında korkunç bir cezaydı. Her şey değişebilirdi bu sürede, bir daha yüzüne bakılmayabilirdi, gözden düşebilirdi. Ama öte yandan uzaklaştırma cezası Sultan tarafından pişmanlık içinde verildiği için yeniden kavuşmaları da daha tutkulu olabilirdi. Bir de şu olasılık vardı, Murad zaafları olan biriydi, bakarsın cezayı kaldırıverirdi.

Safiye gidip bunları Mitra'ya söylediğinde zavallı kadın acı içinde dizlerinin üzerine çöküp kalmıştı.

"Size nasıl teşekkür edeceğim ben?" diyerek Safiye'nin ellerini öpmüştü.

"Sevgili kızım, bana teşekkür etmene gerek yok, yaşa yeter," demişti Safiye cevap olarak. Gülümseyip, kızın yüzünü okşamış ve yanaklarını öpmüştü. "Ve unutma, sana verdiğim söz aklımda. Murad öldüğü gün sen de özgür olacaksın."

"Allah bizi o günden uzak tutsun." Kız bu kez yürekten söylüyordu bu sözleri.

"Sonra gidip Mitra çocuklarına kavuşmuş."

Gülruh konuşmasını bu sözlerle bitirmişti. Evet, ben yatağımda iyileşmeye çalışırken haberleri Gülruh getirmişti. İki gün sonra ben ayağa kalkabildiğimde Mitra ve çocukları gitmişti.

Ama çok değil, üç ay sonra bir başka korkunç olay daha yaşadık. Hayatımı borçlu olduğum Gazanfer Ağa ile her zamanki yerinde oturmuş sohbet ediyorduk. Birden üst kat balkonlarının orada ani bir hareket oldu ve küçük bir paket, ya da oyuncak trabzanların üzerinden uçarak yanıbaşımızdan geçti ve az ötemizdeki mermer zemine düştü.

İkimiz birden hemen ayağa fırladık. Görür görmez anladık durumu, bu Safiye'nin Murad'a hediye ettiği kızlardan birinin bebeğiydi. Çocuğun aşağı düştüğü yere, merdivenlerin başına koşturdum hemen, biri var mı, diye. Ortalıkta hiç kimse yoktu. Bir o tarafa, bir bu tarafa koşturdum ama sonuç yoktu. Bu arada durumu öğrenen dadı ve anne çığlık çığlığa bağırmaya başlamıştı. Sonra Safiye'nin küfürleri, belaları ortalığı inletti. Ardından diğerleri çıktı dışarı ve ortalık karmakarışık oldu.

Sessizce merdivenlerden aşağı indim, bütün bunlara inanamadan bir süre Gazanfer'in yanında konuşmadan durdum. Çocuk ölmüştü.

"Hiç kimseyi göremedim," dedim.

"Zaten görebileceğini sanmıyordum."

"Ama ben gördüm... Sen görmedin mi? Yoksa gözlerim mi beni yanılttı? Orada, trabzanların yanında birini görür gibi olmuştum çocukla beraber."

"Hayır, gözlerin seni yanıltmadı. Ben de gördüm onu."

"Ama bakıcı dikkatsizlik etmiş de olsa ortaya çıkmalıydı."

"Bakıcı olduğunu sanmam."

"Çocuğu birinin attığını mı söylemek istiyorsun?"

"Nur Banu sahte hadımının intikamını alıyor."

"Buna inanamam."

"Öyle mi? Sen Vezir-i azam'ın yanında başka bir dünyada yaşadın dostum."

Gördüklerim ve şimdi duyduklarım başka türlü düşünmeme olanak vermiyordu. "Yürümeyi öğrenen bir çocuk," diye bağırdım kendimi tutamayıp.

"Böylece olanlara bir kaza süsü veriliyor kolaylıkla, aksini kanıtlamak da mümkün değil."

"Ama o minicik bir çocuk."

"Sultan'ın çocuğu, yani bir gün büyüyüp saltanat yarışına girecek olanlardan."

"Böyle bir işi kim yapar? Nur Banu bile..."

"Saray böyle insanlarla dolu," dedi Gazanfer Ağa. Konu ikimiz için de çok tatsızdı ama devam etmesi gerektiğini biliyorduk. "Sen henüz aramızda yenisin dostum ve artık burada kalacaksın. Onun için anlayıp öğrenmende yarar var. Bu çok sık olan bir şey haremde. İki taraf da yapıyor hem de, utanç verici ama böyle. Sultan'ın şehvet düşkünlüğünü kendi emelleri için kullanan Safiye ve Nur Banu bugüne kadar yüzlerce kız soktular onun koynuna. Ve bugüne kadar ortaya çıkan çocuk sayısı otuz beş, bunların yirmi biri erkek oldu.

"Hiç bu kadar çok olduğunu düşünmemiştim," dedim hayretle.

"Doğru, nereden bileceksin, çoğu kişi bilmez zaten. Evet, kızların hepsi yaşıyor. Ama erkeklerden yalnız beşi sağ, biri Safiye'nin Mehmed'i, ikisi Mitra'nınkiler, ikisi de Nur Banu'nun kızlarından olanlar. Oğlan çocuklardan geriye kalan işte bu beşi. Bazıları hastalıktan, zayıflıktan ölmüştür sanırım. Ama yine bu kadar çocuk ölümü sence de biraz tuhaf ve inanması zor değil mi? Herkes sürekli tetikte tehlikelere karşı, ama işte görüyorsun, tıpkı bugünkü gibi daima bir yolunu buluyorlar. Özellikle de kendi saflarından birinin başına bir iş geldiğinde..."

"Hep düşüyorlar mı?" diye sordum. Sesim dehşet içindeydi. Gözüm zavallı bebeğin cesedini kucağına almış ağlayan anneye takılmıştı.

"Sanırım bu onlara en kolay gelen yol. Çünkü bakıcı arkasını döner dönmez çabucak yapılabilecek bir iş ve oğlan çocuklar, özellikle de bu yaşlarda koşturmayı çok seviyorlar. Evet pek çoğu düşüp ölüyor. Nur Banu'nun takımından birinin bebeği yaşamayı başardı, ama o da zihnen ve bedenen tamamen sakat kaldı.

Bir de boğulmalar var. Kuyuya düşenler, hamamda ölü bulunanlar. Boğazını sıkıp öldürdükleri bebekler de olur, bunlar için bir de anneleri ya da yine bakıcıları suçlarlar. Çocuğun üzerine devrilip uyudun, diye. Sonra zehir işi... Çocuğun hoşuna gidebilecek bir yiyeceğe katıp kolayca bulacağı yerlere bırakırlar. Siz gelmeden kısa bir süre önce Nur Banu'nun dairesinde bir tabak zehirli helva bulunmuştu. Ondan yiyen kuşlar ölünce durum ortaya çıkmıştı. Bir seferinde kötü bal sattı, diye bir balcı asılmıştı ama, bu Sarayda ateş, ishal ve kusmaların ne kadarının normal nedenler yüzünden olduğunu ancak Allah bilebilir.

Ah, unutuyordum, bir de nazar işi var. Ben bu konuda çok şüpheciyim. Özellikle de küçük çocuklarda nazar yüzünden hastalık, bence hekimlerin ihmaline iyi bir mazaret oluyor. Ama bu konuda o kadar çok şey duyuyoruz ki."

"Benim efendim öldürüldü, ne kadar acı verici olsa da, sonuçta o uzun ve yararlı bir yaşamın sonundaydı," diye heyecanla konuştum. "Ama küçük bir çocuk?"

"Mitra oğullarıyla Edirne'ye gittiği için çok şanslı." Gazanfer beni yatıştırmak için bundan başka bir şey söylemedi.

## LI

İRANLI'NIN bana yaptıklarının acısını zaman zaman da olsa hâlâ hissediyordum. Oram buram arada bir ağrıyıp sızlıyordu. Çoktan toprağa karışmış birinin geride böylesine izler bırakabilmesi doğrusu tuhaftı. Gülruh ilgi ve sevgisini esirgemeden yanımdaydı hep. Ona, o gün kendisini aradığımda nerede olduğunu sorduğumda bana verdiği cevap başımın ağrısını daha da artırdı.

Küçük hanımımı uyarmaya çalıştım. Ama onun fikrini değiştirmemin pek kolay olmadığını anlayınca neredeyse dört aydır bir sır olarak saklamaya çalıştığım –aslında haremde hiçbir sır bu kadar uzun süre gizli kalamıyordu– merdivenlerden atılan bebek olayıyla ilgili olarak bildiklerimi anlattım. Safiye'nin muhbirleri her şeyi zaten gözdeye aktarmıştı ve öğrendikleri onu çileden çıkarmıştı. Sonrası gerçekten korkunç bir çekişme yaratmıştı haremde. Gülruh'u bu dehşet verici kavganın dışında tutmaktı bütün amacım. Çünkü bizim kız zamanını bahçede, çatılarda, gizli köşe bucaklarda değil, Nur Banu'nun yanında geçiriyordu uzun bir süredir.

"Orada ne yapıyorsun küçüğüm?" diye sordum endişe dolu bir sesle.

"Genellikle dikiş nakış yapıyorum," dedi. Evet doğruydu bu söylediği, emindim.

Yine de onun başını önündeki gergefe eğip iğne iplikle uğraştığını hayal etmek beni doğrusu çok şaşırtmıştı. Nur Banu'nun terzisi bizim eski terziden daha yetenekli olmayabilirdi, ama demek ki onun en az iki katı sabra sahipti ve çok daha kararlıydı amacına ulaşmakta. Gülruh bana doğru dürüst birkaç basit motif için bile ne kadar uğraşmak zorunda kaldığını itiraf etti. Hatta zaman zaman gözyaşları içinde bahçeye fırlayıp sinirinden bağırdığı bile olmuş. Ama kadın ne yapıp edip onun vazgeçmesini engellemiş her defasında. Ve anladığım kadarıyla Gülruh da bu konuda artık çok kararlıydı.

Merak etmiştim bunun nedenini ve "Neden?" diye sordum.

"Çünkü," dedi. "Evleneceğim. Eğer çeyizimde kendi elimle yaptığım işler olmazsa ne çeşit bir gelin olurum?"

"Bunu senin için köle kızlar da yapabilir. Böyle bir yolu seçenlerin sayısı hiç de az değildir, biliyorsun."

"Hayır, ben kendi elimle yapmak istiyorum. Bence bu çok daha doğru bir şey."

Yeniden aklıma Sokullu'nun dünyadan ayrılmasından önceki gece gelmişti. Kızını yanına çağırışı, ona sevgiyle ilgi gösterişi... Ertesi sabah Gülruh'u aramıştım uzun süre, bu işe engel olabilmek için elimden geleni yapacağımı söylemek üzere. Ama sonra bunu unutmuştum. Unutmuştum, çünkü hem onu bulamamıştım, hem de ardından bir yığın kötü olay yaşamıştık. Çok iyi hatırlıyordum o sabah odasına gittiğimde halayık kız bana, "Sabah ezanıyla erkenden kalktı ve terzi kadını çağırdı," demişti. Demek ki kız bana doğruyu söylemişti o gün ve şimdi görüyordum ki Paşa'nın ölümüyle Gülruh'taki bu arzu daha da artmıştı.

Zavallı küçüğüm, önce Arap Paşa'nın, sonra da babasının ölümleriyle çok sarsılmıştı ve kendini bilinçsizce de olsa dikiş nakışa vererek avunma yolunu seçmişti demek. Bunu Nur Banu'nun yardımıyla yapmasının nedeniyse herhalde onun haremde Ümmü Gülsüm'le yakın görüşen tek kişi olmasıydı. Şeyhülislam'ın ölümünden sonra kadın Safiye için tüm önemini yitirmişti.

Şaşkın bir ses ve yüzle "Hâlâ o çocukla evlenmeyi mi düşünüyorsun?" diye sordum.

Gülruh, "Tabii," dedi.

Bunu öylesine rahat söylemişti ki inanmamam olanaksızdı. Zaten bu ülkede çocuklar daha doğru dürüst konuşmayı bile beceremezken annelerinin dizinin dibinde tevekkülü öğreniyordu.

"Bu benim babamın son isteğiydi," diye sözlerine devam etti Gülruh. Gözleri yaşlarla dolmuştu. Biliyordum, babasının onun alnına kondurduğu sevgi dolu öpücüğü düşünüyordu. "Hem de," dedi. "Bu Abdurrahman'ın babasının da son isteğiydi ve tabii Allah'ın da..."

Onun mantığını anlayabiliyordum, Allah'ın kendi isteklerini uygulatabilmek için babaları yarattığını düşünüyordu besbelli. Allah'sız babalardan söz ederek bu çocuğun aklını ve ruhunu karıştırmaya hakkım yoktu. İnancından yana hiçbir kuşkusu yoktu. Asla aşktan söz etmemişti, önemli olan babasının isteğiydi. Aslında Sokullu'nun çocuğuna karşı duyduğu sorumluluk duygusuyla, gerekse o katilin hançerinin önüne kendini gönüllü olarak atabileceğinden emindim.

Yumuşak bir şekilde ona belki bir parça daha beklemesinin daha doğru olduğunu söylemeyi deneyebilirdim. Gerçek aşk, yalnızca görev ve sorumluluk duygusu değildi, bir gün onun da hayatına girebilirdi. Neredeyse ona annesini ve Konya'da yaşadığı tek aşk gecesini anlatacak bir ruh halindeydim. Ama sonuçta bunların hiçbirini yapmadım, yapamazdım. Gülruh yepyeni ve çok farklı bir değişikliği yaşıyordu. Böyle bir şeyi onda çocukluğundan beri ilk kez görüyordum. Ve kabul etmeliydim, bu mutluluktu, en azından mutluluk tomurcuklarıydı gönlünde yeşerenler, bir kadının istediği sürekli bir huzurun ilk tohumları... Bu yeni köklenen tohumları söküp atmak benim işim olamazdı.

Yine de ona uygun bir dille gerçeklerden söz edebilirdim. Sokullu Paşa, planlandığı gibi Abdurrahman'ın ağabeyleriyle evlilik üzerinde anlaşmak üzere biraraya gelememişti. Şimdi Gülruh üzerinde söz hakkı Sultan'a aitti. Eski Şeyhülislam'ın ailesi bile kendi arzularını kolaylıkla ona söyleyemezdi. Kaldı ki bunu söylemeyi başarabilseler bile Murad'ın, olur, diyeceği kesin değildi. Osmanlı kanı taşıyan bir genç kıza talip olacak bir yığın yüksek rütbeli dolaşıyordu etrafında.

"Hem annenle Safiye'nin seni Mehmed'le evlendirme planları yaptığını bilmiyor musun?" diye sordum Gülruh'a. "Böylece bir gün sen de Hürrem gibi Valide Sultan olabilirsin. Böyle bir şerefe ulaşmak istemez misin?"

Bu sözlerden çok etkilenmişe benzemiyordu, "Ben yalnız Allah'ın isteklerini yerine getirmek isterim," dedi.

Artık kendisi için bir yol seçtiğinden emin olmuştum ve bu konuda ona yardım etmeliydim. Daha sonra onu Ümmü

Gülsüm'le yan yana izledim. Kadın, bizim Gülruh'a çok yakın bir ilgi ve sevgi gösteriyordu ve o da bunun karşılığını aynı sıcak sevgiyle olmasa da, tam bir saygı içinde cevaplamaya çalışıyordu. Bu ilişkiyi besleyecek bir şeyler yapmayı düşündüm. Ama açıkçası, bu konunun zor olduğunu biliyordum. Dervişler bile gelin-kaynana ilişkileri üzerine yorum yapmaktan çekinirdi.

İsmihan ve Safiye, Gülruh'un Nur Banu'nun yanına sık sık gidip gelmesi konusunda konuşmaktan başka bir şey yapamıyordu. Sanki buna aldırmıyor gibi davranma yolunu seçmişlerdi. Onlara göre kızın bu şekilde davranmasının nedeni gençlerin yasak ve tehlikeli olan şeylere karşı duyduğu ilgiydi. Yalnız arada bir, "O ihtiyarın ne işler çevirdiğini bize söylersin, öyle değil mi Gülruh?" demekle yetiniyorlardı.

Bazen Safiye'nin ölçüyü kaçırdığı da oluyordu tabii.

"Ona bir tabak zehirli pilav yedirsen, ne sevaba girersin bir bilsen..."

Gülruh bunları duyunca hemen bağırıyordu. "Hayır yenge, hayır!" Safiye'nin şaka mı yaptığını, ciddi mi olduğunu tam olarak anlayamıyordu kızcağız. "Böyle bir şeyi yapamam."

Ama öbür taraf da benzer şeyler söylüyordu Gülruh'a. Nur Banu da Safiye'nin yiyeceği bir tabak zehirli pilavın peşindeydi. Ve buna küçük hanımımın verdiği cevap farklı olmuyordu: "Hayır, hayır, bunu yapamam." Gülruh bu iki günahkâr ve düzenbaz dünyanın arasında masum kalmayı başarabiliyordu.

Bu arada Yeniçeri Ağası Ferhad Paşa, İran sınırından yanında Sultan'a sunulmak üzere pek çok değerli armağanla dönmüştü. Bunlardan biri Peygamber'in hayatının anlatıldığı harikulade resimlenmiş, kenarları ve kapağı altın işlerle bezeli bir şiir kitabıydı. Murad adamın nezaketinden çok hoşnut kalmıştı. Mutluluktan gözleri dolmuştu. Başkası olsa alır bunu kendine saklardı, biliyordu. Ya da iyi bir fiyatla satardı. Bu adamı ödüllendirmek istedi birden. Ama o sırada Yeniçeri Ağalığı'ndan daha yüksek boş bir makam yoktu.

"Senin ya da karının özellikle hoşlanacağı bir mücevher var mı?" diye sordu.

"Benim mi? Hayır, Sultanım."

"Peki ya karının?"

"Efendimiz ben bekârım."

"Bekar mı? Böyle bir adam yalnız ha? Bu kadar kahraman ve aynı zamanda şiirden anlayan bir adam yalnız başına ne yapar?"

"Dua ediyorum efendimiz."

Sultan küçük bir kahkaha attı. "Yalnız bir adam... Tekrar sefere gitmeden seni evlendireceğim," dedi. "Ve sıradan, herhangi bir kızla değil... Osmanlı kanından bir genç kızla. Sanırım en azından bir iki uygun aday vardır. Soracağım."

Ferhad'ın aklına ilk gelen isim, "Gülruh," olmuştu. Bunu tek nedeni onun Osmanlı kanından oluşu değildi. Ama böyle korkunç bir evlilik olamazdı, asla olmamalıydı. Aklından geçenleri tabii Sultan'a söylemedi. Saygıyla yere eğildi ve "Kölenizim efendimiz," dedi.

## LII

EFENDİMİN türbesi bitirildiğinde, başlangıçta planlandığından çok daha küçük olmuştu, çünkü malûm, insanlar çabuk unutuyordu. Ama doğrusu çini işleri mükemmeldi. Mavi ve yeşil İznik işleriyle donatılmış duvarlarıyla türbenin içi bir cennet ormanına benziyordu. İhmal, işe bile yaramış denilebilirdi, çeşitli bitkiler tamamlanmamış yerleri kapatarak doğal olarak güzelleştirmişti.

Mermer işlerindeki ufak tefek çukurlara biriken sular, güvercinlerin yıkanma yeri olmuştu. Kuşlar, sanki efendimin öldükten sonra bile ne kadar cömert olduğunu vurgular gibiydi. Çınarların tepesine yuva yapmış kuşların tüyleri tıpkı bir Saray sarığını hatırlatırcasına türbenin kubbesi üzerinde birikmişti.

Her iki yanda sonsuzluğun sembolü birer sıra sedir yükseliyordu göğe doğru ve bunların gövdelerine yaz kış yeşil kalan sarmaşıklar sarılmıştı. Bu bitkiler türbenin ve etrafındaki diğer mezar taşlarının kasvetli havasını değiştiriyordu. Bunların arasında erkeklere ait olanların tepesine görev ve işlerini belirten birer sarık biçimi verilmişti, kadınlarınkilerse çiçeklerle süslüydü.

Yaşarken Kâbe'ye doğru eğilmiş olan bu bedenler, şimdi toprağın içinde, gömülürken denk geldiği gibi kıvrılmış yatıyordu. Hocalar bize ölümün herkesi eşitlikte buluşturan bir şey olduğunu söyleyecek yerde, öldükten sonra ayağa kalkıp cezamızı çekeceğimizle tehdit ediyordu daima. Yaşamak çok daha itaatkâr olmaya zorluyordu bizi. Oysa ölünce herkesin belki de yalnız kalbinde yaşatabileceği bireysellik ortaya çıkıyordu.

Ortalığı bir sis kaplıyordu ve daha ötedeki taşları göremez olmuştum. Rutubetin etkisiyle titredim.

O, aniden sisin arasında belirdi ve türbeye doğru hızlı, ama düzenli olmayan adımlarla ilerledi. Bir kez daha onun ne kadar hoş, yakışıklı olduğunu düşündüm. Erken gelmişti ama ben daha erkenciydim ve arkasında durduğum selvi ağacının kenarından her şeyi görebiliyordum.

Ayakta dikilip beklemek, Yeniçeri Ağaları'nın sıkça yaptığı bir şey değildi, ama Ferhad Paşa Sokullu'nun çatısı altında imparatorlukla ilgili çok önemli bir sırrı iki dudağının arasında tutarak haftalarca beklemişti daha önce. Ve şimdi yine Sokullu'nun çatısı altındaydı, bekliyordu, belki de en az o kadar önemli bir sırrı kalbinde saklayarak.

Orada durdu, durdu, durdu. Bu şekilde ayakta kalmaya çok alışık olamama rağmen benim bile ayaklarıma karasular inmişti. Ama o inatla aynı şekilde dikilmeye devam ediyordu. Ortada güneş yoktu, bu yüzden zamanı anlayamamış olabilirdi, yine de bu adam çok önemli bir görevin başındaydı, saatler onun için herkesten daha değerli ve önemli olmalıydı. Bunu düşününce onun bu sessiz duruşuna daha da fazla saygı duydum. Kimbilir hangi işleri bir yana bırakıp buraya gelmişti? Ama şu anda hiçbir şekilde onları düşünür gibi bir hali yoktu, kalbinden geçenler mutlaka Ferhad Paşa için çok daha kutsaldı.

Sonunda bir ezan sesi duyuldu ve Paşa kendine geldi. Bir önceki ezan sesinden az sonra buraya gelmişti ve aşağı yukarı dört saat geçmiş olmalıydı. Panik içinde etrafına bakındı. Sanki Sokullu ile ilk kez yüzyüze geliyor gibiydi ve onun çevresinde sonsuz uykularına yatmış diğerleri vardı. Şöyle bir baktı o taşlara, türbenin duvarlarına. Sonra kapı ağzına bırakılmış sepeti görerek yanına gitti. Bir yığın meyveyle dolu bu sepetin henüz bu sabah bırakılmış olduğunu anlamış olmalıydı, çünkü içindeki her şey taptazeydi.

Ferhad dışarı çıkıp bir o yana, bir bu yana koşmaya başladı, bir yandan da "İsmihan, gülüm, sevgilim!" diye bağırıyordu.

Her an bu koşturma içinde beni görebilirdi, neyse ki çok dikkatli değildi. Hiç düşünmeden yaptığı tepkisel bir davranıştı bu.

Sonra yeniden kendini toparladı ve türbeye doğru yavaş adımlarla gitti. Mermer basamaklara oturdu, uzun uzun sepetin içindekilere baktı. Bu, bir sonbahar sonu meyve demetiydi: Asmadan koparılmış, yaprakları ve bazı taneleri kurumaya yüz tutmuş bir salkım üzüm; kırmızı yanaklı ama çok da sağlıklı olmayan birine benzeyen bir elma; gözyaşını hatırlatan bir nar; kendi başına, yalnız bir derviş gibi bir ayva; sıkıca kapalı kabuklarının içinde bademler; bir demet kadife çiçeği, biraz fesleğen, bir dal yasemin ve bir tutam sararmaya yüz tutmuş çimen... Şairin biri, "Çimene düşmüş yaseminin taç yaprakları kederli bir yüzdeki gözyaşlarına benzer," derdi.

Ferhad Paşa sepettekilere tek tek dokunuyordu. Bunların anlamlarını birer birer toparladı ve sonra "Allahım," diye haykırdı. Sepetin ne dediğini biliyordu ve buna dayanamıyordu. "Hayır, olamaz, Allahım acı bana!"

Birkaç üzüm kopardı salkımdan, ısırdı. Bunu öylesine haşin bir şekilde yapmıştı ki çekirdeklerin kırıldığını rahatlıkla duyabiliyordum. Sonra narı ikiye böldü ama yemedi, öylece selkanar gibi kenara bıraktı onu. Sonra arkasına saklandığım selvi ağacına doğru geldi, hışımla birkaç dal kopardı ve sepete attı. Hatırlıyordum, selviler sonsuzluğun sembolüydü.

Ama böyle sessiz sembollerin üzerine başka sessiz semboller koyarak bir sonuca ulaşabilmek mümkün değildi, bunu anlamıştı, biliyordu. Yerinden kalktı ve geldiği gibi hızlı ama düzensiz adımlarla tekrar sisin içinde kaybolup gitti.

Biraz bekledim, tekrar dönebileceğinden kuşkuluydum, ya da en azından geriye bakabilirdi bir kere daha. Sonra sessizce saklandığım yerden çıktım ve sepeti aldım.

Onu hanımıma uzattığımda ezilmiş fesleğenlerin ve nar tanelerininkine karışmış kadife çiçeğinin kokusu hâlâ keskinliğini yitirmemişti. Türbeden en fazla yüz adım ötede bulunan Rahime Hatun'un türbesinin kenarında oturuyorduk. Rahime Hatun, kendi düğün gecesinde ölmüş bir derviş kızıydı.

İsmihan anlattıklarımı sessizce dinledi, sepetin içindekilere o da tek tek dokundu ve nemli gözlerine rağmen gülümsemeye çalışarak, "İyi ki rahat yürüyemiyorum," dedi. "Oraya gitmeyi ne çok isterdim..."

Az sonra çenebaz kızlar, dedikoducu halayıklar ve gürültücü hadımlardan oluşan kalabalık bir grup geldi türbeye. Buraya neden geldiklerini biliyordum. Rahime Kadın'ın türbesi, kendine uygun bir koca bulmak isteyen kadınların çok sık geldiği ve dilekte bulunduğu bir yerdi. İsmihan Sarayda kocasının türbesini ziyaret etmek istediğini söylediğinde herkes bunu saygıyla karşılamıştı ve sonra da düşünmüştük ki, peçeli bir kadının Rahime Hatun'un türbesinde oturup beklemesinde de bir sakınca olamazdı. Ama artık ortalık giderek kalabalıklaşıyordu, İsmihan kolumu tuttu. "Haydi gidelim artık," dedi.

Yavaş yavaş tahtırevanına ilerlerken yeni bir grup daha geldi.

"Hala! İsmihan Hala sen misin?"

Onu tanımamız için seslenen kız peçesini geri atmıştı. Bu Safiye'nin kızı Ayşe'ydi.

Ayşe, annesine herkesten daha çok benziyorsa da, doğrusu onun onda biri bile olamazdı. Saçları sarımsıydı ama, bir yandan da kurumuş meşe yaprağının grimsi kahverengiliği vardı. Gözleri ne dolgun kahverengi, ne de maviydi, ikisinin arasında bir bulanık renkti bu ve bakışları anlamsızdı. Elbisesinin göğsüne, ya da başına konulan çiçekler, mücevherler, kabarık ve parlak kumaşlar gözalıcıydı evet, ama ne yazık, bu kıza hiçbir şey yakışmıyor, her şey üstünde eğreti duruyordu.

Ayşe'nin kişiliği de donuktu, genellikle silik biriydi, kendini göstermeye kalktığında ise bunu çok beceriksizce yaparak sersem durumuna düşüyordu sıkça. Ve işte yine bu tür saçmalıklarından birine kalkışmıştı.

"Burada ne arıyorsun hala? Bir koca bulmak için dertlenmene gerek mi var senin?"

Yaptığı gafı hemen anlamıştı ama olan da olmuştu. Düzeltmeye çalıştı: "Oh, afedersin. Tabii ki buraya geleceksin. Ama ben hep otuz beşi geçenlerin... Şey..." İyice batıyordu, söylediği her kelime onu daha da rezil ediyordu, sustu.

İsmihan gülümsedi, her ne kadar içinden bir an için bunlara bozulsa da, hoşgörüyle kıza doğru yanaşıp elini tuttu. Sonuçta Ayşe henüz bir çocuktu ve ne kadar büyürse büyüsün bu cahilliği devam edecekti.

"Söyle bakalım Ayşe," dedi. "Sen burada ne yapıyorsun? Senin de bir koca için dertlenmen gerekmez, öyle değil mi?"

"Ama dertleniyorum."

"Niye? Baban seni Ferhad Paşa'ya söz verdi. Bir kız başka ne ister?"

"Ama Yeniçeri Ağası çok huysuz bir adam, üstelik de ayaklarını sürüyor. Neden böyle yaptığını bilmiyorum. Allah bilir en az elli yaşında vardır."

"Belki de senin ne kadar genç olduğunu bilmediği için böyle yapıyordur," dedi İsmihan yumuşak bir sesle. "Allah'a emanet ol ama, sen henüz on yaşındasın."

"Ama öbür Ayşe, Peygamberimiz'in karısı, onunla evlendiğinde benden çok küçükmüş, oyuncaklarıyla oynarmış. Ben ondan daha büyüğüm."

"Doğru. Ama bak sana ne diyeceğim, yaşlı bir adamla evlenmek çok da hoş bir şey değildir."

"Haklısın, ama halacığım, Ferhad Paşa senin Sokullu Paşan kadar ihtiyar değil. Hâlâ yakışıklı bir adam."

"Evet, evet, öyle."

"Hala! Neden ağlıyorsun?"

"Hayır, hayır evladım, ağlamıyorum. Haydi git işine bak. Rahime Hatun'u ziyaret et. Allah'ın işine karışmak istemem ama, belki de bugün Rahime Hatun senin gönlünden geçeni verir. Haydi.."

"Ama sen ağlıyorsun. Neden hala? Haydi söyle bana, neden ağlıyorsun?"

"Hiçbir şey kızım. Yalnız... Rahime Hatun'un mezar taşında yazanları okudum da duygulandım, o kadar."

"Ne yazıyor?" Ayşe dönüp merakla yazıya baktı, çiçeklerin arasında zarif harflerle bir şeyler yazdığını görüyordu. Ne yazık ki okuma yazma konusunda da çok yetenekli olmadığı için bunu kendi başına okuyamıyordu. Bu kızda donuk olan yer yalnız saçları ve gözleri değildi, bence zekâsı da öyleydi.

İsmihan gülümsedi. Neredeyse bütün gündür orada oturup türbeye bakmıştı ve okuduklarını ezberlemişti. Taşa hiç bakmadan tekrarladı yazılanları:

*"Kader nedir?*
*Dileklerimin yarısı bile henüz yerine gelmedi.*
*Ben bu dünyadan koparıldım*
*İşte kader...*
*Ama Allah beni Ahiret'te ödüllendirecek."*

Son mısra, acıyla boğuklaşan sesi yüzünden iyi çıkmamıştı, tekrarladı: "Allah beni Ahiret'te ödüllendirecek."

# LIII

SAFİYE hızla odaya girdi ve kendini sabırsız bir tavırla divana attı.

İsmihan, "ne oldu hayatım, neyin var?" diye sordu.

"Şu Ferhad Paşa."

"Ne olmuş ona?"

"Murad, ona kızıyla evlenmenin şerefini sunuyor ve adam neredeyse ağız burun büküyor. Allah aşkına, o kim? Sonuçta bir köle. Ona söylenileni yapmak zorunda."

İsmihan başını önüne eğdi, yüzü kızarmıştı ama sesini çıkarmadı.

Safiye devam etti, "Ne yapabilirim? Eğer Ayşe'yi ona veremezsem Nur Banu birini bulacaktır. Bu adam Vezir-i azam olacak, belli. Genç, zeki ve bu işi uzun yıllar yapabilecek biri. Eğer onun kontrolü Nur Banu'ya geçerse..."

İsmihan heyecanla sordu. "Onunla evlenmek istemiyor mu?"

Safiye, ne evet, ne de hayır dedi, sızlanmaya devam ediyordu.

"Ama ona oğullar verecek genç, güçlü bir kadına ihtiyacı var," dedi İsmihan inanamayan bir sesle.

Safiye bu sözle de ilgilenmedi, o her zaman kendi aklından geçenlere daha çok önem verirdi. Her düşündüğünü karmakarışık söylüyordu. Sonra birden başka bir konuya geçti.

"Ya bu Ali Paşa'yla ne yapacağım? O da güçlü bir adam ve onu elimde tutabilmem için bir başka akıllı kadına daha ihtiyacım var."

"Ali Paşa?"

"Evet, yeni Macaristan Valisi. Oralardaki zorlukları biliyorsun."

"Biliyorum. Rahmetli kocam Sokullu'nun yeğeni de Budin'deydi. Allah rahmet eylesin..."

"Her neyse. Ali Paşa orayı çok iyi yönetiyor ve gelecekte de çok iyi işler başaracağından eminim. Ona uygun bir karı neden bulamıyorum ben?"

"Ben... Ben onunla evlenebilirim," dedi İsmihan. "Eğer sen... Bunun iyi olacağını düşünürsen."

"Uygun mu? Oh, benim güzel arkadaşım. Bu dünyanın en iyi şeyi olur. Sana söyleyeyim hem akıllı, hem de yakışıklı bir adam Ali Paşa. Gerçekten de bunu yapar mısın? Sokullu'nun ölümünden bu yana ne kadar yalnız olduğunu biliyorum. Ama doğrusu hiç cesaret edemezdim..."

"Evet, onunla evlenirim," diye tekrarladı İsmihan.

Safiye'nin hanımıma söylemeyi ihmal ettiği tek şey, Ali Paşa'nın zaten evli ve iki oğlu, bir kızı olduğuydu. Ama tabii ki Osmanlı kanından bir prenses için onları hemen bırakacağından bunun bir önemi yoktu.

Gazanfer Ağa, boşanma sırasında şahitlerden biri olarak bulunmuştu. Boşanma gerçekleştikten hemen sonra koşup hareme gelecek ve haberi Safiye'ye verecekti. Gazanfer, bize Ali Paşa'nın üstüne başına meraklı, keskin hatlı, sert yüzlü bir adam olduğunu söylemişti. Çatılmış iki hançere benzeyen kaşları, kemerli burnunun ortasında birleşiyordu ve bu burun aşağı doğru uzanıp, nerdeyse çenesinin ucuna bir üçüncü hançer gibi uzanan sakalının siyahlığına kadar ulaşıyordu. Sınırdan henüz dönmüştü ve sıkı bir asker yaşamının en belirgin özelliği olan sağlıklılık, güç onda hemen göze çarpıyordu.

"Sanki kayan bir yıldızın kuyruğundaki ışık gibi..." demişti Gazanfer onun için. "Kendimi ona yakın hissetmekten tuhaf bir gurur duydum." İşte, hadım, Ali Paşa'yla ilgili ilk izlenimlerini bu sözlerle anlatmıştı. Sonra da bu etkinin adamın boşayacağı kadını gördüğünde nasıl yok olduğunu...

Bir zamanlar Saraya ait olan bu kadın hem güzeldi, hem de tavırları hoştu. Ne de olsa bir zamanlar Sultan'ın yatağı için yetiştirilmişti. Yirmi altısına geldiğinde, arkasından yetişenlerin gençlik ve güzelliklerini görünce, bir türlü gerçekleşmeyen bu emelinden vazgeçip Paşa'yla evlenmişti, daha doğrusu durumu görenler, onu Paşa'ya vermeyi uygun görmüşlerdi.

Doğrusu bu da kötü bir kader sayılamazdı. Saygın bir koca, kendine ait bir harem ve nikâh. Aşk arayışı tabii ki zamanla yerini köklü bir saygıya bırakmıştı ve hatta kocasının yolunu bekleyen gözlerinde bir parça korku bile vardı.

Çocukların yüzleri, neredeyse derileri çıkana kadar ovularak temizlenmiş, en yeni elbiseleri giydirilmişti. Onlar da babalarının kapıdan içeri girmesini bekliyorlardı. Adam o kadar uzun zamandır evden uzaktaydı ki, iki küçük onu hatırlamıyordu bile. Ama en büyükleri olan, tüm öğretilenlere rağmen heyecanını bastıramıyordu ve babası içeri ilk adımını attığında bağırmadan duramamıştı: "Baba!"

Bir şeylerin yanlış gittiğini ilk hisseden kadın olmuştu. Gazanfer bir hadım olduğu için ondan kuşkulanmak aklından bile geçmemişti. Ama diğer şahit yabancı biriydi ve bir erkekti. Sanki köpek görmüş bir kedi gibi ürkmüştü kadın, hemen yüzünü peçesiyle kapatıp geri geri gitmeye başlamıştı. Bir yanlışlık vardı, ne olduğunu bilemediği bir terslik söz konusuydu besbelli, ayakları birbirine karışıp sendelemişti.

"Hayır, kadın, dur," demişti Ali Paşa.

Kadın bu emre hemen uymuştu.

"Efendiler, şahitsiniz," diyen Ali Paşa hızla sözlerini tamamlamıştı. "Kadın boş ol."

Kadın sanki midesine bir yumruk yemiş gibi sarsılmıştı.

"Boş ol."

Ve sonra bir kez daha, "Boş ol. Evimden çek git ve bir daha başıma bela olma."

Kadının peçesi korku ve şaşkınlıktan düşmüştü. İçgüdüsel bir şekilde çocuklarına sarılmıştı. Hemen kaptığı küçük kızını sanki söylenenleri duymaması için sıkıca bağrına basmıştı, diğerinin de kulaklarını kapatmıştı.

Kadın titreyen dudaklarla sormuştu: "Neden? Ne yaptım? Bilmeden bir kusur ettiysem ne olur beni affet, Allah aşkına." Ama bu bir sonuç vermemişti. Umutsuzluk içinde çocukları alıp hareme doğru yıkık dökük uzaklaşmıştı zavallıcık.

En büyük oğlan hâlâ oradaydı. Babasının annesine yaptıklarından olumsuz olarak etkilenmişe benzemiyordu. Ne de olsa o bir kadındı, aptal bir kadın. Oysa onlar erkekti.

Ama Ali Paşa'nın, "Haydi çocuk sen de git annenle. Bu efendilerle bizim halledecek önemli işlerimiz var," demesiyle o da hayal kırıklığı içinde haremin yolunu tutmuştu.

Gazanfer bana bunları anlattıktan sonra, "Aslında bu boşama kadıya gitse, aynı sonuç alınmayabilir," dedi.

"Neden?" diye sordum. Merak ediyordum, çünkü az önce Safiye'ye her şeyin yolunda gittiğini söyleyip gelmişti yanıma. İsmihan'ın Ali Paşa'yla evlenebilmesi için hani hiçbir engel yoktu?

"Yasalara göre şahitlerin Müslüman olmaları gerekir."

"Evet?"

Gazanfer'in sözleriyle şaşkına dönmüştüm. "İşin doğrusu sana şunu itiraf etmeliyim, ben kendimi hiçbir zaman böyle bir suça şahitlik yapacak ölçüde Müslüman hissetmedim. Hanımım beni çok çabuk Yedikule zindanlarından kurtarmıştı. Orada neredeyse ölmek için yalvarıyordum ben Allah'a. Şimdi beni kurtarmak için kullandığı o yüce gücünü nasıl böyle bir iş için kullanabiliyor? Bence bu duruma Allah razı olamaz."

İsmihan'ın Ali Paşa ile evleneceğini birkaç saat sonra öğrenen Ferhad Paşa, hemen Ayşe ile evlenmeye razı olmuştu. En kısa zamanda hemen nikâh kıyılacaktı. Gerçek anlamda evlenmeye gelince bu biraz zaman alacaktı, gelin henüz bulûğa bile ermemişti, bunu bekleyeceklerdi. Ama nikâh her anlamda geçerliydi ve ancak taraflardan birinin onurunun şiddetle zedelenmesiyle bozulabilirdi. Kızın bir Osmanlı prensesi olduğu düşünülünce bunu ölümden başka bir şeyin bozamayacağı kesindi.

Bu nikâhın hazırlıklarıyla birlikte İsmihan'ınkiler de yürütülüyordu.

Nikâhtan bir gün önce İsmihan beni yanına çağırdı ve damadı görmek istediğini söyledi. Böyle bir talep sık rastlanan bir şey değildi, ama hiç duyulmamış da değildi. İslam hukukuna göre gelinin onayının alınması zaten gerekliydi. Ama bu iş hep âdet yerini bulsun diye yapılırdı ve genellikle gelin çok mahçup olduğundan ya da korktuğundan onun yerine sahipleri konuşurdu. Ve gelin de zaten onların sözlerine inanıp uymak zorundaydı.

Kadının bir dul olması durumunda işler çok daha değişik oluyordu, hele bir de Saraydan bir soylu ise. O zaman hiç kimse kaşını havaya kaldıramazdı böyle bir istek karşısında. İsmihan'a elimden geleni hemen yapacağımı söyledim. Ama içimde iki konuda endişe ve merak vardı.

Birincisi hanımımın solgun yüzü ve heyecanlı tavrından kaynaklanıyordu. İstediği basit şeyi çok aşıyordu tepkileri. İkincisi ise neden bu konuda benden yardım istediğiydi? Çünkü ben damadı hiç tanımıyordum, Safiye ve adamları ona çok daha kolay yardım edebilirdi. Yine de görevimi yapacaktım.

Buluşma Macaristan Valisi'nin kendi isteğiyle biraz ertelendi. Paşa geline nikâh için ne renk kumaş alması gerektiğini bilemiyordu ve bu konuda benden yardım istemişti.

"Acaba hanımın maviyi mi kırmızıyı mı tercih eder?"

Ona İsmihan'a en çok yakışan rengin kırmızı ya da pembe olduğunu söyledim, bundan emindim. Ama adam sözlerime pek kulak asmadı ve "Hayır, hayır," dedi. "Kırmızı olmaz. İnci ve gümüşle süslenmiş mavi bir giysi enfes olur."

Paşa benim cevaplarıma da, estetik anlayışıma da aldırmamıştı. Adamla ilk karşılaşmam böyle olmuştu ve Gazanfer'in onunla ilgili olarak söylediklerine tamamen katılmıştım. Yeni haremde işimin en zor tarafının gidip gelecek odalıkları ayarlamak olduğunu düşünmüştüm bu karşılaşmadan sonra. Ali Paşa'nın yüksek zevkleri başımı bayağı ağrıtacağa benziyordu.

# LIV

İSMİHAN, Ali Paşa'ya, "Bugün beni görmeye bir kadın geldi," dedi.

Konuğumuza beş küçük gümüş kâsede değişik reçeller sunuyordum. İçlerinden en pahalısı olan hurmayı seçmesine şaştığımı doğrusu söyleyemem.

O ana kadar konuştuklarını tam bir dikkatle dinlemememiştim. Konuşmalar daha çok Ali Paşa üzerine olmuştu. Adam, bu evliliğin ona vereceği onuru süslü sözlerle defalarca tekrarlamıştı. Selim'in kızının ne kadar akıllı, güzel ve yüce yürekli olduğunu söylemeyi de ihmal etmemişti. Arada bir perde olduğu için bunları çok rahat söylüyordu Ali Paşa. Hayatı boyunca İsmihan'ı nasıl sevip sayacağı konusunda yemin bile etmişti.

Hanımımın söyledikleri bu formalite konuşmalarının dışında kalan ilk ve tek cümleydi. Son derece irkilmiştim, ama bunun nedeni yalnız kullandığı kelimeler değildi, ses tonu sanki bir fırtınayı haber veriyordu.

Yıllar boyunca İsmihan giderek şişmanlayarak neredeyse beni aşacak boyutlara gelmişti. Onu kımıldatmak, oradan oraya götürmek gerçekten de zorlaşmıştı. Ama şimdi düşünüyordum ki, ben onun bedeniyle uğraşırken neredeyse ruhunu unutmuştum. Oysa bu ruh, yalnız benim için değil, başka erkekler için de önemli olmuştu, hatta o dünyadan alabileceği her şeye arsızca yapışan Ali Paşa gibi biri için bile. İsmihan'ın söyleyeceği önemli bir şey vardı, bunu hemen hissetmiştim, Vali de...

İsmihan'ı bedensiz yapan, yalnız arkasında durduğu perde değildi, loş bir ışık veren kandiller ve gölgeler de buna yardım ediyordu. Sesi sanki bir başka dünyadan gelir gibiydi, ama bu ses yine de çok güçlü ve etkileyiciydi. Sanki sisli bir günde insanın ciğerlerine dolan rutubet gibiydi ve insanın beyninde hükmederek yayılıyordu.

Ali Paşa, sanıyorum o an bu sisle mücadele edecek hiçbir silahının olamayacağını anlamıştı. Keskin ve sert tavırları işe yaramayacaktı besbelli. İsmihan'ın sesi vicdanın, sağduyunun sesiydi.

"Bugün beni görmeye bir kadın geldi," diye tekrarladı ses. "Onu tanıyamadım, oysa üvey annemin hizmetkârlarından biriymiş. Tabii ona kapımı gönül ferahlığıyla açtım. Beni dünyada sanki güvenebileceği son dostuymuşum gibi kabul ederek gelmişti. Eski bir köle, akrabasız, zavallı bir kadın... Nereye gidebilirdi? Onu ve üç çocuğunu memnuniyetle yanıma aldım.

Ama şunu sormaktan kendimi alamadım: 'Babam Sultan, seni nasıl böyle yapayalnız bıraktı? Sorumluluklarını yerine getirmeyen bir adam neye yarar?'

Bunun üzerine bana anlattı. Kocasının, babamın güvenip de onu verdiği adamın, onu nasıl bir başkasıyla evlenebilmek için, on yıllık sadakatini hiç düşünmeden bıraktığını...

Bu kadını tanıyor olmalısınız Paşa. Benim tanıdığımdan çok daha iyi üstelik. Onun sizin karınız ve benim de onun yerine almak istediğiniz kadın olduğunu öğrenince doğrusu inanmakta zorlandım. Nasıl bu kadar zalim olabildiniz?"

Ali Paşa Osmanlı soyundan birine karşı, üstelik de bu kadar haksız bir konumda, kendini savunmakta çok acizdi. Artık her şey bitmişti, söyleyecek tek bir kelime bile kalmamıştı. İsmihan'ın sözleri noktayı koymuştu, ama öfkesi henüz sona ermemişti.

"Hayır! Buna inanamıyorum. Nasıl olur da Osmanlı kanından birinin onuruyla oynama cesaretini gösterebilirsiniz? Sizi ölüme yollamadığım için şanslı sayılırsınız. Bu, tahtı tehdittir, bana böyle bir evlenme teklifi getirmek... Size iyilik dileyemiyorum Paşa. Allah şahidimdir, O'nun sizi cezalandırması için dua edeceğim, dilerim vicdanınızın çektireceği azaptan kurtulamayasınız. Bu da zaten hayatınızı cehenneme çevirmek için yeter."

Bu sözlerin üzerine Ali Paşa hiç sesini çıkarmadan çıkıp gitmişti.

Safiye için için, hatta bazen dışından da küçümsediği İsmihan'ın yaptıklarını duyunca kulaklarına inanamamıştı ve öfkesinden çılgına dönmüştü. Elinden gelen her şeyi yaptı, yalvardı, kızdı, bağırdı ve hatta beddualar bile savurdu ama sonucu değiştiremedi. İsmihan neredeyse yavrularını koruyan bir aslan gibi –güç olarak olmasa da ruh olarak tam olarak böyleydi– dul kadını ve çocuklarını hiç geri adım atmadan savunmaya devam etti. Sonunda Safiye de buna razı oldu. Böylesine önemli bir müttefiki kaybetmeyi göze alamazdı.

Tabii ki Nur Banu bu fırsatı değerlendirmeye çalışmakta hiç geri kalmadı. Hemen Ali Paşa'ya kendi çevresinden kızlar sundu.

"Ali Paşa, Nur Banu'yu reddetmiş, öyle mi?" diye çılgın gibi bağırmıştı Safiye haberleri öğrenince. "O ihtiyara hayır dedi demek ki. Ama neden? Onu bu kadar mı büyüttüm ben gözümde?"

İsmihan buna sessizce cevap vermişti: "Hayır." Gülümsüyordu. "Sanırım sen onu küçük gördün." Hemen yanıbaşında oturan, koruması altına aldığı dul kadına ve çocuklarına sevgiyle bakıyordu.

Üç ay beklendi. Hülle için bir adam tutuldu. Ve sonunda Ali Paşa ve karısı tekrar biraraya geldiler. Doğrusu bunun yeni evlenen bir çiftin beraberliğinden daha farklı olduğunu söyleyemem. Üç ay sonra da yeni gelin tekrar hamile kaldı.

Ali Paşa daha önce umduğu kadar yükselemediyse de işinden uzaklaştırılmamıştı. Karısına gelince, haremde kendine çok sağlam dostlar edinmişti ve bu gerçekten de çok önemliydi. Ali Paşa'yı son gördüğümde o keskin hatlı yüzü sanki yumuşamış gibiydi. Ama hiç kimse daha mutsuz göründüğünü söyleyemezdi.

Bu konuda konuşurken Gazanfer bana, "Ne muhteşem bir hanımın var," dedi. Ona hak veriyordum, öyleydi.

"Kocasının zevk ve ihtiraslarına hizmet ederek yıllarını geçirmiş bir kadın sonunda kenara atılırsa bunu şikayet edebileceği bir yer yok gibidir. Diyelim ki kadıya kadar gidebildi, zor ama neyse... Evet bu durumda bile kocanın sahip olduğu unvan ya da servet, bu adamları kadının zavallılığından çok daha fazla etkiler. Kadının hiçbir hakkı yoktur. Ama bu defa senin hanımının desteği ve iyi yürekliliği ile o zavallılık kazandı. Tabii bu aynı zamanda Allah'ın da yardımıyla oldu. Şunu hiç unutmamak gerek dostum, her ne kadar tam tersi bir görüntü verse de, harem isterse erkek dünyasından daha üstündür ve isterse onu olumlu yönde de etkileyebilir. Senin hanımın bunu biliyor ve başardı. Keşke benimki de böyle olsaydı. O selamlığın yol ve yöntemlerini kullanmayı tercih ediyor ve bu konuda onu uyarmak için söylediğim her sözü de bir tehdit olarak algılıyor."

Dev cüsseli hadım burada omuzlarını silkti. "Sanırım senden son olaylar sırasında hanımımın seninkine karşı gösterdiği soğuk ve kaba tavırlardan ötürü özür dilemeliyim. Aslında her zamanki gibi bu devam etmeyecektir, bunu biliyorum. Her şey gelip geçecek."

Söyledikleri doğru çıktı. İsmihan'ı derinden üzen kaba tavırlar, Ali Paşa'nın yeniden evlenmesiyle sona ermişti. Aslında bunun gerçek nedeni Safiye'nin durumu kavrayıp utanması değil, yeni planların peşine düşmesiydi. Şimdi onun tek amacı Şehzade Mehmed'le Gülruh'u evlendirebilmekti.

# LV

SAFİYE mücevherlerle süslü, küçük bir tüllü fesi Gülruh'un başına takmaya çalışıyordu. "Ah," dedi. "Oğlum bu güzelim lülelere bayılacak."

Gülruh neredeyse tam olarak Nur Banu'nun kelimeleri ve ses tonuyla cevap verdi, "Safiye yenge, biliyorsun yeğenim Mehmed sünnet edilip tam bir erkek olmadan evlenemez."

Bunun söylenmesi ve söyleniliş biçimi Safiye'yi kızdırmıştı. Ama bir cevap veremedi, çünkü söylenenler doğruydu. Sarayda Osmanlı yaşamını kumaşlardan ilaçlara kadar Venedik tarzında etkilemeyi başarmıştı - tabii Cumhuriyet bundan çok hoşnuttu- ama bu konuda elinden bir şey gelmiyordu. Mehmed, İslami kurallara göre sünnet edilip tam bir erkek olmadan ne evlenebilir, ne de tahta geçebilirdi.

Bu iş sürekli olarak erteleniyordu o korkunç yangından beri. Ve geciktikçe de sünnet sonrası olabilecek riskler artıyordu. Aslında bunda Nur Banu'nun mutlaka parmağı vardı, elinden gelse, kendi egemenliğini sürdürebilmek uğruna torununun sünnetini sonsuza kadar geciktirebilirdi.

Gülruh'un söyledikleri Safiye'ye bir kez daha Venedikli anneliği bir yana bırakıp Osmanlı anneliğinin sorumluluklarını yerine getirmesi gerektiğini hatırlatmıştı. Bir an önce Nur Banu'yu atlatıp bu işi gerçekleştirmesi şarttı. Bu işin planlanması yaklaşık bir yıl kadar sürdü. Bu kadar uzun sürmesinin tek nedeni, Murad'ın oğlunun ve varisinin sünnetinin o güne kadar görülmemiş bir görkem içinde yapılması isteği değildi yalnızca. Nur Banu pek çok defa sünneti erteleyebilmek için elinden geleni yapmıştı.

Hazırlıklar iyice arttığında Gülruh sanki bu onun evliliğinin hazırlıklarıymış gibi bir ruh haline girip utanarak içine kapanmıştı. Böyle durumlarda hemen koşup Nur Banu'nun yanına sığınıyordu. Ve sanıyorum Ümmü Gülsüm'ün onu kızlarıyla birlikte bir kır gezisine davet etmesi kıza çok iyi gelmişti.

Cuma sabahı erkenden, hep birlikte Haliç kıyısında Kâğıthane deresinin döküldüğü çayırlığa gidildi. İtalyanlar'ın şaraba düşkünlükleri gibi, Türkler de tatlı sulara çok meraklıydılar. Mekke'nin Zemzem suyuna kadar neredeyse imparatorluğun içindeki bütün tatlı su kaynaklarını bilirlerdi ve iyi bir küp su için küçük bir servet ödeyebilirlerdi. Ama en hoşlarına giden, suyu kendi kaynağından içmekti. Ve kısa bir yolculukla bunu yapabilecekleri pek çok yer vardı İstanbul'un çevresinde.

Yılın bu mevsiminde eriyen karlar nedeniyle dereler buz gibi akardı. Her mevsim çok lezzetli olan sular, bu dönemde özellikle daha da bir hoşlaşırdı, tabii ağzı donmadan içebilenler için. Ve bu lezzet, kaynakların her birine değişik bir ün ve isim kazandırırdı.

Yalnız suyla karın doyurulamayacağı için, Ümmü Gülsüm bir yığın yiyecek hazırlatmıştı. Çayıra vardığımızda köleler hemen halıları serip hazırlıklara başladılar. Tatlılar, kuruyemişler, meyveler, börekler, köfteler, dolmalar paketlerinden çıkarılıp pırıl pırıl parlayan pirinç kaplarda ya da rengârenk çini tabaklarda sofraya konuldu.

Ümmü Gülsüm ve yaşıtı arkadaşları hemen bunların başına oturup yemeye başladılar, ama Gülruh ve diğer genç kızlar için yemek o kadar da önemli değildi, nasıl olsa evde de aynı şeyler vardı. Onlar için önemli olan, açık havada dolaşabilmekti.

Kızları etrafı perdelerle sıkıca kapatılmış kayıklarla buraya getirmiştik. Şimdi tıpkı güneşi görünce açan tomurcuklar gibi ortaya yayılmışlardı. Kocaman kestane ve çınar ağaçlarının gölgesinde oradan oraya koşturuyor, çalgıcıların müziği eşliğinde dans edip oynuyorlardı kahkahalarla.

Ağaçların kökleri yer yer çimenleri yararak ortaya çıkmıştı. Yemyeşil bir halı gibi her tarafı kaplamıştı çimenler. Gülruh'un üzerinde en güzel elbiselerinden biri vardı ve şimdi dizleri ve dirsekleri bu halının üzerinde yuvarlanırken yeşil lekelerle dolmuştu.

Ama öylesine mutluydu ki, elbisenin kirlenmiş olmasının bir önemi olamazdı. Son birkaç yıldır art arda yaşadığı üzüntülerle zamanından önce büyüyüp ağırbaşlı olmuştu küçük hanımım. Ve şimdi, o mutlu çocukluğuna yeniden dönmüş gibiydi. Demek ki ortam değişince tıpkı bir çiçek gibi açacaktı yine.

Ümmü Gülsüm'ün hizmetkârları halıları derenin küçük bir kıvrımının kenarına yaymışlardı. Sanki bize özel bir alandı bulunduğumuz yer ve bu biz hadımlar için büyük kolaylık sağlamıştı. Çepeçevre dizilerek kadınların yanına hiç kimsenin yaklaşmaması için nöbet tutuyorduk. Zaten aklı başında, yol iz bilen hiçbir erkek hadımları görünce buraya yanaşmazdı, ama işi şansa bırakamazdık. Ellerimizi kavuşturmuş, dikkatle ortalığı gözlüyorduk.

Aslında benim gördüklerimi göremeyen erkeklere acıyordum. Birbirinden güzel, rengârenk giysileriyle koşturan taptaze kızlar... Hafif rüzgârda dalgalanan tüller ve onların altındaki pırıl pırıl saçlar...

Başlarının üzerindeki dev çınar ve kestanelerin gölgesine bir girip bir çıkıyorlardı. Çıplak dalları yeni yeni pembe beyaz çiçeklerle donanmış birkaç meyve ağacı da vardı etrafımızda. Bunlar da tıpkı kızlar gibi albenili ve cıvıl cıvıldı. Ben de kendimi mutlu hissediyordum.

Güneş tam tepemizdeyken yakındaki Eyüp Camisi'nin minarelerinden yükselen ezan sesini duyduk. Herkes namaza çağırılıyordu.

Eyüp, Hazreti Muhammed'in Sancaktarı Eyüp Ensari Hazretleri'nin 672'de İstanbul ilk kez Müslümanlar tarafından kuşatıldığında ölüp gömüldüğü yerdi. Burası tüm Müslümanlar için çok kutsal bir yerdi ve türbe sürekli olarak ziyaret edilirdi.

Bizim kızlar, Gülruh da dahil olmak üzere oraya gitmek istedi, ama bu imkânsızdı. Yaşlı, fakir ve deli olmadıkça hiçbir kadın cuma günü o erkek kalabalığının içine giremezdi.

Ümmü Gülsüm yüzünde garip bir tatmin ifadesiyle bu isteği geri çevirirken, "Belki gelecek ay..." dedi. O garip ifadeyi fark etmiştim, ama nedeni üzerinde çok fazla durmadım.

İki saat içinde cuma namazı ve hutbe sona ermiş, cami boşalmıştı. Nerdeyse uyuşuklaşmış olan biz hadımlar kalabalığın dağılmasıyla tekrar toparlanıp dikkatle etrafa bakmaya başlamıştık. Çünkü erkeklerin bazıları çayıra gelip doğanın bu güzelliklerinden kendileri de biraz yararlanma yolunu seçmişti. Hemen koşup bizi görebilecekleri yerlere dikildik. Gerçekten de hadımları fark edenler hemen geri durdular. Hiçbirinin Eyüp Sultan Hazretleri'nin türbesini ziyaret edip, namaz kıldıktan sonra namahremi görerek günaha girmeye niyeti yoktu.

İçlerinden sadece bir grup durumun farkında değilmiş gibi davranıyordu. Onlara doğru yöneldiğimizde bu adamların bizim tarafımıza bilmeden değil, tam tersine özel olarak, bilerek geldiklerini anladık. Çünkü küçük erkek grubunun başında Ümmü Gülsüm'ün oğlu Abdurrahman vardı. Az sonra hadımlar bizim sofradan kalanları onlara taşımaya başlamıştı. Adamlar ellerini yüzlerini yıkayıp biraz kendilerine geldikten sonra Abdurrahman bize doğru ilerledi. Ümmü Gülsüm ve kızlar da ona doğru yürüdüler ve ortada bir yerde durup selamlaştıktan sonra konuşmaya başladılar.

Dindar delikanlı cuma namazı ve hutbenin etkisi altındaydı. İmamı çok beğenmişti. Annesine, ona bugün buraya gelmesini önerdiği için teşekkür etti, bunu sık sık yapacağını söyledi.

Gülruh'la hemen hemen aynı yaşta olan kızkardeşi Betül tatlı bir öfkeyle ayağını yere vurarak ağabeyine çıkıştı o sırada: "Ağabey neden her zaman böyle ciddisin? Bahar geldi. Bugün hava çok güzel, şu cıvıldaşan kuşlara bak. Biraz da bunlardan zevk alamaz mısın?"

Abdurrahman kızmıştı. "Seni aptal kız," dedi. "Söylediklerine bak. O üzerindeki elbisenin rengi de ne? Seni bir arkadaşıma karı olarak nasıl verebilirim? Utan, utan..."

Kızın yüzü kızarmıştı ama bunun nedeninin utanma olduğunu sanmıyordum. Ağabeyinin bile dikkatini çekmekten memnun olmuştu Betül. Demek ki elbisesi istediği gibi güzel ve etkileyeciydi. Abdurrahman'ın aslında pembeden çok hoşlandığını biliyordu ve ağabeyi her zaman yaptığı gibi, bir şeyden hoşnut olduğunda rahatsız da oluyordu. Böyle duygulanmalara alışık değildi.

Abdurrahman hutbeden aklında kalan bir bölümü kızkardeşine ezbere okudu ve onu arkadaşlarının yanına yolladı. Kız kıkırdayarak gitti. Pembe elbisesini yeni farkediyordum. Aslında delikanlının sözlerinden esas alınan Gülruh'tu. Çünkü kızın üzerindeki elbise ona aitti. Şeyhülislam'ın kızınınki iyi hatırlıyordum, yeşildi sabah geldiğimizde, demek çocuksu bir davranışla değiştirmişlerdi elbiselerini daha sonra. Ben bile dalgınlığımdan bunu hemen fark etmemiştim. Bundan böyle belki iki kız biraraya geldiğinde daha dikkatli olmamda yarar vardı.

Abdurrahman alçak bir sesle bir iki cümle daha söyledikten sonra annesi ve kız kardeşleriyle vedalaşıp arkadaşlarının yanına gitti. Arkadaşları onun kimin yanına gittiğini mutlaka biliyordu. Ama nezaketlerinden tek bir soru bile sormamışlardı. Onlar da az önce yaşadıkları dini yoğunluğun etkisi altındaydılar, oturup sohbet etmeye başladılar Abdurrahman'la bu konular üzerinde. Abdurrahman bundan çok memnundu, çünkü kendini bu şekilde çok daha rahat hissediyordu.

Birden Abdurrahman'ın cuma rahatlığı sona erdi, yalnız onun değil herkesinki demek daha doğru olurdu. Ben önce duymuyormuş gibi yapmaya çalıştım. Ama bu çok zordu, birileri avaz avaz bağırıp, çığlıklar atıyordu. Önce bunu yaramaz çocukların yaptığını düşündüm, sonra belki çevredeki balıkçıların karıları kavga ediyor, diye düşündüm. Herhalde bizim kadınlar böyle rezalet çıkaracak değildi. Ama az sonra yanıldığımı anladım, bunlar bizimkilerdi.

Önümdeki çalı ve ağaçlıklar tam olarak onları görmemi engelliyordu, hemen fırladım ileri. Gözlerime inanamıyordum, suyun içinde giderek moraran bir pembe leke vardı. Kalbim yerinden çıkacakmış gibi atmaya başlamıştı. Elbisenin sahibi dereye kapılmış boğulmak üzereydi.

## LVI

BİRDEN kadınlar, hadımlar dere kenarına doğru koşmaya başlamıştı. Abdurrahman da az önce gördüğü pembe elbiseyi tanımıştı. Kıyıya ilk ulaşan o oldu.

İki hadım kıyıda onu karşılayıp engellemek istedi, herhalde bu zayıf naif dindar delikanlının da sulara kapılıp gideceğinden endişe ediyor olmalıydılar. Ama Abdurrahman suya atılıp pembe elbiseliyi kendi kurtarmak istiyordu ve bunu yaptı. Dışarı çıktığında kollarındaki alışılmadık yükten ötürü biraz sendeledi, ama yardım için gelen hadımlara izin vermedi yine de, yaramaz kız kardeşini ağaçların dibine kadar kendi taşımak istiyordu.

Ama bu onun kız kardeşi değildi. Tepeden aşağı doğru

koştururken kızların tekrar kıyafet değiştirmiş olabilecekleri aklımdan geçmişti. Dereden çıkarılan kızın etrafındaki kalabalığa yaklaştıkça bu endişem giderek büyümüştü. Evet bu korkunç olayın kahramanı benim küçük hanımımdı. Utanç içindeydim, cuma namazından çıkmış bir yığın erkek tarafından görülmek, boğulmak kadar büyük bir felaketti.

Ben bu gerçeği anladığım anda Abdurrahman da anlamıştı. Annesi ya da kız kardeşlerinin dışında herhangi bir kadının onun için bir ecinniden farkı yoktu. Gülruh'u hızla yere bırakıp oradan uzaklaştı.

Gülruh ise en azından kendisini kurtaranı tanıyabilecek kadar toparlanmıştı. Yere bırakıldığı için memnun bile olduğu söylenebilirdi. Hem korkudan, hem de utançtan yaprak gibi titriyordu ve yüzünü saklamaya çalışıyordu. Peçesi ve tülleri suda başından kayıp gitmişti.

Bir yığın kadın ona yardım için etrafını almıştı. Küçük hanımım ağlamaya başlamıştı. İnci gibi beyaz teni, buz gibi soğuk sudan morarmıştı. Abdurrahman onu görmüştü; bu zayıf, korunmaya muhtaç ince vücudu kurtarıp, kollarına alarak taşımıştı. Bunun onun üzerinde ne gibi bir etki yapmış olabileceğini sanırım pek azımız o anda düşünebilirdi. Önemli olan tek şey, Abdurrahman'ın Gülruh'u görmüş olmasıydı...

Şeyhülislam'ın yeşil elbisesine kavuşmuş olan kızı, kalabalığın içinde kendine yol açarak elinde bir bardak şerbetle göründü ve arkadaşı Gülruh'a şefkatle yaklaşıp bardağı uzattı. Onun bu sıcaklığına karşılık olarak Gülruh'un öfkeyle yerinden doğrulması hepimizi şaşırtmıştı.

Ağlayarak, "Sen," diye bağırıyordu, "Yemin ederim ki beni sen ittin! Allahım bu utançla nasıl yaşayacağım Abdurrahman! Ölmek istiyorum, ölmek istiyorum. Bunu sen yaptın bana."

Betül utana sıkıla, alçak bir sesle, "Şaka yapmak istemiştim," diye kendini savunmaya çalışıyordu. Ama herkes ona öyle kötü kötü bakıyordu ki hemen sustu.

Çabucak Gülruh'u sarıp sarmaladık ve etrafı perdelerle kapatılmış kayığa yerleştirdik. Bir an önce dönmeliydik. Rüzgâr çıkmıştı ve bu hem Gülruh'u hasta edebilir, hem de yolculuğumuzu zorlaştırabilirdi.

Halayıklarımızı kayığa bindirirken Ümmü Gülsüm'ün koşarak geldiğini gördüm. Elinde Gülruh'un peçe ve tülleri vardı. Oğlu az öteden bulup getirmişti bunları. Kaza yüzünden özür dilemek istediğini söylüyordu kadın.

"Kaza?" diye onun sözünü tekrarladım. Müthiş öfkeliydim, gururumuz zedelenmişti. Gülruh genç bir kızdı, ama bakalım tekrar kendimize gelip bu olayın etkisinden sıyrılmamız ne kadar sürecekti? "Bu bir kaza değildi. Kızınız bunu bilerek yaptı. Elbiselerini ilk değiştirdiklerinde bunu planlamış olmalı." Öylesine kızmıştım ki, kendimi tutamayıp, "Belki siz bile bu planın içinde olabilirsiniz," deyivermiştim. "Hanımımı aşağılamak üzere herkesin biraraya gelip bu planı yaptığını bile düşünüyorum."

"Onu aşağılamak için değildi."

Deminki sözler ağzımdan çıkar çıkmaz özür dilemeyi düşünmüştüm, ama şimdi kadının sanki sözlerimi kabul eder gibi konuşması üzerine bunu yapmadığım için memnun olmuştum.

"Tek isteğim rahmetli kocamın da son nefesinde istediği şeyin gerçekleşmesi. Gülruh'un benim gelinim olması... Allah izin verirse..."

"Ama Abdurrahman? Şimdi..."

"Evet, sorun bu. Bunu her dile getirişimde bana, 'Anne, mecbur kalmadıkça kim Sarayla akraba olmak ister? Bilmiyor musun ne derler, yöneticilerin dostu olmaz. Bunu unutma. Kadın, insanı çalışmadan alıkoyar. İlle de beni evlendirmek istiyorsan, birini bul, yalnız Saraydan olmasın,' deyip duruyor.

O böyle düşünmeye devam ettikçe, ağabeyleri de gidip Allah'ın Gölgesi'nin karşısına çıkamıyorlar. Zaten en büyükleri de kafasına takmış, Abdurrahman'ı yeni Şeyhülislam'ın kızıyla evlendirmek istiyor. Ne kalın kafalı bir oğlum varmış benim meğer? Evet adam Şeyhülislam, ama kızı? Donuk, cansız biri o.

Gidip annesini gördüm, kızı da tabii. Kızın henüz çok küçük olduğunu söyleyip konuya girmedim bile. Oysa hiç de küçük değil, neredeyse Abdurrahman yaşında. Aslında bunun yaşla bir ilgisi yok. Kız hem çok çirkin, hem de kafasız! Cahil...

Gülruh eğitimli bir kız, iyi yetiştirilmiş. Öbür kız bir duayı bile tamamlayamaz. Oğlum onunla oturup ne konuşabilir? Sorarım sana?... Betül'ün böyle bir plan yapmasının tek nedeni ağabeyinin gözünün açılmasını sağlamaktı. Şeyhülislam'ın kızının bizim eve gelin olmasını o da istemiyor. Abdurrahman eğer o kızla evlenirse hayatı mahvolur.

O benim gözümün bebeği. Anlıyor musun? Farkında olmasa da, onu bugüne kadar hiç görmemiş olsa da, Abdurrahman'ı mutlu edebilecek tek kadın Gülruh'tur."

"Hanımım," dedim alaycı bir sinir içinde, "Oğlunuz sizin için çok değerli olabilir, üzgünüm benim için aynı şey söz konusu değil. Abdurrahman genç ve aşırı dindar bir delikanlı, ama bir dinsiz bile olsa bugün başımıza gelenlerin gerçek yüzünü öğrenince mutlaka büyük utanç duyacaktır."

Arkamı dönüp kayığımıza bindim. Kadın benim sözlerime hiç aldırmamıştı. Bize el salladı, o kendinden başka bir şey düşünemeyecek cinsten biriydi.

# LVII

BİR HAFTA SONRA Ümmü Gülsüm yine Saraydaydı. Ama bu defa her zamanki gibi Nur Banu'nun değil, İsmihan'ın yanına gelmişti.

Kapı ağzında beni durdurdu. "Sana oğlumu ne kadar iyi tanıdığımı söylemiştim," dedi. Sesinde zafer kazanmış gibi bir gevreklik vardı.

Onu son görüşümden daha iyi bir ruh halindeydim. Gülruh olayı küçük bir soğuk algınlığıyla atlatmıştı. Dedikodücular da çenelerini kapatmış gibiydiler, ama Abdurrahman'ın ne düşündüğünü merak ettiklerini biliyordum. Bu konuda ilk bilgi sahibi ben olmak istediğimden durup kadını dinlemeye başladım.

"Eve gider gitmez, Betül ağabeyinin yanına koştu ve ona yaptığı hatayı itiraf etti. Oğlum bunları duyunca Gülruh'un nasıl çaresiz bir kurban olduğunu hemen anladı ve kardeşine bağırmaya başladı: 'Onu görecektin! Ne kadar zavallıydı kollarımda. Solgun yüzü titriyordu, sanki benim temasımla ölecek gibiydi.' Anlamıştım oğlum olayın yalnız Betül'ün değil, onun da kabahati olduğunu düşünmeye başlamıştı. Kızkardeşinden o sorumluydu. Onu iyi eğitememişti, böyle düşünüyordu. Ayrıca suya atladığı için kendine de kızıyordu, hadımlar bu işi rahatlıkla yapabilirlerdi. Namuslu bir kadına istemeden de olsa zarar vermiş olmanın vicdan azabını çekiyordu Abdurrahman."

Heyecanla konuşan kadının sözünü kesmek istemiyordum, yalnız anladığımı belirtmek için hafifçe başımı salladım, devam etti.

"Bunu düzeltebilmenin tek bir yolu var artık. Ağabeylerini yollayıp Gülruh'u istetmek..."

Ümmü Gülsüm kolumu tutmuş, bana güvendiğini belli eden bir sesle konuşuyordu. "Sevgi kelimesini ağzına alamadığı için bunun yerine şeref, vicdan gibi kelimeler kullanıyor. Çünkü o çok utangaç biri. Gülruh'u taşıdığı an aklına gelince emin ol önce hemen kıpkırmızı oluyor, sonra da sapsarı. Söyleyeceğim, aklı tamamen bu işte, kitap bile okuyamıyor eskisi gibi. Betül'e dönüp ikide bir, senin yüzünden, diyor. O da gülüyor. Oğlum çok saftır kadın konusunda, ikisinin çok mutlu olacaklarından eminim."

Ümmü Gülsüm kafasındaki planların işleyeceğinden o kadar emindi ki, sonuna bir inşallah eklemeyi bile neredeyse unutuyordu.

"Allah isterse," dedim ben de. O sırada yanımıza Gülruh da gelmişti. Konuştuklarımızın ne kadarını duyduğundan emin değildim. Üzerinde çok güzel, atlasdan bir elbise vardı. Gözleri pırıl pırıl parlıyordu ve belki de heyecandan birkaç damla gözyaşı bile vardı bu kristalimsi şıkırtıda.

Her zamankinin tersine Ümmü Gülsüm ona bir şey söylemedi. Safiye'nin odasına çağrılmıştı, bir an önce gitmeliydi. Kucağındaki bir demet erguvandan küçük bir dal koparıp Gülruh'un siyah saçlarının arasına yerleştirdi aceleyle. Bu çiçekleri kimin topladığını, dile gelmese de hepimiz biliyorduk. Solgun, ince ve mahçubiyetten titreyen birinin elleriydi bunu yapan besbelli. Kadın demeti Gülruh'a verdi.

Gülruh gülümseyerek kadının önünde eğildi, kayınvalidesini selamlayan bir gelin gibi yaşlı kadının etek ucunu saygıyla başına götürdü. Ümmü Gülsüm içeri girdi. Biz de heyecanla kapıda beklemeye başladık.

Çok sürmedi bekleyişimiz. Genellikle söz kesilince biri dışarı çıkıp kıza haber verirdi, o da gidip hazırlanırdı. Ama küçük hanımım zaten hazırlanmıştı, herkesin onun için çok hevesli bir gelin, diyeceğini düşünüyordum. Ama beklediğimiz gibi olmadı. Dışarı çıkan bir halayık yerine Ümmü Gülsüm olmuştu. Gözyaşları içindeydi, sağına soluna bakmadan hızla ilerledi, arkasından koşturduk, kadının yüzü acı içindeydi. Kapıda onu kendi hadımları karşıladı ve tahtırevanına binmesine yardım ettiler. O sırada Ümmü Gülsüm tekrar bize döndü ama aslında bizi görmeden Saraya bakıyordu. Yüksek sesle, "Ey yüce Allahım!" diye bağırdı. "Bizi böyle kahredenler, dilerim kendileri de kahrolsunlar."

Böyle bir beladan ötürü bir adam rahatlıkla idam edilebilirdi, ama bir anne, evladı için duyduğu acıdan ötürü söylediği için bu sözler duyulmamış gibi yapıldı.

"Git de oğluna başka yerden kısmet ara," demişti Safiye. İsmihan'ın yanında oturuyordu ve Ümmü Gülsüm'le o konuşmuştu. "İki aya varmadan oğlum Şehzade Mehmed sünnet olacak. Günü bile belli oldu, müneccimlere soruldu, hazırlıklar tamamlandı. Bu defa, Allah'ın izniyle hiçbir aksilik olmadan yapılacak bu iş. Sünnetten sonra da evlenecek. Bir Sultan'ın yanında durmaya layık bir kız olacak gelinim. Aşağılık kölelerden biri değil... Yaz bitmeden evlenecek Şehzadem. Yeğeni Gülruh'la..."

Rakkase ayakkabılarını daha iyi dönebilmek için bir kenara fırlattı. Omuzları dalgalar gibi kıpırdanıyordu. Bir yandan da yukarı kaldırdığı ellerindeki kaşıklarla müziğe eşlik ediyordu. Davulların tok vuruşuna katılan neyin buğulu sesi titriyordu, seyirciler titriyordu, kızın kalçaları titriyordu.

Herkesi titreten kıvrak rakkase, Valide Sultan'ın en yeni kölesiydi.

Gurur ve keyifle onu izleyen Nur Banu, yanıbaşındaki tabaktan bir fıstık daha aldı ve beyaz dişleriyle kabuğu kırdı.

"Biliyor musun babanı o öldürdü," dedi.

Kabukları yere fırlattı.

"Kim öldürdü?" Gülruh'un yüreği ağzına gelmişti duydukları karşısında.

"Safiye... Başka kim olabilir?" Nur Banu kayıtsızca yeni bir fıstık daha aldı.

Gülruh rakkaseyi görmüyordu bile. Buraya Safiye'nin son yaptıklarını Nur Banu ile paylaşıp dertleşmek için gelmişti ve şimdi allak bullak olmuştu. Tıkanıp kalmış gibiydi, söyleyecek söz bulamıyordu.

"Tabii derviş gibi giyinip cinayeti kendi elleriyle işlemedi, ama parasını o ödedi. Aynı şey değil mi?"

Gülruh, "Evet," dedi. Sonra kekeleyerek, "Ama niye?" diye sordu.

"Senin Abdurrahman'la evlenmeni engellemek için. Seni kendisi, yani Mehmed için istiyor. Sokullu Paşa'nın, babanın tam da Şeyhülislam'ın oğullarının seni istemeye gelecekleri günün sabahında öldürülmesi bir rastlantı mı? Hayır. Çok çabuk olması gerekiyordu ve oldu da..."

Gülruh hiç sesini çıkarmıyordu, duyduklarıyla büyük bir çelişkinin içine düşmüştü. Safiye annesinin en iyi arkadaşıydı ve Safiye en iyi arkadaşının kocasını öldürtmüştü.

O bunlarla allak bullak olmuşken Nur Banu çok şaşırtıcı bir şey daha söyledi.

"Ve Arap Paşa'yı da..."

"Brabi?"

"Onu da Kıbrıs'ta öldürttü. Haydutlar yaptı denildi, ama derviş ne kadar dervişse, o adamlar da o kadar hayduttular. Ve hepsine parayı aynı kişi verdi."

Gülruh inanamıyordu, başını salladı.

Nur Banu, "İnan, inan," dedi. "Çünkü bu gerçek. Nedeni de aynı. Yengen Safiye, Arap Paşa'nın senin için ne kadar önemli olduğunu gayet iyi biliyordu."

Eski bir söz olan, "kana kan," Gülruh'un beyninde yankılanıyordu. "O halde," dedi, "O halde ben de intikamımı almalıyım. Onu..." Bu cümlesini başladığı gibi tamamlayamadı ve "öldürülmeli," diye bitirdi.

"Bu doğrusu çok yerinde olurdu. Ama sana şunu söylemeliyim, çok zor. Alah biliyor ya, birçok defa bunu denedim. Olmadı. Çok iyi korunuyor. Ayrıca çok zeki ve güçlü. Senin gibi onun yanına rahatlıkla girip çıkabilen biri için bile çok zor, nerdeyse imkânsız bunu yapabilmek."

"Allah dullara ve yetimlere acır. Onlara karşı işlenen suçları asla affetmez, cezasını verir."

"Evet, Allah merhametlidir. Safiye'ye dokunmak mümkün olmayabilir ama, onun kanından başkaları da var. Ve bazen öyle birilerine dokunmak insanın kendine dokunmaktan çok daha büyük bir acı verebilir."

"Kanından kim?"

"Şehzade Mehmed mesela. Onunla her dakika birlikte olamaz Safiye. Bu senin için zor değil. Sen, Şehzade'nin güvenilen, sevilen yeğenisin."

"Mehmed'i mi öldürmeliyim yani?" Gülruh'un sesi titremeye başlamıştı.

"Ah Allahım, tabii ki hayır, bir kadın böyle bir işe elini bulaştırır mı? Sadece yapacak olanın yolunu açabilir, o kadar."

Seyirciler hep bir ağızdan rakkasenin büyüsüne kapılmış, "Allah, Allah, Allah," diye bağırıp el çırpıyorlardı. İçlerinden biri dayanamayıp yerinden fırladı ve başındaki örtüyü çıkarıp dansözün kalçalarına bağladı, şimdi ikisi birden kıvrıla kıvrıla oynamaya başlamıştı.

"Allah razı olsun bu kızdan, içimizi açtı, kurban olsunlar sana," diye bağırıyordu kadının biri.

Bir başkası içini çekerek, "Ah," diyordu. "Ter içinde kaldı. Onu kendi ellerimle yıkar terinden kurtarırım ben."

"Ah, ah, şu oynak kalçaları yorulunca kimler ovsun?

# LVIII

O YAZ, müneccimlerin uygun bulduğu tarihte sünnet düğünü yapıldı. Marmara, kıpırtısız, mavi bir halı gibi uzanıyordu Sarayın önünde. Gün doğarken, ya da batarken bu mavi halı değişip binbir renkli bir kilime dönüşüyordu. Ama bu doğal güzellik, saltanatın varisinin sünnet düğününü süslemek için yeterli bulunamazdı. Her tarafı bayraklarla donatılmış kayıklar ve yelkenliler bir o yana, bir bu yana gidip duruyordu suların üzerinde.

Ve sonunda Tophane'den yedi pare selam atışı yapılarak törenler başlatıldı.

İki haftadan fazla bir süre biz hadımlara ayrılan yerin son sırasından şenliği izledim. Kırmızı giysili iç oğlanları, mavili lalalar, morlu kadılar ve yeşilli vezirlerin arkasındaydı burası. Çeşit çeşit sarıklardan ötürü meydan bir mantar tarlasını andırıyordu. Sıkılıp yorulduğumda kimseyi rahatsız etmeden kalabalıktan sıyrılıp gidebiliyordum hareme. Aslında zaten bunu yapmak zorundaydım. Çünkü kadınlar dört gözle benim gelip bunları anlatmamı bekliyorlardı.

Sultan Murad'ın yüksek rütbeli askerleri, devlet adamlarını, yabancı ülke temsilcilerini kabul ettiği ilk iki gün boyunca bu görevimi çok güzel yerine getirdim. Üçüncü gün onlara esnaf loncalarının gösterilerini anlatmaya çalıştım.

"Doğrusu hepsi de birbiriyle hem armağan, hem de hünerlerini gösterebilme alanında yarış halindeydiler. Önce şerbetçiler geçti ve çok nadir olan hünnap ve demirhindi şerbeti sundular." Burada durup beklemiştim, belki biri bana bunları sevip sevmediğimi sorar diye. Aslında gülsuyu ve limonatayı çok daha sevdiğimi söyleyecektim böyle bir durumda, ama kimse bir şey sormadı.

Devam ettim: "Tatlıcılar da müthişti, hemen iki parça lokma kaptım." En azından Safiye'nin ilgisini çekmeyi düşünmüştüm, o da hiç aldırmadı. Odanın iki ayrı köşesinde söylediklerimin etkisiyle konuşmalar başlamıştı. Sesimi yükselttim.

"Sonra Sultan'a adam büyüklüğünde, telkâri bir kuş kafesi sunan mücevhercilerin gösterisini izledik. İçlerinden ikisi nerdeyse küçük parmak boyutlarında bir Kur'an yapmışlar altından, hem de tek bir ayeti atlamadan satır satır kazımışlar o Yüce Kitabı.

Hayvan terbiyecileri bir devekuşu, bir fil ve bir zürafa çıkardılar meydana. Zürafa çok tuhaf bir hayvan, bacakları ve boynu çekilip uzatılmış bir geyiğe benziyor." Bu tarif üzerinde çok düşünüp uğraşmıştım, ama yine de yeterince ilgi çekmişe benzemiyordu anlattıklarım. Biraz komiklik ekleyeyim, dedim anlatımıma.

"Hayvanların arkasından çöpçüler geldi. Bunca ilginç göstericinin arkasından kimsenin onlarla ilgilenmeyeceğini düşünmüşlerdi sanırım. Ama doğrusu soytarıları ve ateş yutan adamları çok iyiydi. Öyle ki içlerinden bazıları gerçekten yangın var sanıp kaçtı." Sözlerime gülen yalnızca kendim olmuştum.

Hevesim kırılmıştı, bir an önce bitirmek için daha hızlı konuşuyordum. En azından beş ayrı konuşma vardı artık kadınların arasında. "Sepiciler ve kavaflar da vardı. İşin en ilginç yanı, bunca kalabalığa rağmen tek bir kişinin kesesi bile çalınmadı. Yabancı ülke diplomatlarının bunu ülkelerine şaşkınlıkla rapor edeceklerinden eminim. Yalnız adamın biri dikkatsizliğinden altın zincirini kaybetmiş, onu da bir zenci köle bulup verdi. En büyük düşmanları bile Sultan'ın bu konuda aleyhinde tek bir kelime söyleyemez, bundan eminim."

Sesimi yavaşlattım, ama buna da kimse aldırmadı. Galiba benim yaptığımın da diğer göstericilerden bir farkı yoktu. Kalkıp bir kenarda Saray kadınları için hazırlanmış sofraya doğru gittim. Buradan bakınca neden benimle fazla ilgilenmediklerini anladım. Öyle bir yerdi ki sofranın olduğu nokta, her şey gözler önündeydi. Kendimi aptal gibi hissediyordum. Safiye'nin sanki bana mı ihtiyacı vardı olup biteni görmek için? Yüzlerce casusu ortalarda dolaşıyordu ve herhalde onun asıl ilgisini çeken ateş yutan adamlar değil, vezirler, paşalar ve diplomatlardı. Gerçekten de salaktım ben. Sonra birden içimi bir korku sardı. Acaba beni ayak altında dolaşmamam için mi dışarı yollamıştı?

Şenlikler sürdükçe kuşkularım daha da arttı. Haremde oturup bu konuda araştırma yapamıyordum dilediğim gibi. Ama daha sık dönüyordum meydandan hareme, bulabildiğim hemen her fırsatta. Doğrusu bu düşünceler içinde şenliklere karşı iyice ilgisizleşmiştim.

Beşinci gün savaş numaraları vardı. Meydana karşılıklı iki kule dikilmişti ve bunlar birbirine düşman iki orduyu canlandırıyordu. Bu gösteri o kadar beğenildi ki, kuleleri kuranlar ertesi gün yeniden yapılabilmesi için bütün gece çalışmak zorunda kaldılar. Evet, her şey çok ilginçti ama artık bunların bir an önce bitmesi için dua ediyordum. Ne yazık ki daha bir haftadan fazla bir süre vardı.

Bütün o günler boyunca Şehzade ortada görünmemişti. Sonunda, on dördüncü gün haremden çıkarılıp Meydan'a, babası Sultan Murad'ın huzuruna getirildi veliaht. Üzerinde kırmızı kadife ve altın işli bir kıyafet vardı; şapkası, ayakkabıları her şeyi olağanüstü süslüydü. Onunla birlikte sünnet edilen çocuklar da meydanın karşı tarafındaki babalarına getirilmişlerdi. Tabii onlar gölgelikli divanlarda değil, yere serilmiş halılarda oturuyorlardı. Çocukların sünnet giysileri, Şehzade'ninki kadar görkemli olmasa da yeterince gösterişliydi.

Şehzade'yi uzunca bir süredir, neredeyse birkaç yıldır görmemiştim, ama babasını görmeyeli çok daha fazla olmuştu. On üç yaşındaydı Mehmed ve Sultan'ın bile övünebileceği bir delikanlıydı. Annesinin boyuna ulaşmıştı, babasıyla artık gözgöze bakışabiliyordu. Ne annesinin sarı, ne de babasının kızıl saçlarına benziyordu saçlarının rengi. Daha koyuydu ama siyah değildi. Kıvırcık küçük lüleleriyle sanki güreş meydanından yeni inmiş birine benziyordu. Sportmen bir görüntüsü vardı.

Teni annesininki gibiydi, duru ve mermerimsi; heyecanlandığında hemen yanakları kızarıyordu. Ama babadan kalma bir şey de vardı bu tende: yanağındaki gölgeli iz.

Benden başka birinin bunu fark ettiğini sanmıyordum. Müslümanlar bir ağızdan Allah'a şükrediyordu yüksek sesle. Bunu izleyen yabancı diplomatların Osmanlı'nın daha uzun bir süre gücünü devam ettireceği hakkında rapor yazacaklarından emindim.

Yüzündeki izden daha belirgin olarak başka bir şey daha gözüme çarpmıştı. Sol bileğinde varlığıyla gurur duyduğu belli olan beyaz bir mendil bağlıydı. Bu kenarı ince dantelli mendili tanıyordum. Onu binbir zorlukla işlerken Gülruh'u çok görmüştüm. Gerçekten de bu iki haftalık şenlik beni gerçek sorumluluklarımdan ve binbir dalavereyle dolu haremden oldukça uzaklaştırmıştı. Bunu bir kez daha görüyordum.

Sultan, oğluna akıcı bir dille önce Farsça, sonra da Arapça hitap etti. Çocuk da aynı akıcılıkla cevap verdi. Sonra Allah'ın gölgesi, Şehzade'ye şiir, din ve siyaset üzerine sorular sordu. Sonuncu konuda diğerlerinden daha zayıftı Mehmed. İran sınırında geçen yıl yapılan harekatın sonuçları konusunda doyurucu bir cevap verememişti babasına. Ona kalın ve tozlu kitaplardaki bilgileri öğreten hocaları pratik alanlarda ihmalkâr davranmışlardı. Başarısız olan onlardı aslında, çocuk değil. Zaten Murad sanata bundan daha fazla önem verirdi.

Oğluna döndü ve gülümseyerek, "Askeri ya da siyasi konularda bir hata yaptığında seni düzeltecek çok adam bulabilirsin," dedi. "Ama eğer içinde sanatın derinliğini duyamıyorsan, bu konuda eksiksen sana hiç kimse yardımcı olamaz."

"Ya kadın kalbinin derinlikleri?" diye şiirsel bir cevap verdi genç Şehzade.

Konuşurken sol bileğini tutuş biçimi hiç hoşuma gitmemişti. Belimdeki sembolik merasim hançerini sıkıca tuttum. Ama kime saldıracaktım?

"Orası çok, çok derindir oğlum," dedi Murad gülerek, elini delikanlının omzuna koymuştu. Bu konuda ve hatta çocuğun annesi hakkında bir yığın şey anlatabilirdi ama ortam buna uygun değildi. Bunların yerine, "Daha sonra uzun uzun bu konuyu konuşuruz," dedi. "Manisa sancağına gitmeden önce seninle başbaşa oturup bol bol sohbet etmeliyiz Şehzadem."

Mehmed, "Benim için bundan daha büyük bir onur olamaz," dedi.

Bulunduğum yerden ayrılıp koşa koşa Sarayın yolunu tuttum.

## LIX

"YEĞENİNE karşı kalbindeki bu büyük değişikliği neye borçluyuz?"

Gülruh'un yüzündeki ifadeyi görünce öfkeli sorularıma devam etmenin anlamsızlığını hemen anladım. Belliydi, yeğeniyle sık sık görüşmüştü. Bu işi mutlaka Safiye ayarlamış olmalıydı. Gülruh'a Mehmed'in bu iş için cesaretlendirilmesi gerektiğini söylemiş olmalıydı. Zaten ona göre, imparatorluğa yeni bir güçlü Sultan verecek olan ilişkiler ne kadın, ne de erkek için günah olarak değerlendirilebilirdi.

Küçük hanımımın boynunda ve kollarında yeni mücevherler pırıldıyordu. Yanakları da tıpkı Safiye ve oğlunun yanakları gibi kızarmıştı. Ama ne yazık, bu onda bir sağlıklılık işareti gibi değil, tam tersine ateşli bir hastalığın belirtisi gibi duruyordu.

Tıpkı Murad'ın görkemli şenlik gösterisiyle sarhoşa dönmüş yabancı diplomatlarınkine benzer bir ruh hali içindeydi. Neyse bu kalıcı bir etki olamazdı, her şey bittiğinde bu etki de uçup gidecekti.

Sonra Ümmü Gülsüm'ün tekrar Saraya geldiğini öğrendim. Nedense bu defa kadına kaba davranılmamıştı, ama kimse de onunla ilgilenmemişti. Bu hiçe sayılma karşısında kadın da şenliklerin kendi evinden çok daha iyi izlendiğine karar verip geri dönmüştü. Öfkeyle dudaklarımı ısırdım, Safiye ile yollarımız kesiştiğinde hep böyle oluyordu. Ama hiçbir şey söylemedim.

Bunun üzerine haremden ayrılmamaya karar verdim, zaten Şehzade meydana çıktıktan sonra şenliklerde çok ilginç bir şey kalmamıştı.

On dördüncü günün sabahı Mehmed, çeşmelerinden suların şıpırdadığı, atlas ve ipek kumaşlarla süslenmiş bir salona götürülmüştü. Burada yüz kadar hafız ciğerlerini patlatırcasına bağırarak Kur'an okuyordu. Sonra de Şehzade, İslam'ın kurallarına uygun olarak erkekliğe ilk ve en önemli adımını attı. Bu mutlu olay, İstanbul'un dört bir yanında ilan edildi ve Murad sevincinden etrafa keselerle altın dağıttı.

Öğleden sonra Sarayın erkekleri Kur'an ve Peygamber'in sünnetleri üzerine derin sohbetlere dalmıştı. Harem ise her zamanki gibi böyle konulardan çok daha basit, ama onlarca çok daha önemli olan güncel sorunlarla uğraşmayı tercih ediyordu.

Hava da giderek ısınıyordu. Acaba müneccimlerin sünnet tarihi için söylemiş oldukları sıcaklık bu muydu? Ama çok daha önemli bir sıcaklık söz konusu oldu gün ilerledikçe. Şehzade'nin ateşi giderek yükseliyordu. Annesi, dadıları ve hadımlar bir an bile yanından ayrılmamıştı Mehmed'in.

Safiye hemen Gülruh'u çağırttı yanına. "Yeğenini ancak o rahatlatır," demişti açıklama olarak. Küçük hanımım ayağa kalkıp giderken itiraz edememiştim. Bir gelin adayının müstakbel damadı sünnet yatağında ziyaret ettiğini ilk kez duyuyordum. Ama sonuçta çocuk hastaydı, bunları o iyileştikten sonra düşünürdüm. Yine de Gülruh'un oraya tek başına gitmesi bana uygun gelmemişti, ona eşlik etmekte ısrar ettim. Önce biraz mızmızlandıysa da sonunda itiraz edemedi ve telaşla merdivenleri inip Şehzade'nin yanına gittik.

Salon ve sünnet edilmiş delikanlı gerçekten de çok etkileyici bir şekilde süslenmişti. Mehmed'in başındaki incili kırmızı fes yüzünü daha da solgun gösteriyordu. Arkasında büyük, altın işlemeli bir yastık vardı. Yine aynı şekilde süslenmiş bir yorganı çenesine kadar çekmişti. Kalçalarının iki yanına konulmuş yastıklarla yorganın henüz çok hassas olan sünnet edilmiş yere dokunması engellenmişti.

Hemen yanıbaşına çini çanaklarda çok sevdiği hurmaları yerleştirilmişti. Dışarda onun duyabileceği bir yerde çalgıcılar sevdiği şarkıları çalıp söylüyor, perde arkasından adamın biri Farsça duygusal hikâyeler okuyordu. Başucundaki küçük bir çeşmeden akan suyun şıkırtısına, kafeslerinden bırakılmış ortalıkta uçuşan rengârenk kuşların cıvıltıları karışıyordu. Ama belli ki, bunların hiçbiri, biz gelmeden hemen önce ona verilmiş olan afyonlu ilaç kadar rahatlatıcı olamamıştı.

Kapı ağzında peçesini kapamaya çalışırken Gülruh'un ayağını yere öfkeyle vuruşu ve yüzündeki ifade bana, "Hadımlar! Her şeye karışan kocakarılara benziyorsunuz hepiniz de..." der gibiydi. O an Gülruh'u, Nur Banu ve hatta Safiye'ye benzettim ve bu beni çok öfkelendirdi. Ama sonra gözlerim ellerime takıldı. Bunlar kocaman, beceriksiz erkek elleriydi ve bir annenin yumuşak, sıcak ve sevgi dolu ellerine hiç mi hiç benzemiyordu.

"Her ne kadar perde arkasında da olsalar, kitap okuyan

adam ve çalgıcılar var, onları unutmamalısın," dedim. "Kaldı ki yeğenin de olsa, Şehzade'nin seni fazla görmesini istemem."

Sesini çıkarmadı ve içeri girdik.

Hava daha da sıcaklaşıyordu. Her yer geniş camlarla doluydu ve bunlar sıcağı daha da artırıyordu. Çocuk, derin bir uyku içinde sık sık nefes alıyordu. Ona bakmak üzere gelmiş olan kadınlar bunu görünce ilacın, onların yapacaklarından çok daha iyi geldiğini düşünüp hamama gitmeyi tercih etmişti.

Gülruh'a da belki bunu yapması gerektiğini söyledim. Peçesini hafifçe aralayarak rahatlamaya çalıştı, yüzü ter içindeydi, yine de önerime kulak asmadı, burada kalmak istiyordu.

Safiye bile çekip gitmişti ve Gülruh, Şehzade'nin başucunda beklemekte ısrar ediyordu. Bu inadıyla bir anlamda bana da eziyet etmek istiyordu galiba. Ama ne olursa olsun, onu burada bırakıp gitmeyi düşünmüyordum.

Hiç konuşmadan oturmaya başladık. Gülruh yüzünü Mehmed'in sarıksız başının arkasındaki çinilere çevirmişti. Küçük, fıskiyeli çeşme oraya bir parça serinlik veriyordu, benim bulunduğum yerde ise böyle bir şansım yoktu. Bir parça dışarı çıkıp nefes almaya karar verdim.

En fazla iki üç dakika geçmişti, acı bir iniltiyle irkilip hemen içeri koştum. Gülruh, Şehzade'ye Farsça hikâyeler okuyan adamın olduğu odanın kapısına dayanmış, "Hayır, hayır, olmaz," diye ağlıyordu.

Yarı baygın durumdaki Mehmed de bir şeyler mırıldanmaya çalışıyordu. Aslında elini kıpırdatacak halde değildi, ama Gülruh'un acı dolu sesi bir ölüyü bile tedirgin edebilirdi.

"Ne oluyor, ne var hayatım?" diye endişeyle sordum.

"Hayır, hayır, olmaz," diye inlemeye devam ediyordu. Onu kollarıma alıp, birlikte sallanarak yatıştırmaya çalışmaktan başka bir şey yapamıyordum.

"Bana yardım et Abdullah," diye yalvardı. Yüreğinin derinliklerinden gelen bir hıçkırık gibiydi sesi. Galiba bir parça kendini toparlayıp, az önceki nedenini henüz bilmediğim dehşetten kurtulmuştu.

"Edeceğim," dedim. "Allah'ın izniyle... Ama bana neler olduğunu söyle önce."

Yine hıçkırmaya başlamıştı, zorlukla da olsa, sesi boğularak konuşmaya çabalıyordu.

"Nedir, söyle," dedim tekrar. "Kitap okuyan adam mı? Sana bir şey mi yapmaya kalkıştı, yüzünü görmeye mi çalıştı yoksa?"

Cevap vermedi, ama kitap okuyan adam, dediğimde yüzünde beliren ifadeden ters bir şeyler olduğunu anlamıştım. Hemen oraya doğru yöneldim, kapıyı açıp ne olduğunu görecektim.

Ama Gülruh, "Hayır!," diyerek beni durdurdu. Bu çok farklı bir "hayır"dı. "Abdullah yapma, seni öldürecek."

Şaşırmış ve iyice tedirgin olmuştum, neler olup bittiğini anlayamamanın çaresizliğini yaşıyordum. Ama bir şeyler yapmalıydım.

"Ben..," dedi ve durdu, yutkundu, derin bir nefes aldı. "Onu içeri almakla görevliydim."

"Ne için?"

"Öldürmek..."

"Şehzade Mehmed'i?"

"Evet. Oh, Allah'ım, böyle bir şeyi nasıl düşünebildim?"

"Ama yapmadın, öyle değil mi?"

Yüzüme baktı.

"Seni bu işe Nur Banu zorladı, ha?"

"Kolay olacağını söyledi. Tek yapmam gereken kapıyı açmaktı."

"Onun için çok kolay tabii."

"Sanki ateş yüzünden olmuş gibi görünecekti."

"Evet," dedim başımı sallayarak. Küçük odanın kapısından uzaklaştım. "Sanırım öyle olurdu."

"Ama yapamadım."

"Tabii ki yapmayacaktın."

"O benim yeğenim, birlikte oynadık."

"Allah'a şükürler olsun, bunu unutturmadı sana."

"Ama bu iyi mi? Ben zayıf biri değil miyim? O benim babamı ve Brabi'yi öldürttü. İntikamımı almalıyım."

Tekrar kapıya yönelir gibi yaptı, ama hareketine devam etmedi, bunun yerine bana sarıldı. "Kim onları öldürtmüş?"

"Safiye Yenge."

"Bunu sana Nur Banu mu söyledi?"

"Evet."

Tabii, diye düşündüm. Bazı boş noktalar şimdi yerini buluyordu zihnimde. Ama bunları Gülruh'a söylemedim. Hatta kendim bile o anda fazla üzerinde durmadım aklımdan gelip geçenlerin.

Bunların yerine şöyle dedim: "Bunun bir yalan olabileceği hiç aklına gelmedi mi?"

"Bir yalan mı?"

"Tabii gelmedi, değil mi? Öylesine genç ve tecrübesizsin ki, bunları düşünemiyorsun."

"Yalan olduğunu mu söylemek istiyorsun?"

"Kuşkuluyum..." Yalan söylüyordum. "Nur Banu ile Safiye arasındaki kapışmayı biliyorsun. Valide Sultan, Safiye'den kurtulabilmek için elinden gelen her şeyi yapar."

"Yalan da söyler, öyle mi?"

"Daha kötülerini de yapar hatta..."

"Daha..."

"Evet, senin masum ellerini bir cinayete bulaştırmak gibi mesela. Allah'a şükürler olsun böyle bir şey olmadı."

"Allah'a şükürler..."

"Dinle. Eğer o senin sevgili babanın ölümünden sorumlu olsa, oturup her gün annenin yüzüne böyle rahatlıkla bakabilir miydi?"

Gülruh başını salladı. Bunu yapabileceğini sanmıyordu. Neredeyse alet olacağı cinayet onu şimdi çok daha fazla korkutup, tedirgin ediyordu. Büyük bir vicdan azabı çektiği belliydi.

"Demek sendeki değişikliğin nedeni buydu," dedim. Safiye'nin güvenini kazanıp bu pis işi başarabilmek... Gerçekten yeğenine âşık olmamıştın, öyle değil mi?"

Tekrar başını salladı umutsuzca. "Ama ben şimdi ne yapacağım?"

"Üzülme. Şimdi onu yakalattıracağım." Başımla odayı işaret ettim. "Ve bundan hiç kimseye söz etmeyeceğiz."

Birden Gülruh belimdeki hançere doğru beklenmedik bir şekilde hamle etti ve kınından çekip aldı, tam göğsüne saplayacakken elinden kaptım. Dudakları titriyordu. Sıkıca sarılıp başını göğsüme yasladım, bir yandan da hançeri yerine koyuyordum. Yine gözyaşlarına boğulmuştu.

"Meleğim, meleğim, gerçekten kendine bir kötülük yapmak istemedin, öyle değil mi?"

"Hayır, hayır," diyerek içini çekti. "Ama böyle bir şeyi düşündüğüm için bile en ağır cezayı hak ediyorum ben. Yaşayıp, Mehmed'le evleneceğim ve hayatım boyunca mutluluk, huzur yüzü görmeden bu karanlık, çirkin ilişkilerin içinde yaşayacağım. Bunu hak ettim ben. Ölüm çok daha kolay olurdu benim için."

Neredeyse her cümlesinde tekrarladığı 'hayır'lar, 'olamaz'lar, 'yapamam'lar onun ne kadar perişan ve acı içinde olduğunu gösteriyordu. Belki cinayet işlemek kadar ağır bir durumdu bu. İçinde bulunduğu yıpratıcı ruh halinden bir an önce çıkması gerekiyordu.

Ona hadım olduğum ilk günleri anlattım kısaca. Nasıl hayattan nefret ettiğimi, ölmek istediğimi, kaderime boyun eğmekte ne çok zorlandığımı... O günlerde gelecek benim için kapkara bir kuyuya benziyordu.

Sürekli olarak, "Hayır, yapamam, yapamam," dediğimi söyledim ona. "Hem de binlerce defa... Ama nasılsa yaptım işte. Yapabildim. İşte karşındayım, görüyorsun. Ve Allah'a şükürler olsun yaşıyorum. Çok kötü durumda da değilim. Düşündüğüm gibi bu dünyanın sonu olmadı."

Bu sözlerimle rahatlamak istiyordu, ama konuştuğunda sesi hâlâ endişeliydi, kaygılarından kurtulamamıştı. "Evet, evlenmek bir kadın için neyse, hadım olmak da bir erkek için öyledir. Bundan eminim." Sözleri bana annesinin Sokullu Paşa'yla evlenmenin arifesinde söylediklerini hatırlatmıştı, ama ona bundan söz etmedim.

Tam o sırada Safiye ve halayıklar geri dönmüştü.

"Allah aşkına, burada ne oldu?" diye merakla sordu. Bir yandan da oğlunun rahat soluk alıp almadığını kontrol ediyordu.

Gülruh'un cevap verecek hali yoktu, onun yerine ben konuştum. "Hanımım bir şeyden korkmuş. Siyahlar içinde bir kadın görmüş, ya da gördüğünü sanmış. Sanki Şehzade'ye bir zarar vermenin peşindeymiş gibi gelmiş ona. Allah korusun."

Köle kızlar son sözlerimi bir ağızdan hemen tekrarladılar. Bana hemen inanmışlardı, çünkü böyle kötü ruhların yeni sünnetlilerin odalarında dolaştığına dair yaygın batıl inançlar vardı. Bunlar için kullandıkları bir yığın da isim..

Ama Safiye onlardan daha şüpheciydi bu konuda. Gülruh'un yüzüne dikkatle baktıktan sonra, "Ve sen, sen durdurdun bu... Kadın mı her neyseyi, öyle mi?" diye sordu.

Hemen lafa karıştım, "Evet," dedim. "Allah'a şükür... Ama gördüğün gibi çok korkup perişan oldu."

Alelacele Gülruh'u alıp dışarı çıkardım.

Ama kitap okuyucu rolündeki kiralık katilin yakalanması bu kadar kolay olmadı. Bizim konuşmalarımızı duyan adam, odanın kafesli penceresini kırıp kaçmıştı. Bir daha da kimse onu görmedi.

Safiye anlattığım hikâyeden eskisi gibi kuşkulanmıyor gibiydi artık. O arada Şehzade'nin ateşi düşüp toparlanmaya başlamıştı. Safiye gelip bize bunun haberini verdi. Buna memnun olmasına rağmen üzerinde tedirgin bir hal vardı. Nedenini sorunca: "Mehmed'de bir tuhaflık var," dedi.

"Uykusundan korkuyla uyandı ve onu bunun bir rüya olduğuna çok zor inandırabildim. Ter içindeydi. Öldüğünü, onu bekleyen hurilerle dolu Cennet'e gttiğini görmüş rüyasında.

'Dünyanın binbir yerinden çeşit çeşit kız vardı anne', dedi bana. 'Zenciler, Ruslar, Çerkezler... Sünnetli yerim büyümüş; kocaman, ateşler saçan bir kılıç olmuştu ve onun önünde hepsi yağ gibi eriyordu, sonra ben o erimiş yağ gibi şeyin içinde yüzdüm. Çok güzeldi. Orası Cennet'ti, eminim.'

Sonra da bana 'neden yeğenimle evlenmemi istiyorsun Anne?', diye sordu. 'Yeğenler ve evlilik daima sürmesi gereken şeylerdir. Oysa ben rüyamdan şunu anladım: Kızlar değiştirilmezse hiçbir işe yaramazlar. Her gün bir yenisini alabilirim, her saat, her dakika, her bıktığımda... Onların en güzel tarafı bu, eriyip gidiyorlar. Rüyadaki gibi. Sultan'lara bu konuda Allah bir sınır koymadığına göre... Şimdi ben neden kendi kendime sınır koyayım? Anla beni Anne.'"

Safiye sinir içindeydi. "Düşünebiliyor musunuz?" dedi. "Bunları oğluma hangi Allahsız öğretti, bir bulursam..."

Odanın içinde hızlı adımlarla bir o tarafa bir bu tarafa gidip geliyordu. Birden durdu ve "Ama belki de..." dedi. Kendi kendine konuşur gibiydi, sonra Gülruh'a döndü: "Başlangıçta işin doğrusu senin anlattıklarına tam olarak inanmamıştım. Hatta Nur Banu'nun yine bir iş çevirdiğini düşünmüştüm. Ama şimdi bundan emin değilim... Sanki, sanki gerçekten de karanlık bir şey gelip geçmiş gibi oğlumun üzerinden. Onu kontrol etmemi engelleyebilecek bir şey. Garip bir şey."

Birden nedense aklıma Şehzade'nin yanağındaki koyu gölge gelivermişti.

İsmihan alçak bir sesle, "O artık büyüdü Safiye," dedi. "Kocaman bir erkek oldu, iyi ya da kötü, ne yaptıysan yaptın bugüne kadar, bundan sonra ona kolay kolay karışamazsın."

"Ama o benim oğlum. Oğlumu idare edebilmemin bir yolu olmalı."

İsmihan cevap vermedi.

Safiye biraz sustu, sonra "Zor olacak bundan eminim," dedi. "Belki Murad'ı işin içine sokarak bu evliliği sağlayabilirim, ama bundan da şu anda çok emin değilim. Nur Banu'nun son aldığı o rakkase kölenin yanından bir an bile ayrılmıyor son zamanlarda Sultan. Allahım, Allahım, onu idare edebilmeliyim."

Artık susmuştu ama ben onun içsel bir konuşmayı sürdürdüğünden emindim: "Aslında kendimi de iyi idare edebilmeliyim. Tanrı yardımcım olsun. Tabii bizim gibi insanlar için Tanrı varsa..."

## LX

*SON KAYIK* yarışlarından ve fişek gösterilerinden sonra Şehzade'nin tamamen iyileşip yürümeye başladığı haberlerini aldığımızda Gülruh birden çok şaşırtıcı bir açıklama yaparak Hıristiyan olmak istediğini söyledi.

"Allah korusun," diye haykırdı annesi, sanki kızı kendi ölümünü istemiş gibi bir korkuya düşmüştü. "Bunu da nereden çıkardın?"

Gülruh'un verdiği cevaptan anladığım, böyle bir şeyi istemesinin tek nedeninin bir rahibe gibi asla evlenmemek olduğuydu. Yoksa kızın başka bir din hakkında ne bilgisi, ne de başka bir dine geçme arzusu vardı ciddi olarak.

Kader midir nedir bilmem, üç saat sonra Sultan üçümüzü, yani İsmihan, Gülruh ve beni huzuruna çağırdı. İsmihan, ağabeyini tahta çıktığından bu yana resmi görüşmelerin dışında görmemişti. Gülruh için ise amcası artık net olarak hatırlayamadığı çocukluk anılarında bir gölgeydi. Bu büyük bir onurdu ve herkese nasip olmazdı. Derhal hazırlanmaya başladık İsmihan'la. Gülruh ise bu davete Safiye'nin Sultan'la evlilik hakkında konuşmasının neden olduğunu düşünüp eli ayağı birbirine dolaşarak üzüntü içinde bir kenarda oturuyordu.

"Allah'ım, Allah'ım," diye yalvarıp duruyordu. "Ben bir rahibe olmak istiyorum."

Murad bahçede bir yığın minderin ortasına bağdaş kurmuş oturuyordu, önündeki kâğıda yeni bir şiir yazmakla meşguldü. Şenliklerin ona büyük bir ilham verdiğini söyledi.

İsmihan kibarca cevapladı ağabeyini. Evet, şenlikler gerçekten de muhteşem olmuştu.

"Söyle kardeşim," dedi Murad, "sence Sokullu ile İnönü'deki evlilik şenliklerin mi daha iyiydi, bunlar mı?"

İsmihan, vezirlerinden birinin Kanuni'ye yaptığı zekâ oyununu hatırlayarak şu cevabı verdi ağabeyine: "Tabii ki benim evlilik şenliklerim. Çünkü o şenlikleri varlığınla onurlandırmıştın Sultan'ım. Evet bu sünnet şenlikleri de çok güzeldi, ama benimkiyle yarışamazdı. Çünkü sen ev sahibi olduğun için o büyüklükte bir konuğu ağırlayamadın."

Murad gülümsedi ve şiirinin kenarına yaprağa benzeyen bir şekil çizdi altın suyuyla. "Ya sen yeğenim?" dedi. "Sen şenlikleri sevdin mi?"

"Evet, efendimiz, hem de çok," diye cevap verdi Gülruh. En çok neyi sevdiği sorulduğunda bir parça bocaladıysa da sonunda, şekerden heykeller, diyebildi.

"Ya dini yarışmalar?" diye sordu Sultan, "Onları da sevdin mi?"

"Dini yarışmalar mı?" Gülruh şaşırmıştı ve bir tuzağa düşmüş gibi korkmuştu. Ama hemen anladı durumu, o yeğeninin ölüm hesaplarının peşindeyken olmuştu o yarışmalar. O, sünnet çadırında kara cadılarla uğraşıyordu o sırada. Acaba amcası ona bir şeyleri itiraf ettirmeye mi çalışıyordu? Böyle bir durumda Safiye'nin haremindeki hayatı daha da kısalabilirdi. Belki bu, Hıristiyan olmaktan daha kolay bir yöntem olabilirdi. Doğruyu söyleyip bir an önce ölmeliydi. Yapılacak en iyi şey buydu.

"Kıymetli Sultan'ım," dedi. "Korkarım ki o yarışmaların hiçbirini seyredemedim. Diğer eğlenceler vardı ve..."

"Zaten ben de aptal kızların bunlara merak sarabileceğini düşünmemiştim."

"Aslında, bunları çok ilginç ve hoş bulurum, ama.."

"Cinsine ve yapına daha uygun şeylerle eğlenmiş olman iyi," diye kızın sözünü kesti Murad.

Gülruh o sırada olanlar yüzünden bunu yapamadığını söylemek istiyordu ama sustu. Dayısı onu hiç ciddiye almadan devam etti:

"Her neyse, yine de kaçırdığına üzüldüm. Belki hoşuna gidebilirdi."

"Bir dahaki sefere daha ilgili olacağıma söz veririm."

"İyi," dedi Murad. "Yakın gelecekte belki de bunlarla daha çok haşır neşir olabilirsin." Sultan elindeki kâğıdı kuruması için salladıktan sonra çevresindekilere gösterdi. Onlar da hemen hayranlıklarını belirttiler.

"Yarışmacılardan biri gerçekten de kusursuz bir mükemmellikteydi," dedi Sultan Gülruh'a dönerek. "Yirmiden fazla değildi yaşı. Kendinden çok daha yaşlı olanları ezdi geçti. Rahmetli Şeyhülislam'ın oğluymuş, en küçüğü. Önünde parlak bir gelecek var o delikanlının."

"Yarışmaları o mu kazandı?" diye şaşkınlıkla sordu Gülruh. Nerdeyse yüksek sesle "Abdurrahman" diyecekti, ama kendini tutmayı başardı. "Yani o kadar genç biri için ne büyük başarı demek istedim efendimiz," diye toparlandı.

"Evet. O kazandı, hem de kolaylıkla. Sözleriyle beni sarhoş etti diyebilirim, öylesine bilgili bir çocuk. Ona ödül olarak benden ne isterse vereceğimi söyledim. İslam âlemindeki herhangi bir şeyi..."

"Ne istedi?"

"'Affedin Sultanımız', ama korkarım İslam âlemi size ait değildir," dedi bana ve Kur'an'ı açıp bu konudaki bir yığın ayeti gösterdi. İslam âlemine ait hiçbir şeyi veremeyeceğimi falan filan... Sonra dedi ki, 'ama dilerseniz dünyadaki bir şeyi verebilirsiniz bana.' Düşünebiliyor musun akıllılığını?"

İsmihan, "Allah'ım ne zekâ, ne bilgi," diyordu hayran hayran.

Sultan devam etti. "Benden ne istediğini haydi tahmin et bakalım Gülruh."

"Bilemem efendimiz."

"Belki de bilebilirsin. O para pul peşinde biri değil. Benden seni istedi kızım. Evlenmek için. Ne diyorsun?"

Gülruh konuşamıyordu. Başını öne eğip, ellerine bakmaya başladı, emindim heyecandan ter içindeydi o eller.

İsmihan kızının yerine konuştu. "Sen ne dedin Sultan'ım delikanlıya?"

"Bak bakalım kitaplarına, dedim, bir kız istemezse de oluyor mu bu iş? Bunu Sultan bile yapamaz, dedim. Böyle bir şeyin sözünü vermeden önce prensese soracağım, dedim."

"Ne akıllıca," diye güldü İsmihan. "Onu kendi yöntemiyle alt etmişsin."

"Evet, Onu yendim, hem de kendi alanında. Acele ve heyecan yarışmacının düşmanıdır. Delikanlıysa o anda bunların ikisinden de muzdaripti. Her neyse belki biraz daha çalışsaydım ben de... Evet, her neyse... Keselim artık bu konuyu. Söyle bakalım Gülruh, delikanlıya ne cevap vereceğiz? Eğer hayır dersen delikanlı bizden imparatorluğun yarısını isteyebilir senin yerine."

Gülruh sevinç içinde yalnızca, "Oh, Sultanımız, efendimiz," diyebildi ve gözyaşları içinde yeniden ellerine bakmaya başladı.

Murad gülerek tekrarladı kızın sözlerini, "Oh Sultanımız, efendimiz? Onu istemiyor musun?"

Gülruh annesinin elini tutup sıktı ve İsmihan, "Sultanım," dedi. "Delikanlıya hemen hazırlıklarını yapmasını söyleyebilirsin."

"Memnuniyetle," dedi Murad. "Gerçi sünnet şenlikleriyle hazine biraz dara düştü, ama senin düğünün için para buluruz, zaten sonunda Osmanlı ailesine bir-iki erkek çocuk kazandıracaksın, masrafın lafı mı olur böyle bir konuda."

Gülruh eğilip dayısının eteğini öptü.

"Tek kafamı kurcalayan şey..." diyen Murad gözlerini, ellerini kavuşturmuş kıza dikmişti. "Bu iki genç nasıl oldu da birbirlerini böyle istediler? Haremimin güvenliğiyle ilgili bir sorun mu var acaba? Bu senin sorumluluğundur hadım, biliyorsun."

Allah'ın Gölgesi'nin keskin koyu gözlerini üzerimde hissediyordum, ama onlarla bakışamazdım, bunun nedeni suçlu olmam değildi, onun karşısında herkes kendini suçlu hissederdi zaten.

Sultan güldü. "Eğer sen bu evlilikle benim şerefimin zedelenmesi söz konusu değil, diyorsan, o başka."

Tabii ki böyle bir şey yoktu, hemen önünde saygıyla eğilerek bunu söyledim.

"O halde gidebilirsin Gülruh," dedi Sultan, kızı gözlerinden öptü, "inşallah mutlu olursun."

Yaz sona ermeden Gülruh ve Abdurrahman evlendiler ve küçük hanımım kendine ait hadımlar ve halayıklardan oluşan küçük bir hizmetkâr ordusuyla Ümmü Gülsüm'ün haremine katıldı. Gelecekteki mutluluğu hakkında kesin bir şey söyleyemezdim, ama Saraydan kurtulduğu için mutlu olduğuna emindim.

Safiye bir konuda yenildiğinde bunu kabul edebilen bir yapıdaydı. Tek şaştığı bu kez hakkından gelenin entrikalar değil, masum duygular olmasıydı.

Bana gelince, artık tek sorunum İsmihan'ın rahatlığıydı.

## LXI

MEHMED'İN sünneti sırasında yapılması planlanan suikast girişiminin başarısızlığını unutabilmek için olacak Nur Banu, Kızıl Muaviye'nin bıçağından çıkma yeni bir hadım daha satın almıştı. Ve ne yazık ki daha öncekine benzer bir rezalet daha yaşandı haremde. Bu kez adam, öldürülen İranlı kadar ileri gidemeden yakalanıp hemen cezalandırıldı. Yine de olay Murad'ın kulağına gitmişti ve Sultan kendisine karşı yapılan bu saygısızlığın kaynağını öğrenip cezalandırmakta ısrar etti.

Sonunda haremde bir yığın değişiklik yapma kararı alındı. Bundan böyle akhadım alınmayacak, Afrika'da kökten hadım edilen zencilerin dışında biri yaklaştırılmayacaktı kadınların yanına. Böylece güvenlik garantilenmiş olacaktı, erkeklik organı olmayan biri ne zarar verebilirdi kadınlara? Zaten milyonda bir de olsa gözden kaçan bir durum, bebeğin rengiyle derhal ortaya çıkacağı için kimse de bunu göze alamaz, diye düşünülmüştü.

Gazanfer Ağa, ben ve güvenilen diğer birkaç akhadım haremden atılmasak da dış görevlere atandık. Aslında haremin ihtiyacını görecek sayıda zenci hadımın sağlanması yıllar alabilirdi, çünkü böyle ağır bir işlemden sağ çıkabilenlerin oranı çok düşüktü. Köle pazarındaki akhadım sayısı inanılmaz derecede artmış, fiyatları ise çok düşmüştü ve tuhaf bir şekilde kendimi kötü hissediyordum.

Neyse ki birkaç ay sonra durumumuzun belirsizliği sona erdi, eski görevlerimize geri döndük.

Gazanfer karamsar bir yüzle, "Bu koşullarda yine de her şey çabucak değişebilir," diyordu.

"Ne demek istiyorsun?" diye sordum. Aslında ben İsmihan'ın özel kölesi olduğum için benimle ilgili son söz ona aitti, ama yine de durumumuzun netleşmesinden memnun olmuştum ve canımı sıkıp, moralimi bozmak istemiyordum o gün.

"Dinle," dedi Ağa ve bu hadım sorunundan Safiye'nin nasıl üstün çıktığını anlatmaya koyuldu. "Bu yasağın çıkacağını çok önceden biliyordu Safiye ve aylar öncesinden Kahire'den hadım getirtmeye başlamıştı. Onların arasında hırslı adamların olmadığını sanıyorsan yanılırsın dostum. Haremdeki kapışmayı şu an için kimin kazandığı çok açık görünüyor."

Gerçekten de öyleydi. Muaviye'nin elinden çıkma o son hadımı alarak Nur Banu kendi sonunu hazırlamıştı aslında. Bu olaylardan hemen ardından Edirnekapı'daki özel yazlık Sarayına çekildi ve kısa bir süre sonra da hastalandığı haberini aldık.

"Hasta? O cadı? İnanamam!" demişti bunu duyunca Safiye.

Hiçbir iyileşme haberi gelmemesi üzerine İsmihan giderek daha tedirgin oldu, hele de zehir dedikodularını duyunca.

Zehir işine inanmakta zorluk çekiyordum. "Nur Banu bu konuda daima çok dikkatli olmuştur," diye onu yatıştırmaya çalıştım. "Celadon porseleninden başka bir tabakta yemek yemez. O yeşil tabaklara en küçük bir zehir değse nasıl karardığını bilirsin. Bu konuda çok bilgilidir."

Nur Banu'nun aslında zehirlemenin uzmanı olduğunu biliyordum, ama hanımımı daha fazla üzmek istemediğim için bunu kendime sakladım. "Hem zehir işi olsa, şimdiye kadar çoktan öldüğünün haberini alırdık. Safiye bu sevinçli haberi duyurmayı bir an bile geciktirmez."

"Abdullah, lütfen..."

"Ya da iyileştiğini duyardık, şu anda onun çevresinde yalnız kendi adamları var."

"Safiye'nin zehirle ilgisi olduğuna inanmıyorsun galiba. Bu daha başka bir şey olmalı, gerçekten de... Belki bir kara büyü, gavur işi..."

Başımı salladım. Arkadaşının bu konuda da bir şeyler yapabileceğini nasıl söylerdim saf hanımıma... İsmihan aslında bu amansız kavganın taraflarından biri olmamak için olağanüstü gayret göstermişti yıllardır. Safiye'nin yanına gelebilmek için bile çok zor karar vermişti. Sonunda o sırada güçlünün Valide Sultan olan Nur Banu, güçsüzün ise Safiye olduğunu düşünerek alabilmişti kararını. İsmihan, bir şekilde üvey annesiyle yengesi arasındaki mücadelenin gelin-kaynana sorunu olduğunu söyleyerek kendini kandırma yolunu seçmişti aslında. Bu onu rahatlatıyordu ve ben de ikide bir onların karanlık, günahkâr yüzlerini ortaya koyarak onu üzmek istemiyordum işin doğrusu.

Valide Sultan'ın hastalığı bir ayı aşınca onun için çok zor olmasına rağmen yine de gidip görmek istedi hanımım.

Safiye bu konuda ona karşı çıkmadığı gibi tam tersine, "Evet, mutlaka gitmelisin, git de o akrebin ne durumda olduğunu gör," dedi.

İsmihan "Safiye!" diye tepkisini belirtti.

Ama Safiye aldırmadan konuşmasını sürdürdü. "Mutlaka kendi kara büyülerinin kurbanı olmuştur, bundan eminim."

İsmihan'ın rahat yolculuk yapabilmesi için İngiltere Kraliçesi Elizebeth'in hediyesi olan arabayı bile verdi. Doğrusu Safiye'nin, hem Elizabeth hem de o sıralarda Fransa'da çok güçlü olan Catherine de Medici ile ilişkisini nasıl böyle iyi tutabildiğini anlayamıyordum. Catherine ve Safiye'nin kökleri birbirine yakındı ve tıpkı rahibeler başka yere bakarken sırlarını paylaşan kızlarınkine benzer bir ilişki vardı aralarında. Yalnız üçüncü şahsa, yani Elizabeth'e bir yer bulamıyordum bu grupta. Bu üç güçlü kadın neyin peşindeydi? Bunu bilemiyordum, ama Manş denizinden Marmara'ya, arada kalan herkesin hayatını etkileyecek bir iş çevirdiklerinden emindim.

Aslında bana en mantıklı gelen, Fransa ile yakın ilişkiye girerek ortak ve güçlü bir Avrupa egemenliğinin sağlanmasıydı. Ama Saraydaki kişişel egemenliklerinin derdinde olan bu insanlarda ülke ve gelecek sorumluluğu gibi kaygılar aramak anlamsızdı. Safiye'nin Elizabeth'le olan yazışmaları için çevirmene gerek duyulduğundan; Saray kulisleri, Paris'le olanlarla kıyaslanınca Londra ilişkilerinden daha çok haberliydiler. Elizabeth, mektuplarında Müslüman Doğu ile Protestan Batı arasında kurulacak bir ittifakın gerekliliğinden söz ediyordu, böylelikle aradaki Katolik dünyasının hakkından gelebilmenin peşindeydi.

Safiye'nin bu mektuplardan sonra yüksek sesle, "Belki de..." dediğini duymuştum. Ama aslında onu hiç kimsenin dini politikası ilgilendirmiyordu. "Eğer," diyordu, "Elizabeth'in babası Katolik Kilisesi'nden ayrılıp Latince'yi dışlamasaydı onun için daha fazla bir şeyler belki yapabilirdim. En azından anlaşma olanaklarımız kolaylaşabilirdi." Safiye'nin İngiliz elçilerine de, ilettikleri isteklerine de benzer bir kayıtsızlık gösterdiğini düşünüyordum. Çünkü sanıyorum İngilizler'i kendi gençlik kültürünün dışında ve hatta yabani buluyordu. Sık sık, "Oradakilerin kültür ve sanat umurunda değil. Tek dertleri biraz daha ısınmak," diye alay ederdi.

Ama Elizabeth yine de arabayı yollamıştı.

Onu çekecek atların bulunup arabanın ayarlanması bayağı bir sorun yaratsa da sonunda bu iş halledilmişti. Tabii aylar süren rutubetli deniz yolculuğu oldukça zarar vermişti arabaya. Ahşap bölmelerle, tuzun bozduğu deri miderler sökülüp atıldı ve bunların yerine ipek ve atlas minderler, sedef kakma panolar konuldu. Kafes ve dantel perdeler de Sarayın pencerelerine takıldı. Sonuçta ortaya çıkan daha Doğulu bir üslup olmuştu.

Safiye arabayla yola çıktığında pek çok şey eziliyordu. Buna alışılmış kurallar da, sokaklarda yürüyen yayalar da dahildi. Araba büyük bir merak ve şaşkınlıkla izleniyordu herkes tarafından. Haremdekiler kimi zaman hayranlık, kimi zaman da kıskançlıklarını belirtmeden edemiyordu. Usule uygun bulmayanlar uzun uzun dedikodusunu yapıyordu arabanın. Söyleyecek pek bir şey bulamayansa atların yolları pislettiğini ileri sürüyorlardı.

Bunların hepsine Safiye aynı cevabı veriyordu:

"Alışırlar."

İsmihan, arkadaşının Edirnekapı'ya gitmek üzere ona arabayı vermesine itiraz edememişti.

Aslına bakılırsa atlı arabada yolculuk, iyi eğitimli hamalların taşıdığı tahtırevandan çok daha sarsıntılıydı. Sokaklar her ne kadar kaldırım taşıyla döşeli olsa da, böyle bir taşıt aracı o günlerde henüz akla gelmediğinden buna uygun olarak yapılmamıştı. Ama yine de yolculuğun çok daha hızlı olduğunu itiraf etmem gerek, öğle namazı okunmadan varmıştık yazlık Saraya.

Arabaya hadımlar da binebiliyordu. Safiye'nin koruyucuları - Gazanfer hariç- tepeye arabacının yanına oturuyorlardı. Ama içerde yalnızca tek bir –ve dost– kadın olunca onun yanına da binilebiliyordu. Ben de bunun tadını çıkardım. Ama sonra bu zevki sık sık tatmamanın daha yararlı olacağını düşündüm. Çünkü içerde yiyip içerek yapılan yolculuk kısa zamanda beni de diğer hadımlar gibi şişko biri haline getirebilirdi.

Yolculuk kısa sürmüştü ama, bunun sarsıntısından İsmihan'ın kurtulması oldukça uzun bir zaman aldı. Atları çözüp nereye koyacaklarını düşünemiyordum bile, çünkü o günlerde Saraylarda böyle bir yer yoktu. Sanırım arabacı onları alıp en yakın koyun otlağına götürmüş olmalıydı.

Tam zamanında konaktan içeri girdik.

Nur Banu'nun odasından yayılan koku neredeyse kapıya kadar geliyordu. Ve bu koku zehire degil, çok korkunç ve ölümcül bir hastalığın kokusuna benziyordu.

# LXII

KİMBİLİR nc kadar zamandır hastalık sinsi sinsi ilerlemişti Nur Banu'nun vücudunda. Valide Sultan bunu anlasa da kimseye söylememiş olmalıydı.

Odanın kafesli pencereleri sıkı sıkı kapatılmıştı. Hasta artık gün ışığına dayanamıyordu. Bir halayık sürekli olarak yanan altı pirinç mangala sandal ağacı atıyordu, gerçekten de çok sıcaktı oda. Bir yandan da çeşitli tütsüler yakılıyordu. Ama hiçbir şey hastalığın kokusunu bastıramıyordu.

Nefesimiz neredeyse kesilmiş, zorlukla hava alıyorduk, ter içinde kalmıştık kısa zamanda.

Nur Banu'nun bu loş ışıkta bile ne kadar zayıflamış olduğu belliydi. Bir kemik yığınına dönmüştü kadın. Sanki yüzünde tek bir yuvarlak hat kalmamıştı, derisi kemiğine yapışmıştı adeta. Valide Sultan hastalığın pençesinde erimişti. Bu iş birkaç haftalık olamazdı. Belli ki kadın hastalığını aylardır Safiye'den saklamıştı.

Ne garipti, en büyük düşman, tüm hayatı boyunca korktuğu gibi çevreden değil, kendisinden gelmişti, kendi bedeninden. O beden ki, ruhunun ihtirasının kölesi olmuştu.

Biz odaya girdiğimizde bir sarman kedi mangalın yanına terzi kadın tarafından bırakılmış kumaş yığınının arasından fırlayıp kaçtı.

Nur Banu zorlukla gülümsemeye çalışarak zayıf bir sesle, "Bu, kar yağacağının işareti," dedi. Bir zamanlar muhteşem olan gözlerindeki ifade buna inandığını gösteriyordu. Geleceğe ait bir umut...

Hala ısrarla yeni giysiler diktiriyordu, hem de daha pahalı kumaşlardan, daha süslü giysiler. Oysa bunları bir kez bile giyebileceği kuşkuluydu. Hekimler onu genellikle belden yukarısı çıplak tutuyordu.

İncir de oradaydı. Sülüklerle kan alma hazırlığındaydı, bana sert bir bakış attı ve sonra aldırmadan işine devam etti.

"İki haftalık aradan çok memnundum," dedi Nur Banu. İsmihan'a gülümsemeye çalışırken cesur görünmeye çalışıyordu, ama aslında aklı tamamen hastalığı ve tedavisiyle meşguldü. "Ay büyürken kan almıyordu İncir."

İncir'e bir onay beklercesine baktı. Ama kadın ona bakmadı bile.

"Ay büyürken..." Nur Banu konuşmak için çabalıyordu. "İnsanın kanı artarmış ve bu arada kan alınırsa iyi olmazmış. Ama artık ay küçülmeye başladı..."

Sıska omuzlarından birini itiraz eder gibi yukarı kaldırdı. İncir, bu omzu yastıklara doğru itip, çalışmaya devam etti. Nur Banu elini sallayıp terzi kadını çağırdı, ne yaptığını tekrar görmek istiyordu. İsmihan da hemen bunlarla ilgileniyormuş gibi yaptı. Sanıyorum, o da benim gibi Nur Banu'ya bakmaya dayanamıyordu artık.

İncir, sülükleri yerleştirmeye başlamıştı. Porselen bir kaptan çıkardığı hayvanları kadının kemikli beyaz sırtına bir bir yapıştırıyordu.

Bu işi yaparken hastanın nabzını sık sık kontrol ediyordu zenci kadın. Şişko sülükler kendiliklerinden yapıştıkları yeri bırakmaya başlamışlardı. Ve bıraktıkları yerden koyu, neredeyse siyahımsı bir kan çıkıyordu. İncir bundan hoşlanmamıştı, sağlıklı kan çıkana kadar emsinler istiyordu. Ama yapacak fazla bir şey yoktu. Ölüm Nur Banu için en büyük kurtuluş gibi geliyordu bana.

İsmihan ağzı kilitlenmiş gibi kalakalmıştı, elbiseler hakkında bile konuşamamıştı sıkıntı ve üzüntüden. Nur Banu belki de bu sessizliği bozmak için masalcı kadını çağırttı. Kocaman, boyunsuz gibi görünen bir kadındı içeri giren. Ondan her zamanki masalı istemişti Valide Sultan.

Her zamanki masal, aynı sözlerle başlıyordu: "Bir varmış bir yokmuş, pire berberken, deve tellalken, ben babamın beşiğini tıngır mıngır sallar iken memleketin birinde bir büyük imparator varmış..." Ama devamını bilmiyordum anlatılan masalın, ilgiyle dinlemeye başladım. "Bu büyük imparator, bir gün ordularını toparlayıp, ta dünyanın merkezine, Kaf Dağı'nın dibine gitmiş. Göğün en yücelerine ulaşan dağın tepesinde yalnızca tek bir kişinin durabileceği kadar bir yer varmış. İmparator adamlarının içinden en cesur ve kahraman olanı oraya gidip bakması için yollamış. Adam titreyerek geri gelmiş. Ne olduğunu soran imparatora, 'Tek gördüğüm, benim aynım olan biri', demiş. İmparator buna çok kızmış ve yeni birini görevlendirmiş, o da gitmiş ve aynı şekilde titreyerek geri gelmiş. İmparator yine sormuş: 'Orada ne var?' Cevap değişmemiş: 'Benim aynım olan biri, imparatorum.' Adam iyice kızmış başkasını yollamış, sonuç aynıymış. Tam otuz üç kişi yollamış dağın tepesine ve hepsi de aynı cevapla dönmüş. Bunun üzerine öfkeden çılgına dönen imparator oraya kendi çıkmaya karar vermiş. Zirveye ulaşınca bir de bakmış ki, gerçekten karşısında kendisinin aynı duruyor. İmparator da aşağı inmiş. Ama artık çok değişmiş olarak... Daha alçakgönüllü ve iyi yürekliymiş. Çünkü sonunda zirvede gördüğü gerçek, ona kainatta tek olanın yalnız Allah olduğunu anlatmış."

Kadın sözlerini yine o bildik tekerlemelerle tamamlıyordu: "Onlar ermiş muradına, biz çıkalım kerevetine. Gökten üç elma düşmüş, biri imparatorun başına, biri bu masalı anlatanın başına, biri de dinleyenin başına. Allah, şu kısacık ahir ömürde herkesin muradını versin."

Masal bitince İsmihan olağanüstü nazik olmaya çalışarak kalkmak üzere izin istedi. Üvey annesine acil şifalar diledi ve en kısa zamanda tekrar geleceğini söyledi. Ama tüm sevecenliğine karşın bu sözünü yerine getiremeyeceğini biliyordum. Arabanın minderlerine oturduğunda dünyanın en rahat yerine gelmiş gibi bir ruh hali içindeydi. Hayatı boyunca Nur Banu'yu tekrar ziyaret etmediği için kendine kızacaktı, ama bunu yapmasına olanak yoktu. Çünkü sevecenlik zaman zaman cesareti de içinde barındırması gereken bir duyguydu ve ne yazık ki İsmihan'da bu yoktu.

Ben de onun yanına oturduğumda, İsmihan mendilini çıkarıp ağlamaya başladı. "Çok kötü, çok kötü, Nur Banu yenilgiyi kabul etmiş." Bence yenilgiyi asıl kabul eden kendisiydi. Atlar hızla ileri doğru atılmıştı, tekrar yola koyulduk.

İsmihan'a artık üzülmemesi için yalvarıyordum: " Belli ki Valide Sultan artık ölmek üzere, buna karşı çıkmak Allah'a karşı çıkmak demektir. Bunu kabullenmek zorundayız, Nur Banu da kabullenmek zorunda. Bu isyan herkesi üzer, onu seven herkesi..." Elini tutup sıktım, o da benimkini...

"En azından onun zehirlenmediğini herkese söyleyebilirim," dedi. "Bunda kara büyü de yok."

"Zehir daha iyi olurdu belki," diye mırıldandım. Sesim arabanın gürültüsü içinde duyulamazdı. Belki İncir, kadının çok çekmemesine yardımcı olabilir, diye geçirdim içimden.

Aslında kadının ölmesini istemiyordum, bunun nedeni ona karşı duyduğum sevgi değildi. Nur Banu, Safiye'nin azgın ihtirasını öyle ya da böyle dengeleyen, hatta zaman zaman engelleyen bir unsurdu haremde. Şimdi... Ama bu "şimdi"yi

Safiye'nin insanın kulaklarını sağırlaştıran arabasında sağlıklı olarak düşünebilecek halde değildim. Zaten Safiye ile kim başa çıkabilirdi?

Hiç kimse... Atların nal sesine karışıyordu bu cevap. Hiç kimse... Böyle bir Şeytani zekâ ve tutkuyla erdem başa çıkamazdı. İçim öfke ve üzüntüyle doluvermişti. Gözyaşlarıma engel olamadım. Bir erkeğin ağlaması hoş karşılanmazdı, ama biz hadımlar bunun dışındaydık, ağlayabilirdim. Yine de İsmihan'ı daha fazla üzmeye hakkım yoktu. Kendimi toplamalıydım, konuyu değiştirmeye çalıştım.

"Geçen gün çok değişik şiirler okudum," dedim. "Benim ülkemden bir kadın yazmış. Biri beni çok etkiledi, onu sana okumamı ister misin?"

Haremde kadın şairler batıdaki gibi yadırganmıyordu. Pek çok kadın şair vardı Sarayda. Şairin kadın olması onu benim kadar etkilememişti bu yüzden.

Ama konuyu değiştirmemden memnundu, önerimin üzerine atladı. "Haydi lütfen oku."

*"Güvende olsam da şimdi,*
*Hep aynı korkular yine içimde.*
*Senin güzelliğinle gözlerini*
*Bir kement gibi kullandı aşk.*
*Boğmak için yüreğimi.*
*Ve meşaleler yaktı*
*Nefessiz kalmış benliğimin binbir derinliğinde*
*Senin bir ırmak gibi yakamozlu sözlerinde*
*Yansıyıp gitti içimdeki ateşler..."*

Birden sustum, bu şiirin beni neden bu kadar etkilediğini o an anlamıştım. Ama elimi sıkan tombul parmaklar, devam edebilmem için beni yüreklendirdi. Ve kendiliğimden devam ettim şiire:

*"Çılgın aşkım şimdi üstümde*
*Sanki kadifeden, yumuşacık*

*Bir dostluk kaftanıdır*
*Senden bana armağan.*
*Ve hak edebilmek için onu*
*Tüm benliğimi yeniden yontuyorum."*

Yumuşacık dostluk kaftanı zorlu araba yolculuğunu kolaylaştırmıştı.

# LXIII

NUR BANU bir başka kar fırtınası göremeden, 1583 yılında, bir çarşamba günü, aralığın yedisinde öldü. Oğlu kara giysiler giydi , ilk kez bir Sultan annesi için böyle bir şey yapıyordu. Suçluluk duygusu, Sultan da olsa insanda farklı davranışlara neden olabiliyordu.

Murad annesinin tabutunu bahçeden Aya Sofya'ya kadar kendi elleriyle taşıdı. Nur Banu burada, efendisi Selim'in ve onun ardından oğlu tahta çıkabilsin diye boğulan beş şehzadenin yanında ebediyen uyuyacaktı.

Yeni elbiseleri onunla gitmedi. İslam'a göre insanlar çıplak, bir kefene sarılarak gömülüyordu. Tabutunun üzerinde beyaz ipekten basit bir baş örtüsü vardı. Hepsi bu. Ve artık o gitmişti.

Safiye imparatorlukta tek başınaydı.

Dıştan bakınca bu çok da kötü görünmüyordu. Mucizevi bir şekilde küçük şehzadelerin ölümleri durmuştu. Haremin nüfusu iki katına çıkmış gibiydi. Murad bir defasında aynı gecede iki kere baba bile olmuştu. Böyle durumlarda tek sorun saltanata ait beşikte kimin sallanacağı oluyordu. Ama Safiye tek kelimesiyle bunları sonuçlandırıveriyordu.

Baffo'nun kızı artık kendi konumundan öylesine emindi ki, oğlu Şehzade Mehmed Manisa Sancağı'na yollandığında sesini çıkarmadı. Ona güzel, yumuşak bir Rum güzeli bulmuştu. Onları güle oynaya uğurladı. Nasılsa Kira vardı, Gazanfer vardı yanında. Yapılacak yığınla iş bekliyordu onu. Valide Sultan olabilmesi için Allah'ın izniyle arasında hiçbir engel kalmamıştı.

Aslında gözde ve Haseki Sultan olarak geçirdiği yıllar onun en güçlü yılları olmuştu. Artık haremde huzur sağlandığına göre ilgi ve enerjisini başka işlere yöneltebilirdi.

Safiye ve İngiliz kraliçesi birbirlerine yolladıkları mektupların başına "Majesteleri sevgili kız kardeşim," yazıyorlardı. Elizabeth'in araba armağanının ardından bir yenisi daha geldi. Bu çok süslü bir orgdu. Safiye alete fazla aldırmamıştı. Belki de çocukluğunun en sıkıcı anılarını, manastırda geçen pazar günlerini hatırlatıyordu bu ona. Ama org gerçekten o kadar güzel ve ince bir ustalıkla yapılmıştı ki, sergilendiğinde herkesin hayranlığını kazandı. Müzisyen sayılmasa da müziğe meraklı birkaç kız aleti yapıp getiren ustalardan ders aldı ve basit bir iki şarkıyı çalmayı becerebildiler orgla. Ama bir süre sonra hep aynı şarkıyı onlar çalmaktan, biz de dinlemekten bıktık. Daha üstün yetenek ve bilgiye sahip olanlar ise ilk denemeyle bu aletin kendi müzik kalıplarına uygun olmadığını görerek onunla uğraşmaktan hemen vazgeçtiler. Sonunda org bir kenara atıldı ve toz içinde unutulup gitti.

Safiye yine de bu armağanlara bir karşılık vermek istiyordu. Çok nadide mücevherler ve kumaşlar gönderildi bu uzak adaya ama Elizabeth'i en çok sevindiren mutlaka İngiliz tüccarlara da diğer Hıristiyan tüccarlara tanınan hakların verilmesi olmuştu.

Safiye duruma göre Doğu ve Batı'daki diğer ülkelerle de ilişki içindeydi. Ama bu ülkelerin başındakilerin erkek olması nedeniyle Doğu'dakilerle en bildiği ve güvendiği yöntem olan harem ilişkileri yoluyla anlaşıyordu. Batı onun için daha yorucuydu. Bu ülkelerdeki kadınların Elizabeth ve Catherine dışında ne kadar güçsüz olduğunu söyleyip duruyordu. Gerek duyduğu ilişkileri casuslar aracılığıyla yapıyordu bu ülke prensleriyle. Genellikle bu adamlar Vezir-i azam'ın adamlarıydılar. Sokullu'nun ölümünden sonra bunların neredeyse tümü Safiye'nin hizmetindeydiler. Onları bulan, besleyen ve yükselten hep oydu.

Safiye'nin etkisi hatta yönetimi altında Osmanlı İmparatorluğu Murad'ın büyükbabası Kanuni'nin zamanından bile daha sıkı ilişkiler kurdu diğer ülkelerle. Moldavya, Lehistan, Kırım, Dağıstan, Kafkasya, Gürcistan ve İran'a başarılı seferler yapıldı. Mısır ve Suriye'deki isyanlar gibi bazı terslikler de oldu. Çünkü imparatorluğu yönetenin bu problemli noktalara hemen müdahale edebilmesi mümkün değildi. Ama yine de yardımcıları çabuk ve doğru kararlarla işlerin büyümesini engelleyebildiler.

Safiye'nin İbrahim Paşa'sı, dağlardaki becerilerine karşın Dürziler'in hakkından gelmeyi başarmıştı. Bunun büyük bir şiddetle yapıldığı söyleniyordu, ama haremin güvenliği ve rahatlığı içinde bizim bunlardan pek haberimiz olmadı.

1589'da yeniçeriler, üç yıl sonra da sipahiler isyan ettiler İstanbul'da. Bunları bizzat yaşadık. Kazan kaldıran askerlerin gürültüleri, yaktıkları ateşlerin dumanları üçüncü avluyu aşıp harem kapılarına kadar gelmişti. Diğer hadımlarla birlikte ben de ellerimi göğsümde çaprazlayıp bekledim. Bu azgın silahlı adamlar istese hepimizin hakkından bir anda gelebilirlerdi, ama galiba cinsiyetsizliğin mistik duruşundan etkilenerek buna kalkışmadılar. Kendimde asla böylesi bir güç göremediğim halde tuhaf bir şekilde benim bile içimde bir öldürme, kan dökme arzusu uyanmıştı. Aslında ben ne yeniçeriler, ne de karşı çıktıklarıyla ilgili değildim direkt olarak.

Ama işin garibi hedeftim. Çünkü adamlar, haremin devlet işine karışması nedeniyle isyan etmişlerdi. Ama devlet işine kendilerinin karışmasında bir sakınca görmüyorlardı. Sırtımı kapının gümüş tokmaklarına dayayarak tek başıma nöbet bile tutmuştum isyan sırasında. Belki de o sırada yapmam gereken en doğru şey yeniçerilerden birini kolundan tutup sessizce içeri, Safiye'nin yanına götürmekti. Adamın onun boğazını kesmesiyle daha sonra ölecek binlerce insanı kurtarabilirdim.

Ama İsmihan da o kapıların arkasındaydı. Adamların tek bir kişinin boğazını kesmekle yetineceklerinden asla emin olamazdım. Bir kez insanın içinde o korkunç öldürme arzusu uyanınca neler olabileceğini kestirmek olanaksızdı. Ve İsmihan'ın hatırı için kollarım göğsümün üzerinde çapraz, onlara bulaşmadan bekledim.

Safiye ve harem bizim zayıf korumamızla olmasa da, harcamaların azaltılacağı sözüyle ve bazı fedakârlıklar yapılarak kurtarılmıştı sonunda. Mesela, Safiye'nin en yakınlarından Kira Kadın öldürülmek üzere sipahilerin eline bırakılmıştı. Aşırı zenginleşen ve haremi çok etkileyen Esperanza Malki, haremin koruyucu duvarlarının içinde değildi. Evinden alınıp, oğullarıyla birlikte meydanda sipahiler tarafından paramparça edilmişti. Oğullarından sadece biri kaçarak kurtulmayı başarabilmişti.

Hicri takvimin bininci yılı da o günlere denk gelmişti ve kıyamet gününün yaklaştığını söyleyen fanatikler iyice azıtmıştı. Hıristiyan ve Yahudi azınlıklar kendilerine karşı sürdürülen düşmanca davranışlara katlanmak zorunda kaldılar ve Saray yapılan korkunç işleri durdurmak için fazla bir gayret göstermedi. Safiye tekrar harcamalarını azalttıysa da çok işe yaramadı, çünkü bu kez Kur'an'daki bazı surelere de dayanarak yobazlar kıyamet alametlerinin simgesi olarak onu görüyorlardı. Onlara göre bu alametlerin en önemlilerinden biri de İslam'ı bir Hıristiyan'ın, hatta bir kadının yöneteceğiydi.

Bunun üzerine öfkenin odak noktası olmaktan kurtulabilmek için Safiye, Fatih tarafından verilmiş bir sözü de bir kenara atarak İstanbul'daki kiliselerin camiye döndürülmesine izin verdi. Rum Patrik gelip onu caydırabilmek için günlerce haremin kapısında bekledi. Adam, Safiye'nin ne olursa olsun bir Hıristiyan olarak yetiştirildiğini ve eski din kardeşlerine acıyacağını umuyordu. Ama adamın aç bilaç bekleyişi de işe yaramadı. Hatta ikonaları parçalanıp, yanına bir minare dikilen ilk kilise onunki oldu.

Safiye kendi çıkarları söz konusu olduğunda, en sadık yandaşlarını bile gözünü kırpmadan harcayabilecek bir yapıdaydı. Ve ben onun bu tarzını çok iyi biliyordum.

Haremin güvenli ortamında İsmihan ve ben bunları bilmiyor gibi davranıyorduk. Safiye artık bizden bir şey istemiyor ve huzurumuzu bozmuyordu. Zaten artık bizi oyalayan, Allah'a şükürler olsun, çok mutlu eden bebeklerimiz vardı.

Nur Banu'nun ölümünün üzerinden birkaç ay geçtikten sonra Gülruh ilk çocuğunu doğurmuştu, bir oğlan. İki yıl içinde bir tane daha doğurdu. Ve sonunda iki kız, üç oğlan çocuk anası oldu. Gülruh'un nasıl bu kadar kolay doğum yaptığı İsmihan için daima hayret verici bir şey olmuştu. Üstelik her yeni bebekle biraz daha güzelleşiyordu Gülruh.

İsmihan ve ben eski Şeyhülislam'ın Haliç'teki evine sık sık gidiyorduk. Oraya gidip bildiğim haremlere benzemeyen o haremi görmekten çok mutlu oluyordum. Batılılar'ın bilmediği bir haremdi orası. Zavallı Patrik de anlatılanlara inanıp Safiye ile ilgili olarak hayalinde öyle bir harem düşünmüştü mutlaka. Gülruh'un huzur dolu haremini değil.

Sessiz, sakin ve uhrevi bir havası olan Abdurrahman ve ağabeylerinin selamlığı haremle kıyaslanınca çok sıkıcıydı. Sonu gelmez dini tartışmaların ağdalı dünyasıydı burası. Diğer erkeklerin savaş ve isyanlarıyla ilgili değildi konuştukları konular, ama iç açıcı olduğu da söylenemezdi.

Harem ise çok değişikti. Selamlık, bir kadının sıradan ve iç karartıcı siyah çarşafına benziyordu ve o çarşaf sıyrılıp çıkarıldığında neşeli, güzel, zarif bir kadın çıkıyordu ortaya.

Selamlık üzeri kaba pütürlerle dolu tozlu bir kavun gibiydi, haremse onun hoş kokulu ve lezzetli içiydi.

İşte Gülruh'un haremi bana böyle duygular veriyordu. Yeni, taptaze mutlulukların beşiğiydi burası. Her gün bir başka sevinç yaşanıyordu bu haremde. Bir gün birinin dişi çıkıyor, bir gün biri ilk adımlarını atıyor, bir gün biri ilk kelimesini söylüyordu. Hatta hastalanıp ateşlerinin çıkması, huysuzlukları, düşüp dizlerinin yaralanması bile yeni bir heyecandı. Çocuklar yaşama zevki veriyordu insana. Gülruh'un ve diğer gelinlerin çocukları, dadıları, hayvanları, dostları bir mutluluk cümbüşü yaratmıştı bu haremde.

Ümmü Gülsüm sık sık, "İsmihan Sultan neden gelip bizimle yaşamıyorsun?" diye soruyordu.

Bunu ben de merak ediyordum, ama her defasında aynı cevabı duyarak susuyordum: "Bir kadın eğer kocası ya da babası yoksa ağabeyinin haremine aittir."

Aslında orada haftalarca kaldığımız oluyordu, genellikle Ramazan'ları Gülruh'un yanında geçiriyorduk, ama sonunda daima Murad'ın haremine, Safiye'nin yanına dönüyorduk. Sarayın zorla sakinleştirilmişe benzeyen haremi hiç hoşuma gitmese de yapacak bir şey yoktu.

Abdurahman'ın akşamları neden haremine koşturduğunu biliyordum. Neredeyse okuldan çıkmış bir çocuk gibi heyecanla karısının yanına geliyordu. Orada kendini yeniliyordu besbelli. Zaten öyle olmasa Gülruh'un bu kadar çok çocuğu olabilir miydi? Her doğumla böylesine tazelenip güzelleşir miydi bizim kızımız? Onun yüreğinde ne bir pişmanlık, ne bir "keşke," ne yarım kalmış bir arzu vardı. Mutluydu. Kendi mahremiyetleri içinde bunu yakalayabilmişti bu çift.

Ne yazık Sultan olmasına karşın Murad bunu becerememişti. Aslında acaba Sultan o muydu? Doğrusu bu konuda emin olamıyordum, kuşkularım vardı. Sanırım yalnız benim değil tüm dünyanın da.

Murad kendi zayıflığının her farkına vardığında bunu kapatmak için aşırı hareketler yapıyordu, hemen ya bir veziri ya da paşayı görevden alıyordu. Ama Safiye'nin daima bir yedeği oluyordu böyle durumlara karşı. Zaten biraz yağlama ve övgüden sonra Murad yine şiirlerine dönüyordu.

Sultan minyatür ve şiirden sonra ud çalmaya merak sarmıştı. Dünyadaki en önemli şeyin sanat olduğunu söylerdi. Bunun dışında kalan her şey ona çöl ortasındaki bir serap gibi gelmeye başlamıştı giderek. Ama ne yaparsa yapsın hiç hoşuna gitmeyen politikadan da kaçamıyordu. Ona saz çalan bir müzisyen, ya da yeni şiirlerini okuyan bir şair bile aniden yeğeni, ya da bir başka akrabası için bir şeyler isteyiveriyordu. Bu ne kadar kızarsa kızsın asla değiştiremeyeceği bir durumdu. Zaman zaman öfkeyle ellerine bakıp, "Siyasetin cüzamı bulaşmış Osmanlı elleri," diye bağırdığı söyleniyordu.

Murad'ı son görüşümde annesi Nur Banu'nun aksine, onda acı sonun yaklaşmakta olduğunun hiçbir belirtisi yoktu.

## LXIV

O *GECE* Kadir Gecesi'ydi ve Safiye, Murad'ın onun gönderdiği cariyeyi kabul etmemesinden ötürü öfkeden köpürüyordu. Sultan dervişlere danışmış, bu geceyi yüce Allah'a dua ederek geçirmenin çok daha önemli olduğuna karar vermişti.

O gece tekkede karşımdaki insanların yüzlerini daha özel bir ilgiyle inceliyordum. Aslında arkadaşım Hacı'nın tekrar bana görüneceği gibi bir ümidim yoktu. Bunu yıllardır yapmamıştı. Afganistan'a gitmek üzere tekkeden ayrıldığını ve bir daha da kimsenin onu görmediğini söylemişlerdi bana. Ama biliyordum isterse gelirdi, ya da yerine birini yollayabilirdi.

Sallanarak dönen yüzler giderek kendi bireyselliklerini yitirip dalgalanmaya başlamıştı gözlerimde. Bulanıklaşan bu yüzler sanki göze görünmeyen kıvılcımlar saçıyordu ve bu insanı yakmayan kıvılcımlar yanıbaşındakiyle bütünleşerek büyük "Birlik"i oluşturuyordu. Tamamen yüzler silinmeden birini fark ederek şaşırdım, bu Hacı olabilir miydi? Onu tekrar görmekten tüm ümidimi kestiğim bir anda yine karşıma çıkmış olabilir miydi?

İkinci bir dikkatli bakışla bu yüzün Hacı olmadığını anlamıştım, ama gördüğüm daha az şaşırtıcı değildi. Diğerleri gibi huşu içinde bulanıklaşan bu yüzün sahibi Murad'dı, imparatorluğun sahibi Sultan... Osmanlı'nın en tepesindeki adam, bu gece ona tanınmış olan ayrıcalığı elinin tersiyle bir kenara itmişti, yeni varisler yapmanın peşinde değildi, o da diğerleri gibi büyük "Birlik"i yaşamaya gelmişti tekkeye. Saltanatın sahibi olan kişiliğinden sıyrılıp çok daha büyük biri olmaya gelmişti, kendisi olmaya, Allah Aşkı'nın parçası olmaya...

Onu tanıyan var mıydı, bilmiyordum, bu belli değildi. Hiçbir derviş farklı bir davranış içinde değildi, o da birbirini özel bir anlamda merak edip tanımanın peşinde olmayan herhangi biri gibi kabul edilmişti tekkeye.

Sallanarak dönerken yan yana gelmiştik. Mücevher ve süslerinden sıyrılmış elini tuttum ve bir an için "Kutsal Aşk"ı unutuverdim. Bu el, odadaki herkesin hayatının sahibi olan eldi. Ve bu el, yıllar önce kendi kıskançlığının peşinde canımı almak üzere benim boğazıma sarılmıştı.

Yanıbaşımda dönen şeyhin elini tuttuğumda daha da karışmıştı ruh dünyam. Şeyhimiz bir zamanların Andrea Barbarigo'su, günümüzün Müslim'iydi. O da bir zamanlar yüzündeki maskeyi çekip, asaletinin gücüyle beni ölümle tehdit etmişti.

Her iki durumdan da Allah'ın merhameti ve bana verdiği güçle kurtulabilmiştim. Murad'la artık ne rakip ne de düşmandık. Kendi bedenlerimizin kısıtlayıcı durumundan çok uzaklardaydık. Ayaklarımız kımıldadıkça eridik ve birbirine karıştı ruhlarımız. Artık eşittik, arkadaştık, yüce "Güç"ün önünde huzur içindeydik.

Daha sonra birilerinin konuştuğunu duydum:

"Seni böyle bir arayışa ne itti dostum?"

"Bir başka şeyin peşindeydim, tamamen onunla ilgiliydim, onun dışında bir şey düşünemez haldeydim. O arayış beni sonunda bu 'Kutsal Arayış'a getirdi, her şeyden daha üstün olan iyiyi, doğruyu, Allah Aşkı'nı arayışa..."

"Tıpkı benim gibi."

Konuşanlar, Sultan ve Barbarigo idi. Üzerlerinde hırpani derviş kıyafetleri, birbirlerine boş bir yolun ortasında rastlamış iki yabancı gibi konuşuyorlardı. Gece ilerledikçe ben bile, Halife'nin, tüm İslam âleminin başının da bizimle beraber olduğunu unutmuştum. Ve ertesi günkü orucun ortasına kadar, tekrar bir bedenim olduğunu hissedene kadar da hatırlamadım.

Müslim, yani Andrea Barbarigo o gece tekkeyi son terkeden olmuştu. Uzun uzun konuşan yaşlı bir şeyhi dinlemişti. Diğerlerinin tümü gitmişti. Madem ki biri ona bir şeyler anlatıyordu, dinlemeliydi.

Çıktığında bile içi hâlâ rahat değildi, belki de ona teklif edileni kabul edip kalmalıydı tekkede. Evde ne vardı onu bekleyen? Küçük bir dükkân sahibinin yoksul evinin köşesindeki küçücük bir köşe... Geceleri yaramaz çocuklar, gündüzleri aksi bir kadın...

Boş sokağa tedirgin adımlarla indi, ama ani bir korkuyla her şeyi unuttu. Dev bir gölge üzerine doğru eğilivermişti. Bir an için öleceğini düşündü Barbarigo.

Ama sonra onu tanıdı. Yine de daha az korktuğu söylenemezdi. Bu adam Sofia Baffo'nun hadımıydı. Yıllar var ki onu görmemişti.

Hadımın selamı sertti. Belki bunun nedeni soğukta beklemektendi, sonra tek bir kelime etmeden ucu kürklü koluyla ona yol göstermişti Gazanfer.

"İşim var hadım," diye söze başlayan Andrea, birden adamın isterse tek eliyle onun boynunu koparabileceğini düşünüp susmuştu. En iyisi denileni yapmaktı.

Bir köşeyi dönüp, avlu gibi bir yerdi sonunda geldikleri. Andrea şaşkın kalakalmıştı gördüğü karşısında. Aslında bu her Müslüman'ın yapacağı bir şeydi. Karşısında bir kadın tahtırevanı vardı. Hadım hâlâ eliyle yol gösteriyordu.

Araca doğru çekingen bir adım attı ve içerden dışarı kafesi iterek uzanan bembeyaz eli görünce hayalet görmüş gibi yerinden sıçradı.

"Merhaba Andrea."

Bu İtalyanca'ydı. Kim olduğunu hemen anlamıştı. Uzanan kolun bileğinde annesinin madalyonu sallanıyordu.

Ses, "Geceleri uyumakta zorlanıyor musun Andrea?" diye soruyordu.

Andrea hâlâ şaşkındı, ona sanki tahtırevan konuşuyormuş gibi geliyordu. Bir mücevher kutusuna benzeyen bu kutu konuşuyor gibiydi.

Ses, onun sessizliğini bir cevap olarak algılamıştı ve konuşmaya devam etti. "Ben de..."

Sonra biraz durdu ve "Belki," dedi... "Belki birbirimize yardım edebiliriz."

Kafes kapandı, el kayboldu. Avlunun dibindeki köleler çağrıldı.

Nasıl bilmiyordu ama Andrea emirlere uyması gerektiğinin farkındaydı. Yaptı da bunu, tahtırevanı izlemeye başladı. Bir sokak, iki sokak, sonra da bir başka avlu. Daha önce hiç gelmediği ve bir daha arasa da bulamayacağı bu avludaki kapıdan içeri girdi. Tanıdığı bir koku vardı sanki. Balık kokusu? Bu olabilir miydi?

Güneş doğuyordu. Andrea tekrar sokaktaydı, bir an durdu. Rüya mı görmüştü? Şeytan ona artık "Arayışın"ının sona erdiğini mi göstermek istemişti? Ama hayır, o kokuyu yine duyuyordu. Çok gerçekti koku. Şimdi onu daha önce nerede duyduğunu da hatırlıyordu. Çok, çok zaman önce, suratının barutla yandığı o yerde, o kerhanemsi pislikte duymuştu bu kokuyu.

Yüzündeki izi ve onu kapatan sakalını ovuşturdu. Arkasını dönüp kapıya bakmak istedi. Ama büyük hadım orada duruyordu, heykel gibi. Tekrar önüne döndü, yürüyüp gidecekti. Birden bu iffet sembolü adamdan korkmuyormuş ve hatta ona aldırmıyormuş gibi yaparak ıslık çalmaya başladı.

Bu, eski bir İtalyan şarkısıydı. O ve Sofia bunu birlikte söylerlerdi. İkisini de şaşırtacak şey, sözleri hâlâ unutmamış olmalarıydı. Şarkının adı "Gel, tomurcuklanan koruya gel aşkım,"dı.

Gazanfer adamın uzaklaşmasını seyretti. Düşünüyordu: "Benim kızdığımı sanıyor. Hanımıma bu gece vermiş olduğu şey eninde sonunda nedir? Barbarigo, bunun kendisi olduğunu düşünüyor. Her zaman böyle olur sonunda. En olgun durması gereken noktada şımarıyor. Hayır efendi, işler o kadar da basit değil. Git de ıslığını çal sen. Sen bir hiçsin, önemin yok. Bu benim ve onun, Safiye'nin arasında bir oyun."

# LXV

*ALLAH'A* şükretmeliyiz ki Murad son günlerinde, bu dünyada değil öbür dünyada ödüllenecek olan bir sanata yönelmişti. Gerçekten de, Sultan'ın saz heyetindeki kızlardan şu şarkıyı istediği söyleniyordu: "Yorgunum ey ecel, bu gece al beni koynuna".

Şarkıya başlandıktan az sonra olanlar olmuştu. Murad o gün, deniz kenarındaki Sinan Paşa köşkündeymiş. Mısır'dan gelen iki gemi Sultan'ı selamlamak için iki pare top atışı yapar yapmaz köşkün bütün camları gürültüyle aşağı inmiş. Bundan önce sayısız kez yapılan bu şeref selamlamasının böyle bir olayla sonuçlanmasını Sultan kötü bir işaret olarak değerlendirmiş ve üzüntü içinde Saraya dönmüş, o gece de ruhunu teslim etmiş.

Bizler bu olaydan ancak Şehzade Mehmed Manisa'dan geldikten sonra haberdar olabildik. Safiye ve en büyük destekçisi Vezir-i azam her zaman olduğu gibi eski Sultan'ın ölümünü saklamıştı. Ama bazıları yine de içgüdüsel olarak böyle bir felaketi önceden hissedebilmişti.

Bunlardan biri de bendim. Murad'ın ölümünden bir süre önce Gazanfer'le birlikte iç haremde dolaşıyorduk. Küçük avlulardan birinde nedensiz duruvermiştik. İri yarı biri kollarını açsa avlunun duvarlarına dokunabilirdi, öylesine ufak bir yerdi burası. Sabah yağan yağmur taş zeminde birikmiş, duvarlar rutubetten grimsi bir renk almıştı.

Bir kenarda henüz tomurcuklanmamış yabani bir akasya vardı. Tepemizde güvercinler uçuşuyordu, üst katlarda bir yerde temizlik yapan bir kız, içli bir türkü tutturmuştu. Bu garip ortamda ses sanki bambaşka bir dünyadan geliyormuş gibi yankılanıyordu.

Bize daha yakın ve gerçek gelen bir başka ses daha duyduk. Bu, iç çekerek ağlayan bir kadına aitti. Etrafa göz gezdirip onu bulmaya çalıştık ve en son akla gelebilecek bir yerde gördük kadını. Aylar önce bir kızın doğum yaparken öldüğü küçücük bir odadaydı. Oranın uğursuzluğuna inanan kadınların ayaklarını bile atmadığı bir yerdi orası oysa.

Gözlerimiz odanın loşluğuna alışınca, Gazanfer, "Mitra!" diye bağırmıştı. "Burada ne işin var? Senin durumunda biri için tehlikeli olabilir bu." Mitra üçüncü çocuğunu bekliyordu. "Zavallı talihsiz kızın başına geleni unutma. Allah korusun..."

Mitra bize baktı, ağlamaktan yüzü şişmişti. "Ne fark eder?" dedi. "Nasıl olsa burada hepimiz ölü sayılmaz mıyız? Ben, oğullarım ve karnımda taşıdığım şu küçük şey... Onun şefkatini beklemektense, Allah'ın şefkatine sığınmak daha iyi olur." Sesi giderek bir fısıltıya dönüşmüştü, başını duvara çevirdi. Ne demek istediğini biliyordum, Safiye'yi kastediyordu.

İşte o anda Sultan'ın başına kötü bir şeyler geleceğini hissetmiştim.

Gazanfer onu yatıştırmaya çalışmıştı ama o, "Hayır, öldü, biliyorum. Üç hatta dört gündür beni yanına çağırmıyor," diye ağlamaya devam ediyordu.

"Ama biliyorsun," dedim. "O, gebe kadınlardan rahatsız olur."

"Ama daha önce de böyle olduğunda beni yanına çağırmıştı, perdenin arkasından şiir okuttururdu bana."

"Hasta olabilir," diye cevap verdim. "Ama yakında iyileşecektir."

Bir şeyler söyleyip bana yardımcı olması için Gazanfer'e baktım. Ama o sanıyorum ya olanları biliyor, ya da tahmin ediyordu. Hiçbir şey söylemedi. Mitra bu sessizlikten kendince anlamlar çıkarmıştı.

"Biliyorsun," dedi umutsuz bir ses tonuyla. "Biliyorsun, değil mi? Mehmed tahta çıkar çıkmaz ben ve oğullarım onun için değersiz olacağız. Ondan bile daha kötü hatta... Bizi tehlikeli bulacak, oğullarımın etrafında isyancılar oluşabilir, diye. Ama Allah biliyor ben böyle bir şeyin peşinde değilim, yemin ederim. Tabii yeminimin de bir değeri yok. Bizim tek amacımız yaşamak, huzur içinde yaşamak. Çocukluğumdan beri hep huzuru aradım. O benimle bir pazarlık yaptı. Bunu biliyorsun Ağa, unutma o pazarlığı. 'Murad öldüğünde...' demişti. Beni ve çocuklarımı özgür bırakacaktı, biz de İran'a gidecektik. Kardeşim üzerine düşeni yaptı. O adamı öldürdü. Ama onu da öldürdüler, benim hiç kimsem yok. Ona inandığım için şimdi kendimi aptal gibi hissediyorum. Asla sözünü tutmayacak, bunu biliyorum."

Mitra susmuyor, dehşet içinde konuşmaya devam ediyordu. "Osmanlı Yasası'nı uygulamaya hakkı var, bunu biliyorum. Yaşayan ya da yaşamaya aday olan tüm şehzadeleri öldürtebilir imparatorluğun huzuru uğruna. Tabii bir kölenin huzuru kimin umurunda? Bunu yapacak, biliyorum, gözlerinden anladım. Beni satın aldı ve Sultan'ın yatağına koydu, sonra da... Artık oğullarım büyüyor, onun için tehlikeli olabilirler. Allahım, nasıl kurtarabilirim çocuklarımı?"

Birkaç kelime mırıldanmaya çalıştım, ama onu yatıştıracak bir şey bulamıyordum. Gözümün ucuyla da Gazanfer'i izliyordum bir yandan. Yüzünden, tepkilerinden durumu anlamaya çalışıyordum. Acaba Mitra'ya yardımcı olabilir miydi? Gözlerinden bir an gelip geçen ışığın anlamı bu muydu? Yoksa gidip kadının söylediklerini bir bir hanımına aktaracak mıydı?

"Üzgünüm ama sana yardım edemem," dedi.

"Hayır edebilirsin!" diye bağırdı Mitra. "İstersen bizim kaçmamıza yardımcı olabilirsin hadım. İran'a gideriz, bu herkes için çok iyi olur. Orası olmazsa herhangi bir yere... Her yere razıyım, hayatımın bundan sonrasını bir kulübede geçirsem de umurumda değil. Tek isteğim çocuklarımı kurtarabilmek."

Gazanfer hızla kapıya doğru baktı. Dinlenip dinlenmediğimizi mi kontrol ediyordu acaba? Neyin peşindeydi?

Dışardan bakılınca ikimizin dost olduğu söylenebilirdi. Ama bunun aslında çok yüzeysel bir dostluk olduğunu düşünüyordum. Bizi koşullar böyle biraraya getirmişti. Şu anda haremde akhadım olarak yalnız ikimiz kalmıştık. Evet, bu işte bir iş vardı. Sultan'ın başına bir şey gelmişti. Bunu Gazanfer'in gözlerinden okuyabiliyordum. Ama bana bu konuda daha önce hiçbir şey söylememişti.

Bu adamın Safiye'ye karşı bağlılığını hâlâ anlayamıyordum.

Karşımızda ağlayıp duran bu zavallı kadına yardım edebilmek olanaksızdı. Hele de ben ne yapabilirdim? Gazanfer'in kapıyı kontrol edişinden acaba ümitlenebilir miydim?

Birden Ağa tekrar bize döndü ve beni çok şaşırtan bir şey söyledi. "Bunu bir daha düşüneceğim."

Mitra da şaşırmıştı. Onu dışarı çıkarttık. En azından bir hafta tekrar ağladığını da görmedik. Zaten tekrar ağlamaya başladığında artık yalnız değildi, bütün Saray, İstanbul, hatta bir uçtan bir uca imparatorluk ağlıyordu.

## LXVI

MANİSA'DAN gelen Mehmed hepimizi şaşırtmıştı. Kocaman, güçlü kuvvetli bir adam olmuştu Safiye'nin oğlu. İlk birkaç gün cenaze işleri yerine getirildi ve dış dünyadan başsağlığı için gelenler kabul edildi. Ve sonunda yeni Sultan debdebeyle hareme girdi. Altın işlemeli gölgeliklerin altında teni bronz gibi parlıyordu.

Tek kulağında koca bir yakut sallanıyordu, beyaz ipek kavuğunun tepesinde de bir başka kan gibi yakut vardı. Bunun etrafındaki üç sıra elmasa tavuskuşu tüyleri tutturulmuştu. Sultan'ın parmaklarının tümü de değerli yüzüklerle doluydu, hatta bilekleri de...

Bu kadar mücevherin arasında giysilerini insan fark etmiyordu bile. Krem rengi ipeklerle, kayısı rengi kadife üzerine alışılmadık bir biçimde çiçek desenleri işli bir giysiydi bu. Mücevherler gücünün, çiçekli giysiler ruhunun değerini vurgulamak için gibiydi. Şimdi bu mücevherlerden daha değerli ruha kendini sevdirebilmek için haremdeki kızlar ellerinden geleni yapacaklardı. Bu gösterişin içinde tek aykırı duran Mehmed'in yanağındaki belli belirsiz gölgeydi.

Safiye, Manisa'daki oğlunun yanına tek bir kız vermişti. Bu Rum kızı tüm basitliğine karşın çok yumuşakbaşlı biriydi. Tabii ki hadımlar vardı, ama bunlar alışveriş için, özellikle de köle konusunda Safiye'den habersiz hareket edemezlerdi. Yüzde yüz kısır olduğu kanıtlanmadıkça bir kızın satın alınması mümkün değildi. Dolayısıyla Mehmed'in cinsel isteklerinin cevabını verebilecek tek kişi o Rum kızıydı.

Ama Şehzade gençti. Yirmi dört yaşında birinin ateşliliği ve istekliliği kusurlara aldırmaya izin vermiyordu. Kız elinden geleni yapıyordu ve Mehmed'e iki oğlan doğruvermişti kısa zamanda.

Safiye kıza nasıl korunması gerektiğini önceden öğretmişti, ama kız basit ilaçları bile hazırlayıp uygulayamamıştı.

Aslında Safiye, haremde kendi gücünü tehlikeye sokabilecek yeni bir kadının varlığını düşününce daima tedirgin olmuştu ve o günü ertelemek için elinden geleni yapmıştı. Belki de bu Rum kızı üzerinde gereğinden fazla baskı yapmasının nedeni de buydu.

Ama artık o gün ertelenemeyecek bir şekilde gelmişti. Oğluna, imparatorluğun yeni Sultan'ınına, Valide Sultan olarak haremin tüm nimetlerini kendi elleriyle sunması gerekiyordu.

Baffo'nun kızının yüzüne bakınca isteksizliği hemen belli oluyordu. Ona kalsa belki de birkaç geçkin çamaşırcı kadın, yüzü gözü çiçek bozuğu halayıkla idare etmek isterdi. Ama bu olanaksızdı, Mehmet tahta çıkmıştı. Eğer onu kullanarak gücünü artırmak istiyorsa, oğlunun gücünü kısıtlamaya da çalışmamalıydı. Eli Tuna Nehri'nden Hint Denizi'ne kadar ulaşan birinin basit bir Rum kızıyla idare etmesini bekleyemezdi artık. Çünkü o el aynı zamanda kendi eliydi de...

Safiye yıllardır haremdeydi ve bu amaca uygun yüzlerce kızı vardı. Bu her biri birbirinden çekici ve güzel kızların en büyük özelliği Valide Sultan'a olan bağlılıklarıydı.

Tıpkı bir zamanlar Şehzade'nin gördüğü rüya gibiydi bu. Esmer, kumral, sarışın, kızıl saçlı, beyaz tenli, zenci, kara gözlü, çakır gözlü bir yığın tomurcuk gibi patlamaya hazır gencecik kız... Karşılarında bir erkek, hem de Sultan görmekten heyecan içinde, yanakları kızarmış, elleri ayakları titreyerek duruyorlardı. Pek çoğu için bu onların satın alındıkları günden beri gördükleri ilk erkekti. Ama hepsi için ortak olan, Mehmed'in tek erkekleri olacağıydı.

Sultan tümünü aynı bakışlarla süzüyordu. Şöyle bir yürüdü ve elindeki keseden altın saçmaya başladı kızların üzerine. Az önce kınalı ellerini Valide Sultan'ın ayağı altına koyarak yerine getirdikleri itaat sembolü gelenekle kıyaslanınca bu altın yağmuru çok paradoksal bir durumdu. Bir kısmı bunlardan kapmaya çalıştı, ama belki amaç altını almak değil, bu arada beyaz bileğini göstermek de olabilirdi. Ağırbaşlılığın ve uzun kirpiklerin kendilerindeki en hoş özellik olduğunu düşünenler kımıldamadan kızarmış yüzlerle önlerine bakmayı tercih etmişlerdi.

Bu âdetlerden sonra neler yapıldığını izleyemedim, çünkü Gazanfer, Mitra'yı da bu kızların arasına sokmuştu.

Tabii ki yüzü peçeliydi ve tanınmaması için elden gelen yapılmıştı. Ama Mehmed'in rastlantısal olarak babasının eski odalığını seçmesi, ya da Safiye'nin Mitra'yı fark etmesi çok korkunç sonuçlara yol açabilirdi. Valide Sultan bundan kuşkulansa bile yeterdi...

Yine de bu tehlike göze alınmak zorundaydı, çünkü ancak tören karmaşası içinde Mitra'yı uzaklaştırabilirdik haremden.

Gazanfer'in yolladığı tahtırevanın beklediği avludan birkaç adım ötedeydik. Ağa, onu nereye gönderecekti? Bu konuda hiç fikrim yoktu. Benim işim, kızı arka kapıdan çıkarıp oraya kadar güven içinde götürmekti. Daha fazla bilgiye sahip olmam tehlikeli olabilirdi.

Devasa hadım kızı olduğu gibi beni de koruyordu galiba. İşimi başarıyla yaptım. Kapı aralığından adeta sızarak bahçenin serin havasına çıktık.

Benim görevim bitmişti, ama daha çok iş vardı yapılacak.

"Çocuklarım... Onlar nerede?" diye sordu endişeyle Mitra tahtırevanın içine bakınca.

"Gazanfer Ağa onları güvenli bir yerde tutuyor," dedim çabuk çabuk, belki çok çabuk olmuştu bunu söyleyiş biçimim. Aslında adamın çocuklar konusunda ne düşündüğünü bilmiyordum. "Haydi bin, acele et."

"Hayır çocuklarım olmadan binmem."

"Onlar güvendeler. Bundan eminim. Haydi ver elini, yardım edeyim."

Hâlâ kararsızdı. İçerideki tören ne zaman biterdi, bilemiyordum, tedirgindim.

"Onların iyi olduğuna dair yemin eder misin?"

"Allah merhametlidir. Onlar şimdi O'nun elindeler."

"Ne garip," dedi, tahtırevanın kenarına ilişmeye çalışıyordu. "Oğlum, büyüğüm Mustafa, henüz çocuk sayılır, ama şiir yazıyor..."

"Annesi de babası da sanatçı..." dedim şaka yapmaya çalışarak.

Hafifçe gülümsedi. Eski Sultan'a yıllardır şiir okuyarak geçen günler şöyle bir gözünün önünden gelip geçivermişti galiba. Elini cebine sokup bir küçük kâğıt parçası çıkardı. "Bu," dedi boğuk bir sesle. Aslında kâğıt, ona oğlunun elinin sıcaklığını taşıyan bir semboldü, zaten ezbere biliyordu satırları.

Yazı çocuksuydu, ama yazılanlar değil. O küçücük yaşında ölümü karşılamaya hazırdı Mustafa. "Biz şimdi O'nun ellerindeyiz," diyordu şiirinde. Sustuk, ne Mitra ne de ben söyleyecek bir söz bulabildik.

Sonra bana dönüp fısıltıyla, "Beni affet Abdullah," dedi.

"Affedilecek ne var?" dedim. "Esas sen beni affet, senin için elimden daha fazlası gelmiyor ne yazık ki."

"Hayır," dedi. "Anlamıyorsun. O bendim. Yani ağabeyim ve ben. Ben özgür kalabileyim diye onu öldürdüm. Senin efendini, Sokullu'yu ben öldürdüm."

"Saçma," dedim. "Ben oradaydım, o bir dervişti."

"O derviş benim kardeşimdi," dedi. "Bize söz vermişti Safiye..."

Çenesi titriyordu. Evet, aynı yuvarlak gamzeli çeneydi bu.

Tam o sırada koşturarak telaş içinde Gazanfer geldi.

"Acele," dedi kıza. "Zaman yok. Gitmiş olmalıydın."

Mitra inatla, "Ben çocuklarım olmadan bir yere gitmem," diye diretiyordu.

Böyle bir durumda Gazanfer'in yüzü bile gerçeği saklayamıyordu. Çocukları kurtaramamıştı. Yalnızca Mitra ve karnındaki için şans yaratabilmişti.

"Dua et de kız olsun," dedi. "O zaman Safiye sizi unutabilir."

Mitra tahtırevanın yanında dimdik inatla duruyordu. "Çocuklarım olmadan bir yere gitmem," diye tekrarladı sözlerini.

"Oğulların birazdan Sultan'ı selamlayacaklar. Mehmed önce sünnet edilmelerini istedi çocukların."

"Ama bu çok saçma," diye itiraz etti kadın. "Şehzadeler düğünsüz sünnet edilmezler ki."

"Evet," dedi Gazanfer ve sustu. Artık daha fazla konuşmasına gerek kalmamıştı.

Çocukları sünnet odasında karşılayan sünnetçi değil, dilsiz cellatlar olmuştu. Murad'dan geriye kalan şehzadeler ipek urganla boğulduktan sonra camiye götürülmüştü. On dokuz küçük tabut babalarının toprağı henüz kurumadan gömülmüştü gözyaşları içinde.

Mitra uzun süre ağlayıp acı çekmedi. Karınlarındaki bebeklerin erkek olup tahtı tehdit edebileceği düşünülen altı cariye ile birlikte o gece çuval içinde Marmara'nın karanlık sularına atıldı. Bu yedi çuval için ne kadar çok hikâye anlatıldı, Sarayburnu'ndaki dalgalar kimi zaman bir saç lülesine, kimi zaman zarif bir ele benzetildi.

Yedi hamile kadın yıllarca hizmet ettikleri kadının emriyle ölüme yollanmışlardı. Mitra'nın o sırada bile şiir söylediği anlatılmıştı. Çuvaldan çıkan son kabarcıkların suyun üzerinde "Allah" yazdığı söyleniyordu. Ve bazen akıntılı denizin Farsça bir şiir gibi sesler çıkardığı da...

O gece, en büyüğü Mitra'nın on bir yaşındaki Mustafa'sı, en küçüğü de üç aylık bir bebek olan kardeşlerinin ardından ağladıktan sonra Mehmed, haremden yatağı için iki cilveli kız seçmişti. Ertesi gece başkalarını, daha ertesi gece daha başkalarını...

Doğrusu bu kızların kimler olduğunu izleyemedim. Zaten bunun bir önemi de yoktu. Dışardan bakılınca yeni bir Sultan tahta çıkmıştı. Evet... Ama içerde yöneten hâlâ Safiye'ydi.

# LXVII

MEHMED, annesi ve kızkardeşinin önerisiyle kendine Vezir-i azam olarak Ferhad Paşa'yı seçmişti. Ve birkaç gün sonra İsmihan, Safiye ile "Sultan'ın Gözü'nden Divan'ı izleyebilmek için inanılmaz bir gayret ve çaba göstererek daracık merdivenleri bile tırmanmayı göze aldı.

Ama bir daha asla tekrarlamadı bunu, erkek dünyasına böyle yakın olmaktan rahatsız olduğunu, üstelik siyasetin onu hiç ilgilendirmediğini söylemişti gerekçe olarak da.

Bunların asıl neden olmadığını biliyordum. Gerçeği saklamak için böyle şeyler uydurmuştu. Gerçek neden, yıllar önce üç günlük at sırtında yolculuktan sonra konağının selamlığında gördüğü adamın çok değişmiş olmasıydı.

Artık İsmihan da o genç kadın değildi ve Ferhad evli bir adamdı. Paşa'nın sakalları ağarmıştı, aşırı çalışma ve sorumluluktan bezmiş bir hali vardı. Gözlerinde de daha önce asla fark edilmeyen bir şikayetçi ve yılgın bakış...

Onun kayın validesi Safiye'ydi.

Bir zamanlar İsmihan'a en güzel tensel zevk ve doyumu yaşatmış olan güçlü bedeni yeşil Vezir giysileriyle saklanmıştı. Bu onun, kocasının üzerinde yıllarca gördüğü kıyafetti. Şimdi ona bakarken tuhaf bir duyguya kapılmıştı İsmihan, sanki kocasını bir kez daha aldatıyordu. Artık olgun bir kadındı, onun da saçları ağarmıştı, gençliğin o tutkulu heyecanlarını artık ne hissedebiliyordu, ne de onların peşinde gezmeye niyeti vardı. Aşkını böyle düşünmek istemiyordu ve bir daha asla Sultan'ın Gözü'ne gitmedi.

İlkbaharda, dağlardaki karların erimeye başladığı haberini alınca Ferhad Paşa ordunun başına geçip Avusturya ile ittifak yapan Almanlar'la savaşmak üzere Macaristan'a doğru yola çıktı. Onun yerini Divan'da geçici olarak İbrahim Paşa almıştı.

Hemen sonra, yeniçerinin Bulgar sınırında kazan kaldırdığı haberi geldi.

Ferhad Paşa, bu işten sorumlu tuttuğu iki ileri gelen komutanı işlerinden uzaklaştırmıştı. Safiye buna çok öfkelendi, çünkü adamlar onun yandaşıydı ve Ferhad'dan daha çok güveniyordu onlara. İçlerinden birini Ferhad'ın yerine Vezir-i azam yapmayı düşündüğü bile söyleniyordu. Tüm hırslı adamlar gibi beklemekten usanmış olmalıydı adam da.

Başka haberler İsmihan'ın üzüntüsünü daha fazla artırdı. Söyleniyordu ki, öfke içindeki Ferhad, isyancılara belâ okumuş ve Kıyamet Gününe kadar Allah bu yeniçeriye evlat vermez inşallah, demişti. Doğru mu, değil mi bilmiyorduk, ama İsmihan bundan çok etkilenmişti ve kendince bir yığın anlam çıkarıyordu bu sözlerden.

"Belki de Ferhad," diyordu, "genç bir yeniçeri iken kendi de çocuk sahibi olduğu için çok pişmandır." Ya da onlara evlenme iznini verdiği için Sokullu'ya kızıyordu, mezarındaki adama bile küfretmiş olabilir miydi? İsmihan aşkının sözlerine alınmıştı. Bu adam ve hanımım neredeyse yirmi beş yıldır tek kelime konuşmamışlardı ve şimdi adamın sözleri hâlâ İsmihan'ı derinden etkiliyordu, bu inanılmazdı.

Bu konuya Divan'da da çok önem verildi. İsyan bile etseler yeniçeriler imparatorluğun şerefi ve gücüydü. Böyle bir küfür ve belâ imparatorluğun geleceğine de küfür ve belâ olarak kabul edilebilirdi. Bu olamazdı. İbrahim Paşa derhal gidip bu konuyu araştırmakla görevlendirildi. İbrahim Paşa, gerçekte işin aslını merak etmiyordu, o buna zaten inanmıştı. Şimdi Safiye'nin ona sözünü verdiği şeyi istiyordu. Ferhad'ı halledip yerine kendisi geçmeliydi Vezir-i azam olarak.

Benim hanımımdan Safiye'ye götürdüğüm mesajlar ve Safiye'nin hadımlarının Sultan'a götürdükleri, sonunda bir ferman çıkmasını sağladı. Ferhad öldürülmeyecekti.

Bu haberi aldıktan sonra Ferhad Paşa ve birkaç adamı bir konağa kapanmıştı. Yeniçerilerin çoğu İbrahim Paşa'dan yanaydı ve Ferhad Paşa tamamen kapana kıstırılmıştı, ama ne olursa olsun İbrahim Paşa fermana uymak zorundaydı. Son duyduklarımız bunlardı.

Birkaç gece sonra aniden uyandım. Ortalık kapkaranlıktı, tuhaf bir ses duyuyordum ve sanki biri yatağımı hızla sarsıyordu. Korkuyla, "Kim o, ne oluyor?" diye bağırdım.

Ama hemen anladım bunu yapan bir insan değildi. Allah'ın eliydi yeri böyle savuran. Deprem oluyordu.

Yerimden kımıldayamadım. Ayağa kalksam bile yürüyemeyeceğim kesindi. Zaten nereye gidecektim? Sanki tüm Saray denize kayacakmış gibi sallanıyordu.

Herkes uyanmıştı. Bazıları yüksek sesle dua ediyordu, çoğumuz nefesimizi tutmuş bekliyorduk. Bazı şangırtılar duyuldu, kırılan camlar ve kapkacaktı bunlar. Üç kat yukarıdan bir şey düşerek tam kapımın önünde paramparça oldu. Çocuklar ağlıyordu, bir iki kadın korkuyla çığlık attı. Ama çoğumuz hiç ses çıkarmadan kalakalmıştık.

Sonunda sarsıntı durdu. Azgın bir köpek silkinip yerine oturmuş gibiydi. Sonra sesler arttı, hadımlar dualarla dışarı fırlamıştı. Ben de yerimden kalkıp yanlarına gittim.

Doğrusu o sırada kadınları düşünmüyorduk, nasıl olsa yanlarında diğer görevliler vardı. Aslında büyük bir zarar da olmamıştı. Sinirler bozulmuştu o kadar. Hadımlardan biri vaktiyle kendi köyünde olan bir depremi anlatmaya koyulmuştu, ben de dinlemek için bir iki adım attım, ama aynı anda acıyla bağırdım. Kırılan camların içine dalmıştım ve ayağım kesilmişti.

"Hey büyük Allah'ım," dedim, "Koca depremden kurtardın beni, ama camlar canıma yetti." Herkes gülüyordu, koşup ayağımı sarmak için ilaç ve bez getirdiler hemen.

Tam bu işlerin ortasında yüzü bembeyaz bir halde hanımımın halayıklarından biri geldi. İsmihan beni hemen yanına çağırıyordu.

Ayağım hâlâ kanıyordu, koşarak hareme gidecek halde değildim. Bu çağrıya fazla kulak asmadım. Yani ne vardı bu kadar ortalığı ayağa kaldıracak, sonuçta evet deprem olmuştu, ama çok şükür her şey yolundaydı. Ve bu duygu ve düşüncelerle unutuverdim İsmihan'ın yanına gitmeyi.

Ama az sonra kapı ağzında İsmihan'ı görünce hem şaşırdım, hem de çok utandım. Bu ilk kez oluyordu, hadımlar avlusuna daha önce bir kez bile gelmemişti İsmihan. Bunun nedeni deprem korkusu olamazdı, başka bir şey vardı. Önemli bir şey.

Hemen hizmetçilerin yardımıyla onu yatağıma oturttum. Konuşmadan, gözyaşları içinde bakıyordu yüzüme. Bir el hareketiyle meraklı kızları ve hadımları dışarı yolladım.

Onlar gider gitmez üzüntüyle, "O öldü," dedi.

"O mu? O kim?" diye sordum. Aklıma ilk gelen Sultan olmuştu ve dehşete kapılmıştım. Kendi öz kardeşlerini öldürerek imparatorluğu korumak belki bir yöntemdi, ama bu yöntem üç buçuk yaşındaki bir oğlan çocuğunun tahta çıkmasının yaratacağı belâlardan imparatorluğu korumaya yetmezdi. Allah korusun, diye geçirdim içimden.

"O," dedi tekrar. Söyleyiş biçiminden anlamıştım, sözü geçen "o" Ferhad Paşa'ydı. Tıpkı Allah'ın adını söyleyen bir derviş gibi çıkıyordu sesi.

"Yalnızca bir rüya," dedim. "Ferhad Paşa buradan çok uzaklarda. Depremi bile duyamayacak kadar uzaklarda. Bir karabasandı, geçti."

Ama aslında ben de etkilenmiştim, tüylerim diken dikendi. Birden tavandaki koskocaman çatlağı gördüm. Ölüme ne kadar yaklaşmıştık aslında, bunu kimse bilemezdi. Belki de bir daha sallansak İsmihan da ben de iki katın altında kalacaktık.

Tekrar ürperdim, ona sarıldım ve uyuyana kadar dua ettim. Az sonra sabah ezanı okundu. Minarelerden halk yoksul semtlerdeki insanlara yardım etmeye çağrıldı.

Öğleden sonra yeni haberler geldi sınırdan: Ferhad Paşa ölmüştü. Dün gece bilinmeyen bazı kişiler konağa girip onu öldürmüştü. Kafası kesilmişti. Bazıları korku dolu fısıltılarla İbrahim Paşa'ya yakın bazı adamların Paşa'nın kafasını ateş etrafında tekmeleyerek oyun oynadıklarını bile söylemişti.

Bu detayları hiç kimsenin İsmihan'a anlatmış olabileceğini sanmıyordum. O sabah ateşi yüksek olarak uyanmıştı, bunları bilmediği için birkaç gün içinde iyileşebileceğini umuyordum.

Ama bir daha asla ayağa kalkamadı. Bazıları, deprem yüzünden, dedi. Gecenin ayazını göğsüne yiyip hastalandığını düşünenler oldu. Ama onlar, onun bir derviş gibi "o" deyişini duymamışlardı. "O" ne bir sipahi ne de bir vezirdi, onun kalbinin tek sahibiydi.

Kış boyunca direnmeye çalıştı, ama ilkbahar olup da ordu tekrar yola koyulduğunda yeni seferler için artık zamanın sınırlı olduğunu anlamıştım. Kızı, torunları, sevenleri oturup tevekkülle bekliyorduk ölümün gelip onu almasını. Birden Safiye'nin adını mırıldanmaya başladı. Eski kaygısız genç kızlık günlerini hatırlayıvermişti galiba. Gidip Baffo'nun kızını bulmalıydım. Sevgili arkadaşının son arzusunu herhalde yerine getirirdi.

Valide Sultan'ın dinlendiği söylendi. Ama uyusa bile onu uyandırmaya kararlıydım. Safiye'nin dairesinin kapısında muhafızları göremeyince şaşırdım. Özel odasının kapısı aralıktı, kendimi cesaretlendirip içeri girdim. Ama oda boştu, o akşam kandiller bile yakılmamıştı besbelli; yatak, yastıklar, örtüler çok düzgün duruyordu, hiçbir şeye dokunulmamıştı.

Hanımımın bu son arzusunu yerine getirememiştim. Yanına dönüp, elini tuttum. Ve huzur içinde, uykusunda son nefesini verene kadar da bırakmadım. Belki de yanında arkadaşının olduğunu sanmıştı kimbilir? Ama ben kalben rahattım, ona yetmiştim. Bütün hayatım zaten bu uğurda geçmemiş miydi?

İsmihan da bana bunun karşılığını ödemişti. Bana vermediği ne kalmıştı? İşte en sonunda, kendi ölümünün acısını da tattırmıştı bana.

## LXVIII

ANNESİNİN ölümünden sonra Gülruh bana gelip kendisinin yanında kalmamı teklif etti. Aslında bir yığın hadımı vardı, benden istediği orada oturup dinlenmemdi. Haklıydı, zaten bu Sarayda artık ne yapacaktım? Küçük odamı boşaltıp bir zenci hadıma vermeye hazırlanıyordum. Artık Sarayda Gazanfer'le benden başka akhadım kalmamıştı.

Gazanfer bana veda etmek için geldi, hanımımın ölümünden sonra pek çok kez beni arayıp hatırımı sormuştu Ağa. Ama benim üzüntüden konuşacak halim olmadığı için fazla kalmamıştı daha önceki ziyaretlerinde. Şimdi biraz daha iyiydim, ona laf arasında, o gece, İsmihan'ın isteğini yerine getirmek için hanımını nasıl arayıp bulamadığımı söyledim.

"Safiye ölüm döşeklerinden uzak durur," dedi.

"Evet, biliyorum, ama belki böyle bir eski dost için..."

"Dost mu? Benim hanımımın hiç dostu var mı? Doğrusu sanmam. Onun ölüm döşeğinde yanında kimin olacağını düşünüyorsun?"

"Allah korusun."

Gazanfer sözlerime, "Amin," diyerek katılmadı, konuşmaya devam etti. "Senin hanımın dünyanın en tatlı, en nazik insanlarından biriydi ve Safiye böyle özellikleri kusur olarak değerlendirir. Bunları hep kendi için kullanır. Bu da onun kusurudur. Sanki sonsuzluk iksiri içmiş gibi kendisinin ölmeyeceğini sanıyor galiba, ölüm ona göre hep başkaları içindir. Onun sonsuzluk iksiri güç ve paradır. Diğerlerinin bundan yoksun oldukları için öldüğünü düşünüyor. Yeterince zeki olmayanların hemen öleceğini..."

Gazanfer'in böylesine sert bir üslûpla ondan söz ettiğini ilk kez duyuyordum. Mitra'yı kurtaramadığı o günden beri çok değişmişti Ağa.

Sözlerine devam etti: "Ama Safiye'nin de zamanı geçiyor. Artık eskisi gibi güçlü değil. Zaman asla durmaz, hep ileri gider, daima yeni nesiller gelir. O da bu acı gerçekten kaçamaz. Ama sonuna kadar bununla mücadele edecektir, bundan eminim. O bir Valide Sultan, ama kendi odasında uyuyamıyor. Bir gece orada, bir gece burada kalıyor, yanına yalnız en güvendiği halayığını alıp saklanıyor, hiç kimse nerede kaldığını bilmiyor. Sence bu neyin göstergesi, artık gücünü yitirmekte olduğunun değil mi?"

"Demek onu bu yüzden o gece bulamadım."

"Tabii. Ama o gece henüz uyumamış olduğunu biliyorum. Hanımının ölümüyle bu Saraydaki son güzel şey de yok olup gitti. O sıralarda Sultan, ordunun başında Macaristan'a gitmeyi düşündüğünü açıklamıştı. İbrahim Paşa'ya askeri emanet etmekten daha iyi bir fikir olarak geliyordu bu ona. Geçen yıl çıkan isyan ve rezaletleri düşününce... Senin rahmetli efendin, 'Vezir-i azam geri dönebilir ya da yenilebilir ama Sultan ordunun başındaysa geri dönüş de, yenilgi de yoktur,' derdi."

"Evet, imparatorluk aklı başında ve güçlü adamlara gerek duyuyor," diye cevap verdim bu sözlere."

"Evet," dedi başını üzüntüyle sallayıp, "Safiye, oğlunun

gitmesini istemiyordu. Sultan, İstanbul'dan uzaklaşınca etkisinden çıkar, diye korkuyordu. O haremdeyken bir yığın yeni politik plan yapılır, diye içi içini yiyordu.

Ama genç Sultan sorumluluk ve gücünün farkında gibi duruyor ve bu defa annesini dinlemedi. Safiye, oğlunun İstanbul'da kalmasını sağlamak için derhal yeni bir planın peşine düştü. Dört bir yana kendisine bağlı adamlar gönderdi, Hıristiyanları kesmeleri için.

"Hıristiyanlar mı?" diye bağırdım. "Ama o..."

"Evet, o bir Hıristiyan olarak yetiştirildi, hem de manastırda. Ama böyle şeyler gücü tehdit altına girdiğinde ona vız gelir. Hıristiyan olmasa bile bir kadın olarak haksızlığa uğrayanın, ezilenin, zavallının yanında olması gerekmez mi? Nerede? Ama Allah yüzümüze güldü. Müslüman ya da Hıristiyan, buna hepimiz sevinmeliyiz. Sultan bu planı öğrendi. O Rum kızı da bir Hıristiyan olarak yetiştirilmişti. Gözyaşları içinde yalvararak Mehmed'in annesine sırt çevirmesini sağladı. Mehmed, hemen azınlıklara karşı bu çeşit hareketler yapanların derhal cezalandırılacağını açıklayan bir ferman çıkardı ve bizzat Hıristiyan cemaatlerine adam yolladı ve tehlike geçene kadar dikkatli olmalarını söyledi. Yani Safiye'nin korkunç planı uygulanamadı ve Mehmed de orduların başında kuzeye doğru yola çıktı.

Safiye, artık haremi idare etmesine rağmen, sözünün geçmediği zamanlar da olabileceğini anladı. Zehirlenmekten, hançerlenmekten çok korkuyor ve kendi gücünün içinde bir dilenci gibi dolaşıyor. Bunlardan korkar, çünkü bu yolları en iyi o bilir. Ama o sondan kim kaçabilmiş ki o kaçacak? Zaman onun da celladı. Merak ediyorum o son anda yanında kim olacak?"

Yeşil gözleri bulutlanmış gibiydi, uzaklara baktı dalgın dalgın. "Korkarım," dedi yavaş bir sesle, "Bir tek ben ..."

# LXIX

GAZANFER'İ bir kez daha gördüm. Yıllardır Gülruh'la birlikte yaşıyordum. Rahatım yerinde olsa da kendimi işe yaramaz hissediyordum. Gerçi dervişlerle çok zaman geçiriyordum, ama düşünmüştüm ki oturup dostum Hacı'nın bana tekrar görünmesini beklemektense, yollara çıkıp onu aramak belki daha doğru olabilirdi. Recep ayındaki yürüyüşle hacı adaylarına katılıp Mekke'ye gitmeye karar verdim. Gazanfer Ağa benim niyetimi öğrenmişti ve bana uğurlar olsun demeye geldi.

"Biliyorsun," dedi. "Kapı Ağası olarak, Hicaz bekçiliği yapan hadım kardeşlerimizi ayarlamak benim yetkim içinde. Dünyanın en onurlu, en kutsal görevidir bu..."

"Teşekkür ederim dostum. Ama Mekke ya da Medine'de temelli kalmak isteyebileceğimden emin değilim."

Bir çocuk kahkahası duyuldu, sese doğru döndük. Gazanfer, "Anlıyorum," dedi. "Seni buraya çeken nedenler var."

"Bir de şu var, ben hiçbir zaman tam bir Müslüman olamadım."

"Hayır, sen kutsal bir arayışın, Allah Aşkı'nın peşindesin. Bu da Allah'ın isteğidir. Ama yine de eğer..."

Başka bir şey daha söylemeden göğsünden kalın bir kâğıt çıkardı, uzattı. Açtım. Hemen Sultan'ın ve Kapı Ağası'nın mühürlerini gördüm, bu benim izin belgemdi, öylesine duygulanmıştım ki, gözlerimin dolmasına engel olamadım. Kâğıdı tekrar katladım ve kendi göğsüme soktum. Hâlâ Gazanfer'in kadınsı göğsünün sıcaklığını taşıyordu.

Konuşamıyordum, minnettarlığımı anlatacak kelime bulamıyordum. "Sen..." dedim, "Sen de benimle gelsen. Eğer böyle olabilse çok, çok sevinirim dostum."

"Bu yıl olamaz," dedi. "Yapamam, biraz daha işim var benim..."

"Nedir?"

Bana cevap vermedi, bunun yerine onun adına Allah'ın Evi'ne götürmem için küçük bir kese altın uzattı. Bu sanki çok kararlı bir yeniden başlayışın simgesi gibiydi. Son günlerde içinde olduğum ruh haline öylesine benziyordu ki bu kesenin simgelediği duygu, onun benimle gelemeyişine şaşmıştım.

Çok güzel, güneşli bir gündü. Sanki yaşlanan kemiklerimiz yeniden gençleşmiş gibiydi. Fazla konuşmaya gerek yoktu. Günün tadını çıkardık.

Bir süre sonra yine Gazanfer'le avluda oturuyorduk. Hava daha da sıcaktı, artık yaz geliyordu. Güneş ve üzeri küçücük meyvelerle dolu incir ağacı bizi aramızdaki sehpada duran fıstık ve şerbetlerden çok daha fazla ilgilendiriyordu. Hatta konuştuklarımızdan bile... Gazanfer yine Saray entrikalarından birini anlatıyordu yavaş yavaş, bu bizim aramızdaki ortak konuların en önemlisiydi.

Sultan'ın bir başka kadından üçüncü bir oğlu daha olmuştu ve kız dindar Sultan'ı yağlayıp, Rum kızın iki oğlundan uzaklaştırmak istediği için çocuğun adını Muhammed koymuştu.

"Ama bu işe yaramayınca," diyordu Gazanfer. "Sihir, büyü işlerine baş vurmuş."

"Yine mi?" dedim, "Eski rezaletler..."

"Kadın gidip bir ihtiyar derviş bulmuş. Güya bu adam bir rüya görmüşmüş, rüyada çocuk bir at üzerindeymiş. Adam, demiş ki: 'kızım, senin oğlun İslam'ı ve Osmanlı'yı Süleyman'ın zamanından daha ileriye götürecek.' Tabii Mehmed hemen etkilenmiş bu anlatılanlardan. Safiye derhal harekete geçip kızı da, oğlunu da, dervişi de yok ediverdi tahmin edebileceğin gibi."

Gazanfer birden konuşmayı kesip öksürdü ve canı istemediği halde kendini zorlayarak biraz şerbet içti. Bunun nedenini anlamakta zorlanmadım, Gülruh'un küçük oğlu yanımıza gelmişti. Çocuk aslında ders çalışıyordu. Doğrusu büyüklere bile çok zor gelen Arap harflerini hemen öğrenmişti ve şimdiden Kur'an'ı ezberlemeye başlamıştı. Çok yetenekliydi, ilerde babası ve dedesi gibi bir din adamı olacağına kesin gözüyle bakılıyordu. Ama sonuçta henüz bir çocuktu, zaman zaman sıkılıveriyordu kitaplardan, kalemlerden ve yaşıtları gibi oyun oynamak istiyordu.

Yanımıza geldi ve ne yaptığımızı sordu. Konuştuğumuzu söyledik, kucağıma çıkıp fıstıklara uzandı. Kabuklardan kendine hemen iki donanma yaptı, kırıklar gâvurların, bütün olanlar Müslümanlar'ındı. Biraz savaş oyunu oynadıktan sonra öyle gürültü yapmaya başladı ki, onu tekrar derslerinin başına yollamak zorunda kaldım.

Çocuk gidince Gazanfer gülümsedi ve hafif bir sesle, "Belki de o gün merhametliydi," dedi. "Bu oğlanın doğduğu gün. Başka bir şey için olmasa da, yalnız bunun için bir sevap kazanmıştır."

Ne demek istediğini sordum, cevap vermek istemedi. Üzerine gittim, sıkıştırdım ve sonunda konuştu:

"Asil kandan bir oğlan çocuk. Bu taht için bir tehdit olabilir. Uzaktan bile olsa hanedan kanından bir erkek çocuk, Safiye için daima bir tehlike olarak kabul edilmiştir. Bu olasılığı aklından asla çıkarmamıştır o."

Söyledikleri beni az önceki fıstık savaşlarına ve ortadan yok edilen derviş ve şehzadeye götürüvermişti. Ürperdim. "Neyse ki ," dedim. "Böyle uzak tehditlerle uğraşmadı."

"Öyle mi sanıyorsun?"

"Yani Saray dışındakiler, demek istedim."

"Öyle mi?" Gazanfer yüzünde tuhaf bir ifadeyle aynı sözleri tekrarlıyordu. "Açıkça görülmüyor muydu, belli değil miydi?"

"Ne demek istediğini anlamıyorum dostum," dedim sinirli bir gülüşle.

Önündeki bardaktan isteksiz bir yudum daha aldı, yüzü kararmış gibiydi.

"Sana her şeyi anlatacağım dostum. Demek gerçeği, önündeki gerçeği fark edemedin. Bunları sana anlatacağım, çünkü belki böylelikle ruhum bir parça huzur bulur. Tıpkı çocukken papaza yaptığım günah çıkarma gibi bir şey bu da. Düşüncelerine değer verdiğim insanlar bilsin bari gerçekleri."

"Dostum, neden söz ediyorsun?" Tekrar gülmeye çalıştım.

"İsmihan'ın oğullarından söz ediyorum," dedi Gazanfer, sanki içindeki zehiri tükürür gibi tıslayarak çıkıyordu sesi.

Omuz silkip, "Bu Allah'ın isteğiydi," dedim. "Hepsi de ölü doğdu."

"Onların hiçbiri ölü doğmamıştı. Sapasağlam oğlan çocuklardı üçü de. Yalnız kız yaşadı, sence bu bir rastlantı mı?"

"Ne demek istiyorsun?" Damarlarımda akan kanın donduğunu hissediyordum. "Kalfa kadın, ebe?"

"Evet, o... Ayva..."

"Bunu sana Safiye mi söyledi?" Şaşkınlıktan sesim yine bana ihanet ederek salak bir hadım gibi çıkmıştı.

"Hayır söylemedi, bana bile söylemedi, sadık Gazanfer'ine tek kelime etmedi bu konuda." Acı doluydu kelimeleri söyleyişi. "Ama bundan kuşkulanıyordum, özellikle de Mitra'dan sonra."

Biraz sustu, o anı hatırlamak onu üzüyordu, sonra devam etti. "Geçen yaz şifahaneye gittim."

"Ayva diyordun?"

"Evet, Ayva. Ama tabii o öldü, İncir vardı odada. Ona bu

konuda ne bildiğini sordum. Emin olmadığını söyledi. 'Ama şüphelerin var, değil mi?' diye sıkıştırdım. Net bir cevap veremedi. 'Ama nasıl ortaya çıkarabileceğimizi biliyorum', dedi. Tuhaf gözlerle bakıp, 'ille de istiyorsan', diye tekrarladı. Ben de, 'ille de...' dedim."

Gazanfer yine susmuştu, biraz daha şerbet içti, bir süre kırmızı ve beyaz lâlere baktı. Doğrusu şaşkındım, çünkü anlattıkları hiç onun yapabileceği şeylere benzemiyordu. Bunları benim için yapmıştı, anlattığı her kelimeyi dikkatle dinleyecektim. Ona minnettar ve hayrandım şu anda.

"Başlangıçta çok da hevesli değildim aslında," diye devam etti Gazanfer. "O gece bana tarif edilen eve gidene kadar. Kapıya geldiğimde tuhaf, vahşi sesler geliyordu içerden.

En çılgın dervişler bile böyle sesler çıkaramazdı. İçeri girip girmemekte tereddüt ediyordum. Medresedeki yobazlar bunları bir duysalar, diye geçirdim içimden. Biliyorsun, yardım olsun diye ben de bir medrese açtırdım. Ve ne yazık ki oradaki öğrencilerden bir kısmı, Hıristiyan ve Yahudiler'e karşı yapılan o kötü uygulamaya alet oldular. Bazılarına yardımı kestim ve uzaklaştırdım medreseden. Yine de ne yazık köklerini kuruttum, diyemem. Kitabı ve peygamberi olanlara bile Allahsız diyenler, kimbilir bu evdekileri bilseler neler neler yaparlardı.

Bu düşüncelerle bir süre kapı ağzında durduktan sonra içeri girmeye karar verdim. Eğer böyle bir saldırı yapılırsa içerde durarak insanları engelleyebilirdim. Nasılsa beni bir tanıyan çıkardı yobazların arasından. Kapıdaki nöbetçi, beni hiçbir şey sormadan içeri aldı. Sanırım ya tanımıştı, ya da İncir tarafından uyarılmıştı.

İstanbul'daki tüm zenciler oradaydı sanki. Tek beyaz bendim. Aslında azınlıkta oluşumun tek nedeni rengim değildi, ruh olarak da tektim. Bir çift hadım önlerindeki davullara vuruyordu aksak bir ritimle. En azından bunlar da hadım, diye geçirdim içimden. Ortak bir yön bulmuştum kendimce, ama yanılıyordum.

Bu hadımlar neredeyse çırılçıplaktı. Kürklü giysilerinden sıyrılınca hadımlığın tüm izleri meydana çıkmıştı. Sanki işkenceyle uzatılmış kollar; çökük, fıçımsı göğüs kafesleri. Kemikli, pençeye benzeyen elleriyle durmadan vuruyorlardı davullara. Bilirsin hadımlar bedensel arızalarını saklayabilmek için ağır kumaşların arkasına saklanırlar.

Oysa bu adamların bizim meslektaşlarımız olduğunu söyleyebilmek çok zordu. Her şeylerini açıkça ortaya koymuşlardı. İyice artmıştı temposu davulların. Sanki o düğümlü parmaklar, davulların üzerine değil de, kendilerini anayurtlarından koparıp, binbir işkenceyle erkekliklerini, insanlıklarını çalan kasapları dövüyordu.

Davullardan yükselen sesi kendi göğüs kafesimin içinde duyuyordum, tüm kemiklerim, eklemlerim titreşiyordu bu vuruşlarla. Tuhaf bir şekilde kendimi zor tutuyordum fırlayıp oynamamak için. Diğerleri çoktan bunu yapmaya başlamıştı. Hepsi birden dans ediyordu ortada şimdi.

Sonra tavuklar getirildi, tüylerini kabartmış, bağıran siyah iğdiş horozlar... Hemen bunların boğazları kesildi ve pişirilmeye başlandı. Kızaran tavukların kokusu, çam, kan ve çıplak bedenlerdeki terle karışmıştı. Hamallar, bulaşıkçılar, çamaşırcılar ve bir yığın hadımın simsiyah bedeni... Sanki güneşte moraran üzümler gibiydiler. Tatlımsı bir lezzet vardı ortalığa yayılan. Burada cinslerin öylesine bir karışımı vardı ki, medreseden biri görse anında sakalı beyazlardı. Bu karışım hem çok yabani ve vahşi görünüyordu, hem de tuhaf... Masumdu üstelik, bunları içgüdüsel olarak yapıyorlardı. Hayvanlar gibi... Hadımlar bile nabız gibi atan bu cinsellikten etkilenmişti.

Burada beni ilgilendiren bir şey yok, diye düşünüyordum, her şeyi görmüştüm. Çok vahşi, çok tuhaftı olanlar ve benim dünyamın dışındaydı. Medresedeki yobazlar gelip de bu insanlara bir kötülük yapmaya kalksalar, onları durduracağımdan bile emin değildim artık.

Tam çıkıp gideceğim sırada, sanki benim düşüncelerimi okumuş da buna engel olmak istiyormuş gibi İncir göründü. Perdeyle ayrılmış bir bölümden çıkmıştı. Artık ayrılamazdım. Osmanlı giysileri içinde kadının ne tuhaf, ne rüküş göründüğünü bilirsin. Kendi kendime, işte, dedim, Allah'ın bu kadına uygun gördüğü giysiler gerçekten de onlar değil, bunlar...

Çeşitli boylarda kesilmiş kumaş parçaları asılmıştı kalçalarının çevresine. Kulaklarında büyük altın halkalar vardı, kıvır kıvır yastığa benzeyen saçlarının arasına üzerinde hâlâ kan olan tavuk tüyleri iliştirilmişti. Boynunda mücevherler takılıydı, ama bunların arasındaki dizi dizi deniz kabukları onlar için çok daha değerliydi belli ki. Horoz pençeleri, tavuk bacakları, çeşit çeşit kemikler de vardı boynunda sallananlar arasında kadının. Beline kadar çıplaktı. Düzgün, morumsu bir siyahlıktaki teniyle, göğüsleri sallanarak yürüyordu.

Acaba Ayva onu hiç böyle gördü mü, diye sordum kendime. Ayva buraya gelmiş miydi, yeni bilgiler katmak için bilgisine... Eğer geldiyse, İncir'e âşık olduğuna dair yapılan dedikoduların gerçekliğine inanırdım hemen.

İncir herkesi isim isim selamlayarak ilerliyordu, elini öpüyordu yabani tavırlı zenciler, ayaklarını hatta. Bana sadece baktı, ben de öyle... O kadar...

Birden yavaşlamış davullar, yeni bir ruhsal enerji kazanmış gibi tekrar gümbürdemeye başladı. Ve bu ritmin İncir'in vücuduna nasıl girdiğini, onu nasıl sardığını neredeyse gözlerimle an be an gördüm. Bu bir nabız gibiydi, o siyah tenin hemen altında atıyordu.

Kımıldanmaya başladı, ama artık kendisi gibi değildi. İple oynatılan bir kukla gibi, tuhaf açılar yaparak kımıldanıyordu eklemleri. Sonra o görünmez ipler yok oldu ve İncir her kemiği titreyerek oynamaya başladı.

Herkes kenara çekilerek ona yer açmıştı ve hep bir ağızdan bağırarak tempo tutuyorlardı. "Yavrube, Yavrube!" Bu onların tanrıçasının adıydı, duymuştum. Şu anda İncir, onların Yavrube'siydi.

İncir kıvrılıyor, bükülüyor, inanılmaz bir hızla dönüyordu ortada. Bu ne büyük bir enerjiydi Allah'ım. Gözleri giderek büyüyordu, saç diplerinden fışkıran ter yanımdan geçerken üzerime sıçramıştı. Zenciler kendilerince kutsal olan bu terle ıslanabilmek için ona sokuluyordu. Sanki İncir'den yükselen bu büyük güç onlara sonsuzluğun kapısını açabilecekmiş gibi bir ruh hali içindeydiler."

Acaba bu, dervişlerin kendilerinden geçerek dönüşlerine benzemiyor muydu? Gazanfer başından geçenleri anlatırken bunu düşünüyordum. Ama Gazanfer hayatında bir kez bile bir tekkeye gitmemişti, ona bunu söylemenin bir anlamı yoktu, düşüncelerimi kendime sakladım.

"Sonra birden dans bıçakla kesilmiş gibi sona erdi, İncir bir kemik yığını gibi yere yıkıldı, sanki erimişti. Bazıları ona yardıma koştu, ama kadının gözleri hâlâ açıktı, öylece hiçbir şeyi görmeden faltaşı gibi açıktı kapkara kocaman gözler. Yavrube hafif hafif hâlâ titretiyordu eklemlerini. İncir kımıldanıyordu, ama bu kez dans eder gibi değil, can çekişir gibiydi. Herkes geri çekilmişti.

Sonra o ses duyuldu. Hemen tanıdım onu, bu İncir'in sesi değildi, konuşan Ayva'ydı."

"Bir ölü?"

"Evet oydu. İncir hece hece konuşuyordu ve bu arada âşığının altında kıvranan bir kadın gibi hareketler yapıyordu. Çok müstehcendi görüntüsü, yine de başımı çevirmedim.

Ses: 'Bebekler', dedi."

# LXX

"*Bebekler mi?*" demeden duramamıştım.

Macar hadım başını salladı. " 'Bebekler, parçalanmış bebekler...' "

"Ayva'nın sesiyle?"

"Evet, kesinlikle. Bu sesin İncir'in kalın ve mor dudaklarından çıkmasıyla şaşkına dönmüştüm."

"Ayva'nın tam olarak aynı sözleri söylediğini daha önce ben de duymuştum. Küçük hanımımla birlikte bir gün... Ama ne demek istiyordu sence?"

"Ses konuşmaya devam ediyordu. Safiye'nin emirleriyle bunu İsmihan her doğum yaptığında tekrarladığını söyledi. Çünkü onu her şeyden çok seviyormuş."

"Böyle hissedenlerin ilki değildi," dedim.

"Her doğumda çocuğun kız mı, oğlan mı olduğuna bakıyormuş."

"Bunu yaptı da. Tüm ebeler yapmaz mı zaten?"

"Ama kordonu kesenin o olduğunu unutma."

"Evet, göbek kordonunu düğümleyip kesen odur. Gülruh doğduğunda böyle olduğunu gözümle gördüm. Biliyorum."

"Ama kordon, bebek kızsa düğümlenip kesiliyordu. Eğer erkekse, anasının hanedan kanı ve babasının yüksek makamı nedeniyle, Safiye için bir tehdit oluşturabileceğinden... Öylece bırakılıyordu, düğümlenmeden..."

Her yerim titremeye başlamıştı. İsmihan'ın dördüncü doğumdan sonra Ayva'nın daha öncekilerden farklı olarak bir şeyler yaptığını anlatmaya çalıştığını hatırlamıştım birden. Ama o zaman buna aldırmamıştım, hatta tam olarak dinlememiştim bile. O da unutup gitmişti zaman içinde, bebeğinin doğumunun heyecan ve sevinci içinde.

"Böyle ufacık bir ihmal," diye sözlerini sürdürdü Gazanfer, "en sağlıklı doğmuş bebeğin bile bir saat, hatta birkaç dakika içinde ölümüne yol açar. O zaman mazaret de hazır, 'çok güçlü değildi biçare... Allah'ın isteği ne yapacaksın?'"

Dehşet içindeydim. Her zaman kuşkularım olmuştu, ama asla bunların peşine düşmemiştim, tam olarak netleşmemişti bu kuşkular beynimde. Oysa şimdi... Doğru olabilir miydi? Bütün hayatımız bir başkası tarafından allak bullak edilmişti demek. Zavallı İsmihan'ın Ferhad'a duyduğu aşkın büyük nedeni aslında Sokullu'nun ona sağlıklı bir çocuk verememesi değil miydi? Sokullu, kendisinin güçsüz bir erkek olduğunu düşünerek öbür dünyaya gitmişti, aldatıldığı için memnundu neredeyse bu yüzden. İsmihan'cık o ölü bebekleri doğura doğura sonunda neredeyse sakat kalmıştı. Ve hayatı boyunca derin bir vicdan azabı içinde yaşamıştı. Ya ben? Bütün bunların içinde günahkâr hissetmemiş miydim kendimi?

"Bu olabilir mi?" diye bağırdım. "Hepimizin hayatı... Bunun bir anlamı yok muydu? Böylesine korkunç bir düzenbazlık, cinayet zinciri, inanamıyorum."

"Ayva'nın sonunda çıldırmasının nedeni de buydu. Aslında ona aklını oynattıran esrar değil, Safiye'ydi. Kadının aşkını elinin tersiyle bir kenara itivermişti, yıllarca kötü emelleri için kullandıktan sonra."

"Allah'ım," diye mırıldandım. "O zavallı, küçücük bebekler..."

Gazanfer tam olarak içimden geçenleri anlayabiliyor muydu, bundan emin değildim. Ama ben susunca o da susmuştu. Sonra beni teselli edecek bir iki söz söylemeye çalıştı. Öylesine bir karmaşa ve dehşet yaşıyordum ki, böyle sözlerle avunabilecek halde değildim.

"Ama," dedim. "İsmihan onun en yakın arkadaşı değil miydi?"

"Güzeller güzeli için arkadaşlığın ne anlamı olabilir? O,

yalnız güç ve iktidarla ilgilenir. O, hayatı boyunca Hıristiyan adı Sofia ile, Müslüman adı Safiye'nin karmaşasını yaşadı. Bütün değer yargılarını birbirine karıştırdı ve onları ters kullandı. En güzel ve en akıllı olarak erdemli bir yaşamı sürdürmeyi deneyemedi bile.

Bir düşün, neden İsmihan onun en yakın arkadaşıydı, diye. Çünkü onu kullanmak çok kolaydı Safiye için. Görmüyor musun? Kendi öz kızına da bunu yapıyor şimdi."

"Ayşe'ye mi?"

"Evet, ona. Ayşe, Ferhad Paşa'dan bir çocuk sahibi olamadı. Oysa İsmihan olmuştu."

"Safiye bunu yapabilir mi? Kendi torununa hem de?"

"Yaptı bile. Ferhad Paşa öldürülünce onu İbrahim Paşa'ya verdiler. Eğer gerekirse bir başkasına da verir bundan sonra. Emin olabilirsin."

"Kutsal hiçbir şey kalmamış onda."

"Hiçbir şey," dedi Gazanfer. "Öyle."

Birden hadıma baktım şaşkınlıkla, az önce söyledikleri ancak yerini bulmuştu kafamda. "Demek Ferhad Paşa işini biliyordun."

"Biliyordum."

"Ya Safiye?"

"Herhalde bilmiyor. En azından ben bu konuda ona bir şey söylemedim."

"Bu yüzden sana minnettarım. Böyle çetrefil konularda çok da zekice davranamadığım ortaya çıkıyor."

"Sen onurlu bir kadının onurlu hadımı oldun daima. Önemli olan budur. Ona mutluluk ve huzur verdin, sonuna kadar..." Yüzünden garip, acı dolu bir gülüş gelip geçmişti Gazanfer'in.

"Sofia Baffo," diye mırıldandım.

"Evet. Sofia Baffo...," diye sözlerimi tekrarladı hadım. "O herkesi perişan etti. Harem'i, Saray'ı, her şeyi... Bu gözdeler saltanatı, imparatorluğu tüketecek dostum, sözlerimi unutma. Safiye, peşinde koştuğu emeline asla sahip olamadı aslında, olamayacak da... Onu kendi elleriyle yok ettiğinin farkında değil güzeller güzeli."

Bir an sustu, başka bir şey daha söylemek ister gibiydi. Gülruh'un oğlunun iyice uzaklaştığını görünce yeniden konuşmaya başladı.

"Ayşe çok aptal bir kız, tek yaptığı annesinin söylediklerini uygulamak. Üzerindeki ağır baskının altında bir gün ezilip gideceği kesin. Bu belki benim de başıma gelecek. Bildiklerimi kendime sakladım daima. Her şeyi gördüm, Yedikule zindanları bana çok şey öğretti. Başından beri onun kölesi olduğumu biliyordum, sağ eli olacağımı da... Tıpkı ipek urganları sıkan dilsiz cellatlar gibi sessizce yaptım onun isteklerini. Ebe kadınları günahsız kadınların doğum masalarına götürdüm, neler olacağını bile bile. Ama ağzımı bile açmadım. Zehir getirenlere kapıları ben araladım, hançerler saplanırken başımı çevirdim. Ve hep sustum. Sana bir şey daha söylemek istiyorum. Efendin Sokullu'yu da o öldürttü."

"Bunu biliyordum," dedim.

"Öyle mi?"

"Evet, en azından işin aslını öğrenebildim. Mitra söyledi, o gece."

"Anlıyorum."

"Ama intikamın artık bir anlamı kalmamıştı."

Gazanfer başını salladı. "İntikam duygusundan sıyrılabildiğin için şanslısın," dedi.

"Ama neden Sokullu'yu öldürttüğünü bir türlü tam olarak anlayamadım. Nur Banu, Gülruh'a bunun onun Abdurrahman'la evlenmesini engellemek için olduğunu söylemiş, ama bu bana hiçbir zaman inandırıcı gelmedi."

"Doğru, ama bu da nedenlerden biriydi."

"Sokullu'ya karşı olan Nur Banu ve yanındaki Üveyis'le

Lala Mustafa Paşa'ydı aslında. Safiye için Sokullu'nun yaşaması daha yararlı olmaz mıydı?"

Gazanfer omuz silkti. "Sokullu artık fazla bir işe yaramayacak hale gelmişti," dedi. "Özellikle de Kantakuzenos'un öldürülmesinden sonra."

"İşe yaramamak ha?"

"Evet, artık işe yaramamak ölüm için yeterli bir neden Safiye için. Sana demin söylediğim gibi, bir gün hançer bana da saplanabilir rahatlıkla. Pek çok karanlık işin içine girdim çıktım yıllardır. Çok şey biliyorum. Safiye bunu biliyor. Ben de... Bir gün bunun ona zarar vereceğini düşünebilir ve... Ve beni hiç düşünmeden, üzülmeden ortadan kaldırtabilir. Belki benim için böylesi daha iyi olur.

Onun cinayetlerinin çoğuna şahit oldum ben. Ben de onlardan biri olabilirim kolaylıkla. Tek bir kılıç darbesiyle kafam uçurulursa benim için iyidir. Rüyalarımda bunu sık sık görüyorum dostum."

Hadımın yüzü boncuk boncuk ter içindeydi. Sesi giderek boğuklaşıyordu.

"Ama başka rüyalarım da var," dedi. Gerçekten büyük bir sıkıntı içinde konuşuyordu.

"Biliyorsun Kızıl Muaviye'nin bıçağının altına gönüllü olarak yatmış biriyim ben. Ama rüyamda.... Hanımımın odasındayım, gece, ikimiz yalnızız. Tek bir kandil yanıyor, o bana bakıp gülümsüyor. Saçları altın ışıklarla pırıldıyor, teni mermer gibi, bembeyaz, düğmeleri beline kadar açık. Bana bakıp gülümsüyor, bana sarılıyor, bana güveniyor, bana ait..."

Onu durdurmak istedim. Böyle bir itiraf gerekli değildi. Daha sonra bundan ikimiz de sıkılabilirdik. Ama kararlıydı, susmadı.

"Hayır," dedi. "Bırak da devam edeyim. Bu rüyayı onun hizmetine girdiğim yıllarda sık sık görüyordum ve tam o noktada inanılmaz bir şekilde yerimden fırlıyordum. Ve beni anlayabilirsin, kendimi toparlayabilmek için hemen başımdan geçen işkenceleri düşünüyordum.

Ama son zamanlarda, kendi ölümümü gördüğüm o rüyalar ve İncir'i izlediğim geceden sonra böyle davranmaktan vazgeçtim. Ve bu duyguyla rüyanın devamını da görebildim. Evet, bana doğru gelip sarılıyordu, güvenerek. Ben onun altın saçlarına yavaşça dokunurken, onun bir kadının yaşayabileceği her çeşit cinselliği yaşamış olduğunu biliyordum. Ama o şimdi bunu değil, aşkı arıyordu. Güç, iktidar... Bunları görmüştü, biliyordu, ama aşkı bilmiyordu. Onu ebedi huzura kavuşturacak olan aşkı istiyordu benden.

Ellerim o mermer tende dolaşıyor, göğüslerini okşuyordu. O tenin altındaki sıcağı hissediyordum. Arkamızdaki nişte, etrafa yağ damlaları ve kıvılcımlar saçarak son ışıklarını veren bir kandilin sıcaklığı gibiydi bu, artık fitil yanıyordu yalnızca. Onu söndürmek gerekiyordu. Aşkın heyecanıyla ıpıslak olmuş elimi kandile doğru uzatıp fitili parmaklarımın arasında ezerek kandili söndürdüm. Sonra karanlıkta bir yastık aldım. Yavaşça, yumuşakça, dikkatle onun yüzüne kapattım. Bastırdım ve öyle tuttum.

Hiç direnmiyordu, koluma sarılmış kollarını açmıyordu, tırnaklarını batırmıyordu bana. Sevgiyle tutunmaya devam ediyordu. Sonra giderek kuvvetsizleşti dokunuşu ve sonunda huzura kavuştu.

Bu bir hadımın aşkı... Sonunda ona aradığı huzuru verebilmek... Belki bundan daha büyük bir aşk yoktur dünyada. Her neyse, işte rüyam buydu. Her gün biraz daha gerçekmiş gibi geliyor bana..."

Ağacın dalları arasından süzülen ışık sanki biraz kızarmıştı. Tıpkı kan gibi, ama eksik olan şey cesetti. Gazanfer ayağa kalktı, bana şans diledi, hacca gidişimi şimdiden kutladığını söyledi, ona teşekkür ettim. Sonra gitti, Saraydaki işinin başına döndü.

Çok uzun yıllar önce bir manastır bahçesinde başlayan şey, güç için duyulan o arsız, doymak bilmeyen şehvet artık sönmek üzereydi.

Ağacın altında epey bir zaman oturdum, ışıklara ve gölgelere baktım. Sonra yüzümü dallara çevirdim, incirin dalları insanı davet ediyor gibiydi. Ne yaptığımı çok da bilmeden bu daveti kabul ettim ve tırmanıp büyük dallardan birinin üzerine oturdum. Geçmişte, gemi iplerinin üzerinde yaptığım tırmanışlara hiç benzemiyordu bu defaki, bayağı zorlanmıştım. Ama onu ilk gördüğüm günü, o manastır bahçesini, altın saçlarını sallayarak bana doğru gelişini hatırlamakta aynı zorluğu yaşamadım. Islıkla çaldığı edepsiz şarkı bir kez daha dudaklarımın ucuna kadar geldi.

Ama ağaç dallarının arasından görünen artık manastır değildi, duvarın arkasında çalışanlar sürre alayı hazırlığı yapan Müslümanlar'dı. İki devenin üzerine konulacak örtüler hazırlanıyordu harıl harıl. Nerdeyse işlerini bitirmek üzereydiler. Artık gitme zamanı yaklaşıyordu. Göğsümde sakladığım kâğıda dokundum.

Orada oturdum. Oturdum ve hatırladım. Hatırladım ve düşündüm. Gazanfer'in anlattıklarını... Kendi kendime bütün bu olanların neden Allah'ın isteği olması gerektiğini sordum. Hayatlarımızı allak bullak eden o yanlışı, yalanı sorguladım. Her gün böyle kim bilir kaç yalan, kaç yanlış yapıldığını merak ettim. Ve sonunda bunun, yani neyin doğru neyin yanlış olduğunun bir önemi olup olmadığından emin olamadım. Önemli olan diğer davranışlarımızdı belki de. Neşeyi ve yaşam sevgisini artırabilecek olan davranışlarımız...

İçimden şunları geçirdim: "Sen, bir bıçağın sana yaptığını hayatının en korkunç olayı olarak kabul ederek yaşadın. Bundan ötürü asla bir daha mutlu olamayacağına inandın. Ama acaba bütün olup bitenlerden sonra, bu gerçekten de yanlış bir karar mıydı? Eğer bu olmasaydı, Allah'ın sana sunmuş olduğu iyi zamanların değerini acaba tam olarak anlayabilecek miydin? Sana verdiği ve daha da vereceği iyiliklerin..."

Aşağıdan tatlı bir ses bana "üstat, üstat," diye seslenene kadar orada oturup düşünmeye devam ettim. "Üstat, orada ne yapıyorsun?" Küçük çocuk kıkır kıkır gülüyordu.

Beceriksizce aşağı indim ve bunu saklamak için kendimden emin bir tavırla ona doğru dönüp bugün neler öğrendiğini sordum. Herhalde artık yorulmuştu, bunun yerine bana çok iyi bildiği bir dörtlüğü hızla söylemeyi tercih etti:

*"Esirgeyen ve koruyan Allah'ın adıyla,*
*Yeryüzünde bulunan her canlı fanidir*
*Ancak yüce ve cömert olan Rabbin varlığı bâkidir*
*Her şeyin sahibi olan 'O'na gece gündüz şükredip dua et."*

Küçüğü sevgiyle belinden tuttum, Allah'ın merhametiyle ebe kadının elinden kurtulmuş bu güzel çocuğu kucakladım ve ona ödül olarak biraz şerbet ve fıstık verdim.

**BİTTİ**